21世纪科

作　者

Ann Fullick　Andrew Hunt　Jacqueline Punter　Elizabeth Swinbank

Helen Harden　Neil Ingram　David Sang　Vicky Wong

译　者

仲新元

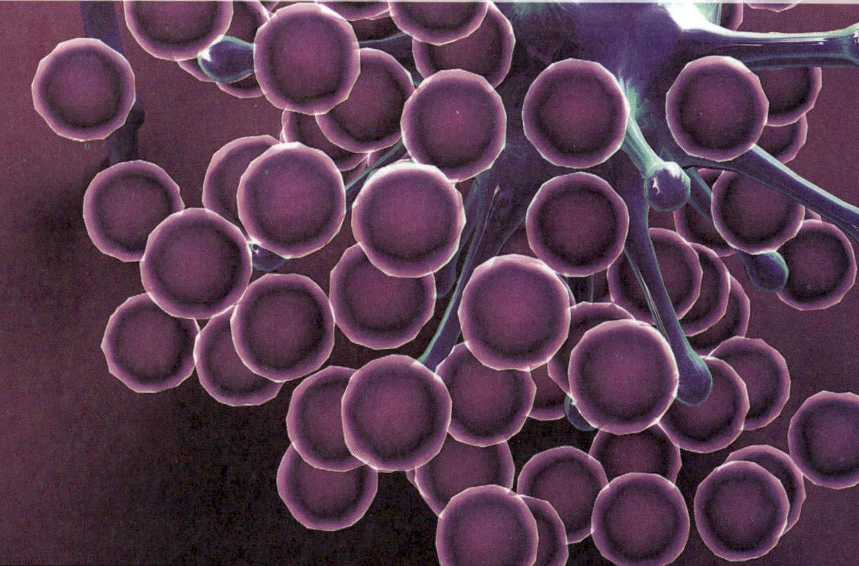

目录

本书使用指南

欢迎学习《21 世纪科学教程》。本书由牛津、剑桥和皇家艺术协会考试委员会（OCR）、约克大学科学教育集团、纳菲尔德基础课程研究项目组和牛津大学出版社合作精心编撰而成。

在本书最前的两页中，给出了书中出现的编排特征和章节类型。书中所有的内容都经过专门设计，使其能有助于你充分准备并以最佳水平通过考试。

章导页

学习本章的意义： 此处说明将要学习的内容对日常生活所具有的相关作用。

要发现什么： 每一章都以将要学习的内容表开头。

科学观点： 此处给出了本章的一些主要科学观点。

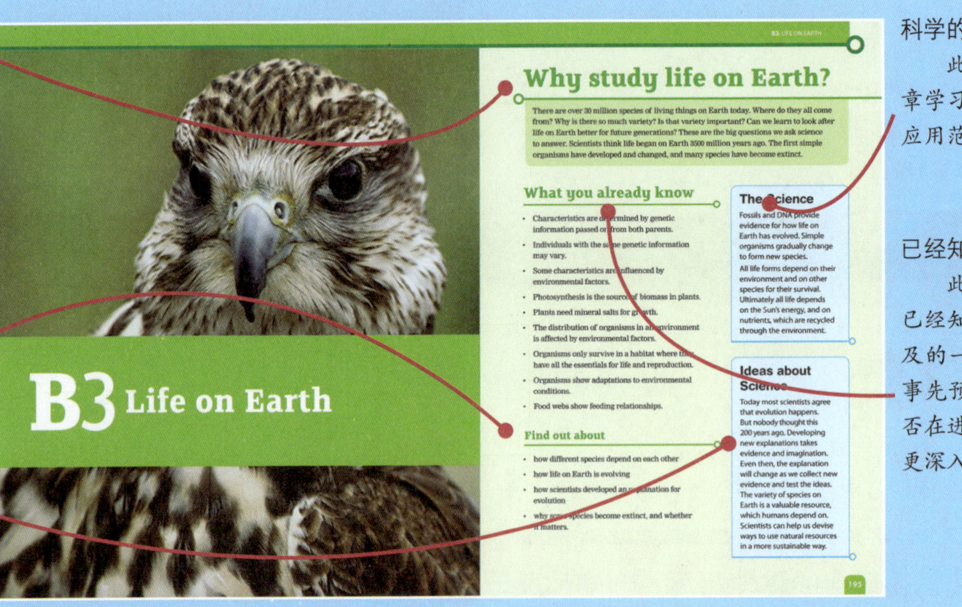

科学的应用： 此栏目归纳出本章学习的科学内容的应用范围和价值。

已经知道的知识： 此处列出了我们已经知道而本章将涉及的一些科学知识。事先预习一下，看能否在进一步学习之前更深入地了解它们。

主页

通过探究发现： 本书的每一节都给出了本节的主要探究点。

关键词： 框内的词是务必要在学习中深刻理解的，这对考试至关重要。这些词在课文中都使用黑体字以醒目标识，并可在书后的词汇表中查出它们的含意。

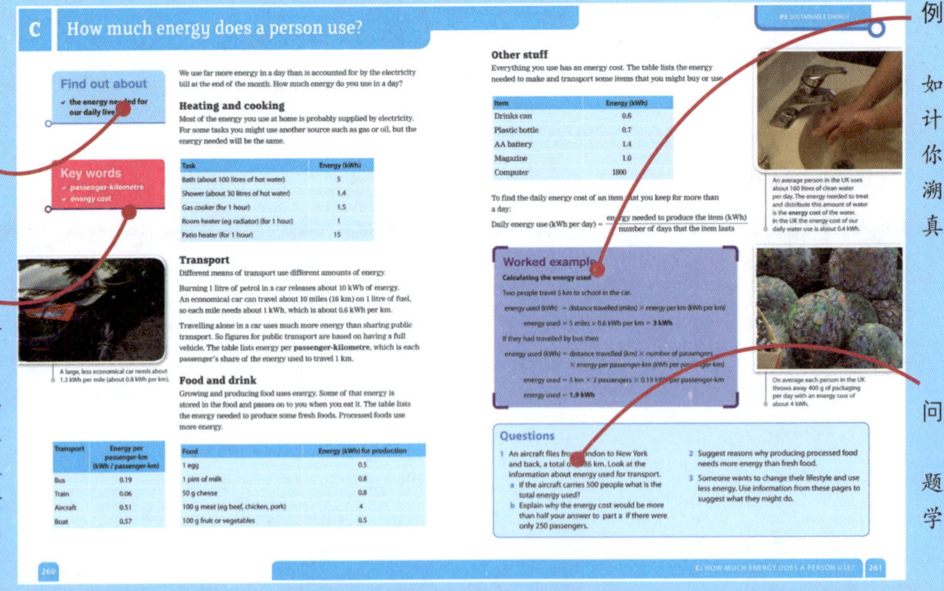

例题： 对帮助理解诸如如何使用公式或进行计算是非常必要的。你可以对解题过程回溯反思，以检查是否真正理解科学概念。

问题： 通过解答这些问题来检查对学过的科学概念的理解程度。

应该知道：

此处简明地给出了本单元的主要观点。它可以作为你复习的起点，检查对它更深层次的理解。

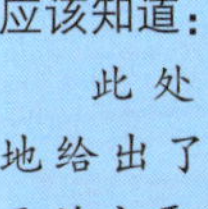

Science Explanations

In this module you will see how scientists gather evidence (data and observations). These data and observations are related to the space beyond Earth – the Solar System, stars, and galaxies – and also to the structure of the Earth and the changes that take place in it.

You should know:

- that the Solar System consists of the Sun, eight planets and their moons, dwarf planets, asteroids, and comets
- that the Sun is one of many millions of stars in the Milky Way galaxy
- how the sizes of the diameters of the Earth, the Sun, and the Milky Way compare
- that light travels at very high speed and the huge distance it travels in one year (a light-year) is used to measure the enormous distances between stars and between galaxies
- that distant objects in the night sky are observed as younger than they are now because the light now reaching us left them a very long time ago
- that the fusion of hydrogen nuclei is the source of the Sun's energy
- that distant galaxies are moving away from us and that this is because the Universe began as a 'big bang' about 14 000 million years ago
- how the ages of the Universe, the Sun, and the Earth compare
- that the Earth is older than its oldest rocks, which are about 4000 million years old
- that Alfred Wegener's theory of continental drift can explain mountain building
- that seafloor spreading, caused by movements in the mantle, provides evidence for continental drift and tectonic plates
- that the movement of tectonic plates causes earthquakes, volcanoes, and mountain building and contributes to the rock cycle
- that earthquakes produce wave motions on and inside the Earth
- that earthquake waves can be transverse or longitudinal
- that the Earth consists of the inner and outer core, mantle, and crust
- that waves are caused by vibrating sources and the number of waves produced each second is the frequency of the wave
- that waves have amplitude and wavelength, where the amplitude is the distance from the top of a crest (or the bottom of a trough) to the undisturbed position, and the wavelength is the length of one complete cycle
- that wave motion can be described by the equations distance = speed × time and wave speed = frequency × wavelength

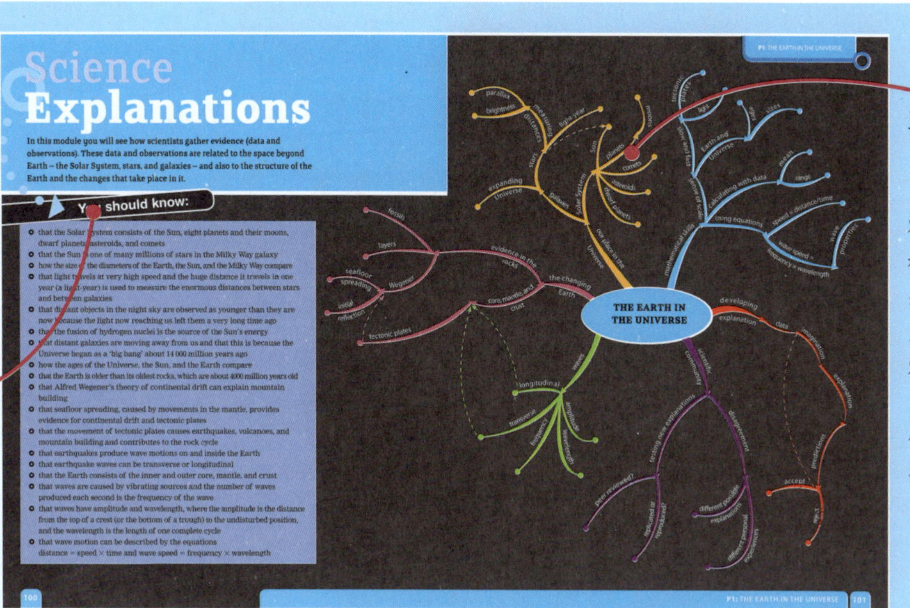

100

直观归纳：

另一种开始复习的方式是使用直观归纳法，即找出科学观点间的相关处，并由此结合起来，在复习时能直观地看到它们间的内在联系。本页可作为你自我归纳概念的起点。

科学观点：

每一章的结尾处，都简要归纳并列出了本章中需要理解的科学观点。

Ideas about Science

Scientists use data, rather than opinions, to justify their explanations. They collect large amounts of data when they investigate the causes and effects of air pollutants. They can never be sure that a measurement tells them the true value of the quantity being measured.

If you take several measurements of the same quantity, the results are likely to vary. This may be because:

- you have to measure several individual examples, for example, exhaust gases from different cars of the same make
- the quantity you are measuring is varying, for example, the level of nitrogen oxides in exhaust gases
- the limitations of the measuring equipment or because of the way you use the equipment.

The best estimate of the true value of a quantity is the mean of several measurements. The true value lies in the spread of values in a set of repeat measurements.

- A measurement may be an outlier if it lies outside the range of the other values in a set of repeat measurements.
- When comparing information on air quality from different places a difference between their means is real if their ranges do not overlap.
- A correlation shows a link between a factor and an outcome, for example, as the level of particulates in the air goes up the number of people suffering from lung disease goes up.
- A correlation does not always mean that the factor causes the outcome.

Scientists publish their results so that their data and claims can be checked by others. Scientific claims are only accepted once they have been evaluated critically by other scientists.

- Reviewers check claims to make sure the scientists who did the work have checked their findings by repeating them.
- The scientific community generally does not accept new claims unless they have been reproduced by other scientists.
- Scientists may come to different conclusions about the same data.

Some applications of science, such as using fuels, can have a negative impact on the quality of life or the environment.

- The only way of producing less carbon dioxide is to burn less fossil fuel.
- Pollution caused by power stations that burn fossil fuels can be reduced by using less electricity, removing sulfur from natural gas and fuel oil, and by removing sulfur dioxide and particulates (carbon and ash) from the flue gases.
- Pollution caused by vehicles can be reduced by burning less fuel in more efficient engines, using low-sulfur fuels, and using catalytic converters.

72

Review Questions

C1: AIR QUALITY

1. The table shows the percentage of gases in dry air. Copy and complete the table by writing the correct gas next to each percentage. Choose from these gases.
   argon hydrogen nitrogen oxygen

Gas	Percentage
	1
	21
	78

2. Ethanol can be used as a fuel instead of petrol. When pure ethanol burns completely, it reacts with oxygen (O_2) and produces carbon dioxide (CO_2) and water (H_2O) as the only products. Copy and complete this drawing to show the products of the reaction when pure ethanol is burned completely.

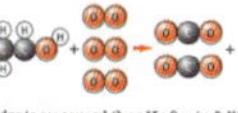

3. Students measured the pH of rain falling on their school playground. They collected and tested six samples of water on the same day. To get a best estimate, they worked out the mean pH from their results. Their results are shown in the table.
   a What is the range?
   b What is the mean?

Sample	1	2	3	4	5	6
pH	5.8	5.6	5.8	4.2	5.7	5.6

4. The fumes that are released into the air from a car exhaust cause pollution. Nitrogen monoxide is made as fuel burns in a car engine. Which chemicals react to make nitrogen monoxide?
   - ammonia
   - carbon dioxide
   - hydrogen
   - nitrogen
   - oxygen
   - sulfur
5. When nitrogen monoxide is released into the air, it reacts with oxygen to form nitrogen dioxide. Why is nitrogen dioxide not formed in the car engine?
6. Which of these measures could do the most to reduce the amount of nitrogen dioxide pollution in the air?
   a Use low-sulfur fuels.
   b Adjust the balance between public and private transport.
   c Encourage people to use less electricity.
7. Several pollutants are released from car exhaust systems. These pollutants do not stay in the air. Over a period of time they are removed by a number of processes. Which pollutants are removed by each of the processes described in the table?

Process	Pollutant
reacts with water and oxygen to form acid rain	
deposited on surfaces, making them dirty	
used by plants and dissolves in sea water	

C1: AIR QUALITY 73

复习问题：

你可以利用所给出的问题检查对本章内容的理解程度。这对开始复习准备考试是十分有用的。

评价结构

和课程相匹配

各章内容

在学习本书的过程中，应利用章导页来理解所要学习的内容及所学习内容的重要性。下表概要给出了本书各章中的主要内容。

B1	C1	P1
• 什么是基因？它是如何影响生物生长的？ • 为什么一个人和父母、兄弟姐妹相像，但也有差异？ • 基因信息能被利用吗？如何利用基因知识防治疾病？ • 克隆的原理是什么？	• 空气的成分有哪些？其中哪一种是污染物？如何收集空气污染的数据？ • 哪些化学反应能导致空气污染？所产生的污染物是如何影响大气的？ • 个人、地方、国家乃至全球能对改善空气质量做些什么？	• 地球在宇宙中的什么位置？ • 我们知道哪些关于地球的知识？地球是如何变化的？
B2	**C2**	**P2**
• 我们的身体是如何抵御感染的？ • 什么是牛痘和抗体？它们是如何起作用的？ • 哪些因素会增大患心脏病的危险？ • 身体如何保持健康的水平衡？	• 如何测定物质的性质？这为什么是非常有用的？ • 为什么石油是诸如塑料和纤维等新物质之源？ • 为什么测定有助于了解诸如塑料和纤维等物质的结构？ • 什么是纳米技术？为什么说纳米技术是非常重要的？	• 有哪些类型的电磁辐射？ • 哪些电磁辐射对生物是有害的？原因是什么？ • 全球变暖的证据和原因有哪些？全球变暖会导致什么严重后果？ • 电磁波是如何用于通信的？
B3	**C3**	**P3**
• 生态系统达到平衡——不同的物种是如何相互依存的？ • 地球上的生物是如何进化的？ • 生物多样性的重要性何在？	• 对英国经济发展作出贡献的矿物质有哪些？ • 盐从何而来？其重要性如何？ • 为什么人们需要诸如碱和氯气那样的化学物质？如何制备它们？ • 怎样才能安全、可持续地使用化学物质？	• 我们需要多少能源？ • 电能是如何产生的？ • 应选用何种能源？

如何整合各章?

本书各章内容和 GCSE 科学考试标准相匹配。从右图中可看出，本书也可以用于学习分科的 GCSE 生物、GCSE 化学和 GCSE 物理课程。

	GCSE 生物	GCSE 化学	GCSE 物理
GCSE 高阶科学	B1	C1	P1
	B2	C2	P2
	B3	C3	P3
GCSE 高阶科学·拓展	B4	C4	P4
	B5	C5	P5
	B6	C6	P6
	B7	C7	P7

GCSE 科学的评价

本书各章中的内容与下表中各模块的要求相匹配。

为取得 GCSE 科学合格证书,《21 世纪科学教程》提供了两种不同的考试方案供选择，考试内容取决于所选择的方案。

下表给出了两种试卷中的各模块。它们也能显示出在用两种试卷考试时的最终分数。

	单元	考试模块			百分比	类型	时间	可得分数
方案一	A161	B1	B2	B3	25%	笔试	1 h	60
	A171	C1	C2	C3	25%	笔试	1 h	60
	A181	P1	P2	P3	25%	笔试	1 h	60
	A144	受控评价			25%		9 h	64
方案二	A141	B1	C1	P1	25%	笔试	1 h	60
	A142	B2	C2	P2	25%	笔试	1 h	60
	A143	B3	C3	P3	25%	笔试	1 h	60
	A144	受控评价			25%		9 h	64

指导词

下表给出了一些在考试问题中常见的指导词并给予说明。

计算

要求得到数值。可以使用计算器。可能需要借助公式，且注明公式是否需要在试卷上显示出来。（提示：不要和“估算”或“预测”相混淆）

比较

写出两个事物间的相同点和不同点。

描述

写出关于事物变化的详细答案（包括原因、时间和地点等），并写出其特征。（提示：不要和“说明”相混淆）

讨论

写出与题目相关的问题。可能需要谈及不同的意见，并显示不同观点、意见和事实间的差异。

估算

假定一个粗略的接近值，而不必进行完备的计算或精确的测量。但这绝不只是猜测，而是要利用学过的科学知识推断出接近实际的值。（提示：不要和“计算”或“预测”相混淆）

说明

写出事物发生的过程和原因的详细答案。说出过程和理由。（提示：不要和“描述”相混淆）

评价

对给出的一些事实、数据以及其他各种信息，写出自己对这些数据和事实的结论或观点。

证明

给出证据或写出关于得到的答案的解释。

提要

仅给出问题的主要事实。这需要给出过程的步骤，即要按正确的顺序写出步骤。

预测

通过数据推定真实的数值或过程，可以借助计算等手段。这不是猜想，而是凭借科学知识和数据推定的方法。（提示：不要和“计算”或“估算”相混淆）

展示

写出事物发生的细节、步骤或必要的计算过程以佐证得到的答案。

推断

回忆学过的知识并在新的问题条件下加以应用，从而得出合理的问题答案。

写出

给出简短的答案，不必有支持性的论证。

重要提示

即使已理解题中的文字，对试卷中的问题也一定要认真审题。通过问题中给出的信息及答案中的数值，细心推敲考查本问题的目的。

如果需要，可借助描图像的方法。

注意不要忘记答案数值后的单位（除非已经给出）。

作出有意义的图像

科学家常用图表来清晰地描述数据，并据此发现数据的变化规律。用描点作图或作直方图法来呈现数据，以此来描述或说明数据所显示的内在规律。考试中的问题可能也是给出图像，要求描述或说明图像所表示的科学意义。

读坐标轴

看下面两个图像，它们都是描述一些国家每天消耗能源的数据的。

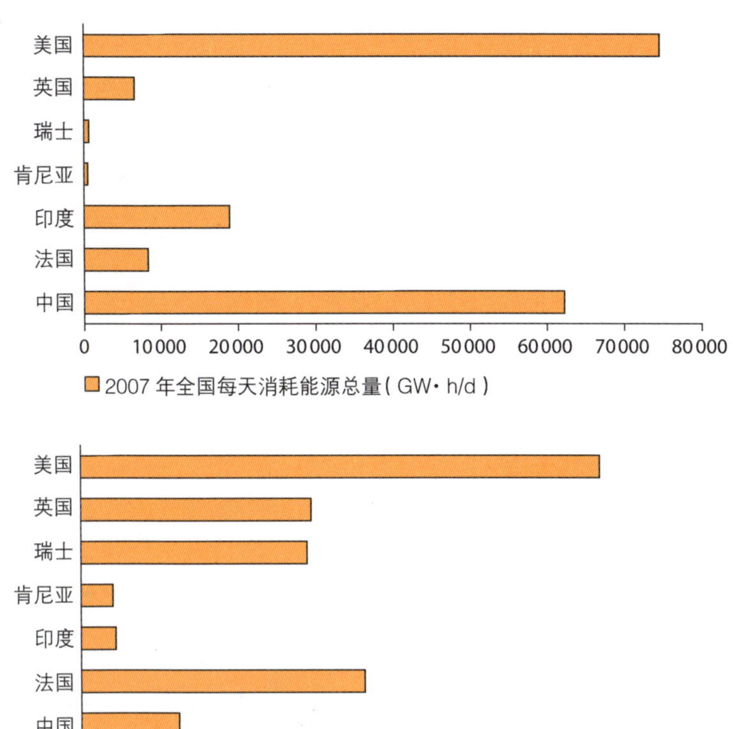

显示一些国家每天能源消耗总量和每人消耗量的图像。

同样是描述能源消耗量的信息，为什么这两幅直方图有如此大的差别？

观察图像横轴上的标注。

第二幅标注的是“每天每人消耗的能源量”，而第一幅则标注的是“全国每天消耗能源总量”。

例如，第一幅图像显示中国每天消耗的能源总量和美国接近，但因为中国的人口数是如此众多，以至于每人消耗的能源量是如此之少。

读图像的第一条规则：读坐标轴并确定其单位。

描述变量间的相互关系

图像上的各点构成的样式显示了两个因素间是否存在着关联。试看下面由分离的点构成的图像。

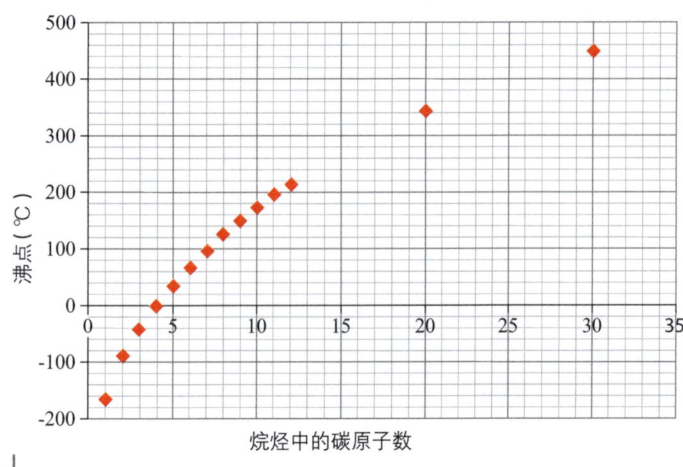

图像显示了烷烃中所含的碳原子数和沸点间的关系。

图像中的数据样式有一定的规律：烷烃随着分子中所含碳原子数增加，沸点也增大。

但它不是一条直线，而是一条较为光滑的曲线。对碳原子数很少的烷烃，每增加一个碳原子，其沸点升高很快。随着碳原子数的增多，虽然沸点也升高，但已不如先前那样快了。另一种描述的方式是图像的斜率（或梯度）随着碳原子数的增大而变小。

右边的图像显示了一个被感染的病人的细菌量随时间变化的关系。

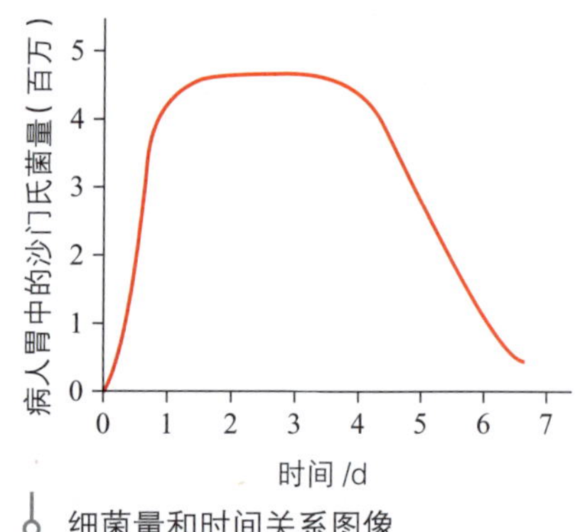

细菌量和时间关系图像

图像中有多少斜率不同之处？

图像主要可分为三段，每一段的斜率都不相同。因此，我们应能据此描述每一段图像（如果可能的话，还可连同数据）：

- 第一天，细菌量增大得非常快，直至增大到约 450 万。
- 此后的三天中，细菌量较稳定地保持在 450 万左右。
- 第四天开始，细菌量在此后的两至三天内锐减至 100 万以下。

读图像的第二条规则：分析图像的每一段，包括图像的斜率和数据的意义，以及单位。

存在相关性?

有时我们感兴趣于当一个事物变化时，另一个事物是否也随之变化。如果一个事物中的某个因素发生了变化，会带动其他的事物发生相应的变化，则我们说这两个事物具有相关性。

右图的两个图像分别显示全球温度随时间的变化和大气中二氧化碳的量随时间变化的情况。

这两组数据间存在相关性吗?

分析这两幅图像。为什么难以确定它们间存在着相关性?

这两组数据使用了不同的时间周期，因此虽然它们都显示是随着时间的推移而增大的，但仍难以确定它们间存在着相关性。

若两组数据按相同的时间周期将图像绘制在一起或使用相同的坐标轴，则可很容易地确定它们间是否存在相关性。如：

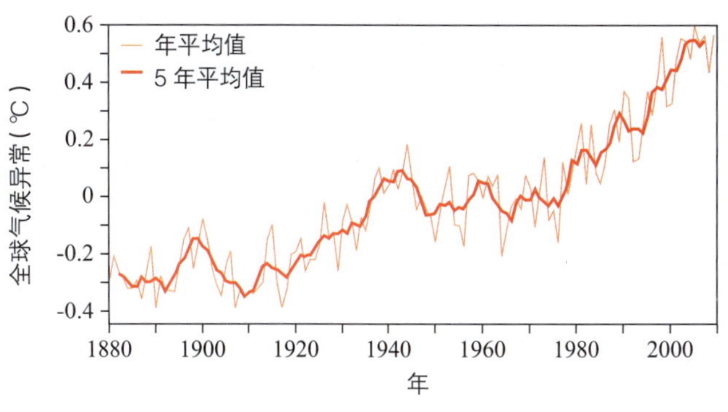

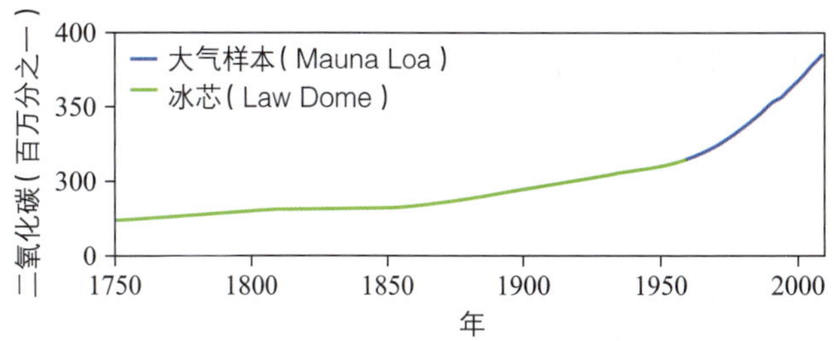

全球变暖和二氧化碳浓度间的关系图像。来源：美国国家航天航空局

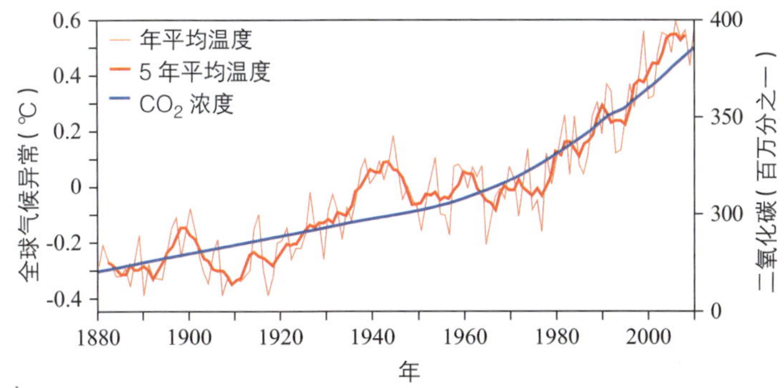

将上面的两幅图像中的数据描绘在同一坐标系中所成的图像。

当两组数据对应于相同的坐标轴时，要注意区分哪一轴对应哪个图像。

读图像的第三条规则：在寻求两组数据间的相关性时，要注意仔细甄别坐标轴。

解读图像

当图像表明两组数据间存在相关性时，科学家就试图辨析是否一个因素的变化会导致另一个因素的变化。他们使用科学观点去寻求其内在机制，以解释两个因素间存在相关性的原因。

可控评价

GCSE 科学课程的可控评价占总分值的 25%。它主要依据个案研究和实际数据分析的能力和水平来进行评价。

这一分数由学生就读的学校给出。

这有助于学生知道如何获取最多的学业学分。

告诫

最好的忠告是：计划在前。计划好研究所需的时间，稳步研究并合理使用所给的时间。完成的期限将很快来临。如果还有其他的课程要学习时尤其如此。

个案研究(12.5%)

日常生活中有很多科学能够解答的问题。这在电视、电台、报刊等媒体中常见到。个案研究是一种对科学问题的证据进行评估的报告。

牛津、剑桥和皇家艺术协会考试委员会会提供新闻话题作为考卷，这些都与本教程中学过的科学主题有关。

你可以选择其中之一作为自己个案研究的基础，明确要解答的问题。这些问题可能在下面的范畴之内：

- 科学知识不能确定的问题。例如："使用移动电话会损伤大脑吗"等。
- 用科学信息作出决定的问题。例如："是否应该禁止汽车通过商业街以减少空气污染"等。
- 个人提出的科学问题。例如："我的孩子应该接种麻疹、腮腺炎和风疹联合疫苗，接种牛痘吗"等。

你应该通过调查研究收集不同人群提出的意见和观点，评估收集到的所有信息，然后给出自己的结论。

选择信息

- 从不同的资料中收集信息，如书籍、互联网、报刊等。
- 审核信息来源。
- 选出与所研究的问题有关的信息。
- 确定信息源的可靠性。

理解问题的含义

- 利用科学知识理解并说明所研究的课题。
- 当引用其他人的观点时，要说出他们依据的科学证据(如来自实验、调查等)。

审视自己得出的结论

- 比较不同的证据和观点。
- 考虑实施的各种过程中所具有的利益和风险。
- 评估自己所想的是否做到了，并将此与你所报告的证据相联系。

呈现研究成果

- 确证所写的报告清晰明了，顺序合理。可用表格来帮助组织观点。
- 可以用别具一格的格式。例如，用撰写报告、发表报刊文章、PPT 投影、广告或小册子、网页等形式。
- 用图画、表格、图像等呈现信息。
- 注意文中的拼写、语法、标点，合理使用科学术语等。

创设个案研究

从哪里开始？

阅读得到的新闻资料并思考要研究的问题。

信息源包括：

- 互联网
- 学校图书馆
- 地方公共图书馆
- 科学教材和笔记
- 电视
- 广播
- 报刊
- 博物馆和展览会

何时开始可控评价？

个案研究将在学校学习过程中用一系列上课时间完成。

你可以在课外做一些研究工作。

实际数据分析工作也将在学校学习期间用一系列上课时间完成。

学校决定何时开始可控评价。如果你实施了不止一个个案研究或实际数据分析，则会选择一个能获得最佳分数的项目。

实际数据分析（12.5%）

科学家从实验和研究过程中收集数据，并用这些数据解释事物发生的原因。现在，你也可以对科学家实验中使用的方法和得到的数据进行评价。这将有助于你确定实验结论的可靠性。

实际数据分析任务基于你所进行的实际实验。这些实验设计并用于检验你的老师给出的假设和推断。这一过程可以独立完成，也可以小组合作完成。然后，你需要对数据进行解读和评价。

你的得分将来自以下几个方面：

选择收集数据的方法

- 实施能得到高质量数据的实验。
- 说明选择此种实验方法的原因。
- 说明安全操作的方法。

解读数据

- 用表格、直方图或图像呈现得到的数据。
- 阐明依据这些数据可以得到的结论。
- 用学过的科学知识解释得到的结论。

评价使用的方法和数据质量

- 回顾实验过程并说明可能的改进实验的方法。
- 说明证据的可信度。得到的结果充分吗？布局清晰吗？是否有重复测量来加以检验？重复实验能得到相同的结果吗？
- 对数据的可重复性进行评论。对异常数据作出解释，或说明不存在异常的原因。
- 提出改进意见或其他让收集到的数据使结论更可信的方法。

反思假设

- 利用学过的科学知识确定你采用的数据是否支持最后的结论。
- 推断还能收集其他哪些数据以增大假设的可信度。

呈现报告

- 确信完成的报告清晰明了，合理有序。
- 使用图表呈现信息。
- 注意文中的拼写、语法、标点，合理使用科学术语等。

B1 人和基因

为什么要研究基因？

你长得像爸爸还是妈妈？从孩提时起，常常会听到有人这样问起，我们的祖辈可能也无数次地产生过相同的问题。你的形态、结构，即你的性状可能和你父母中的某位很相像，却又不完全像他们，你是独一无二的。各种性状是如何从父母传给孩子的？科学家仅在数十年前才能回答诸如此类的问题。

已经知道的知识

- 有性繁殖的受精过程就是精子和卵细胞相结合。来自父母双方各一半的遗传物质融合在一起，从而产生了新的一代。也正因此，后代只能和父母相像，而不能完全一样。
- 同一物种的不同个体之间存在着差异，造成这种差异的原因既有环境因素的影响，也有遗传因素的影响。
- 克隆是和供体基因信息完全相一致的独特现象。
- 克隆技术牵涉到伦理层面的问题。

科学的应用

环境因素对生物具有巨大的影响力。例如，影响人的外表、身体及健康状况等。但这些特征同时也受到基因的影响。在本章中，我们将学习这些影响是如何产生作用的，以及作用的效果。由此，我们就可以了解遗传的奥秘。

要发现什么？

- 基因和环境因素共同决定生物的性状
- 为什么要了解基因及如何了解
- 我们如何应用关于基因的知识
- 我们是否赞同利用基因技术

科学观点

将来，科学技术有可能帮助人们在出生前就改变其基因。克隆胚胎可以提供治愈疾病的细胞。但是，随着新技术的发展，我们必须在是否使用克隆技术方面作出决断。这可能涉及伦理学方面的问题，必须作出它是“正确”或“错误”的决定性意见。

A 相同和不同

通过探究发现

- 是什么使我们各不相同?
- 基因是什么，其作用又是什么?

植物和动物都在很大程度上继承了亲代的特征，这是因为它们通过生殖过程获得了亲代的**遗传**（inherit）信息。这种信息都是通过**基因**（gene）传递的，可见基因控制着生物的性状。

在人类的许多特征的传递和延续中，遗传信息起到了极其重要的作用。所有人的相貌总体看起来有些相似，孩子总是与他们的父母相像。但如果我们仔细观察周围的人，会发现彼此间总是存在着微小的差异。正是这些微小的差异才使我们每个人是独一无二的。

大部分外貌特征取决于遗传和环境因素。

这对姐妹的外貌有些相像。

环境产生的差异

一个人几乎所有的外貌等特征都是由遗传自父母的基因决定的。例如，你血管中流动的血液的血型就取决于这种信息。同时，也有一些特征是由环境（environment）因素造成的，如伤疤和文身等。

由此可知，生物的大多数特征是由基因和环境共同决定的。例如，身体的重量一般取决于遗传信息，但过量饮食则会导致体重增加。

关键词

- 遗传
- 基因
- 环境

问题

1. 任意选择上面左边的照片中的两位学生，写出他们外貌上 5 个方面的差异。
2. 哪两个因素能影响人的生长发育?
3. 说明遗传信息的意义。

遗传——生命的传奇

生物体由细胞构成。如果我们通过显微镜观察细胞，就能看到**细胞核**（nuclei）。在每一个细胞核中，存在着细而长的被称为**染色体**（chromosome）的物质。每一条染色体中都包含有成千上万的基因。正是这些基因，控制着生物体的生长发育。所有这些基因存在的地方就是完成生命传奇的最重要的地方。

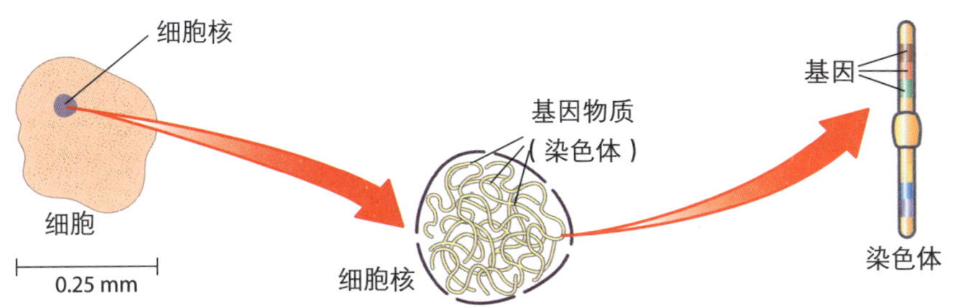

构建人体的所有信息都和细胞核内基因相匹配。
细胞核的尺度只有 0.006 mm。

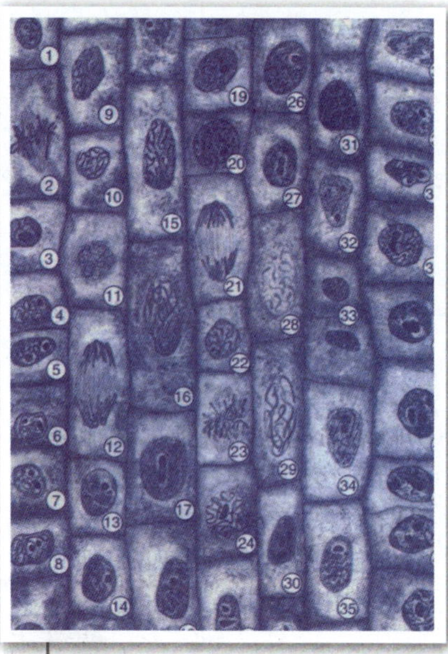

从处于分裂时期的植物细胞中可以看到变大的细胞核。从某个处于分裂中期的细胞中可看到向细胞两极分离的染色体。

染色体的构成

染色体由一个非常长的 DNA 分子构成。DNA 是脱氧核糖核酸的简称，而基因是 DNA 的片段。

基因是如何控制生物生长的？

受精卵细胞具有"指导"制造人体中所有蛋白质的作用。具体讲，就是基因在"指导"合成**蛋白质**（protein）。正是在基因的这种控制作用下，人体中才生成了各种蛋白质。

为什么蛋白质是如此重要？

蛋白质是细胞需要的重要化学物质。人体中有很多种蛋白质，且每一种都有独特的作用。它们可以分成：

- **建构**（structure）蛋白质。它用来组成身体各部分，如胶原等。肌腱中就必须有蛋白质。
- **功能**（function）蛋白质。它参与体内各种化学反应，如参与呼吸的**酶**（enzyme）等。

基因控制细胞产生各种蛋白质，就是它控制细胞形成，进而控制生物生长的途径。

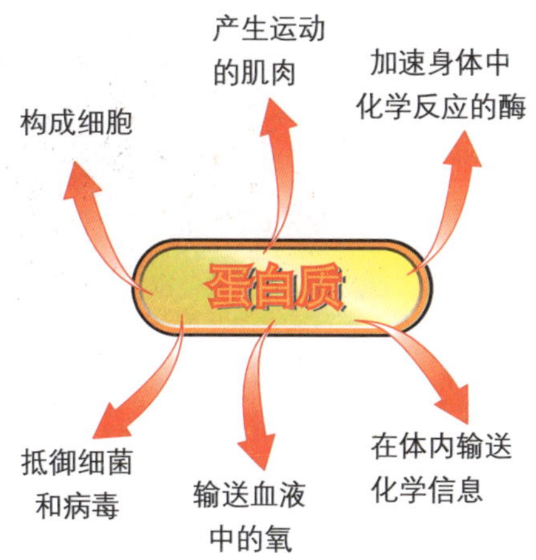

人体中大约有 5 万种蛋白质。

问题

4. 按从小到大的顺序为下列细胞的构成部分排序：
   染色体，基因，细胞，细胞核
5. 说明基因是如何控制细胞形成的。
6. a. 列出蛋白质在人体中的两类作用；
   b. 说出人体中的两种蛋白质及其作用。

关键词

- 细胞核
- 染色体
- DNA
- 蛋白质
- 建构
- 功能
- 酶

B 相同但不同

通过探究发现

- 为什么同卵双胞胎看起来相像?
- 为什么同卵双胞胎又不完全相同?
- 什么是克隆技术?

在婴儿降生后，什么信息能准确地控制他的生长发育呢？我们现在知道，是他身体中的基因。诸如耳垂、酒窝等一些特征，只由一对基因决定；而大多数的特征，如身高、体重、眼睛的颜色等，则要由好几对，甚至几十对不同的基因共同确定。但是，基因不是唯一起控制作用的因素。

双胞胎和环境

同卵双胞胎具有相同的基因，但他们的长相也并非完全相同。

同卵双胞胎，就是指一个受精卵分裂成了两个受精卵而产生了两个婴儿。这两个婴儿具有相同的基因信息，他们的长相不完全相同意味着他们间的差异可能与环境的影响有关。

大多数同卵双胞胎是在同一个家庭中长大的，因此所处的环境也应非常相近。但有时他们也会由不同的父母哺育，科学家试图找出对他们的特征产生影响的因素中，有多少来自于基因，又有多少来自于他们生活的环境。

人们往往非常惊奇地发现，一对分离的双胞胎重逢后还是如此相像，这样看来基因的影响是最主要的。不同的环境，确实会对双胞胎诸如体重等方面产生一些影响，从而和在同一环境中成长的双胞胎产生较大差异。

同卵双胞胎在出生时即被分离的情况是非常少见的。科学家用分离双胞胎婴儿来研究环境对其生长的作用是行不通的。因此，科学家经常用植物进行替代性研究。

问题

1. 决定是否有酒窝、是否有黑色的眼睛、身高能否达到 1.9 m 的主要因素是什么?
2. 为什么科学家认为研究同卵双胞胎是有用的?

克隆

我们将基因完全相同的生物称为**克隆体**（clone）。因此，同卵双胞胎是人类的克隆体！植物克隆体十分常见，比如草莓和吊兰是两种类型的植物，它们都能在匍匐茎端产生相同的小幼苗，即植物克隆体，再如水仙那样的球茎植物也能产生克隆体。

人工克隆植物很容易，用剪枝的方法就能做到。将一株成熟的植物切下一段培养，它很快就能产生新的根和茎，成为一株小植物，它和母本植物的基因相同。新植物就是克隆体。

我们也可以从植物体上取下一小块，在琼脂等特殊营养成分中进行培养，这叫组织培养，这样就可以用单一的植物产生数量巨大的克隆体。

一旦获得了一些克隆体，我们就可以研究环境对它们的影响了。若母本植物长得非常高，则要归因于它的基因。如果不让它得到充足的营养，或使其处于干旱状态，则又将如何呢？它还能长得高吗？当我们观察不同环境因素对克隆植物特征的影响后，会更好地理解基因和环境对植物的共同作用。

吊兰的后代都是其母本的克隆体。

你可以照图试着制作某种植物的克隆体。

问题

3. 什么是克隆（体）?
4. 对科学家而言，克隆植物为什么如此重要?
5. 请你描述如何利用克隆植物来显示环境对它们生长的影响。

关键词

✔ 克隆（体）

C 是什么使你如此？

通过探究发现

- 基因是如何遗传的？
- 亨廷顿病（一种遗传性疾病）

一家人长得相似可是很有趣的事。但是有一些不利特征的遗传就不让人开心了，如父亲的大耳朵和母亲的雀斑等。尤其是对一些致病的特征来说，家族遗传可能是非常严重的事情。

克雷格的故事

我的祖父仅有56岁，他身体一直很好，但最近却感到有点不适了，一直很健忘，这使我感到烦恼。虽然没有人对我说起此事，但我们都对他感到忧虑。

罗伯特的故事

我对自己如此有挫败感，是因为我不能安静地坐在椅子上，而且越来越健忘了。现在我经常无缘无故地跌倒。医生告诉我可能得了亨廷顿病，这是一种遗传性功能紊乱疾病。她让我做验血检查，我对此忧心不已。

克雷格和他的祖父罗伯特。

亨廷顿病

亨廷顿病（Huntington's disease）是一种遗传性功能紊乱疾病。人们一般不会通过传染而患此病，它是通过父母遗传给子女的。在人长到中年之前，其症状不会显现出来。症状开始时，人会难以控制肌肉，发生痉挛。渐渐地，患者开始健忘，难以理解事物并且难以集中注意力。亨廷顿病还常伴随情绪的变化，要不了几年，患者就有运动障碍了。这种遗传病给人带来极大痛苦。

关键词

- 亨廷顿病

罗伯特，56岁：
我最近一直好忘事并且在行走时磕磕绊绊。

艾琳，58岁：
罗伯特的妻子和他有一样的症状，他们的儿子戴维似乎也和父亲有同样症状。

莎拉，32岁：
如果我父亲患这样的病，那我得去做检查，以便我规划自己的生活。

戴维，35岁：
我还没有做相关检查，我可能也难逃一劫。

克雷尔，33岁：
戴维的观点很对，生活该怎么样就怎么样。不过，我确实为他和克雷格、汉娜担忧。

克雷格，16岁：
这太不公平了！我要查个究竟，但他们不同意，他们认为我不能知道得过早。

汉娜，14岁：
看起来所有人都不愿意和我谈及此事。

克雷格家庭成员。

问题

1. 列出亨廷顿病的症状。
2. 说明亨廷顿病被称为遗传性疾病的原因。

基因是如何遗传的？

一般说来，同一家庭的人看起来有些相像，但也有一些家庭中的兄弟姐妹之间长相差异很大，即使和他们的父母也可能长得很不像。这个问题的秘密就在他们的基因之中。

父母通过**性细胞**（sex cell）进行基因的遗传，对动物而言性细胞就是精子和卵细胞。性细胞携带了父母各一半的染色体。当一个卵子受精后成为受精卵，就获得了全部的染色体，进而发育成**胚胎**（embryo）。

受精卵携有父母双方的基因。

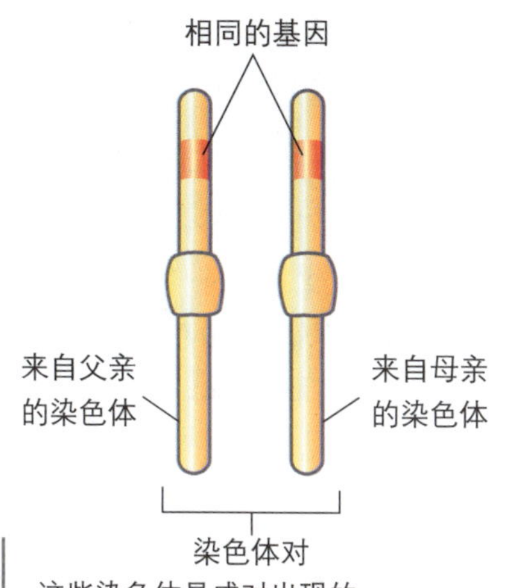

这些染色体是成对出现的。

每个细胞中有多少染色体？

染色体是成对出现的。人的体细胞中含有 23 对染色体。大多数成对的染色体具有相同的大小和形状，并在相同的位置具有相同的基因。这意味着人的基因也是成对出现的。

关键词
- 性细胞
- 胚胎

性细胞具有单一的染色体

性细胞各包含父母的一半染色体，即从一对染色体中只复制一条，这就保证受精卵正好有 23 对染色体。

成对染色体中的一条染色体来自父方的精子，另一条则来自母方的卵细胞。每个染色体都带有成千上万的基因。成对染色体彼此之间含有的基因数量相同。

因此，受精卵是包含父母双方基因的混合体。新生儿的基因一半来自母亲，另一半来自父亲。这就是他和父母都有些相像的原因。

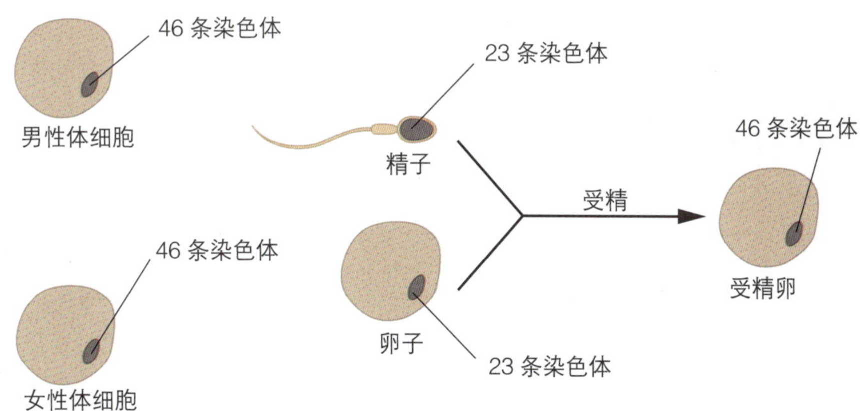

本图没有严格按比例画。人的卵细胞尺度约为 0.1 mm，约比精子细胞大 20 倍。

问题

3. a. 作图显示精子、卵子和受精卵细胞。
   b. 说明受精卵细胞中具有成对染色体的原因。
4. 说明孩子和父母双方都有点相像的原因。
5. 试说明同胞两姐妹却不完全相像的原因。

D 男人或女人？

通过探究发现

- 是什么决定了一个人是男是女？
- Y 染色体是如何决定婴儿性别的？

人们一直想搞清楚人类生男生女是怎么回事。对于男人来讲，他也曾经短暂做过“女人”。男性和女性在形成胚胎初期是非常相似的，要到 6 个星期后才能区分开。

是什么决定了胚胎的性别？

人类的受精卵具有 23 对染色体，其中第 23 对是性染色体。如果是男性则有 X 和 Y 两种染色体，即 **XY 染色体对**（XY chromosome）。若两种都是 X 染色体，即 **XX 染色体对**（XX chromosome）时，则是女性。

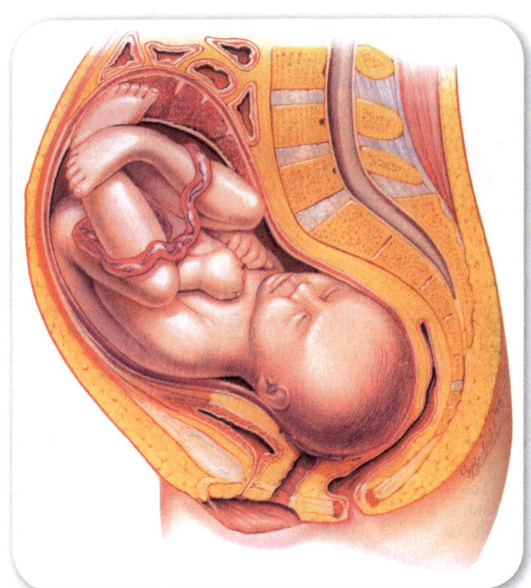

子宫中的胎儿。

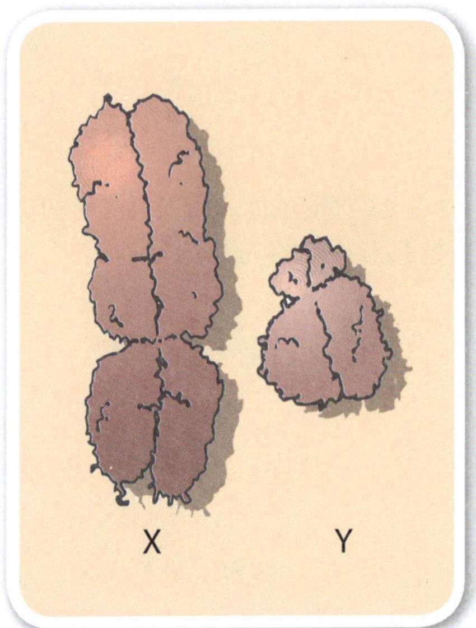

女性有两个 X 染色体。男性有一个 X 染色体和一个 Y 染色体。

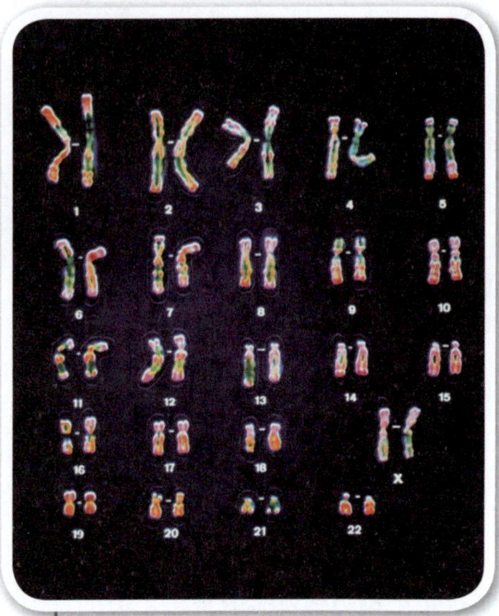

这些染色体取自女性体细胞核。它们成对地联结在一起。

关键词

- XY 染色体对
- XX 染色体对

生男或生女的几率各多大？

父母的染色体是成对的，在性细胞形成时，它只从染色体对中获取其中之一。故男性的精子中有一半具有 X 染色体，另一半具有 Y 染色体，而女性的卵细胞中都只有 X 染色体。

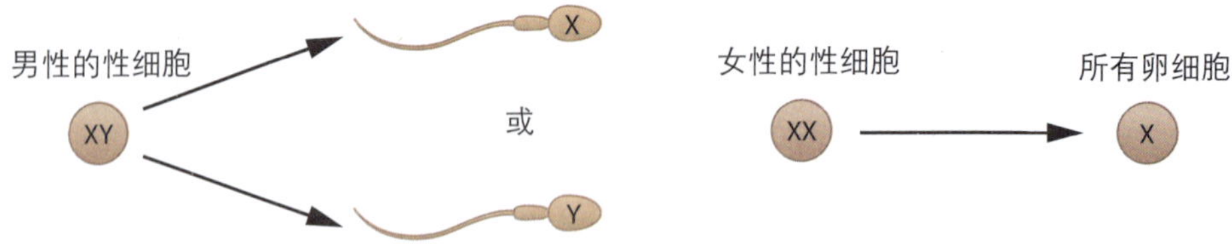

精子中含有 X 和 Y 染色体的数量各为 50%，即当卵细胞受精时，成为男孩或女孩的几率各为 50%。

Y 染色体是如何使胚胎成为男性的?

男性胚胎在形成 6 星期后发育出睾丸，这是 Y 染色体上的 SRY 基因决定的。SRY 意为：具体决定人类男性性别的（Y）基因片段。

睾丸产生男性特有的激素，即雄性激素，它使胚胎向男性化发育。如果没有雄性激素存在，则发育出女性的卵巢、阴蒂、阴道等性器官。

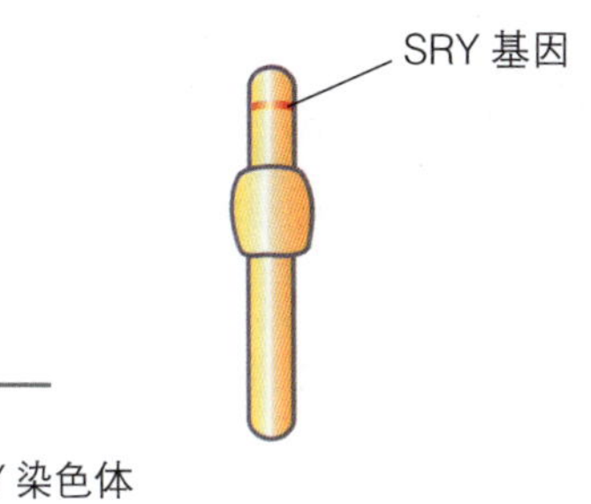

Y 染色体

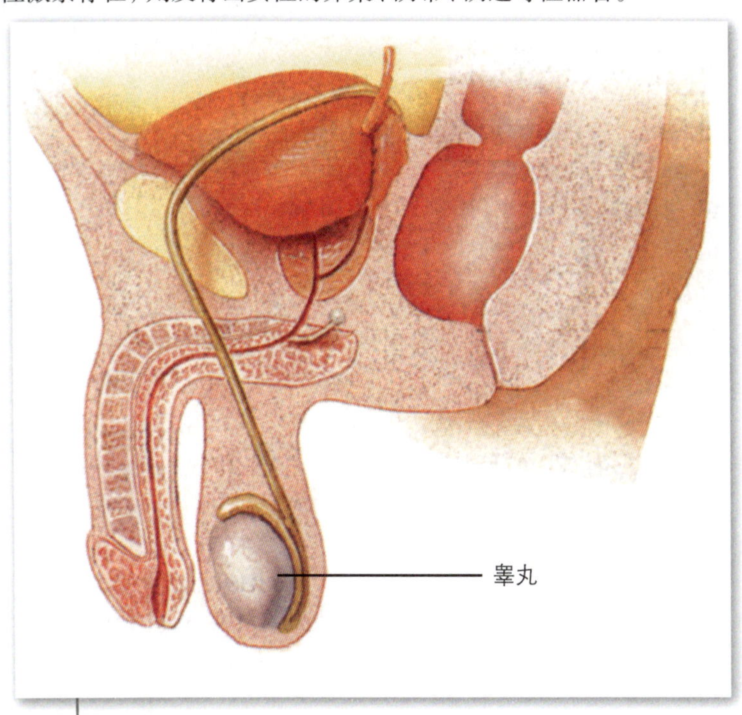

男性生殖系统。

什么是激素?

激素（hormone）是一种能控制多种细胞功能的特殊化学物质。人体的多个部位能产生少量的激素。在本书的 B2 部分“保持健康”中，介绍了更多关于激素的知识。

简的故事

18 岁时，简在一所学院里学习。她因为随同学院足球队外出比赛而感到非常兴奋。她认为因为自己参与了很多体育活动，而使得生理周期尚未开始。

其后的科学课上，她检查了自己的面部细胞中的染色体，意外发现她具有男孩才有的 XY 染色体对。

有时，具有 XY 染色体对的人长得和女性一样。这是因为他们身体中虽然能产生雄性激素，但细胞对此并不敏感。约每 20000 个人中有 1 例这种情况。这类人身体上交互出现小睾丸和小阴道。他们是不能生育子女的。

简得知这一情况后慌了神，感到难以接受，但她还是将此告诉了自己的男朋友。现在他们已经相安无事地在一起了。

问题

1. 下列细胞核中可能存在哪种性染色体?
   a. 男性体细胞
   b. 卵细胞
   c. 精子
2. 说明胚胎发育成男性需要 Y 染色体的原因。
3. 如果你是简的男朋友，则对她的境遇作何感想?

E 独特的基因组合

通过探究发现

- 基因对是如何控制特征的?
- 囊胞性纤维症(一种遗传病)
- 在婴儿降生前测试他的基因

关键词

- 激素
- 等位基因
- 显性
- 隐性
- 基因型
- 表现型

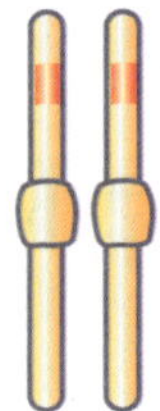

这表示一对染色体,用彩色标出了控制长出酒窝的基因。

这个婴儿能长高并有一头红头发吗?他具有音乐、体育或是科学天赋吗?大多数这些特征是由环境和基因共同决定的,但也有一些特征仅是由基因决定的。对此,我们能够很容易理解。

这个婴儿通过遗传获得了独特的基因信息。

基因的变异

染色体对中的两条染色体上存在着控制人体某一特征的成对基因,成对的基因位于成对染色体的相同位置。

但成对的基因并非完全相同,可能有些许差别。我们可以将其想象成足球运动员的队服,主场和客场所穿的队服虽然基于相同的样式,却有点不同。位于一对染色体上相同位置的这样一对基因,控制着生物的相对性状,称为**等位基因**(allele)。

显性等位基因在起作用

举个例子,人体有一对控制酒窝生长的等位基因。D等位基因使人长出酒窝,而d等位基因则不能长出酒窝。

通过遗传获得的等位基因组合被称为**基因型**(genotype)。

是否长酒窝,这些人的长相等外表特征被称为**表现型**(phenotype)。

D等位基因是**显性**(dominant)的,后代的这对等位基因中,只要复制了一个D基因即可决定人的长相有酒窝。而d等位基因则是**隐性**(recessive)的,只有两个隐性等位基因同时存在才可决定一个人不长出酒窝。

人能够遗传哪种等位基因?

性细胞从父亲或母亲的每个染色体对中各只获得一条染色体,故它只获得一对等位基因中的一个。如果父母具有两个D或两个d等位基因,则它只能获取一个D或一个d基因,也就只能遗传一个D或一个d基因。

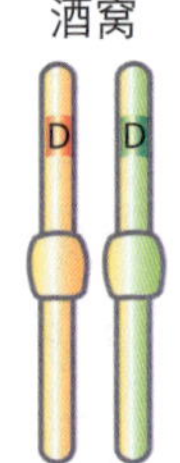

此人从父母那里遗传了D等位基因,因此他有酒窝。

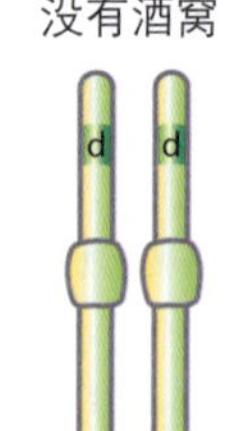

此人从父母那里遗传了d等位基因,因此他没有酒窝。

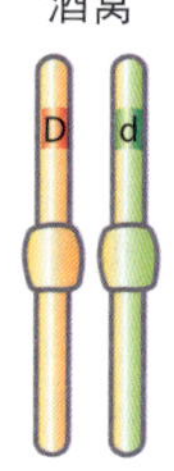

此人从父母那里遗传了一个D和一个d等位基因,因此他有酒窝。

如果父亲或母亲的等位基因是由一个 D 和一个 d 组成，那么他们一半的性细胞将获得 D 等位基因，而另一半则获得 d 等位基因。

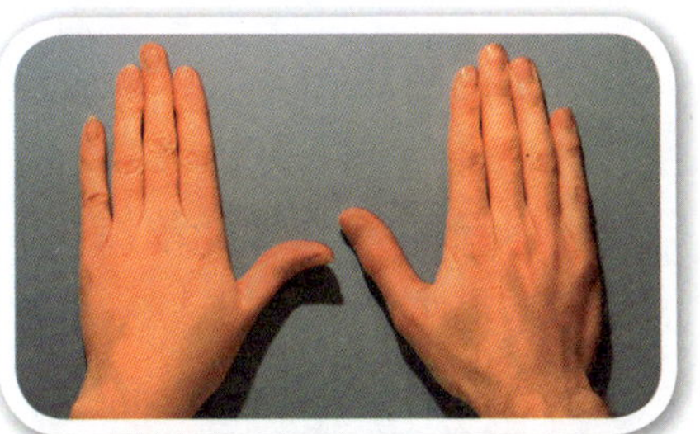
使拇指能伸直的等位基因是显性的（T），而使拇指弯曲的是隐性的（t）。

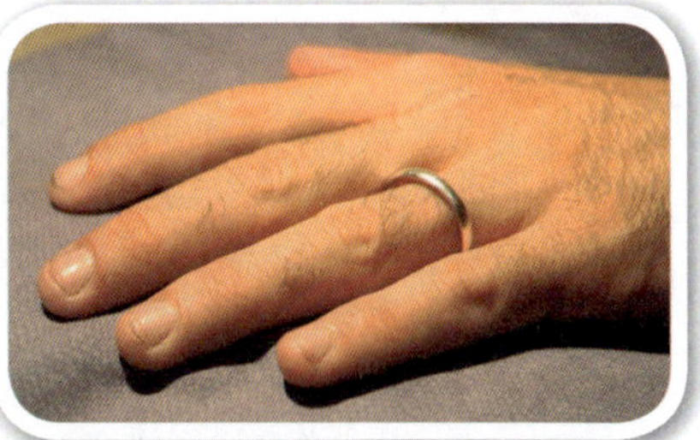
使手指中部长毛发的等位基因是显性的（R），不长的是隐性的（r）。

人的运气

我们还不可能预测具体是哪个精子使哪个卵子受精。基因图谱（庞氏图）显示了所有成对结合的可能性。

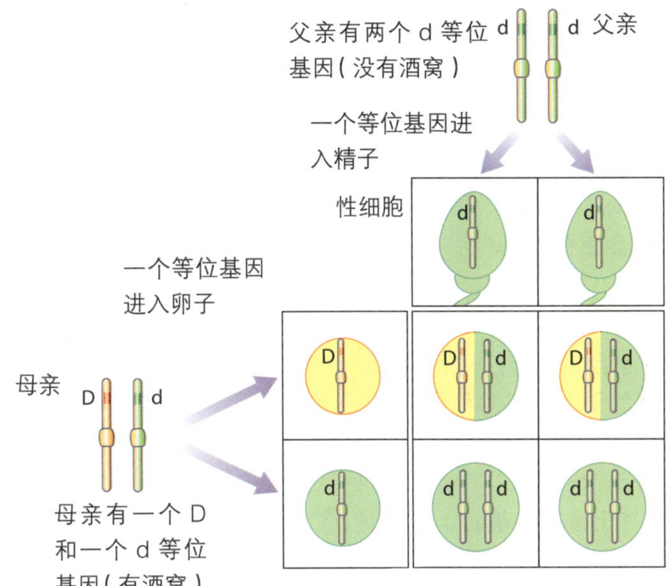

关键词
- 纯结合子
- 杂合子

为什么兄弟姐妹看起来也不是完全相同？

人类具有 23000 种基因，而每种基因又具有不同的等位基因。若某个个体遗传得到的等位基因相同，则称为**纯结合子**（homozygous）（DD），而若遗传得到不同的等位基因，则是**杂合子**（heterozygous）（Dd）。

兄弟姐妹的长相存在差异，是因为他们获取了其父母的等位基因的不同组合。除了同卵双胞胎外，每个人的基因都是各不相同的。

家庭遗传

亨廷顿病是一种由显性等位基因引发的单基因紊乱疾病。只要从父母那里遗传这种等位基因，就会产生这种病症。我们前面提到的克雷格一家，因为他的祖父罗伯特有这种病，使得他的父亲戴维也有这种病，这可能都是由于他们通过遗传获得了有缺陷的等位基因而导致的。当时，克雷格一家决定先不去检验，从而不让克雷格过早知道病症。

问题

1. 写出等位基因的意义。
2. 说明对每一种基因要通过遗传获得两个等位基因的原因。
3. 说明显性和隐性等位基因间的差别。
4. 什么样的等位基因组合会导致如下性状产生：
   a. 有酒窝
   b. 有直拇指
   c. 无名指中间无毛发
5. 用图说明一对有酒窝的夫妇所生的孩子没有酒窝的原因。
6. 用图说明戴维经遗传获得亨廷顿病致病基因的几率。

亲爱的克雷尔：

请帮助我！我丈夫休和我被告知我们的第一个孩子患了囊胞性纤维症。我们家无人得过此病。是否是在我怀孕期间出了什么差错？对此我非常忧虑。

你的　爱玛

亲爱的爱玛：

真难为你了！首先，你在怀孕期间做的任何事都不会导致这一后果，因此不要有负罪感。囊胞性纤维症是一种遗传病……

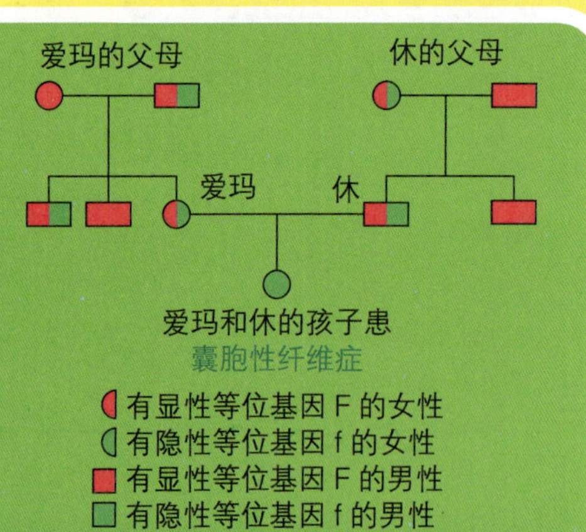

▲这一家族遗传谱系显示了爱玛和休的孩子患囊胞性纤维症的原因。

亲爱的医生：

我们上个月已经接到爱玛的很多来信，因此本月我们正在深入研究囊胞性纤维症。在英国，每 25 个人中就有一个这种病的患者。

什么是囊胞性纤维症?

人不可能经传染等途径患**囊胞性纤维症**（cystic fibrosis），它是基因遗传疾病，即通过父母遗传给孩子的。它会对呼吸和消化产生大麻烦，导致产生体液的细胞不正常，导致体液更黏稠从而堵塞肺泡管，也会堵塞从胰腺向肠道输送酶的管道。患囊胞性纤维症的人呼吸困难，会导致多种胸部感染，而肠道酶缺失也意味着食物不能正常消化，从而使人营养不良。

囊胞性纤维症是如何得的?

大多数患有囊胞性纤维症（CF）的人都不能生育，这是因为黏稠的体液影响了生殖系统的正常功能。患囊胞性纤维症的儿童的父母可能是健康的。这初看起来会感到奇怪：为什么没患此病的父母会产下患此病的孩子呢?

答案是：一个孩子有几万个基因，而其中之一才指令细胞产生体液，但有时基因的工作也会出差错，不能行使这一功能。

具有一个显性的正常功能的等位基因（F）和一个隐性的致病等位基因（f）的人，将不会患囊胞性纤维症。他仍能产生正常的体液，但他是致病等位基因的**携带者**（carrier）。当作为这种携带者的父母在生成性细胞时，就会有一半存在正常等位基因，另一半存在致病等位基因。两个致病等位基因在受精时相遇，婴儿将患囊胞性纤维症。在英国，每 25 个人中就有一个这种病的患者。

本图显示的是作为囊胞性纤维症等位基因携带者的健康父母遗传给子女的方式。▶

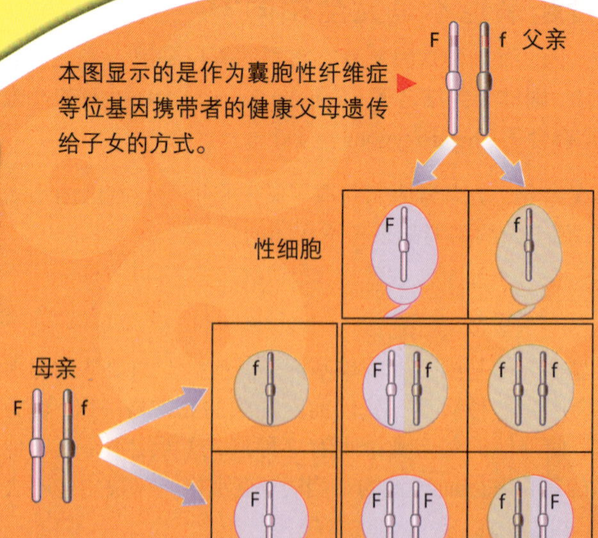

关键词
- 囊胞性纤维症
- 携带者
- 终止妊娠

患囊胞性纤维症能治愈吗？

到目前还不能，但是随着人们的研究不断深入，治疗技术也在发展。例如用理疗的方法可以清理肺部的积液，吞服特种药片以增加肠道中缺少的酶，用抗生素治疗肺部，用酶喷剂使肺内的积液变稀。因此，减轻症状变得很容易。新技术使人们看到了治愈的曙光。

▲患了囊胞性纤维症的患者每天都进行理疗以清理肺部的积液。

人们的选择

如果一对夫妇知道了子女具有患囊胞性纤维症的风险，可以对子女进行相应的检查。在怀孕期，从发育的胎儿身上取下细胞并检验其基因。若胎儿具有两个囊胞性纤维症的致病等位基因，则生出的孩子将患囊胞性纤维症。这时父母应选择人工流产，**终止妊娠**（termination）。

医生从胎儿身上获取细胞的方法

获取胎儿细胞的两种途径：

- 羊膜穿刺术测试
- 绒毛膜绒毛测试

下图显示了实验过程。

▼ 羊膜穿刺术测试

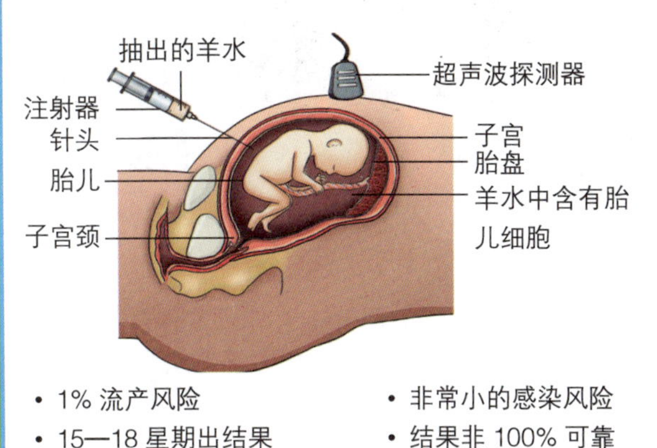

- 1% 流产风险
- 15—18 星期出结果
- 非常小的感染风险
- 结果非 100% 可靠

▼ 绒毛膜绒毛测试

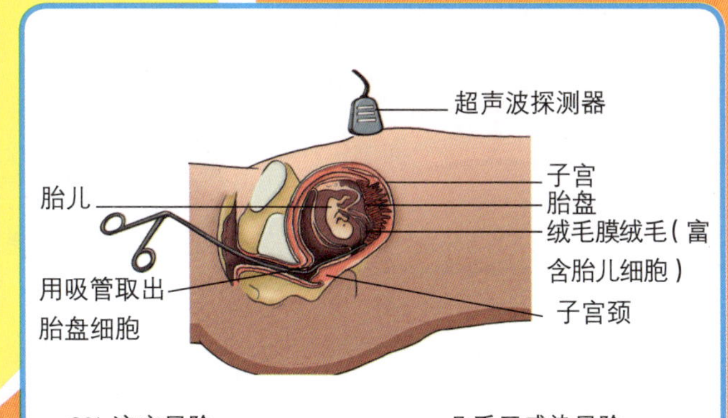

- 2% 流产风险
- 10—12 星期出结果
- 几乎无感染风险
- 结果非 100% 可靠

问题

7. 杂志医生肯定爱玛在孕期的行为不会导致婴儿患囊胞性纤维症。为什么她如此肯定？
8. 患囊胞性纤维症的人分泌的体液是黏稠的。试描述这可能导致的健康问题。
9. 说明某人是囊胞性纤维症“携带者”的意思是什么？
10. 一对患囊胞性纤维症的夫妇想要一个孩子。作图确定他们的孩子出现下列情况的几率：
    a. 患囊胞性纤维症
    b. 囊胞性纤维症携带者
    c. 没有囊胞性纤维症等位基因

F 从伦理上做决定

通过探究发现

- 人们是如何从伦理上做决定的？
- 基因信息可能被如何使用？

简的侄子患了囊胞性纤维症。知道这一消息后，她和丈夫都为将来生育孩子忧心忡忡。于是他们一起去做了**基因测试**（genetic test）。结果显示，他们都是囊胞性纤维症携带者。他们决定等简怀孕后去做羊膜穿刺术测试。

“在怀孕期间，我们对每个孩子都做了羊膜穿刺术测试，”简说，“很不幸，当首次怀孕时我们不得不终止妊娠，因为从胎儿身上发现有囊胞性纤维症。现在我们幸运地有了两个健康的孩子。我们最看不得孩子受罪。”

关键词

- 基因测试
- 伦理

他们在简首次怀孕时作出了终止妊娠的痛苦决定。当人们不得不对自己行为的对与错作出决定时，都要考虑**伦理**（ethics）问题。简和丈夫决定终止妊娠时，也面临着伦理问题。

伦理——对和错

对一些伦理学问题，对的答案是显而易见的。例如，我们是否应该饲养并关爱宠物？答案当然是肯定的。但是在诸如简和丈夫面临的情况下，人们可能对正确的答案说不，因为他们会以不同的角度考虑伦理问题。

例如，简和丈夫认为他们必须得权衡各种选择的后果，要考虑在保持怀孕现状和终止妊娠间作出抉择，这可能影响到所有相关的人。因此，他们必须在所怀的孩子患囊胞性纤维症而带来的痛苦方面作出判断。

为了全面考虑后果，他们也不得不正视生病的孩子也具有生命权的问题，正如他们可能会怀有的其他孩子一样。有一些人认为，他们不能因照顾患有严重遗传性疾病的孩子而担负额外的责任。

乔患有严重的遗传疾病，但她的父母却认为人工流产是错误的。于是，他们决定不多要孩子，而不是利用羊膜穿刺术获取胎儿的遗传信息。

不同的选择

不是所有人都能像这对夫妇那样权衡各种后果而作出相同的选择。

有人认为任何疾病都可能会对人的生命质量产生灾难性影响。但也有人尽管患有非常严重的疾病，仍保持乐观心态，生活得很幸福。

简夫妇从伦理上作出决定，不是只考虑了各种选择可能会产生的后果。这正是处理伦理问题的一种方式。

当认为行为错误时

对一些人来讲，人工流产本身可能是十分错误的行为。他们认为未出生的孩子也具有生命权，要像对待已出生的孩子一样保护他们免受伤害。还有人认为人工流产是不合理的，我们不应干预妊娠。人们持有的这些观点，都是他们自己的看法，当然也可能含有宗教色彩。

处于和简夫妇相同处境中的夫妇可能会觉得人工流产是错误的，并可能决定不生育孩子。就是说他们不想遗传致病等位基因。那些仍决定要孩子的夫妇，则要照顾好患有遗传疾病的孩子。

什么是作出决定的伦理争论？

正确的决定应有益于大多数人。

很多行为是错误的，应该制止。

人工流产是错误的，无论我的孩子如何，我都会照顾他。

对孩子以后是否生病有知情权，对我们来讲是公平的。

问题

1. 说明“伦理问题”的含意。
2. 描述关于与简夫妇处境相同夫妇的三个不同观点。
3. 对胎儿进行严重疾病的基因测试这种做法，你的观点是什么？请说明你的理由。

通过探究发现

- 什么是基因测试?
- 什么是遗传筛选?

基因测试的可靠性

基因测试被用于检查导致遗传疾病的等位基因。很多人像简夫妇那样必须依据基因信息作出是否要孩子的决定。同样，基因测试也可用于决定是否应中止妊娠。

因此，了解这种测试的可靠性是非常重要的。在一些案例中，仅用这种测试并没能测出囊胞性纤维症，这被称为**假阴性**(false negative)。这种测试仅检查差异囊胞性纤维症基因缺陷中的普通 DNA 差错。**假阳性**(false positive)结果不常见，但是在测试中出现技术差错时会出现。

这对夫妇都患有囊胞性纤维症。在孕期他们做了羊膜穿刺术测试。结果显示胎儿没有患此病。果然他们得到了一个完全健康的女儿。

为什么要进行基因测试?

如果人们知道自己家族中有遗传病，通常仅进行基因测试，想以此知道自己是否是携带者。大多数生出囊胞性纤维症孩子的父母都知道自己是该致病基因的携带者，但是在孕期都没有进行基因测试。

现在英国对每个新生儿都要进行囊胞性纤维症基因筛选。他们都要通过验血进行生化测试，而不是费用高昂的基因测试。如果生化测试中婴儿的囊胞性纤维症基因呈阳性，则就要进一步进行基因测试以确定诊断结果。如果确诊，在肺被严重损伤之前就开始治疗。对全体国民或大量人群进行的基因测试称为**遗传筛选**(genetic screening)。

谁来决定遗传筛选?

关于是否进行遗传筛选是由英国政府和地方的国家卫生事业局共同决定的。国家卫生事业局的工作人员在决定进行遗传筛选时，必须考虑下列各种因素：

- 测试所有人的费用。
- 测试所有人的效益。
- 花费的钱比用在其他方面更有利吗? 例如，比髋关节移植手术、治疗癌症和治疗已经患有囊胞性纤维症的人等更有益吗?

我们能吗? 应该吗?

4 位来自拉比·约瑟夫·爱克斯坦家族的孩子死于一种称为泰萨二氏病的严重基因疾病。在英国，每 30 万人中就有一人患泰萨二氏病。但在 1980 年代，欧洲犹太人家庭中，每 3600 人中就有一人死于此病。

关键词

- 假阴性
- 假阳性
- 遗传筛选

1983 年，拉比·爱克斯坦建立了遗传筛选体系，对做婚前检查的人进行遗传筛选。如果两人都是隐性等位基因的携带者，则要对他们提出忠告：要么不结婚，要么进行产前筛选，发现胎儿有遗传病后立即终止妊娠。作为遗传筛选的结果，泰萨二氏病几乎没有再在世界范围内的犹太社区内出现。

测试自己的基因

你愿意知道更多关于自己基因的信息吗？如果愿意，则可购买 DNA 测试试剂盒，它能测出超过 100 种不常见的基因变异，其中包括囊胞性纤维症和泰萨二氏病。一些科学家希望这种测试能有助于预防遗传疾病。还有一些科学家认为，不值得为检查这些发病率极低的不常见遗传病而大动干戈，且要冒花钱使人产生不必要忧虑的风险。

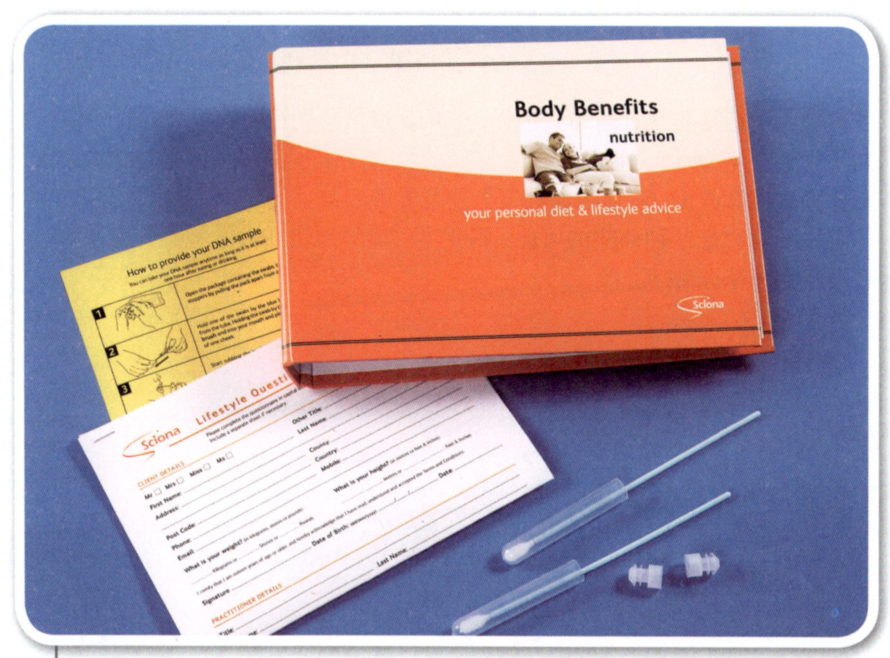

使用这种简单的 DNA 测试试剂盒在家里也可以做 DNA 检测。
你想知道自己的 DNA 信息吗?

关于遗传检测的展望

科学家已经能测定任何人的全部 DNA 序列，目前你只要为此支付几千英镑即可。在未来五年内，这一费用可能会便宜到任何人都能承受得起。每个新生儿的基因组也能被测定出来，但我们将如何利用这些信息呢？

问题

1. 什么是“假阴性”和“假阳性”的结果?
2. 为什么了解检测得到的假性结果是非常重要的?
3. 说明遗传筛选的含意。

卡罗琳对药物有非常危险的反应。利用基因测试有助于她避免这种反应。

找出正确的医疗方法

2009 年，卡罗琳·梅杰开始用药物治疗癌症。然而，4 天后她就因心脏问题而住进了特护病房。她属于对抗癌药物有严重不良反应的少数人之一。但卡罗琳是幸运的，在她康复后发现心脏并没有受到永久性损伤，且到目前癌症也没有复发。

将来，对成人的基因测试会解决这样的问题。医生认为，我们可以用对病人进行基因测试的方法来评估所服的药物。一些人体内产生的酶能够快速分解药物，故他们需要比大多数人多得多的剂量，而另一些人则不产生这种能分解体内一定量药物的酶，那些本来是治病的药物却会使他们中毒。将来，通过基因测试能发现一个人是否具有产生这种酶的基因，从而使所用的药物恰到好处地契合他的基因型。

遗传筛选告诉了我们什么？

彻底的遗传筛选能告诉我们是否有促生如心脏病、各种癌症等特殊问题的基因。但要记住：大多数这些疾病的发病来自于基因和生活方式的共同影响。

基因信息是非常有用的。例如，若从基因信息发现你发展成心脏病的可能高于平均水平，那么，你就要改变自己的生活方式了。如果你不抽烟、节食且积极从事体育锻炼，就能很大程度上降低导致心脏病的环境影响。又若从基因信息发现你有患某种癌症的可能，则要尽可能早地定期去做检查，及时发现并有针对性地进行治疗。

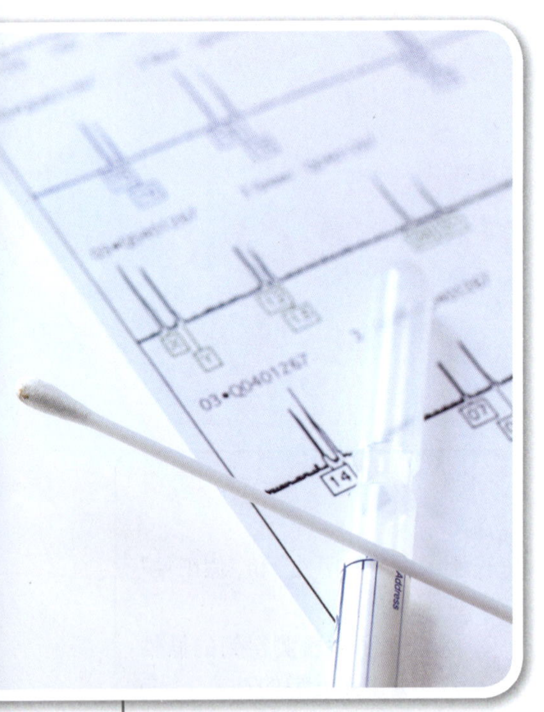

将来，使用何种药物治疗取决于基因测试的结果。

问题

4. 对成年人的基因测试是如何防止他们生的婴儿患遗传疾病的？
5. 你认为对成年人进行基因测试的益处和害处各是什么？
6. 基因测试如何使药物治疗更有效？可能产生的问题是什么？

使用遗传筛选正确吗?

人们要进行遗传筛选的原因是显而易见的:

- 当一对夫妇决定生育孩子时，极想知道未出生的孩子是否有患遗传病的危险。
- 当一个家庭中发现有遗传病时，他们都想知道是否还会持续遗传。

乍一看，遗传筛选好像对任何人都是一件好事。但是，对大多数人最好的决定并不一定就是正确的决定，因为遗传筛选要考虑到一些伦理问题，这包括:

- 谁应该知道测试的结果?
- 测试结果对人在将来作决定会产生怎样的影响?
- 应该强制人们做这种筛选吗? 他们可以作出选择吗? 人为干预正确吗?

英国有二十五分之一的人携带囊胞性纤维症的等位基因。一些人认为知道了这些相关信息是有用的，但也并非所有人都同意这种看法，他们有自己的理由。一个决定可能对很多人有利，但如果它对少数人造成了大的伤害，则这种决定就可能不是正确的。

对于进行针对囊胞性纤维症的遗传筛选是否是件好事，人们存在各种不同的观点。

问题

7. 各给出两种支持和反对针对囊胞性纤维症进行遗传筛选的论据。
8. 你同意哪种论点? 试说明原因。

谁有权利知道你的基因信息？

若通过某人的基因型发现他患心脏病的几率比常人的高，谁有权利知道这一信息？是他的伙伴、他的家人、他的老板，还是他投保的保险公司？

很多人认为，只有测试者本人和医生才有权利知道测出的基因信息。其他人知道了，可能会影响到他的工作前途，或导致他难以获得人寿保险。

人寿保险的作用是什么？

一个人付给保险公司一定的费用购买人寿保险，这种费用被称为保险费。反过来，当这人生病或去世后，保险公司将要给付协议约定的一笔钱。人们购买人寿保险的目的，是保证自己遇到健康危急或过世后，获得供自己和家人生活下去的费用。

人们用这样的信息来确定一个人应付的保险费：风险越大，所付的保险费也越高。

状态	2007年由吸烟而引发的疾病的死亡率（%）	
	男性	女性
癌症		
肺癌	88	75
咽喉癌和口腔癌	76	56
食道癌	70	63
心脏病和循环系统疾病	11	15

保险公司应该知道投保人的基因信息吗？

保险公司要对投保人死于平均寿命之前的可能性进行评估。如果他们认为这种风险过高，则要收取高于平均值的保险费。有人认为保险公司获取了投保人的基因信息后，可能会对投保人不利。对其他个人来讲，也可能会这样做。但是，具有较高危险基因的人并不意味着肯定死得早。下面是一些相关的论点：

- 如果通过检测表明某个人患某种病的可能性更高，则保险公司可能或者不会让他投保，或者是收取更高的保险费。
- 保险公司可能会要求每个人在投保前必须进行基因检测以判断他是否会患某种疾病。
- 投保人可能不会告诉保险公司他患有某种遗传疾病。
- 因为害怕得不到相应的保险，所以人们拒绝接受基因测试。这样他们有可能错失对疾病进行治疗的机会。

美国在 2008 年颁布了基因信息非歧视性法案，据此保险公司不能依据基因测试的结果拒绝任何人购买健康保险，或收取高额的保险费；用人单位也不能依据基因测试的结果决定雇用或解雇某人。

在英国，直至 2014 年底，保险公司都不同意收集和使用个人的基因信息。同理，人们担心基因测试的信息泄露会影响求职。政界人士正在考虑用法律的形式约束基因信息被滥用的问题。这种博弈至今已持续了十几年，但仍没有决定性的结果。

政策是什么？

科学家已经开始利用 DNA 技术解决刑事犯罪方面的问题。利用遗留在犯罪现场的细胞可以制出 DNA 图谱。除非是同卵双胞胎，两个人有相同的 DNA 图谱的几率只有五千万分之一。

在英国，有人认为应建立全国性的 DNA 数据库，以记录全国每个人的生命特征。如果每个人在刚出生时就被采集到基因组序列，将来使用起来将非常得心应手。其他的这种采集并贮存基因信息的机会一般只有在人被逮捕或被定罪时才有。也有人权保护者反对建立这样针对每个人的 DNA 数据库，他们认为这侵犯了个人隐私并相当于在无辜者和罪犯间划等号。

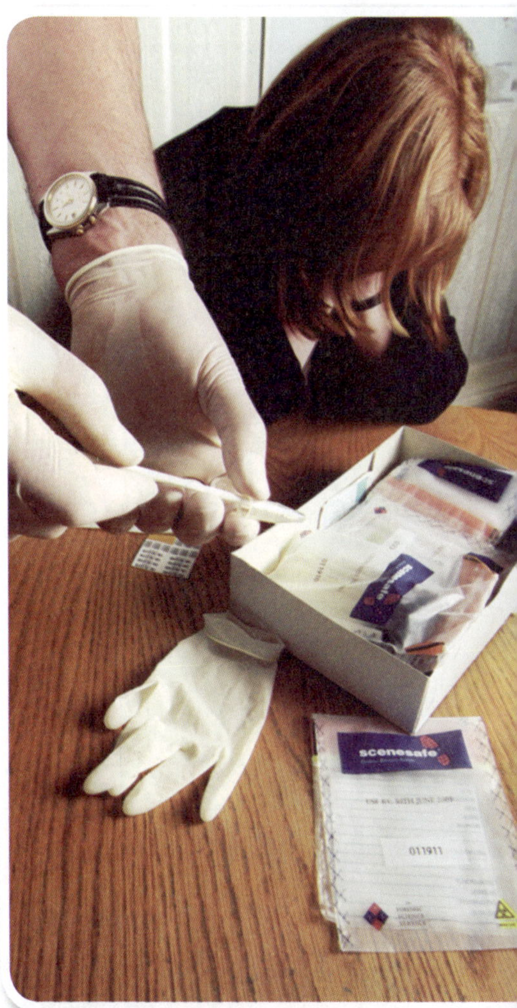

DNA 证据已被用于证实很多犯罪者的罪行，同时也为一些无辜者洗清了罪名。

问题

9. 如果基因测试显示你患心脏病的几率高于一般人，你认为你还能申请应聘如下的工作吗？
   a. 飞行员
   b. 推销人寿保险
10. 写出支持和反对英国政府建立 DNA 数据库的观点。
11. 你是否同意建立新生儿的 DNA 数据库？试说明理由。

H 人们能有选择地生育孩子吗?

通过探究发现

- 新技术是如何保证人们能选择胚胎的?
- 人们为什么认为这一新技术应该被应用?

莎丽服用"受精药"而排卵。受精药含有激素。

↓

通过一个小手术,医生取得卵子。

↓

用鲍勃的精子使这些卵子在培养皿中受精。

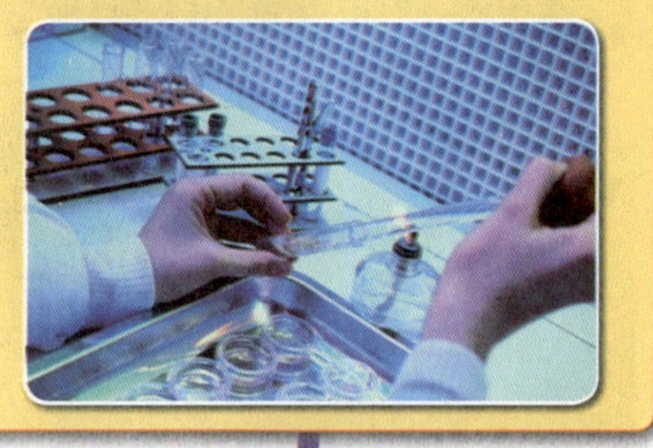

↓

当胚胎分裂为 8 个细胞阶段,将其中之一移走。

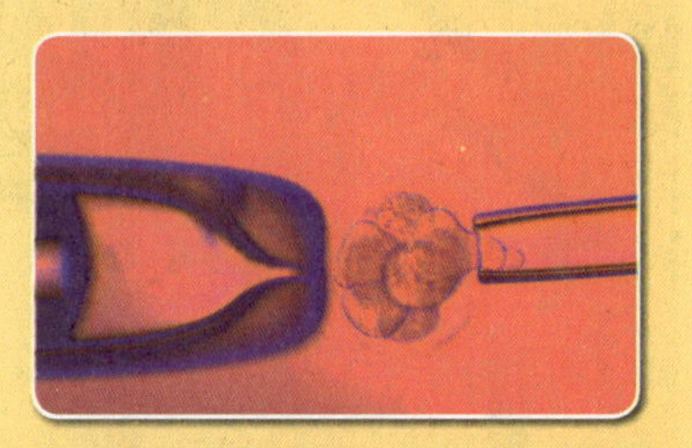

↓

对这一细胞进行测试,看是否携有亨廷顿病等位基因。这一过程称为胚胎植入前基因诊断。

↓

只有不携有亨廷顿病等位基因的胚胎才被植入莎丽的子宫中。

很多人不赞成人工流产。如果生育的孩子有患遗传疾病的风险,则他们宁可一开始就不生育孩子。现在,医生已经能够提供另一种解决方法:在试管内受精。利用这种方法,母亲的卵子是在体外受精的。这种方法通常适用于那些不能正常生育的夫妇,也能帮助那些生育的孩子有患遗传疾病风险的夫妇。

胚胎植入前的基因诊断

鲍勃和莎丽想要一个孩子,但鲍勃携有亨廷顿病的等位基因。莎丽已经怀孕两次了,但两次基因测试结果均显示胚胎携有亨廷顿病等位基因,故均实施了人工流产术。鲍勃和莎丽十分渴望有自己的孩子,医生建议他们做**胚胎植入前基因诊断**(pre-implantation genetic diagnosis, PGD)。莎丽的治疗过程如左面的流程图所示。英国使用胚胎植入前基因诊断技术选择胚胎始于 1989 年。当时,该技术仅被用于具有某种遗传性致病因素的家庭。

新技术和新决定

面对像胚胎植入前基因诊断那样的新技术我们要作出新决断。在英国,议会立法控制基因研究及其技术实现。在这方面,科学家不能不受限制地从事研究。议会也经常更新这些法律。

但议会也不能逐个分析研究项目而作出决定。于是,政府出面建立了一些组织和团体来确定研究项目是否超出关于生殖的法律范围。其中一个组织**监管**(regulate)英国的生育诊所和所有涉及胚胎的研究。

监管机构负责诠释现有的关于基因技术的法律,不但从实际的角度,也从伦理的角度充分考虑公众的意见。其工作职责之一是决定何时可以应用胚胎植入前的基因诊断。

问题

1. 说明每个接受胚胎植入前基因诊断的人必须进行人工受精的原因。
2. 用表格列出支持和反对进行胚胎选择的观点。
   a. 你同意的观点。给出同意的理由。
   b. 你不同意的观点。给出不同意的理由。

克隆：一种自然现象

很多生物只需要单一个体就可以进行繁殖。这种现象称为**无性繁殖**(asexual reproduction)。单细胞生物细菌就采用无性繁殖的方式。

一个细菌分裂两个新细胞，这两个新细胞的基因是完全相同的。我们将这种基因完全相同的生物体称为**克隆体**(clone)。它们之间的细微差异是由环境影响造成的。

无性繁殖

较大的植物和动物体内具有行使不同功能的各种类型的细胞。在胚胎发育过程中，细胞发生**分化**(specialised)。例如形成血细胞、肌肉细胞、神经细胞等。

植物在其一生中保留了一些未分化的细胞。这些细胞可以形成植物所需要的任何结构。例如，当植物被割断后，它们能发育成新的茎或叶，有的还能长成新的植物。因此，它们常被用来进行无性繁殖。

很多结构简单的动物，如右下图中的水螅等，也进行无性繁殖。但克隆对较高等的动物而言并不多见。

有性繁殖

大多数动物和植物进行**有性繁殖**(sexual reproduction)。这样产生的后代因为有父本和母本，所以它们不是克隆体。但有时也会产生克隆体，如同卵双胞胎等。

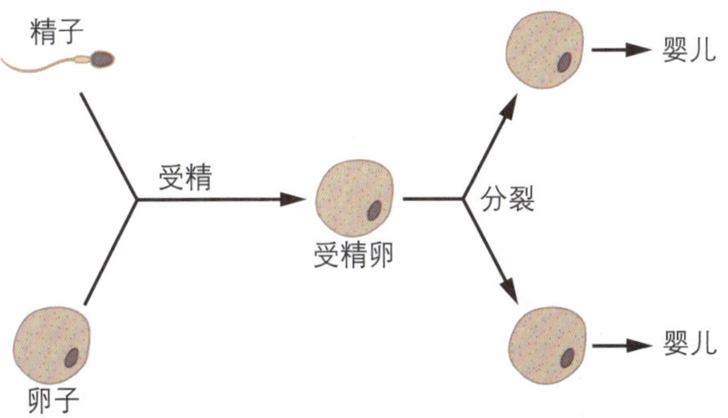

同卵双胞胎的基因相同，但是他们的基因来自于父母双方，所以他们是彼此的克隆体，而不是父母中任何一方的。

克隆羊多利

科学家也能人工克隆出成年的动物，但这相当困难。多利就是首次通过克隆技术产生的绵羊。

- 把一个未受精的绵羊卵细胞中去除细胞核。
- 从另一只绵羊的体细胞中取出一个细胞核。

通过探究发现

- 无性繁殖
- 克隆和干细胞

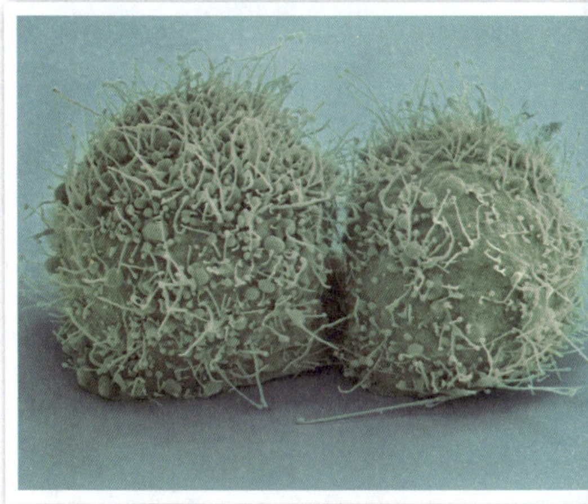

一个细菌细胞长大后分裂成两个新细胞。

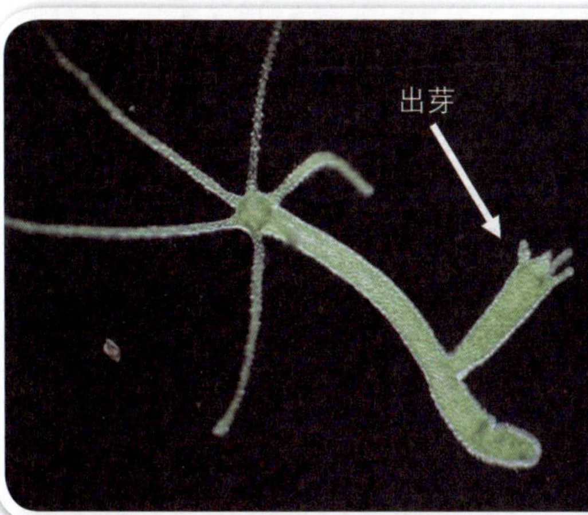

水螅

关键词

- 胚胎植入前的基因诊断(PGD)
- 监管
- 无性繁殖
- 克隆(体)
- 分化
- 有性繁殖

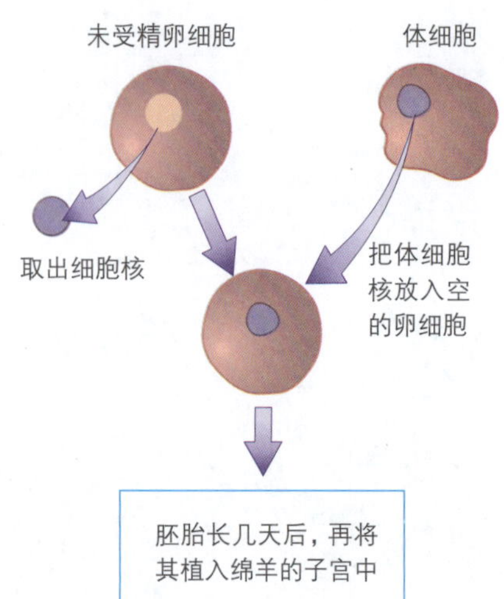

- 把这个体细胞核放入空的卵细胞中。
- 这一细胞生长成一个新的动物。它的基因将和被采集细胞核的动物相同，所以它就是那个动物的克隆体。

多利于2003年死去，共存活了6年，而绵羊的平均寿命为12—14年。可能多利的疾病和它是克隆体无关，但无论如何，它可能死得太早了些。当然仅通过这一个例证还不足以判定原因。

很多其他的克隆动物都在受到非同寻常的病痛折磨。因此，科学家认为，要使克隆的哺乳动物健康地长至成年，还要进行更多的研究。

克隆人

在将来，克隆人有可能成为现实。但是，大多数科学家反对克隆成年的人类。然而，有些科学家在从事克隆人体细胞的工作。他们认为克隆的细胞可被用于治疗疾病。这种有用的细胞被称为**干细胞**（stem cell）。

关键词
- 干细胞
- 未分化的

什么是干细胞？

干细胞是**未分化**（unspecialised）的细胞。早期胚胎中的细胞都是干细胞。这些胚胎干细胞能够分化出人体所有类型的细胞。干细胞可以从几天大的胚胎获得。研究者利用生育治疗过程中被遗弃的胚胎作为实验材料。

在成人的一些组织中也存在很多干细胞，例如在骨髓、脑和心脏中。这些未分化的细胞能够发育成很多（但非全部）类型的细胞。比如，骨髓干细胞已被用于移植治疗白血病人。

科学家想利用培养干细胞的方法来产生新的细胞以治疗多种疾病。例如，产生的新的脑细胞可用于治疗帕金森症。但这些细胞必须有和待治疗的病人相同的基因。若不同基因的人的细胞被移植过来后，会产生排斥反应。

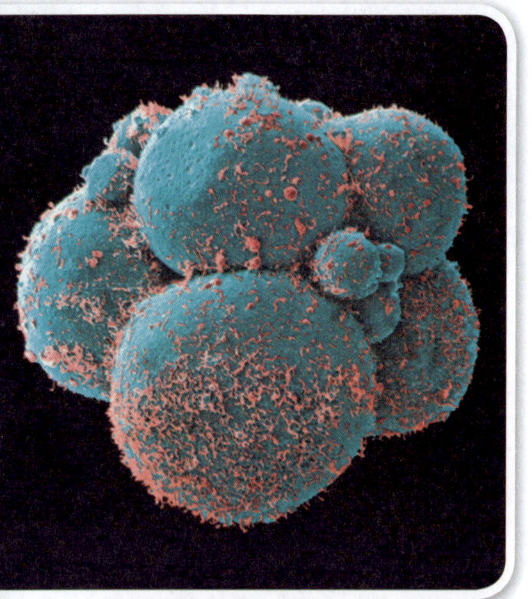

从像这样的8细胞胚胎中取出的细胞可培育成任何类型的体细胞。当胚胎生长5天后，其细胞就开始分化了。（放大约500倍）

克隆能做到什么？

克隆可以产生和待治疗病人基因相同的胚胎。从这些胚胎中取出的干细胞和病人的基因相同，故这些干细胞和病人不会产生排斥反应。克隆病人自己的成年干细胞也能产生治疗他们疾病的细胞。这些细胞也不会受到排斥反应，因为它们就是来自病人自身的细胞。医生们若能成功地使用这些技术将会惠及成千上万的人。

允许克隆人类胚胎吗？

吉姆患有帕金森症，他的脑细胞间不能正常交流，对自己的运动也难以控制。

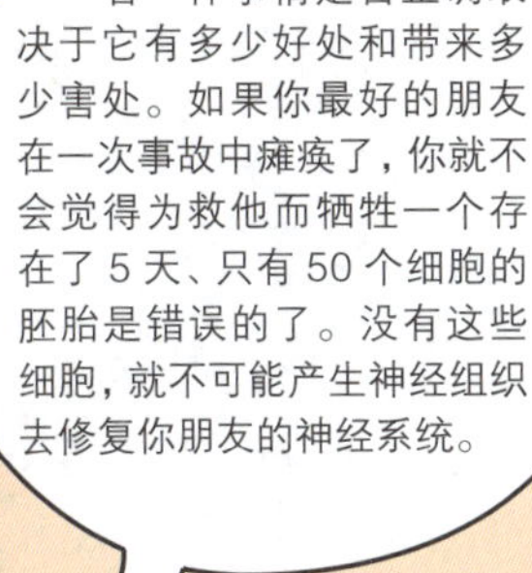

问题

1. 干细胞和其他细胞有什么不同？
2. 说明科学家认为干细胞能用于治疗帕金森症的原因。
3. 对下列每种细胞，你的身体是否会产生排异反应？
   a. 来自你同卵双胞胎弟弟的骨髓细胞
   b. 你自身的皮肤细胞
   c. 克隆胚胎的干细胞
4. 对胚胎克隆以产生干细胞：
   a. 描述一种赞同的观点
   b. 描述两种反对的观点
5. 当人们为认同或反对某事而进行辩论时，都要进行思索，这时会产生一些想法，但这些想法尚无证据支持。写出你关于克隆人观点的思索。

科学解释

在本章中，我们学习了关于遗传、基因是遗传信息的基本单位、基因和环境间的关系、有性繁殖是生物多样性之源等方面的知识。

应该知道：

- 基因是 DNA 的一个片断，由它组成了染色体。染色体存在于细胞核中，控制着细胞产生蛋白质。
- 单一基因就能决定一个人诸如有无酒窝等特征。而多个基因的共同作用则能决定人的很多其他特征，如眼睛的颜色等。像伤疤那样的特征则是由环境所造成的。还有一些特征，如体重等，则是由基因和环境共同决定的。
- 一对染色体在相同的位置具有等位基因，等位基因是一个基因的不同变体。
- 显性和隐性等位基因，杂合子中的隐性基因不表达。
- 一个人的基因型取决于他所具有的基因，而表现型决定了他的表现特征。
- 性细胞含有染色体对中的一个染色体，在有性繁殖过程中，来自父母双方的基因汇合到一起。
- 后代看起来很像他们的父母，但又不完全像，这是因为他们遗传了不同的基因组合。
- Y 染色体的基因决定了生男孩。
- 基因图谱被用于显示遗传结果。
- 亨廷顿病的症状要在年龄较大时才会显现出来，有行动困难、痉挛、记忆力丧失、喜怒无常等。这种病是由显性等位基因缺陷引起的。
- 囊胞性纤维症是由隐性等位基因缺陷引起的。这种病会使体液变黏稠，易导致胸腔感染、呼吸和消化困难等后果。
- 基因测试被用于筛选成年人和儿童的致病等位基因。
- 基因测试得到的信息被用于做相关决定及进一步推断。
- 克隆体是具有完全相同基因的生物。
- 干细胞是未分化细胞，它能发育成各种类型的细胞，由此能被用于治疗很多种疾病。

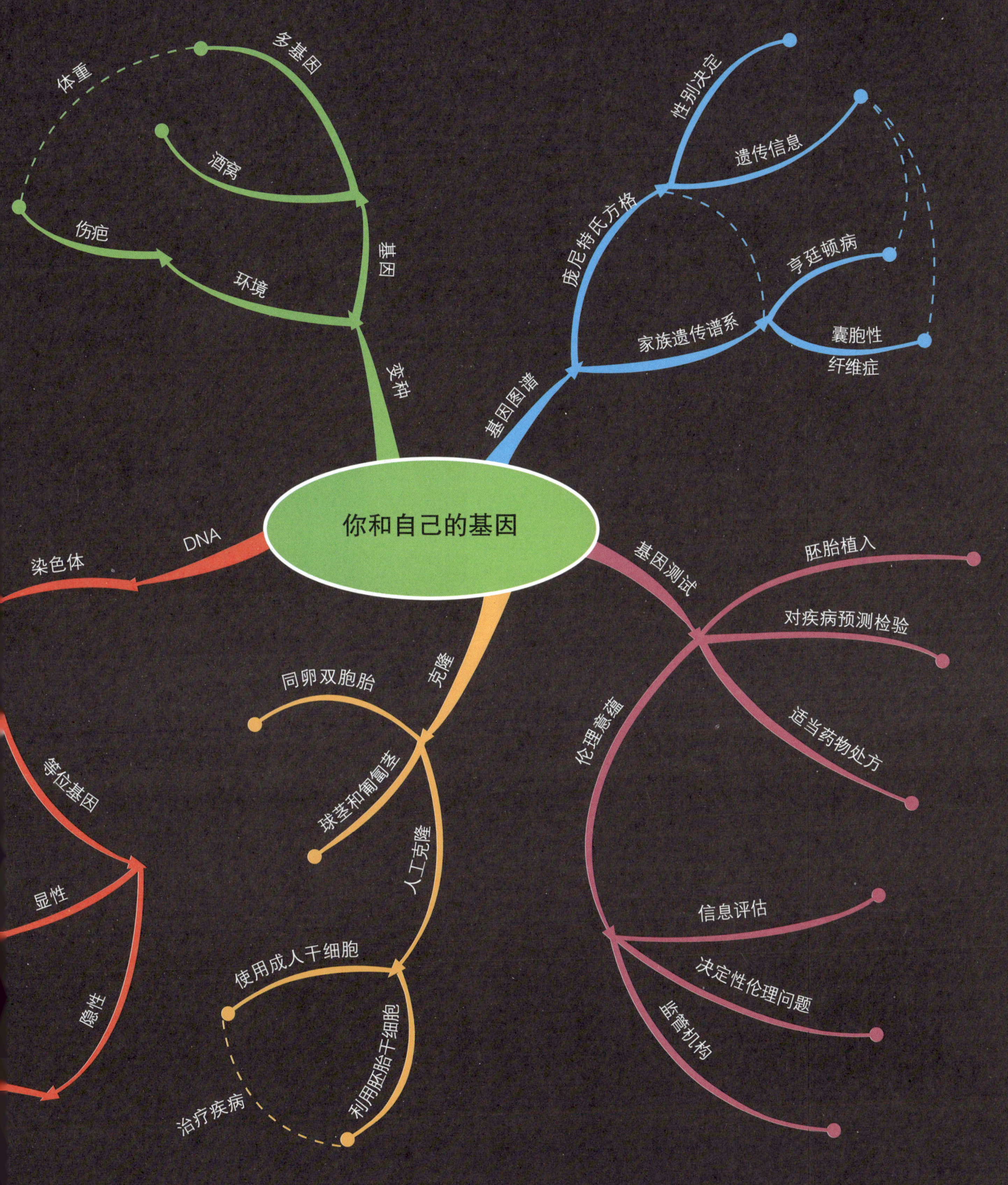
你和自己的基因
变种
基因
多基因
酒窝
环境
伤疤
体重
基因图谱
庞尼特氏方格
性别决定
遗传信息
家族遗传谱系
亨廷顿病
囊胞性
纤维症
DNA
染色体
等位基因
显性
隐性
克隆
同卵双胞胎
球茎和匍匐茎
人工克隆
使用成人干细胞
利用胚胎干细胞
治疗疾病
基因测试
胚胎植入
对疾病预测检验
适当药物处方
伦理意蕴
信息评估
决定性伦理问题
监管机构

科学观点

科学技术的应用对社会的意义非常重大。伦理问题经常是由科学研究引发的。科学方法并非总是能解答这些问题，社会作为一个整体，需要讨论这些问题并达到集体决策的目的。

通常科学的发展和应用是一个可规范化的问题，我们应能够对发生的事件进行讨论。例如：

- 英国胚胎研究监管机构的作用。
- 在选择性植入前就对成人和胚胎的基因进行测试。

有些问题，科学本身并不能作出回答，例如涉及价值观的问题等。我们需要将不能利用科学方法解决的问题和能利用科学方法解决的问题区分开，诸如：

- 在植入前就对胚胎进行遗传病检测的做法正确吗？
- 个人的基因信息可供警方或保险公司使用吗？

一些科学工作涉及伦理道德层面的问题，对此有些人可能赞同而另一些人可能反对。当牵扯到道德问题时，我们则应：

- 确定问题的实质。
- 归纳总结人们可能持有的不同观点。

在讨论伦理问题时，常见的论点有：

- 正确的决定能使大多数相关的人获得最大的利益。
- 一定行为的对与错并不取决于后果，错误的行为可能从来都是不正当的。

我们可能需要：

- 基于这两方面说法确认例证。
- 基于这两方面说法发展观点。

复习问题

1 囊胞性纤维症是一种遗传病。

a. 从下列词中选出两个能导致囊胞性纤维症的：

有缺陷的　正常的　显性的　隐性的

b. 家族遗传谱系显示了囊胞性纤维症的遗传状况

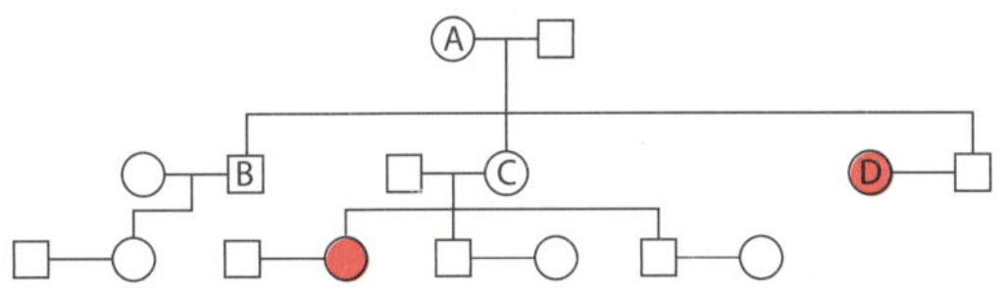

○ 无囊胞性纤维症的女性　● 有囊胞性纤维症的女性
□ 无囊胞性纤维症的男性　■ 有囊胞性纤维症的男性

i　A、B、C 和 D 四人中，谁是遗传了两个囊胞性纤维症致病等位基因的女性？

ii　A、B、C 和 D 四人中，谁是两个致病等位基因携带者？

iii　B 有一个女儿。我们不能依据遗传谱系确定她是否是致病等位基因携带者，原因是什么？

2 科学能显示基因测试是如何进行的，但不能说明它是否应被实施。

a. 描述对人实行基因测试的一些应用。

b. 说明基因测试中包含的伦理问题以及它可能引发的不同观点。

3 克隆体能够自然产生。

a. 下面的哪个例子是自然克隆体？

A. 从同一个母本通过无性繁殖得到的两株植物。

B. 一个细菌产生了两个细菌。

C. 同卵双胞胎。

D. 来自于同一个人的两个精子。

b. 克隆体可能看起来不一样。

下面哪种因素会导致克隆体不一样？请选择正确的答案。

仅有基因因素
仅有环境因素
基因和环境两种因素
既非基因因素也非环境因素

C1 空气质量

为什么要研究空气质量？

我们一生中每时每刻都要呼吸空气。如果空气被污染了，其中的污染物就会进入我们的肺中。质量差的空气会影响人的健康。造成大气污染的化学物质损害了空气质量。为了改善空气质量，我们首先要了解空气是如何被污染的。

已经知道的知识

- 固体、液体和空气间的差异。
- 两种或多种物质相混合，但彼此没有结合在一起，这时的物质总和称为混合物。
- 通过化学反应生成的新物质，其性质和构成它的反应物不同。
- 煤和天然气是古代生物遗体产生的，故称为化石燃料。
- 元素是同一类原子的总称。
- 每种元素都可以用符号表示，如碳的元素符号是 C。
- 化合物由两种或多种元素通过化学方式结合而成。
- 每种化合物都可用分子式表示，如水的分子式是 H_2O。
- 数据能为科学解释提供证据。

要发现什么？

- 劣质空气和优质空气间的差别
- 污染空气的化学物质的来源
- 改善空气质量的方法
- 科学家收集空气质量数据的途径
- 科学家调查空气质量和相关疾病间关系的方法

科学的应用

大多数空气污染物是由燃烧化石燃料产生的。燃料在燃烧时，产生的一些新化学物质会和空气中的氧气相结合，这些产物中很多是大气污染物。燃烧是一种化学反应过程。知道了化学反应的知识能帮助我们更好地了解：为改善空气质量我们应该如何做。

科学观点

试图改善空气质量的科学家们，需要测量大气中污染物的含量，测量过程中要保证得到的数据尽可能地准确。很多科学家利用得到的数据探究空气质量和一些健康问题间的联系。很多有助于改善空气质量的新技术一直在发展之中，但其中只有一部分得到了实际应用。决定是否使用或使用哪一种新技术，除了取决于它的成本外，还要考虑到当时当地各方面的很多主要因素。

通过探究发现

- 构成空气的气体
- 包围地球的大气层
- 人类活动或自然过程产生的新气体和空气混合的方式

关键词

- 分子
- 大气层
- 混合物
- 微粒

你对空气知多少？

空气

我们的周围都是空气。虽然我们看不到空气，但在挥舞手臂时却能感觉到它的存在。

我们可能会认为一个喝过饮料的易拉罐是空的。但如果将其中的空气都抽出来的话，将会看到什么现象呢？它被挤瘪了！

当将空易拉罐中的空气抽出后，它就瘪了！

空气是由非常小的**分子**（molecule）组成的，且分子间的空隙很大。分子是由原子结合而成的。

大气

宇航员在太空需要空气供呼吸之用。正在攀登珠穆朗玛峰的登山队员会感到空气越来越稀薄。

是否存在没有空气的地方呢？

大气层（atmosphere）是包围地球的气体层，它大约有 15 km 厚。这个量听起来不小，但地球的直径超过 12000 km。大气层就如同是地球的一层薄皮肤。

从太空看地球，能看到大气层中水蒸气形成的白云。

空气中有哪些气体？

空气中含有氧气。氧气是我们呼吸所必需的一种气体，但空气自身不能产生氧气。空气是氧气、氮气、少量氩气等惰性气体及更少量的二氧化碳和水蒸气的**混合物**（mixture）。

正是空气中含量极少的二氧化碳为地球保暖，才使生命得以维持。

然而，空气中也含有其他的气体。人类活动向大气排放了各种各样的气体，其中有很多种影响着我们呼吸的空气的质量。不幸的是，一个地方排放的有害气体，会通过大气传播到很远的地方，从而大面积地影响着空气质量。

自然现象中，火山爆发也向大气排放了很多气体，其中包括二氧化硫、二氧化碳、一氧化碳、二氧化氮，以及水蒸气等，并以烟雾和灰尘的形式产生了大量**微粒**（particulate）。火山烟灰中的微粒都是固体小颗粒，它们是如此之小，以至于能够长期漂浮在空气中。

氧气分子中有两个氧原子

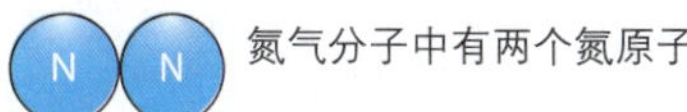

氮气分子中有两个氮原子

氮气和氧气占了空气总体积的 99%。

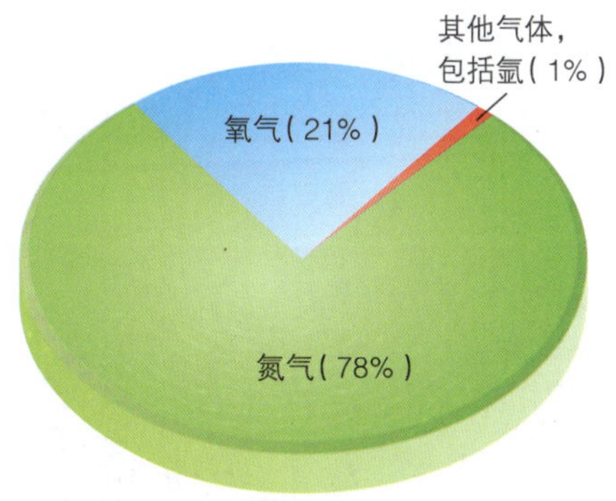

这一饼状图显示了洁净空气中各种气体的百分比。

这名地理学家在正喷发着的火山的上风工作。她佩戴了防毒面具以防止呼吸到二氧化硫等有害气体。

问题

1. 说明易拉罐中的饮料被喝完后，空罐不会瘪的原因。
2. 氧气、二氧化碳和水蒸气是大气层中自然存在的三种气体。说明它们都非常重要的原因。
3. 2010 年，冰岛的一座火山喷发，释放出了大量的火山灰和悬浮的微粒。试说明并非只有冰岛本地受其影响的原因。

通过探究发现

- 早期地球大气的气体构成
- 大气层中氧气含量增大的证据
- 科学家不认可这种证据的原因

早期的地球

早期的地球环境很恶劣，它经常受到陨石的攻击，且遍布活火山，大气层的主要成分是二氧化碳和水蒸气。这些气体可能来自火山喷发，因为火山喷发时会向大气释放出大量二氧化碳和水蒸气，还有一些氮气和甲烷等气体。如果地球一直处于这种状态的话，则将会和与其邻近的金星那样处于荒芜的状态。

艺术家画笔下的早期地球。

金星的表面温度达 500℃，其大气的主要成分是二氧化碳，云是由硫酸形成的。

随着地球上温度的降低，水蒸气逐渐**凝结**（condense）形成了海洋，而一些二氧化碳也开始溶解在水中并参与形成**沉积岩**（sedimentary rock）。

虽然我们无法准确地说出随后发生的事，但科学家仍在继续调查现在地球大气由大部分是二氧化碳变成富含氧气，而二氧化碳却只占很少一部分的原因。

科学家如何发现地球大气的演变史?

当然，科学家不能直接测量早期地球大气的构成，只能利用间接的证据。

例如，岩石的成分能给出它形成时大气状态的线索。因此，如果科学家能测出岩石的年龄，就能推测当时大气的构成。

科学家也寻找早期生物的化石来作为证据。证据显示，大气中氧气含量的上升始于远古时期植物的作用。这些植物在**光合作用**（photosynthesis）过程中消耗了大量的二氧化碳，并释放出大量的氧气。随着氧气含量的升高，二氧化碳的含量也随之下降了。在相当长的时期内，大量的二氧化碳被从大气中转移出去，是因为它们转化成了现在我们使用的煤和石油等化石燃料。

黄铁矿的成分是二硫化亚铁。它仅在无氧条件下生成。

科学家分析从南极钻出的冰样中的气泡，以了解千百万年前空气的成分。然而，地球的年龄约40亿年，冰芯不能存在如此长的时间以证明早期大气的情况。

大气何时及如何发生这些变化的精确细节，仍是科学家们时常讨论、评估和解释观点时辩论的科学大问题。

科学家可能用不同的方式对可用的数据进行解读。植物专家和岩石专家对化石数据的解读可能有所不同。这导致了他们在解释关于大气何时、如何变化等方面的差异。

即使科学家认可了一种解释，而新发现的信息可能又与其相悖。例如，2010年，一些美国科学家在报告中说发现了远古时期的甲壳动物，这种动物生活在6亿5千万年前的大洋珊瑚礁中。这些化石的年龄也达到5千万至1亿年，早于任何其他已知的甲壳类动物。诸如此类的新发现意味着科学家不得不重新考虑他们原有的观点，用新的科学方法解读新数据。

红色的氧化铁岩石只有在氧气存在的条件下才能形成。

问题

1. 氧化铁岩石的存在年代可追溯到20亿年前。这能告诉我们地球大气何时出现氧气吗？
2. 没有黄铁矿的年龄低于20亿年。这能告诉我们地球大气何时出现氧气吗？
3. 什么发现可能改变你关于这些结论的认识。

关键词

- 凝结
- 沉积岩
- 光合作用

C 什么是主要空气污染?

通过探究发现

- 最主要的空气污染
- 污染物产生的问题
- 在不同的地区会影响到空气质量的因素

当我们开车出行，或在家里亮起电灯时，都会产生新气体。这些气体或由汽车排放，或从发电厂里排放。这些气体中有很多**污染物**(pollutant)，它们都是有害物质。这些污染物可能会直接损害我们的健康，也可能以破坏环境的形式间接地对我们构成伤害。

空气污染物在大气中扩散并不断改变着大气的构成。大气最近最大的变化是二氧化碳含量，一个多世纪以来它的含量在持续增长。

下表给出了发电厂和汽车排放出的主要物质。

从冷却塔出来的“云”看起来像污染物，但其仅是无害的水蒸气。后面的烟囱中可能排放看不见的污染物。

烟尘含有十分微小的碳微粒，是一种可见的污染物。很多微粒的大小只有 10 微米，这被称为 PM_{10} 粒子。虽然它们非常小，但却比原子或分子大得多。每个微粒中含有数十亿个碳原子。

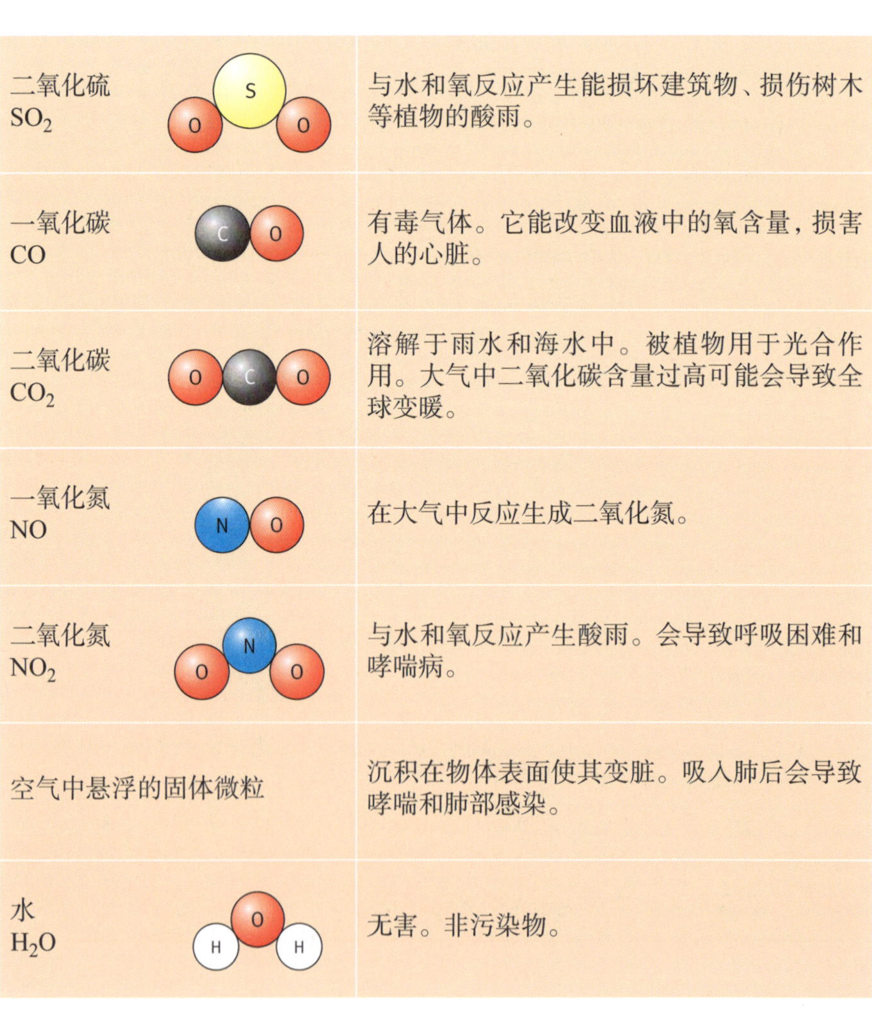

物质	说明
二氧化硫 SO_2	与水和氧反应产生能损坏建筑物、损伤树木等植物的酸雨。
一氧化碳 CO	有毒气体。它能改变血液中的氧含量，损害人的心脏。
二氧化碳 CO_2	溶解于雨水和海水中。被植物用于光合作用。大气中二氧化碳含量过高可能会导致全球变暖。
一氧化氮 NO	在大气中反应生成二氧化氮。
二氧化氮 NO_2	与水和氧反应产生酸雨。会导致呼吸困难和哮喘病。
空气中悬浮的固体微粒	沉积在物体表面使其变脏。吸入肺后会导致哮喘和肺部感染。
水 H_2O	无害。非污染物。

如何知道空气质量？

一些人深受哮喘或枯草热之苦，空气质量差的时候他们就能感受到。但是，大多数人对空气质量的好与差没有明显感觉。

自动化仪器能用收集空气样本的方法测量污染物聚集的范围，并自动记录相关数据。其中很多数据常通过互联网向公众实时公布。报刊和电视等媒体用报告的形式归纳这些数据，给出一天可能在一些范围内的总体空气质量，或用低、中、高的等级来表示空气质量。

和住处有关吗？

全国各处的空气质量相同吗？一些人住在城市，另一些人住在农村。他们是否都呼吸同一质量的空气呢？

右面的柱状图显示同一天中三个不同地方二氧化氮的**浓度**（concentration）情况。很明显，浓度是不同的。某地二氧化氮的浓度在很大程度上取决于该地区人类的活动情况。道路交通对空气质量造成的影响很大。

横跨大西洋吹来的风使爱尔兰的梅斯希德有非常纯净的空气。科学家将它作为一个参照基准，以观察在不受人类活动影响条件下的空气状况。

我们大多数人都生活在空气质量比梅斯希德差得多的环境中。

测量空气中污染物的浓度

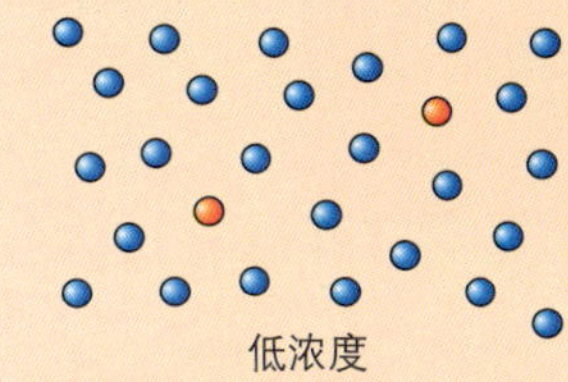

低浓度的污染物。在一定体积的空气中，污染物分子非常少。这是优质空气的一项标准。

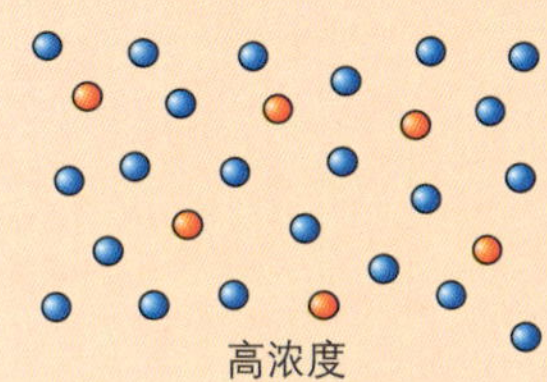

高浓度污染物。在一定体积的空气中，污染物分子非常多。这表明空气质量差。

污染物分子
空气中其他分子

浓度：一定体积空气中的污染物含量。
（注：通常空气分子比图中扩散得更开）

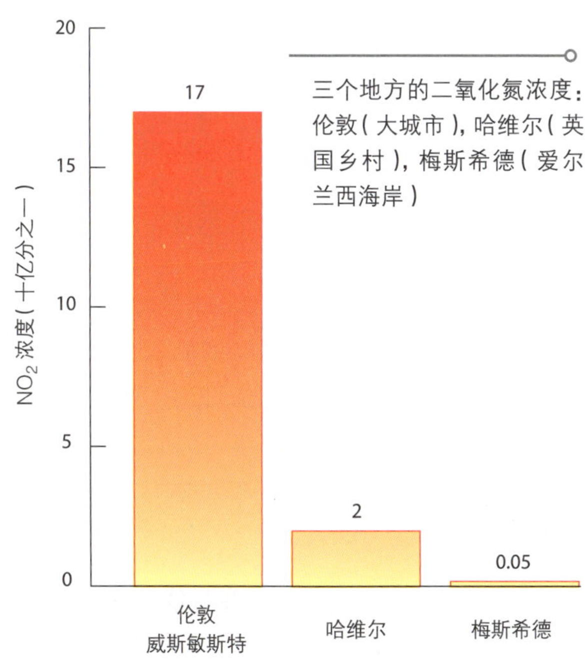

三个地方的二氧化氮浓度：伦敦（大城市），哈维尔（英国乡村），梅斯希德（爱尔兰西海岸）

安装在伦敦一条繁忙街道上的空气污染情况监测器。这是一种测量二氧化碳、二氧化氮和二氧化硫等特别物质的仪器。

关键词
- 污染物
- 浓度
- 排放

伦敦的二氧化氮

每当交通繁忙时，二氧化氮的浓度就升高。汽车**排放**（emission）的尾气中含有二氧化氮。你能从下图中看出支持这一说法的信息吗？

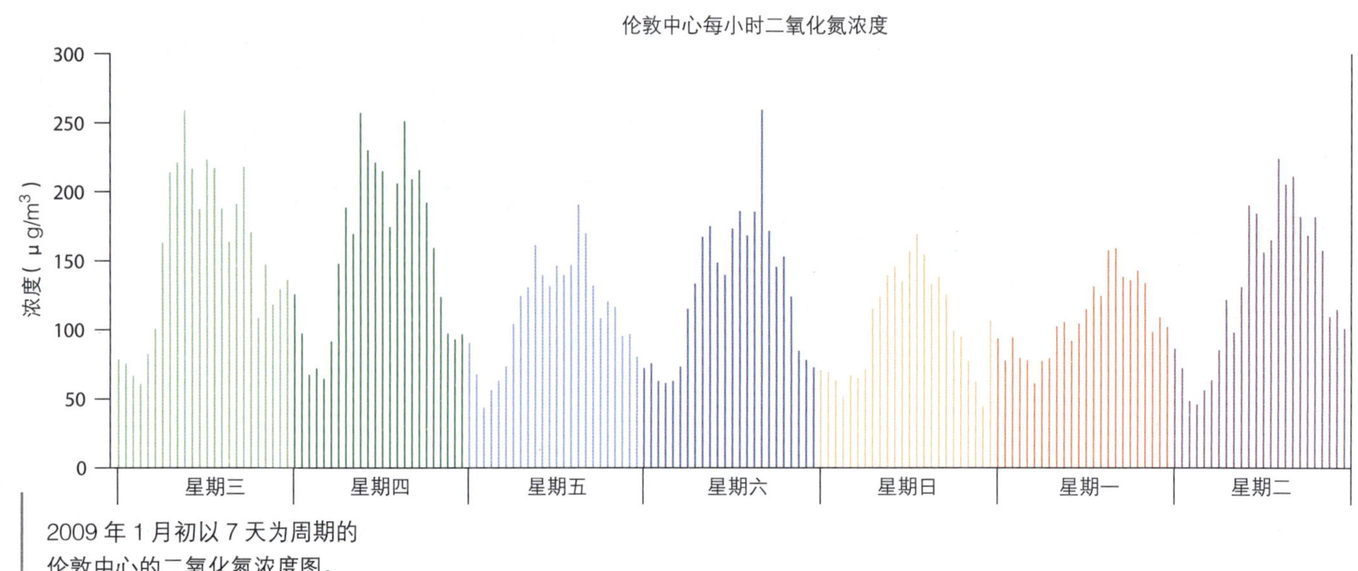

2009 年 1 月初以 7 天为周期的伦敦中心的二氧化氮浓度图。

什么影响着空气质量？

我们住处空气的质量在很大程度上取决于附近的空气污染源以及气候等。

- 污染源：汽车、发电厂、工业设施是主要的空气污染源。
- 气候：风将污染物混合起来并向各处传送。风能将污染物传送到很远的地方，甚至从一个国家刮到另一个国家。

问题

1. 写出一个由以下空气污染物导致的问题：
   a. SO_2　　b. NO_2　　c. 微粒
2. 本节有一幅发电厂冷却塔冒“白云”的照片。试为照片加注释，说明这种“白云”不会对空气造成污染。
3. 分析上面伦敦中心二氧化氮浓度图。试对星期一的图像部分提出看法和建议。
4. 气候因素也能将空气污染物从一个地方输送到另一个地方。如果我们减少我们自己城镇中污染物的排放量，我们仍会受到来自其他地方污染物的侵害。请说明为什么我们主动降低污染物的排放依然很重要。

测量空气污染物

D

原始数据

利用遍布全国的监测站网络可测量各地空气中污染物的量。这种信息对每个人都是有用的，因为这有利于了解自己所在地区的空气质量。当然，政府部门也可用它监察各地区的空气污染水平是否达到了警戒状态。

科学家也利用数据解决诸如“大气输送污染物的方式”或“大气中的污染物与其他物质反应的方式”等问题。数据可被用于验证科学家预见性解释的正确性。

例如，数据显示一条繁忙街道一侧的二氧化氮（NO_2）浓度明显高于另一侧。对其的一种解释是：这可能是因为空气在街道上的流动产生的。

科学家收集了更多的数据来验证这种说法。下图中由计算机作出的图像显示街道不同高度上二氧化氮浓度的变化情况。由此我们可以看到空气流确实是循环流动的。这些，街道上的行人是看不到的，但可以通过数据了解它。

通过探究发现

- 测量空气污染物
- 检验和使用数据的方法

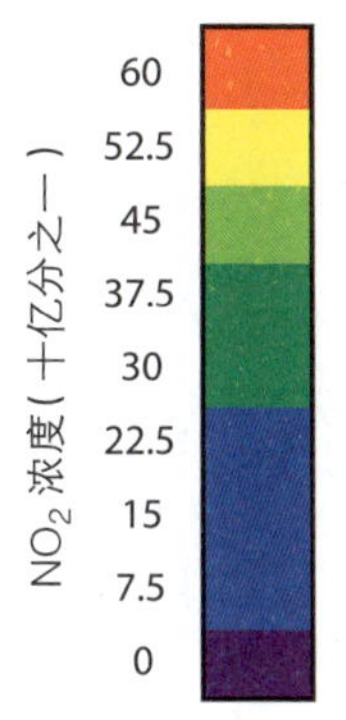

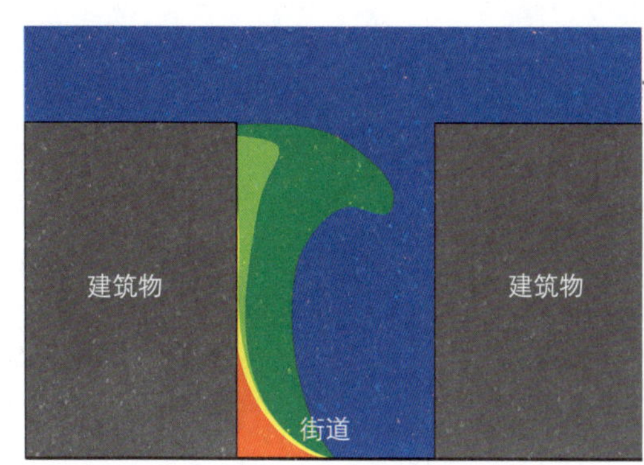

这张由电脑作的图显示了街道不同位置二氧化氮浓度的变化情况。红色区域表示了看不见的空气流将二氧化氮输送到街道一侧的情况。街道两旁的高建筑物形成的“峡谷”利于表示二氧化氮的高度分布情况。

实施测量

如果我们利用一份空气样本测量几次二氧化氮浓度，可能会得到不同的结果。这是因为：

- 所使用的设备不同
- 设备自身存在误差

如果我们在测量中仅读取一次测量值，就不能保证它是非常精确的。因此，我们要多测量几次，然后用得到的数据估算真值。

真值是测量要得到的结果。测量结果的**精确度**（accuracy）表示了接近真值的程度。

关键词
- 精确度
- 异常值
- 平均值
- 最佳估测值
- 范围
- 真实差异

如何保证数据的精确度？

下表显示了用精密仪器测量得到的二氧化氮浓度。

平均值是 19.1 ppb。这是对空气样本测量得到的二氧化氮浓度的最佳估测值。虽然我们不能绝对保证测得的是真值，但我们能保证：

- 真值位于 18.8—19.4 ppb 的范围之内
- 对真值的最佳估测值是 19.1 ppb

如果我们仅进行一次测量，就不可能保证其精确度。如果测量值的范围很窄，如是 19.0—19.3 ppb，则我们将能更加确信真值的最佳估测值。

测量方法	数据	描述自己的测量
对相同的空气样本进行几次测量，并非所有的测量结果都是相同的。	二氧化氮的浓度单位是十亿分之一（ppb）：18.8，19.1，18.9，19.4，19.0，19.2，19.1，19.0，18.3，19.3	多次测量（本例 10 次）得到的数据称为数据组。
用测量结果作出数据图。它显示数据 18.3 ppb 和其他数据有着非常大的不同。决定是否忽略这一数据。	19.6 19.5 19.4 × 19.3 × 19.2 × 19.1 × × 19.0 × × 18.9 × 18.8 × 18.7 18.6 18.5 18.4 18.3 ⊗ 这一结果是无效数字	如果一次测量结果和其他多次测量得到的结果有很大的差异，则这一数据称为**异常值**（outlier）。若能找出数据间存在如此大差异的原因（如测量过程中出现差错等），就应该忽略它。
将其他 9 个数据相加，除以总次数 9，得到 NO_2 浓度的结果是 19.1 ppb。	9 个读数之和 = 171.8 平均值 = 19.1 ppb	19.1 被称为 9 次测量的**平均值**（mean value）
我们可利用平均值而不是 9 次测量中的任一次得到的结果。	二氧化氮浓度的最佳估测值是 19.1 ppb。	平均值被用作真值的**最佳估测值**（best estimate）。
当写出平均值时，还应记录测量的： • 最小值 18.8 ppb • 最大值 19.4 ppb	数据范围是 18.8—19.4 ppb。	18.8—19.4 ppb 被称为测量数据的**范围**（range）。

比较二氧化氮浓度

右图显示了三个不同地方二氧化氮浓度的平均值及其测量值的范围。

• 比较伦敦和约克郡。这两地间的平均值不同但值的范围有部分重合。

• 伦敦二氧化氮浓度值的范围和约克郡的有重合，故伦敦二氧化氮浓度的真值有可能和约克郡的相同。因此，我们尚不能据此确定这两地间二氧化氮浓度间存在差异。

• 比较伦敦和哈维尔。这两地间不但平均值不同，且值的范围间没有重合。

• 我们可据此确定这两地间二氧化氮浓度间存在真实差异。

我们在比较数据时，不要仅看平均值，还应要证实是否存在着**真实差异**（real difference），即检查其值的范围是否重合。

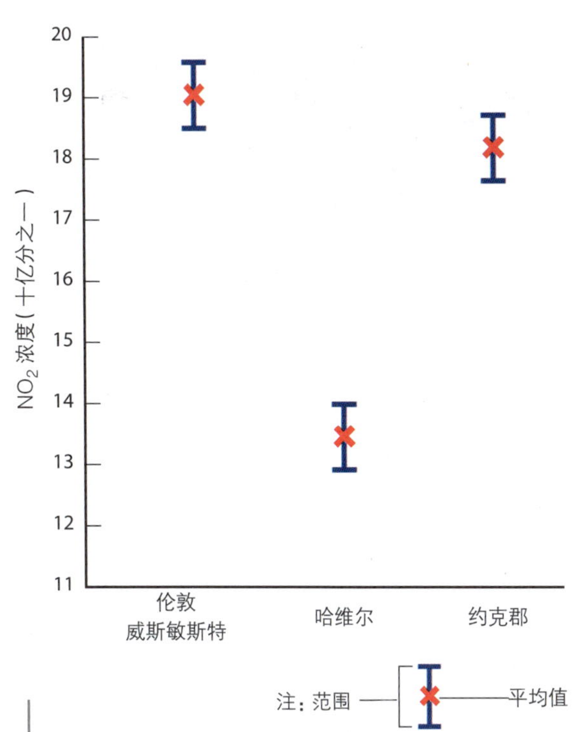

英国三个地方的空气中的二氧化氮浓度。所有的测量都是在同一天的同一时间测的。

问题

1. 杰茜测量了一个镇中心的二氧化氮浓度。她取了 6 个读数值 22 ppb，20 ppb，18 ppb，24 ppb，21 ppb 和 23 ppb。杰茜是使用新设备精心进行测量的。
   a. 计算测量的平均值。
   b. 写出最佳估测值和空气样本中二氧化氮浓度值的范围。
2. 分析上图，它能显示哈维尔和约克郡间二氧化氮浓度的真实差异吗？请说明理由。
3. 对空气样本重复测量，得到如下二氧化氮浓度的数据：
   读数 1：39.4 ppb　读数 2：45.8 ppb
   读数 3：42.3 ppb　读数 4：38.7 ppb
   读数 5：39.7 ppb　读数 6：32.7 ppb
   但在测量那天，测量仪器出了点问题，不能自动处理数据。请你：
   a. 将这 6 个读数描在数据线上。
   b. 给出这一空气样本中二氧化氮浓度的平均值和值的范围。
   c. 在同一城镇的另一地方再取一空气样本，经测量知它的二氧化氮浓度的平均值为 44.1 ppb。你能据此肯定后一地方空气样本的二氧化氮浓度比前一个的高吗？请给出你的理由。
4. 科学家对一份空气样本的二氧化氮浓度进行了一次测量。试说明他不能给出令人信服的精确结果的原因。

E 空气污染物是如何形成的?

通过探究发现

- 燃料的构成
- 燃料燃烧时的产物
- 燃烧燃料会产生大气污染物的原因

很多大气污染物是在燃烧化石燃料时产生的。目前，它们主要是由发电厂和汽车发动机排放的。

燃料在发电厂燃烧时产生了些什么?

大多数的发电厂都是以煤或天然气为燃料的。燃料和空气进入燃烧炉燃烧后，大量的化学废气随气流从烟囱排放了出去。试从左下图中比较使用不同燃料的发电厂输入燃料和排放废气的过程。

那些能生成新的化学物质的变化称为**化学变化**（chemical change）或**化学反应**（chemical reaction）。

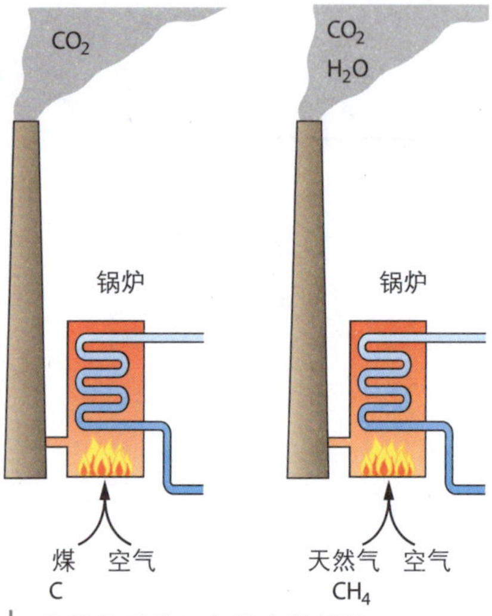

燃煤发电厂

煤的主要成分是碳。煤在燃烧时需要氧气。因此，燃煤发电厂从烟囱排出的主要产物是二氧化碳（CO_2）。它的形成过程是：氧气（O_2）分子先分裂成氧**原子**（atom），然后这些氧原子再和碳原子结合生成二氧化碳。这种物质和氧结合的反应称为氧化反应。

燃气发电厂

天然气的主要成分是甲烷（CH_4）。甲烷是一种**碳氢化合物**（hydrocarbon），即是由碳原子和氢原子构成的。

天然气燃烧后得到的产物是二氧化碳（CO_2）和水（H_2O）。

这些新物质的形成过程为：

- 甲烷中的碳原子和氢原子分裂开来
- 然后碳原子和氧原子结合生成二氧化碳（CO_2）
- 氢原子和氧原子结合生成水（H_2O）

燃料燃烧时的其他产物

煤和天然气燃烧时也能产生其他一些少量的空气污染物：

- 微粒——没有参与燃烧的微小碳粒子
- 一氧化碳（CO）——燃烧时氧气供应不足而产生
- 二氧化硫（SO_2）——燃料中有含硫物质时产生
- 一氧化氮（NO）——在燃烧炉中，空气中的氮和氧在高温下发生反应生成

一氧化氮（NO）在空气中能与氧发生反应生成二氧化氮（NO_2），这也是一种氧化反应。NO 和 NO_2 统称为氮的氧化物。

CO_2 锅炉 煤 C 空气 | CO_2 H_2O 锅炉 天然气 CH_4 空气

化学物质进入和排出燃烧炉。

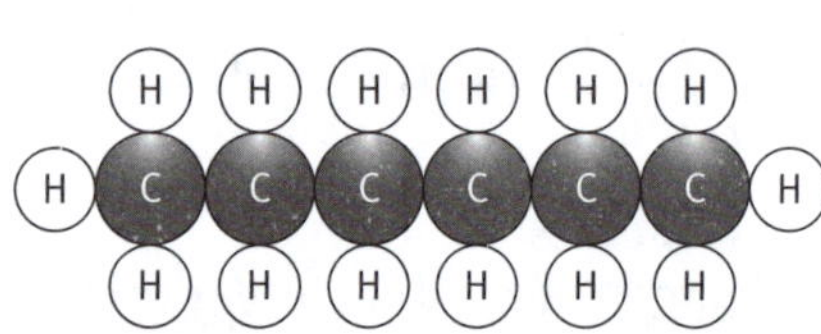

一个碳氢化合物分子。天然气、汽油、柴油等燃料油的主要成分都是碳氢化合物分子。

关键词

- 化学变化 / 化学反应
- 原子
- 碳氢化合物

汽车发动机燃烧燃料时产生了些什么？

汽车发动机工作时燃烧汽油或柴油等燃料。这些燃料也都是由碳氢化合物组成的。下图显示了进入和排出汽车发动机的化学物质的情况。

进入和排出汽车发动机的化学物质。

有共性的部分可归纳如下：

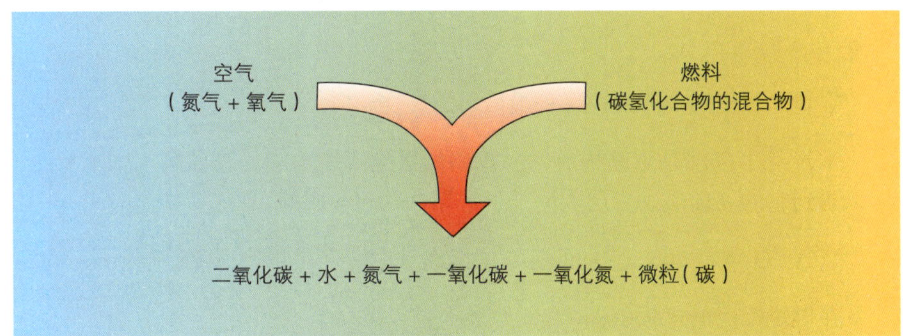

分析从上图 3 个圆圈中所获得的信息，重新描述其下方的归纳图中提及的物质。利用此图可以发现汽车发动机中发生的化学变化，并由此知道污染物形成的方式和途径。例如，一氧化氮（NO）是由空气中的氮气（N_2）和氧气（O_2）反应生成的，这一过程中首先分子要分裂成原子，原子再结合成 NO。

问题

1. 列出燃煤发电厂可能排放的空气污染物。
2. 列出燃料在汽车发动机内燃烧后排放的空气污染物。
3. 利用原子分离然后再结合的观点，用不同的方式说明：
   a. 甲烷（CH_4）在发电厂中燃烧后能生成水（H_2O）。
   b. 煤（C）在发电厂中燃烧时能生成一氧化碳（CO）。
   c. 汽油在汽车发动机中燃烧能生成二氧化碳（CO_2）。

F 燃烧是一个什么过程?

通过探究发现

- 燃烧反应过程中原子重新组合的方式
- 描述化学反应的不同方式

物质和氧结合的反应称为**氧化**(oxidation)反应。

一些物质在和氧发生剧烈反应的过程中释放出能量,并可能伴随发光。这种氧化反应称为**燃烧**(combustion)。

在这两辆赛车相撞时发生了燃油泄漏,燃油和空气混合,由火花或炽热的发动机加热点燃,从而引发了不可控制的燃烧反应。

燃料在纯氧中燃烧比在空气中更剧烈。从大气中获得的纯氧可用于氧气焊接。

木炭的燃烧

在烧烤架上燃烧木炭是一种最简单的燃烧反应。

木炭几乎全部是由碳构成的。我们如果给一块木炭的表面画一张示意图,可以看到它的表面是由一层碳原子紧密靠在一起形成的。

氧气(O_2)是气体,它的所有原子都成对地结合在一起,即氧气分子。

在燃烧反应的过程中,碳和氧原子都重新排列了。

借助原子和分子的结构图,有助于我们理解这种反应的本质。

空气中含有氧气。一个氧气分子是由两个氧原子结合在一起形成的( )。氧气分子分裂后和木炭中的碳原子发生反应,形成二氧化碳气体( )。

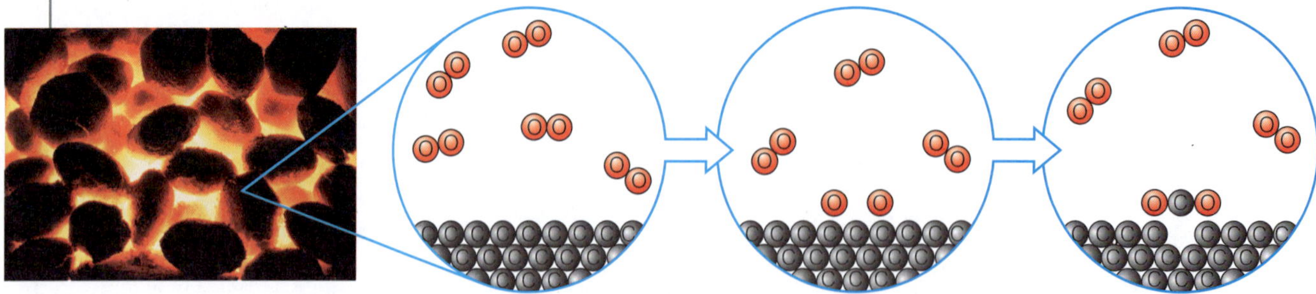

燃烧的过程

我们能够利用作图的方法描述二氧化碳生成的化学变化过程。

 + 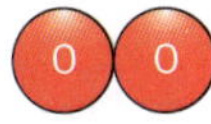 → 

箭头左侧是反应前的物质，称为**反应物**（reactant）。

箭头右侧是反应后的物质，称为**生成物**（product）。

如果我们都是用作图的方法来描述化学反应的过程，则要花费很长的时间。故科学家发明了用化学方程式来描述化学反应。

木炭燃烧的过程可用**文字表达式**（word equation）表示为：

碳 + 氧气 ⟶ 二氧化碳

如果要更详细地描述这一过程，则要用**化学方程式**（chemical equation）来显示每种物质中含有的原子。化学方程式中的物质一般用字母符号来表示，这些字母符号称为**化学式**（chemical formula）。

木炭燃烧的化学方程式可写为：

$C + O_2 \xrightarrow{点燃} CO_2$

因为化学方程式能告诉我们有多少原子和分子参加了反应，且是如何反应的，故用它比用文字表达式更有助于描述化学反应。

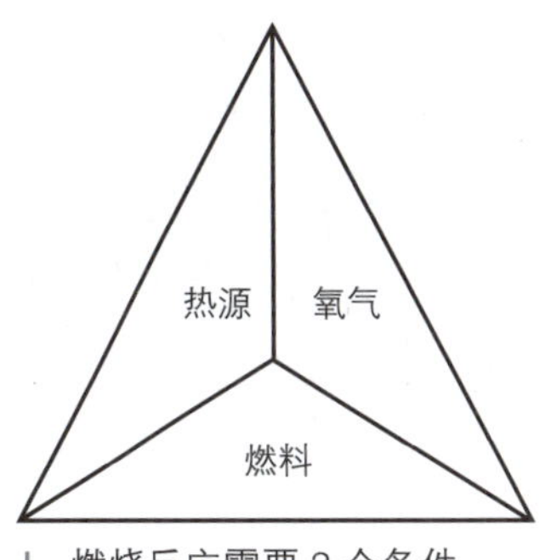

燃烧反应需要 3 个条件：
- 燃料
- 氧气
- 热源，提高燃料和氧气混合物的温度。

氢原子

氧原子

碳原子

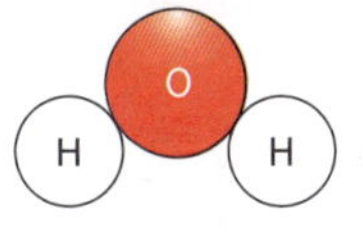

水分子

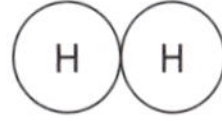

氢气分子

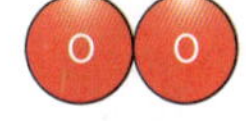

氧气分子

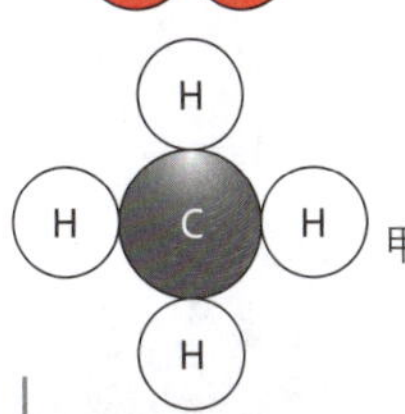

甲烷分子

原子和分子。

问题

1. 焊枪是如何产生高温火焰熔化并焊接金属的？
2. 在下列化学反应中，反应物和生成物分别是什么？
   a. 碳和氧结合形成了二氧化碳。
   b. 汽油中的碳氢化合物与氧气发生燃烧反应形成二氧化碳和水。
3. 你和你的表弟准备烧烤。表弟问你木炭在燃烧时发生了什么，请你用原子、分子、燃烧、反应物、生成物、化学反应等信息写出你的答案。
4. 作图描述下列化学反应：
   a. 氢气在氧气中燃烧生成水。
   b. 甲烷在氧气中燃烧生成二氧化碳和水。

关键词

- 氧化
- 燃烧
- 反应物
- 生成物
- 化学式
- 文字表达式
- 化学方程式

通过探究发现

- 化学反应中原子的情况
- 化学反应物和生成物性质间的差异

观察下图，反应前后各有多少氢原子？再数一下反应前和反应后的氧原子数。这一结果说明了什么？

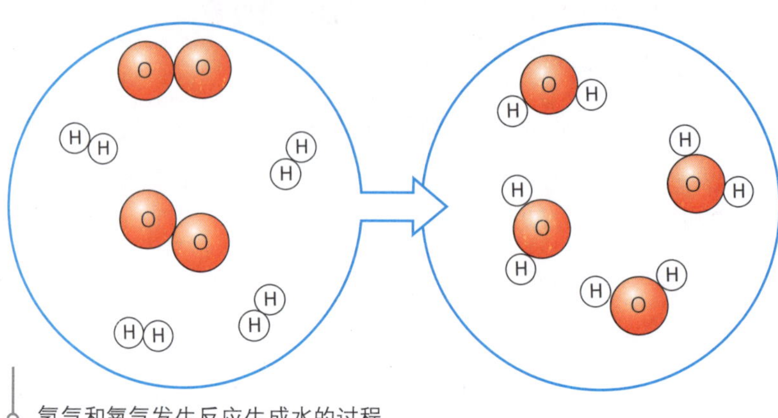

氢气和氧气发生反应生成水的过程。

当我们点燃篝火后，余烬中留有一些原子，其他的则成为烟排放到空气中。

原子数守恒

化学反应前的所有原子经过化学反应后依然存在，没消失一个，也没有新生成一个。这时，我们就说原子数是守恒的。生成物是由反应物中的各种原子重新组合，数量和原来一致。这被称为**原子守恒**（conservation of atoms）。

例如，燃料在汽车发动机中燃烧，汽油或柴油中的原子并没有被消灭，而是经过重新排列形成了存在于尾气中的新物质。

再看氢气和氧气反应生成水的过程图。两个氢气分子和一个氧气分子发生反应，产生了两个水分子。这一过程可用下图表示：

注意：各种原子在化学反应式两侧数量均没有发生变化，即反应物中的同一原子数和生成物中的相等。这说明原子数是守恒的。

所有的原子都具有质量。因为原子数是守恒的，故反应物的质量与生成物的质量也相同，这称为**质量守恒定律**（conservation of mass）。

反应物和生成物的性质

各种物质都有区别于其他物质的**性质**（property）。

例如，在常温下，有些物质是固体，有些是液体，有些是气体。有的有颜色，有的易燃烧，还有的有气味，有的与金属反应，有的溶于水……总之，每种物质都有自己一系列独特的性质。

下表给出了硫和氧气反应过程中，反应物和生成物的性质比较。

物质	性质
硫（反应物）	黄色固体
氧气（反应物）	无色、无气味气体，生命必需
二氧化硫（生成物）	无色气体，刺鼻气味令人窒息，损害呼吸系统，易溶解于水形成酸

硫燃烧过程中的原子和分子。

在任何化学反应中，所有参与反应的原子在反应后不发生改变，但以不同的形式结合了，故生成物的性质和反应物的性质是不同的。

这一点对空气的质量非常重要。如对一块煤来说，它仅是一块无害的化石。

但煤中含有少量的硫。当煤燃烧时，硫与氧气反应生成了二氧化硫气体。

二氧化硫气体进入大气，就对空气质量造成损害。它能和空气中的水和氧气反应形成酸雨，这对植物、动物和建筑物来讲都是有害的。无害的煤却产生了有害的气体。

关键词

- 原子守恒
- 质量守恒
- 性质

问题

1. 我们已经知道原子在化学反应过程中其数量是守恒的。试算出一个甲烷（CH_4）分子燃烧产生的 CO_2 和 H_2O 分子数。作图显示反应过程中的原子和分子的变化。计算要消耗多少个 O_2 分子。
2. 氢气和氧气发生反应生成水（H_2O）。生成物水的性质与反应物有何不同？
3. 燃烧垃圾可以永久性地消除垃圾。这种说法科学吗？考虑垃圾中的原子，试全面地阐述你的答案。

H 空气质量是如何影响我们的健康的？

通过探究发现

- 将空气质量和疾病症状间相联系的方法
- 花粉导致枯草热的原因
- 哮喘和空气质量间的关系

枯草热

夏天你是否常受流鼻涕、打喷嚏、眼睛发痒之苦？如是，则你可能患了枯草热。

花粉是植物释放出来的。它能在空气中随风飘很远。花粉粒会被我们呼吸到。

枯草热病的得名是因为发现人们大都是在夏季割草晒干时患此病。这时也是花粉最多的时期。

要发现枯草热发病的原因，则找出和枯草热有联系的**因素**（factor）是首要的任务。这些是影响**结果**（outcome）的可变因素。本例中的结果是患枯草热病。花粉是可能导致患此病的因素。

花粉采集器。将收集到的花粉粒放到显微镜下计数。夏季，一些报刊、电台、电视等媒体都会报道花粉数这一信息。

花粉从植物中释放出来，它能在空气中随风飘很远。花粉粒会被人们呼吸到。

枯草热和花粉有关联吗？

如果结果的可能性随着特定因素的增长而增大（或减小），则称为有**相关性**（correlation）。那么，是否很多人确实随着花粉的增多而患枯草热？

科学家在查看了成千上万人的病历后发现，枯草热在夏季的发病率最高，而这时有大量的花粉飘浮在空气中。随机选取病历样本收集数据，并以此描述整体人群情况的方法是重要的。

这一证据显示花粉的浓度和枯草热症状之间存在着相关性。这是否意味着花粉和枯草热之间存在着因果关系，即花粉**导致**（cause）了枯草热的发生？

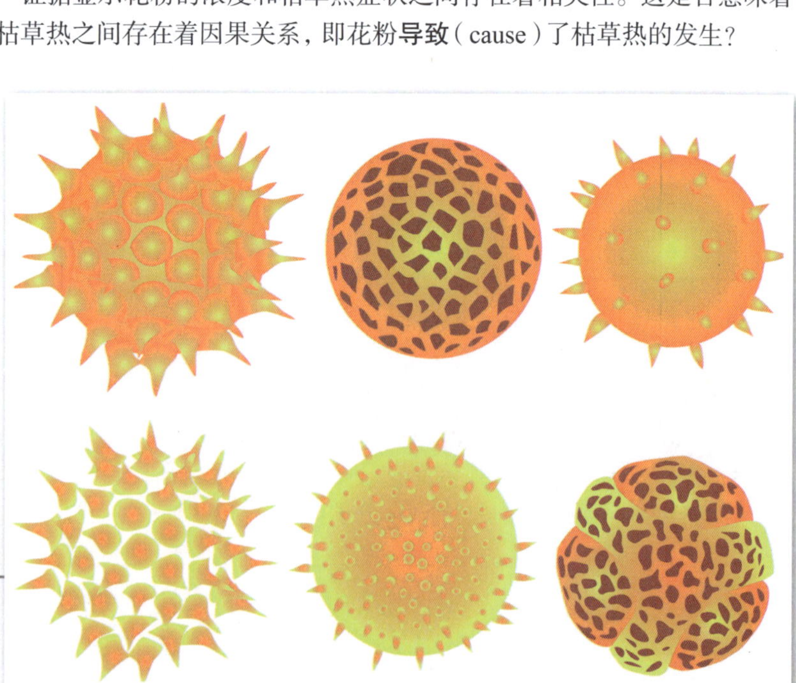

显微镜下的花粉粒。不同的植物释放不同的花粉。（约放大 1360 倍）

枯草热是因花粉而发生的？

发生在两个事件间的增减可能与第三个没被衡量的因素有关，或恰巧这个因素和那两个事件是同时增减的。

比如冰淇淋。冰淇淋多是夏季吃的，但没有人将冰淇淋和枯草热间联系起来。这两件事具有同时性可能只是一种巧合，它们的增加是由其他因素引发的。

要确定是花粉导致了枯草热，则需要一些证据来支持，即需要显示它们间存在相关性及花粉导致枯草热的原因。

一年的不同时期中有不同的花粉释放到空气中。一些人在特定的那几个月中因特定类型的花粉存在而患枯草热。这是花粉和枯草热间存在相关性的强有力证据。

皮肤点刺检验显示，患枯草热的人对花粉过敏。枯草热是一种花粉引发的过敏反应。因此我们可以说：枯草热和花粉间存在着相关性。

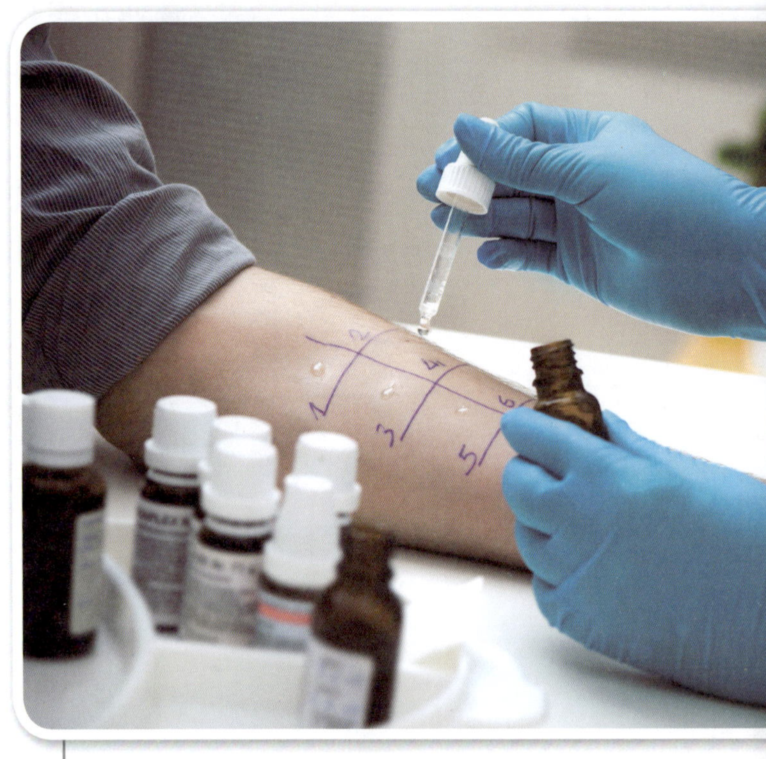

皮肤点刺检验中，将皮肤刺破，在被刺处的皮肤上滴一点溶液（如花粉溶液）。如果被试者对这种溶液过敏，则他的皮肤会发红、发痒。

问题

1. 请推断在夏季要发布空气花粉浓度报告的原因。
2. 试向朋友介绍以下内容。
   a. “花粉浓度和枯草热间存在相关性”的含义。
   b. “要查阅大量病历来证实存在相关性”的原因。
   c. “冰淇淋和枯草热之间的相关性不意味着冰淇淋能导致枯草热”的原因。

关键词

- ✔ 因素
- ✔ 结果
- ✔ 相关性
- ✔ 导致

哮喘和空气质量

哮喘是一种常见疾病。哮喘的人感到胸部非常难受，呼吸困难。

有哮喘病的人，引发哮喘的因素很多。包括：

- 树木花草的花粉
- 动物皮肤鳞片
- 尘螨
- 空气污染
- 坚果、贝类
- 食品添加剂
- 灰尘
- 浓香水味
- 情绪激动
- 紧张
- 体育运动（特别是冬季）
- 感冒和流感

人工呼吸器被用于治疗哮喘并使症状得以控制。它含有的“扩张”呼吸道的药物使呼吸更顺畅。

哮喘的起因

医疗证据显示，哮喘可由多种因素引发。

二氧化氮是一种空气污染物，它的主要来源是交通车辆的尾气。大规模研究已经证明，如果空气中二氧化氮浓度连续几天都较高的话，有哮喘病史的人被诱发哮喘的风险将增大。它们具有相关性。

患有哮喘病的人的肺部很敏感：易受伤害。空气污染物可能刺激人的肺，特别是对那些肺很敏感的人而言。若二氧化氮污染连续多日居高不下，则哮喘的发病率将会升高。数据显示，空气污染程度和哮喘发病率间存在着相关性，但数据却不能给出二氧化氮导致哮喘的证据。

氮氧化物浓度高的环境会增大引发哮喘的机会，但这并不意味着有哮喘病史的人一定会病情发作。尽管如此，因素（如暴露在污染的空气中）和结果（如哮喘发作）间的联系仍被认为具有相关性。

研究哮喘

我们并没有完全了解哮喘的起因。有证据表明很多人患哮喘是因为遗传的原因，也有证据表明还有环境影响的因素，如空气污染等。

研究哮喘病的科学家在学术研讨会和报刊上公布了自己的研究成果，这使其他科学家能对这些发现进行批判性评价。他们首先认真地分析发布者所使用的研究方法、公布的数据，然后分析他们对数据的解释及得出的结论。

有意见认为，还有一些因素也可能使哮喘发作率增大，例如神经紧张等。这一理论的支持者认为，神经紧张会改变肺内壁和刺激物反应的方式。

神经因素论只是世界范围内哮喘病人数增大的很多说法之一。数据是复杂而难以解释的，因此不同的科学家可能会得出关于哮喘起因的不同结论。

孩子处于高浓度车辆尾气污染之中，可能会增大导致发展成哮喘病的机会。

问题

3. a. 列出一些可能会导致哮喘的因素。
   b. 请说明为什么科学家难以发现越来越多的人患哮喘病的原因。
4. 请说明科学家公布他们收集到的数据及对其的解释的重要性。
5. 科学家在决定是否接受一项已宣布的科学结果前，为什么要分析所公布的研究结果能否被其他科学家在研究中再现？

通过探究发现

- 借助法律法规改善空气质量的方法
- 利用新技术降低汽车和发电厂排放的有害气体
- 我们能为降低空气污染所做的工作

交通运输部的尾气排放分析。测试尾气排放中的一氧化碳和没有完全燃烧的燃料。

降低来自汽车的污染

对个人来说，改善空气质量最简单的方法就是少用汽车，最好的替代方式是尽可能地使用诸如公共汽车、火车等公共交通工具，或者步行、骑自行车等。50 个人乘公共汽车所消耗的燃料远少于他们各自驾驶私人小汽车所消耗的燃料。燃烧的燃料越少，则排放的污染物也越少。让人们更方便、快捷地使用公共交通工具，应是政府改善空气质量的举措。

政府也能通过立法来限制汽车允许排放的污染物的量。在英国，运输部检测的项目中包括汽车排放测试。这也意味着如果汽车的排放量高于法律规定的标准，将会被禁止上路。**法规**（regulation）要求汽车使用超过 3 年后，每年都要接受运输部的检测。

高效发动机和触媒转换器

工程技术人员也在不断努力改进汽车发动机以提高**效率**（efficiency）。高效发动机可在行驶相同距离的条件下，燃烧较少的燃料，排放较少的污染物。这对汽车拥有者来说也是好事，因为这样也可以节省油钱。

但即便是高效发动机也要排放空气污染物。因此，科学家研究如何将有害的污染物从排气管中去除。现在所有新出厂汽车的排气管中都安装有**触媒转换器**（catalytic converter）。当废气通过其中具有较大接触面积的金属蜂巢状结构时，化学反应加快，从而减少了一氧化碳（CO）和一氧化氮（NO）等有害污染物的排放。

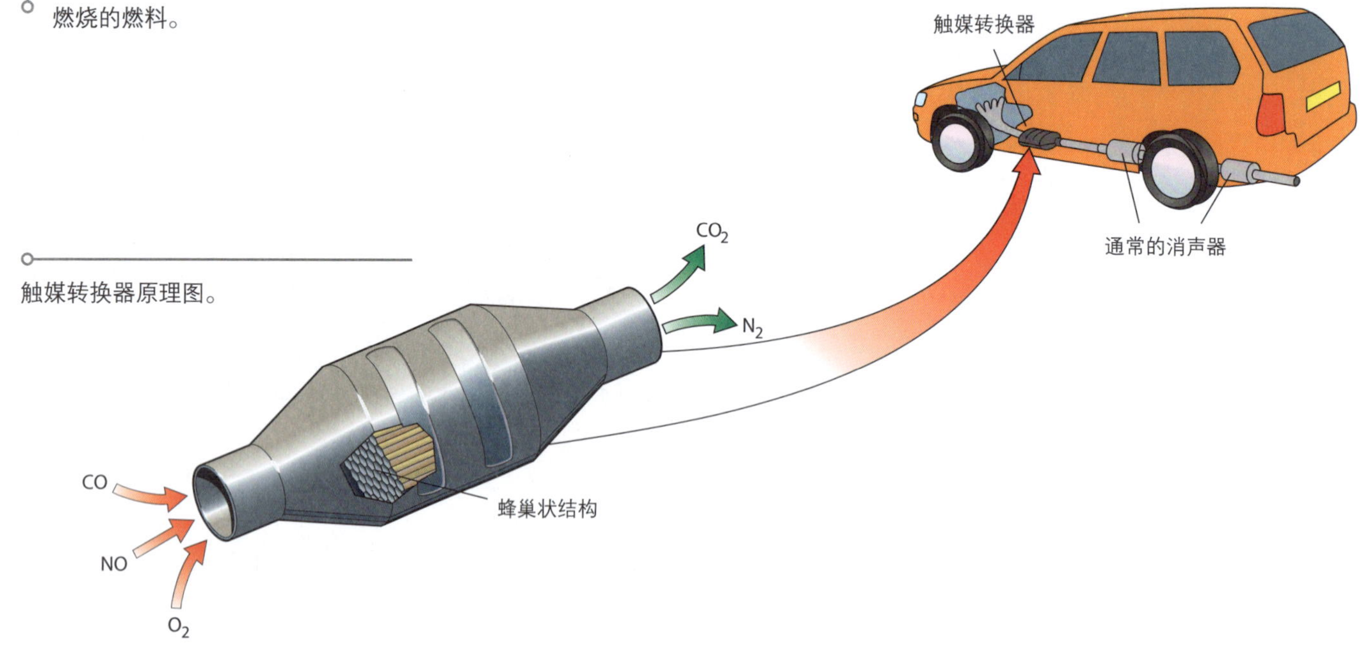

触媒转换器原理图。

关键词
- 法规
- 效率
- 触媒转换器
- 还原

在触媒转换器中发生的化学反应有：

一氧化碳 + 氧气 ⟶ 二氧化碳

一氧化氮 ⟶ 氮气 + 氧气

氧与一氧化碳反应生成二氧化碳，故是氧化反应。

氧被从一氧化氮中移去形成氮气和氧气，故是**还原**（reduction）反应。

即使安装了触媒转换器，汽车仍要排放二氧化碳。人们认为，大气中的二氧化碳含量和全球变暖间有关联。减少二氧化碳产生的有效途径是尽量少使用化石燃料。

污染少的交通工具

用改善现有燃料或使用新型能源的方法可以降低来自汽车的污染。

柴油中含有少量的硫化物。低硫燃料中的大部分硫化物已被去除了，从而减少了尾气排放中的二氧化硫含量。

生物燃料是替代交通运输工具使用的化石燃料的可再生能源。它们是用诸如甘蔗、玉米、油菜等植物制造的。植物在生长的过程中吸收二氧化碳。燃料在燃烧时，二氧化碳又回到了大气中。大量生产生物燃料可能要占用大量提供食物的耕地。将少量（2%—3%）生物燃料和汽油或柴油混合，无须改动发动机设计或燃料站系统。

现在有一些汽车不使用诸如汽油、柴油或生物燃料等能源，而是使用贮存在电池中的电来驱动的。电动汽车在行驶过程中不会产生废气。然而，来自发电厂的电多数是靠燃烧化石燃料得到的。在拥挤的城市中使用电动汽车，意味着污染物将不排放在城区，而是在其他地方。和使用汽油的汽车相比，电动汽车充电一次的行程短，需要反复再充电，而充电的过程可能达几个小时。

问题

1. 所有的新汽车都安装了触媒转换器。
   a. 它能去除哪两种污染物？
   b. 它能将污染物转化成哪些危害较小的气体？这过程中发生的化学反应是什么反应类型？
   c. 为什么这不是完美的解决办法？
2. 混合动力汽车可用电能驱动，但也具有通常汽车所具备的燃油发动机以备无电时使用。
   a. 说明使用混合动力汽车能降低城市交通所造成的污染的原因。
   b. 说明混合动力汽车在使用电驱动方式时仍有污染物排放到大气中的原因。
3. 给你的地方行政长官写一封信，对你所在地的居民可采用的降低空气污染的生活方式提出建议。

这种混合动力汽车同时使用电和汽油。电由国家电网送来。用电驱动时，驾驶员就可以少消耗汽油。

死于酸雨的树木。发电厂排放的二氧化硫废气与水和氧气反应生成酸雨。

降低发电厂的污染物排放

个人、政府和工厂企业都能对降低发电厂的空气污染物起到积极作用。

每个人都可以通过少用电的方式来为减少发电厂的污染物排放作出贡献。虽然我们这时仍在用电，但减少用电量对发电厂降低空气污染仍然是有好处的。

大多数发电厂是以煤、天然气和燃油为燃料的。这些燃料燃烧时，主要的产物是二氧化碳，同时产生废气和颗粒物。化石燃料也含有诸如硫那样的杂质。硫在燃烧过程中，产生二氧化硫等污染物，并可能导致酸雨的产生。

二氧化硫

减少向大气中排放二氧化硫量的途径之一，是在燃料燃烧前就去除其中的硫。

发电厂使用的天然气和燃油，可以在燃烧前用提纯的方式去除其中大部分的硫，使得只产生极少量的二氧化硫。

科学家也已研究出把尚未从发电厂的烟囱中排放出去的废气（或烟道气）中的二氧化硫清除掉的方法，这种方法称为**湿法涤气**（wet scrubbing）。

二氧化硫是一种酸性气体。酸和碱会发生化学反应。湿法涤气是利用碱和酸发生反应的方式在烟囱中将废气中的硫去除掉的。

天然海水呈弱碱性，可用于湿法涤气。海水被以雾状小水滴喷入烟囱中，与废气中的二氧化硫发生反应。当小水滴被收集并清理掉后，发电厂烟囱排出的废气就是较清洁的了。

其他的碱性物质也可用于此法。先将生石灰（氧化钙）粉末和水混合在一起形成碱性泥浆，再将烟囱中的废气和空气的混合气体与其反应生成硫酸钙。只要将这种新生成的固态物质收集起来清理掉，就可以持续清洁烟囱中的气体了。清理掉的硫酸钙也不是纯废物，用它可制成建筑灰浆出售。

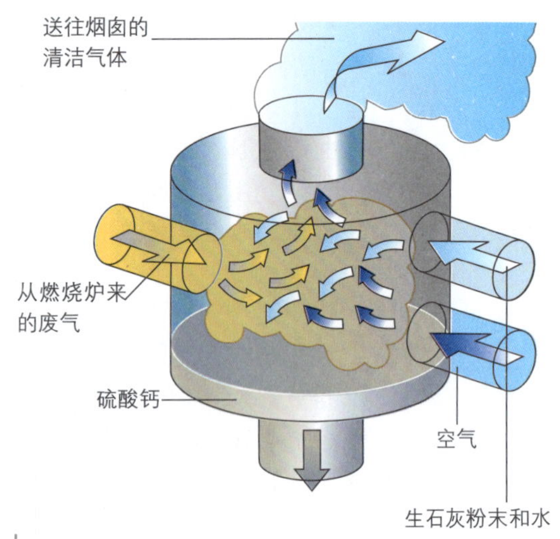

用碱性泥浆为原料的湿法涤气清除烟囱气中的二氧化硫。

颗粒物

颗粒物（微小的碳和尘埃颗粒）也存在于发电厂的烟囱气中。它带来的环境问题包括使建筑物上落满灰尘、使人的呼吸系统发生问题等。但它可用静电除尘器清除掉。静电除尘器含有静电板。微粒通过带负电的金属网时带上负电，然后被带正电的收集板所吸引，最后再收集清理掉。

关键词
- ✔ 湿法涤气

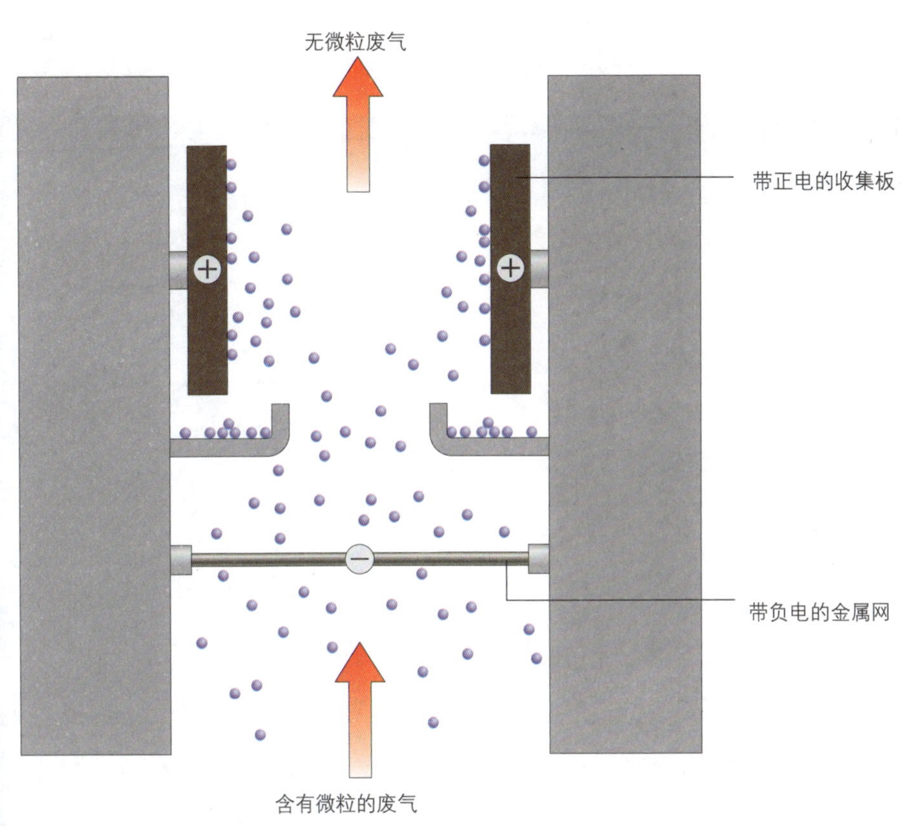

在发电厂烟囱中将微粒清除掉，不让其排放进入大气。

问题

4. 给出发电厂中使用的 3 种化石燃料。
5. 大气中存在二氧化硫会产生怎样的问题?
6. 描述一种在发电厂中减少产生二氧化硫的方法。对已经在废气中生成的二氧化硫，试给出一种清理的方法。
7. 描述将微粒从发电厂废气中清理掉的方法。

科学解释

空气污染会影响人的身体健康并带来环境的恶化。为了改善空气质量，了解空气污染物的来源和构成是十分重要的。

应该知道：

- 由于生物光合作用的演化，地球早期大气的形成以及变化历程。
- 海洋在清除大气中二氧化碳并形成沉积岩和化石燃料过程中的重要性。
- 构成地球大气的气体，以及自然事件和人类活动使气体，特别是空气变化的方式和过程。
- 燃烧化石燃料增大了二氧化碳含量（影响全球变暖），产生少量的其他气体污染物，还有微小的颗粒物（诸如碳微粒），这些都改变着大气构成。
- 燃料燃烧时发生剧烈的氧化反应。
- 碳氢化合物燃烧时，空气中的氧原子与碳原子结合形成二氧化碳，与氢原子结合生成水。
- 一些污染物直接损害人的健康，也是对环境造成破坏性影响的原因。
- 在任何化学反应过程中，反应物的原子发生分离并重新结合形成新的生成物。
- 每种原子在反应物中的数量与生成物中的数量相同。
- 化学反应中的反应物和生成物的性质不同。
- 燃料不完全燃烧将会产生碳微粒和有毒的一氧化碳气体的原因。
- 一些燃料燃烧时产生二氧化硫气体的原因。若将其释放到空气中，会产生酸雨的原因。
- 燃料在燃烧炉或在发动机内燃烧产生的废气中含有氮氧化物的原因。
- 一氧化氮气体在空气中与氧气结合生成二氧化氮气体，它也是导致酸雨的原因。
- 用像触媒转换器和湿法涤气那样的新技术能降低排放到大气中的污染物含量。

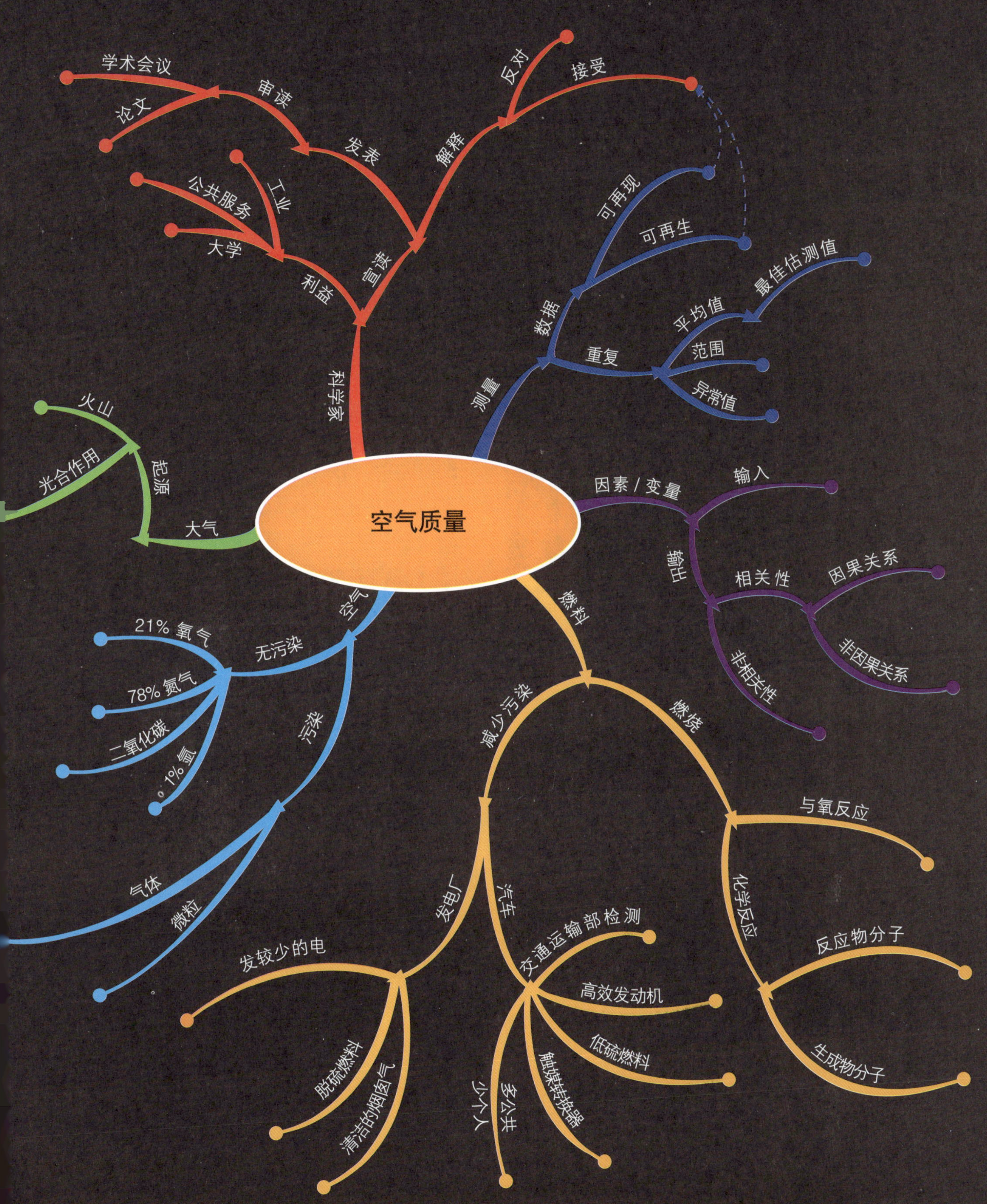
空气质量
科学家
宣读
利益
大学
公共服务
工业
发表
审读
学术会议
论文
解释
反对
接受
测量
数据
可再现
可再生
重复
平均值
最佳估测值
范围
异常值
因素 / 变量
输入
输出
相关性
因果关系
非因果关系
非相关性
燃料
燃烧
与氧反应
化学反应
反应物分子
生成物分子
减少污染
汽车
交通运输部检测
高效发动机
低硫燃料
触媒转换器
多公共
少个人
发电厂
发较少的电
脱硫燃料
清洁的烟囱气
大气
起源
火山
光合作用
空气
无污染
21% 氧气
78% 氮气
二氧化碳
1% 氩
污染
气体
微粒

科学观点

科学家利用数据而不是想法来判断对科学现象的解释。他们在研究空气污染物的产生和效应的过程中收集到大量的数据，但他们不能肯定测量到的数据是真值。

我们在对同一个事物进行测量时，得到的数值可能是不一样的，这是因为：

- 可能要测量多个独立的样本。例如，测量相同型号的多辆汽车排放的尾气等。
- 所测量的量是变化的。例如，排气管排出的氮氧化物的含量等。
- 测量仪器精度的限制或使用仪器方式的影响等。

一个量的真值的最佳估测值。真值处于一组重复测量得到的数据范围之内。

- 测量得到的数据中可能包括无效的异常数据，它位于重复测量得到的其他数据范围之外。
- 在比较不同地方的空气质量时，若它们间的数据范围没有重合，则它们间的差异是真实的。
- 相关性显示了因素和结果间的联系。例如，随着空气中微粒含量的增大，患肺部疾病的人数也增加等。
- 因素和结果相关并不意味着这一因素导致了这一结果的发生。

科学家公布研究结果，以使他们的数据和结论可由其他科学家审读。只有通过其他科学家的评价和批判性审读，科学结果才是可接受的。

- 审读者通过检验以确证科学家的发现，并用重复他们工作的方式予以确认。
- 除非科学家宣布取得的科研成果可被其他科学家再现，否则学术团体是不会承认的。
- 使用相同的数据，不同的科学家可能得到不同的结论。

很多科学原理的应用，如使用燃料的方法等，可能会对生命质量或环境造成负面的影响。

- 减少二氧化碳排放的有效途径是减少化石燃料的使用量。
- 要减少燃烧化石燃料的发电厂产生的污染，可用减少用电、清除天然气和燃油中的硫、消除烟囱气中的二氧化硫和微粒（碳和灰尘）等方式。
- 要减少汽车排放的污染物，可用使用高效发动机降低油耗、使用低硫燃料、使用触媒转换器等方法。

复习问题

1 下表显示了干燥空气中各种气体所占的比例。在给出的气体中选择正确的填入表中的百分比栏中。

氩气　　氢气　　氮气　　氧气

气体	百分比（%）
	1
	21
	78

2 乙醇可以作为汽油燃料的替代品。纯乙醇完全燃烧时，与氧气（O_2）发生反应后的生成物是二氧化碳（CO_2）和水（H_2O）。在下图中补全乙醇完全燃烧后的生成物。

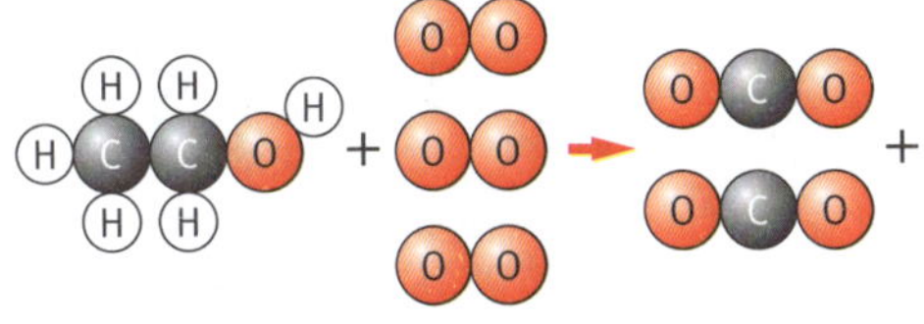

3 学生们测定了落在学校操场上雨水的 pH。他们收集并测试了一天中的六份雨水样本。为了得到最佳估测值，求出了所有测定结果的 pH 平均值。测定结果如下表所示。

a. pH 的范围是什么？

b. 平均值是多大？

样本	1	2	3	4	5	6
pH	5.8	5.6	5.8	4.2	5.7	5.6

4 从汽车排气管排出的难闻尾气对空气造成了污染。燃料在汽车发动机中燃烧时产生了一氧化氮。下列哪些物质发生反应能生成一氧化氮？

- 氨
- 二氧化碳
- 氢气
- 氮气
- 氧气
- 硫

5 当一氧化氮被排放入空气后，和氧气发生反应生成二氧化氮。为什么二氧化氮没有在汽车发动机中形成？

6 下列哪种措施能最大限度地降低空气中二氧化氮的含量？

a. 使用低硫燃料。

b. 作出调整，使公共交通和私人小汽车间达到平衡。

c. 鼓励人们少用电。

7 很多污染物是经汽车的排气系统排放的。这些污染物并不一直停留在空气中。过一段时间后，它们会被一些过程清除掉。下表中的各过程能清除掉何种污染物？

过程	污染物
与水和氧气发生反应产生酸雨	
沉积在物体表面使其变脏	
可被植物吸收利用并能溶解在海水中	

P1 宇宙中的地球

为什么要研究宇宙中的地球？

很多人想了解更多的关于地球及其在宇宙中位置的知识。地球只在无垠空旷的宇宙一隅占据了微不足道的空间。我们的身体是由哪些物质构成的？宇宙具有怎样的历史？诸如地震和火山那样的自然灾害对人类的生命财产构成极大威胁，它们是如何发生的？我们能否预防这些灾难？

已经知道的知识

- 太阳系包括行星、小行星和彗星等星体，它们都在环绕太阳的轨道上运动。
- 一些行星具有绕自己轨道运行的天然卫星。
- 太阳是恒星，是宇宙中无数恒星中的一颗。
- 运动物体的速度可以用公式计算：速度 = 路程 / 时间。

要发现什么？

- 宇宙的历史

科学家发展了对地球和空间现象的解释方法

- 从岩石中发现的地球演化证据
- 地球大陆的运动
- 地震波透露了地球的什么奥秘？

科学的应用

科学能够解释世界万物的变化。天文学家研究了恒星和星系的变化后认为，这些变化可能需要数十亿年时间才能完成。是恒星产生了世间万物中都存在的原子——当然包括构成地球和我们身体的物质。自然界各种变化所需的时间是不同的，如地震等是非常快的，而如山脉的形成和消失等则可能需要数百万年。

科学观点

科学家是根据仔细观测获得的数据和证据来了解地球和宇宙的。因此，科学家要对收集到的证据进行解释。正因为如此，想象力在科学研究中也就能起到十分重要的作用。那么如何验证科学猜想呢？科学家通常要先提出一些论点进行讨论或辩论，在此基础上不断探究、发掘新的数据或证据，并最终就新的科学解释形成一致意见。

通过探究发现

✔ 我们知道的地球和宇宙

我们的地球是一个由岩石构成的行星，它实质上是由远古时期恒星散发出的尘埃形成的。我们非常想知道的是：地球是宇宙中唯一存在生命的星球吗？

正如下面的两幅图所示，科学家已经掌握了许多关于下列两个问题的知识：

- 地球在宇宙中的运动方式。
- 地球的历史。

时至今日，关于地球的很多奥秘我们尚未了解，其中有一些我们可能永远无法知道。

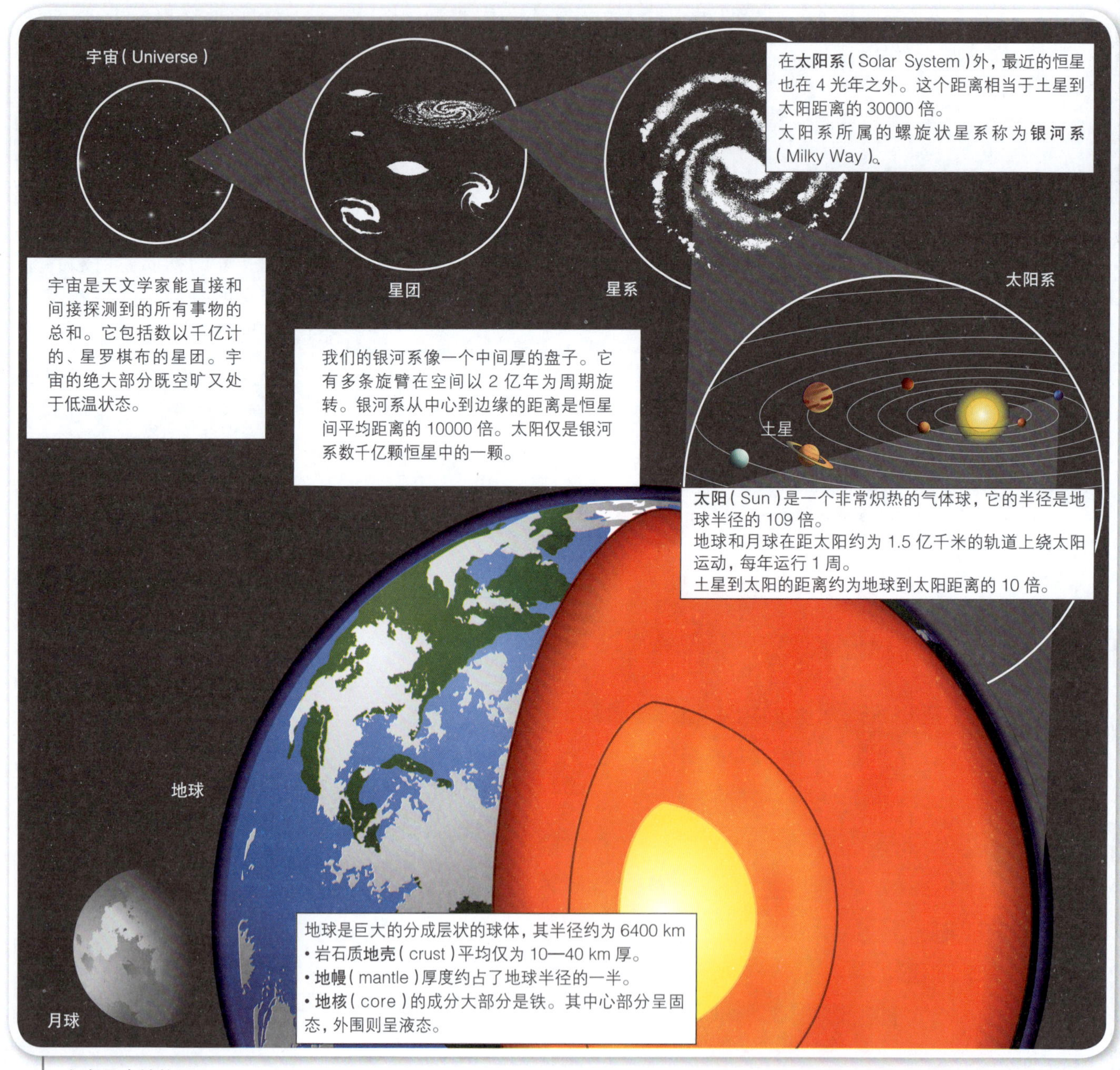

宇宙层次结构图

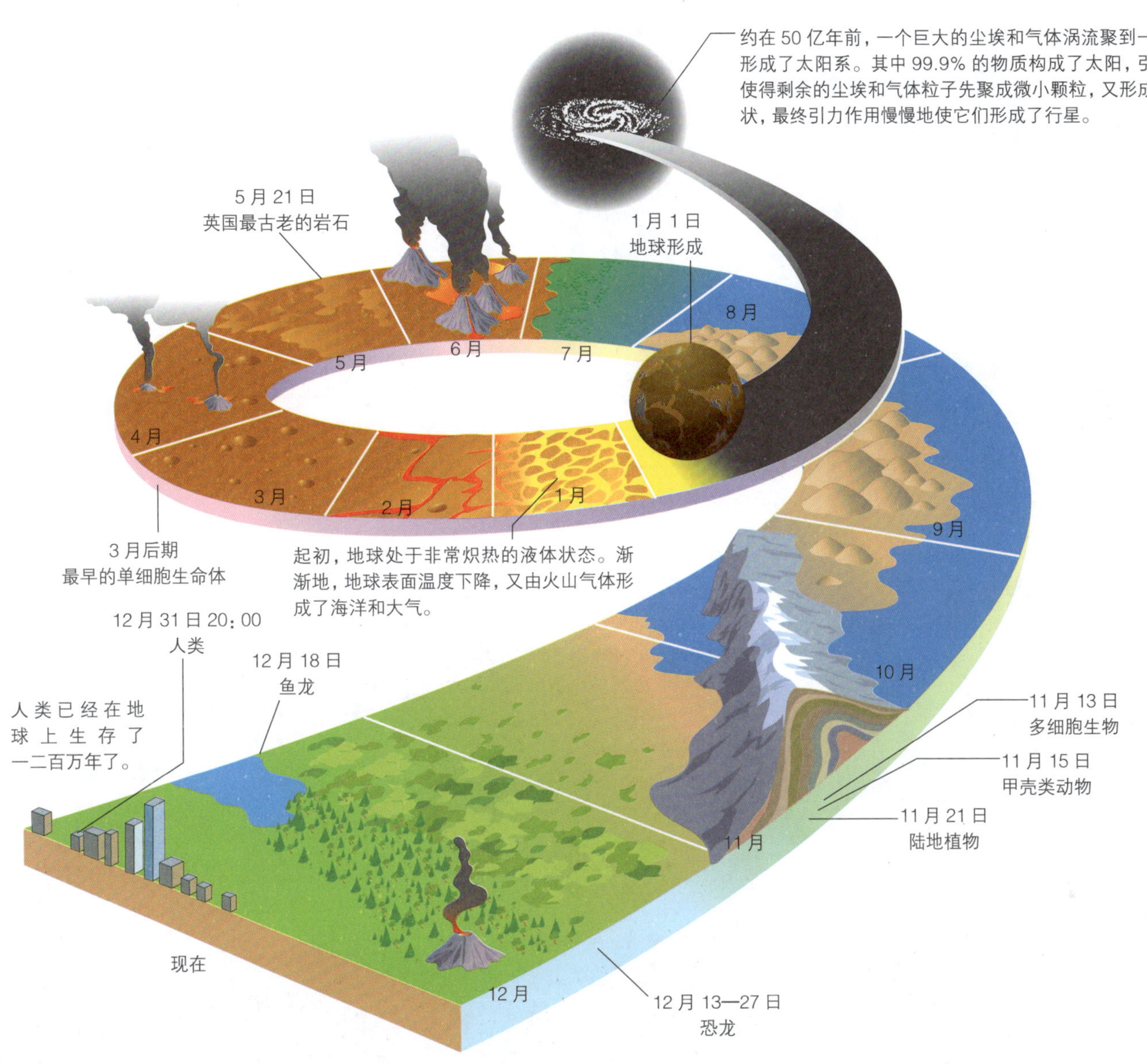

时间沿革：假设将地球的历史视作 1 年。

问题

1. 以前一页为资源，以大小尺度为序，从月球开始到宇宙为终点，列出一些天体。
2. 上图“时间沿革”显示了地球的年龄。
   a. 以 15 年为地球的年龄（约为你的年龄）重画这张图。
   b. 在这一时间尺度下，地球几岁时才有生命？恐龙大约是在地球几岁时灭绝的？

关键词

- 宇宙
- 太阳系
- 银河系
- 太阳
- 地壳
- 地幔
- 地核

B 观察恒星

通过探究发现

- 太阳系的构成
- 恒星释放能量和产生新元素的过程

天文学家利用各种类型的望远镜观察夜晚的星空。望远镜收集到来自遥远恒星的诸如光那样的辐射。这些辐射承载着天文学家已经掌握了破解方法的信息，这有助于建立起我们已经理解的关于宇宙及其中万物的知识体系。

天文学家喜欢在暗处工作以便能观测清晰的夜空。他们分析来自恒星的光以发现其温度和物质构成。

在一些地方，因大气中**光污染**(light pollution)、尘埃和水汽的存在，使这些辐射难以抵达地球表面。

天文学家喜欢在暗处工作以便能观测清晰的夜空。他们分析来自恒星的光以发现其温度和物质构成。

太阳系

地球是太阳系的一部分，是在绕太阳的轨道上运行的八大行星之一。这些行星中的大多数都有绕自己的轨道运行的卫星(像月球绕地球运行那样)。**矮行星**(dwarf planet)具有和行星相似的轨道。在火星和木星之间，是很小的岩石质**小行星**(asteroid)。

行星和小行星的轨道都是近似圆形。**彗星**(comet)实质上是大团的冰和尘埃。它们都具有不同的轨道，形式如下图所示。

这张太阳系的示意图显示了典型的彗星轨道。彗星要用很长的时间向太阳运动，近距离掠过太阳后又回到寒冷的太阳系外层空间中。

太阳

太阳是太阳系中最大的物体，占有太阳系 99.9% 的质量。太阳系也仅有这一天体能自身发光。我们之所以能看到阳光下的万物，是因为这些物体都反射发自太阳的光。

科学家曾努力了解太阳的奥秘，认为它可能并非一个大火球，因为火需要燃料和氧气。如果是这样的话，它们早就耗尽了。

后来他们发现原子具有一个位于中心的核，称为**原子核**（nucleus）。如果极小的原子核结合到一起的话，就会释放出能量并形成新的元素。这样的过程称为**核聚变**（fusion）。

核聚变仅在极高的温度（上百万摄氏度）下才会发生，而这也是恒星内部的温度。氢原子核在太阳内部经聚变产生氦原子核。

恒星寿命终结时，其残余发生超新星爆发而散布到空间中。可能有一天，这些物质又成为构成新恒星或行星的物质。

恒星中产生重元素

宇宙中最常见的元素是氢和氦。在恒星中，氢经核聚变成为氦。氦经核聚变可生成诸如碳和氧等更重的元素。

很多恒星在其寿命终结时，会发生超新星爆发，爆发产生的碎片中含有全部的 92 种元素，这些元素因这种爆炸而散布到空间中。

太阳系的年龄

如同我们在第 77 页所见，太阳系是在 50 亿年前由旋转的尘埃和气体形成的。这一过程要延续数百万年。

在太阳系形成的过程中，它不断收集已死亡恒星散发出来的碎片。除了氢和氦，构成地球上万物的化学元素均来自恒星，我们人类也是由恒星尘埃构成的。

艺术家笔下 50 亿年前太阳系形成时的情况。太阳引力吸引了大部分物质，少量仍留在轨道上的物质构成了行星及它们的卫星和其他万物。

关键词

- 光污染
- 矮行星
- 小行星
- 彗星
- 原子核
- 核聚变

问题

1. 按从小到大的顺序将下列天体排列起来：
   彗星　月球　太阳　小行星　地球
2. 作图比较地球和彗星绕太阳转动的轨道。
3. 为什么科学家认为在太阳系形成之前已有恒星存在和死亡？

C 太阳系之外

通过探究发现

- 天文学家了解过去的方法
- 测量至恒星距离的方法

夜空中看到的星星好像都是固定不动的，而太阳、月球及行星等都是相对于它们的固定位置而运动的。这说明，这些星星是不属于太阳系的。

追溯过去

光的速度极快，可达到 300 000 km/s。它可以在六百万分之一秒内穿越英国。光从太阳上射到地球上需要 8 分钟时间。这意味着你现在所看到的太阳是 8 分钟之前的。而你现在看到的恒星则又更可能是它很多年前所在的位置。

虽然光在真空中传播非常快，但它的传播决非即时的，而是需要一定时间的：

- 光从月球传到地球需要 1.3 秒。
- 光跨越太阳系需要约 4 年。
- 光跨越银河系需要约 10 万年。

一光年

比邻星的亮度不够高，如果不借助望远镜是难以看到的。但它是离太阳系最近的恒星。从这颗星发出的光要经过 4.22 年才能抵达地球。于是，我们就说它距离地球 4.22 光年。

光年（light year）是天文学上常用的距离单位，它是光传播一年所经过的距离。

大角星是另一颗较近的恒星，它距我们 36.7 光年。

我们如何知道恒星距我们多远呢？天文学家有多种测量到恒星距离的方法。这里，我们介绍其中两种。

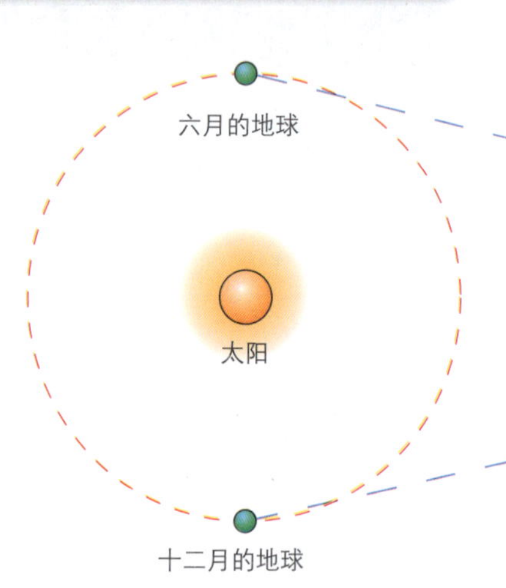

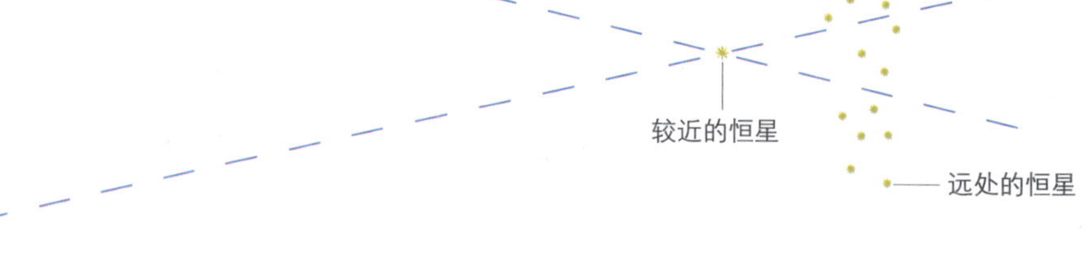

测量到恒星的距离

方法 1

视差法：在 6 个月内，地球从太阳的一侧运行到另一侧。从地球上的望远镜中看近邻的恒星，位置相对于背景中较远的恒星将有所偏转，越近的恒星偏转程度越大。

利用这一效应的方法称为**视差法**（parallax），这是一种测量到恒星距离的方法。用这一方法使天文学家能够测量地球到最近的恒星比邻星的距离。

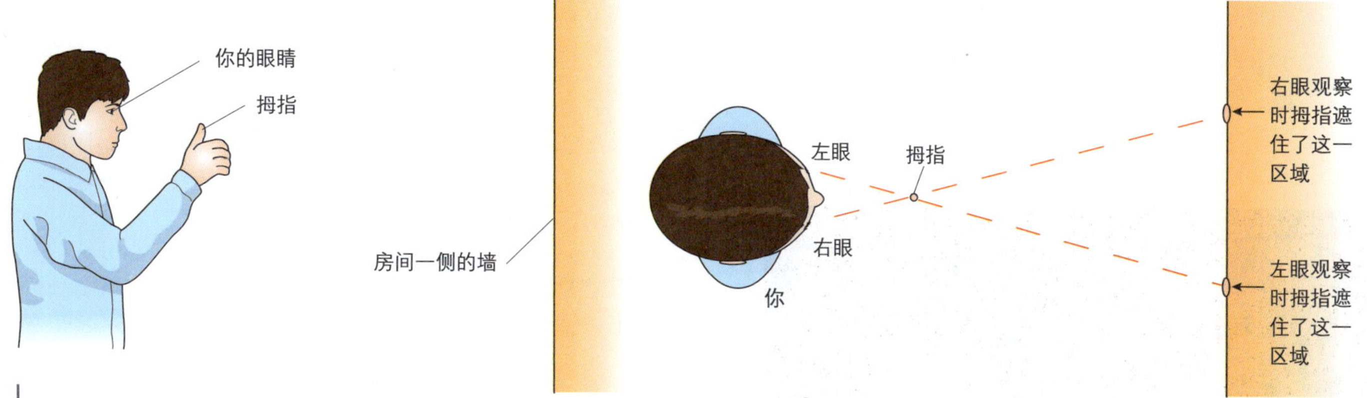

为了能看到视差效应，两眼轮流观察竖起的拇指。

方法 2

亮度法：下图中的路灯具有相同的亮度，但远处的路灯看起来有些昏暗。

利用这种现象可以得出两颗恒星的远近：显得较亮的星近，较昏暗的远。

但这种方法需要一个条件：这两颗星应是相同的。天文学家可以通过对恒星发出的光的分析，得出它们的温度情况，并由此知道它们的亮度。然后，据此推论两颗星是否相同。对相同的两颗星，昏暗的一定是较远的。

问题

1. 从太阳发出的光约需要经 8 分钟才能到达地球。
   a. 这一共有多少秒?
   b. 请计算从太阳到地球的距离。
2. 在你读本段文字时，发自比邻星的一些光到达了地球。当这些光从比邻星发出时，你的年龄是多大?
3. 试说出为什么用亮度法测量距你较远的两个城市或小镇的远近是非常容易的。

这些路灯的亮度都相同，所以我们可以推断出显得昏暗的路灯一定较远。

关键词

- 光年
- 视差法

通过探究发现

- 我们所在的星系，银河系
- 银河系外的天体

艺术家笔下的银河系。它是由无数观测到的恒星构成的。下面一条臂上的黄色亮点描述了太阳的位置。其实，太阳的亮度不比其他恒星大。

我们所在的星系

我们所在的星系称为银河系。星系是很多恒星的集合。银河系中有数以千亿计的恒星，它们由万有引力维系在一起。之所以称为银河系，是因为它在夜空中恰似一条跨越天际的银色带子。在光污染少的地方可用肉眼清晰地看到它。在南半球看银河系也更为容易。

历经 2000 多年的研究，直至 1610 年伽利略首次用望远镜来观测研究夜晚天穹上的天体后，天文学家才认识到银河系是由大量的恒星组成的。

通过计算不同方向上恒星的数量并估算它们的距离，科学家勾画出了银河系的图像。左图给出了关于银河系形状的一些观点。

- 银河系从中心向外伸出了几条螺旋状的臂。
- 银河系是像铁饼那样中心凸起的。
- 太阳位于其中之一的螺旋状臂上，到中心的距离大约 2.5 万光年。

从星云到星系

在公元 964 年，一位名叫阿卜杜勒·拉赫曼·苏菲的天文学家基于自己的观测出版了一本书。他是记录发自仙女座的昏暗光线的第一人。仙女座被称为**星云**（nebula）。

随着望远镜技术的发展，人们发现并记录了很多星云，但对它们任一个的构成都不能给出肯定的答复。

- 它们是银河系中的气体云吗？
- 它们是远离银河系的大量恒星构成的吗？

1925 年，美国天文学家爱德温·哈勃试图用一台新型望远镜测算出到仙女座的距离时，得出了令人吃惊的结果：它好像距离我们 100 万光年之外，远超出了银河系的范围。

现在，用太空望远镜证实，它也是类似银河系的螺旋线状星系，称为仙女座星系。

数以亿亿计

现在我们知道，宇宙中存在着无数的星系，而它们的每一个又都是由无数的恒星构成的。宇宙的恒星总数大概有 10^{22} 颗。

哈勃太空望远镜得到的图像（右下图）显示了一些极远的星系。构成这张图的光线是恒星于 100 亿年前发出的，即在太阳及太阳系诞生之前就发出了。

测量不确定性

对天文学家来讲，确定到某一恒星的距离是一件困难的事。首先，他们要测量地球绕太阳转动的轨道半径。然后，再用视差法测量到地球附近的恒星的距离。此后，天文学家再用亮度法估测较远恒星的距离。除此之外还有一种方法，是利用一些亮度有规律变化的恒星来对银河系外的天体进行测量。

这些方法中的每一种，都是建立在对依据的**假设**（assumption）之上的。例如，亮度法是基于两颗恒星是完全相同的假设之上的。

每一种方法都依赖于前一种方法的结果。要注意的是，最终的结果一开始就可能是具有**不确定性**（uncertain）的。经过了大量不同方法的测量和比较后，天文学家终于估测出了宇宙的大小。这一数值是非常非常之大的。

仙女座的照片。从中可以看到其他的两个星系：仙女座上面的圆斑和下面的椭圆斑。

光线经过漫长的旅行后所成的遥远星系的像。

问题

1. 太阳系所在的星系的名称是什么？
2. 观测到的哪个新天体显示银河系之外存在着天体？
3. 粗略说出宇宙中存在的星系数。
4. 请说明：为什么测量地球绕太阳转动的轨道半径对测量到太阳系外恒星的距离是重要的？
5. 请说明：为什么关于星系实际大小的数据存在着不确定性？

关键词

- ✔ 星云
- ✔ 假设
- ✔ 不确定性

E 宇宙是怎样形成的?

通过探究发现

- ✔ 宇宙的年龄
- ✔ 大爆炸

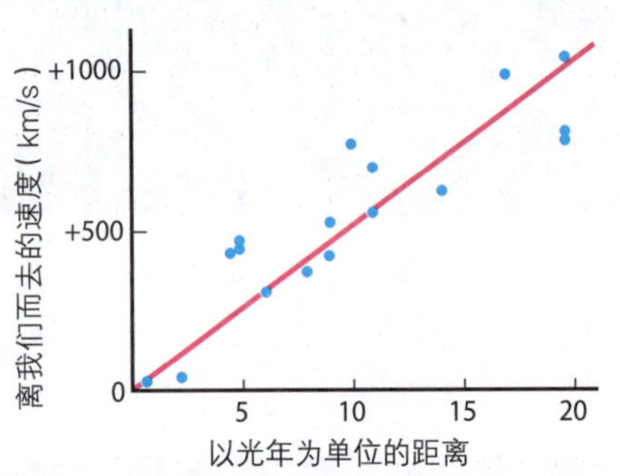

1929 年爱德温·哈勃发表了著名的论文,证明了离我们越远的星系离我们而去的速度越快。

想象你位于一个巨大的气球旁,观察画在气球上的沿一条直线排列的间隔为 1 米的星系。当气球膨胀时,星系的间隔也就变大了。若离你最近的星系离你而去的速度为 0.5 m/s,则离你更远处的星系离你而去的速度将更大。

所有的事物都存在于宇宙之中,它包括恒星和星系、云雾和海洋、细菌和鸟兽,就连人类也从属于宇宙。

大爆炸

直到 20 世纪,大多数人都坚信宇宙一直都是现在这个样子的,即是亘古不变的。然而,更大、更好的望远镜的出现,将这一切观点都改变了。

天文学家在对来自遥远星系的光进行观察时发现:光谱在向红色的一端移动。这一现象被称为**红移**(redshift)。红移的量显示了星系离我们而去的速度。

天文学家还发现,星系团彼此间由于相离运动而越来越远。已经非常之大的宇宙也越来越大,即宇宙空间在不断膨胀着。

科学家相信,宇宙曾经是难以置信的炽热、微小和致密。这种解释被称为**大爆炸**(big bang)理论。

检验大爆炸理论

1965 年,这一理论通过了权威检验。一组科学家在 1948 年曾经预言,大爆炸事件的残余物应该仍以微波的形式充斥在整个宇宙中。数年后,美国新泽西州的两位无线电工程师注意到有莫名的噪声进入他们的天线。他们报告了噪声的存在。天文学家立即敏锐地意识到,这正是他们预言到的宇宙微波背景辐射。

宇宙的年龄

宇宙膨胀表明所有的星系正在分离开来。如果用“倒电影”的方式来想象宇宙的历史:所有的星系最早都聚集在一点。用这种反溯法,科学家可以推断出宇宙的年龄。

50 年前,科学家假定所有星系都以一定的速度相互远离。但这仅是一种粗略的估计,可能是对的,也可能是错的。

若按这一假设算得的结果,宇宙的年龄应该在 100 亿年至 200 亿年之间。然而,在 2003 年,新的对宇宙微波辐射背景的观测给出了十分精确的答案:宇宙的年龄是 137 亿年,误差为正负 2 亿年。

将这一结果和太阳系的年龄作比较。这可由地球上最古老的岩石推断：它的年龄可达 45 亿年。太阳及其行星的年龄仅约为宇宙年龄的三分之一。

关于大爆炸理论的更多证据

从其他方面得到的证据也支持大爆炸理论。其中包括：

- 大爆炸理论解释了为什么早期宇宙质量的 76% 是氢、24% 是氦。
- 最老的恒星（年龄达到 120 亿年）也比宇宙年轻。若反之，则这一理论就出问题了。

宇宙学家在行动

宇宙学是专门对宇宙进行科学研究的学科。大爆炸就是宇宙学家提出的宇宙学理论。

在世界范围内，有数以千计的宇宙学家。他们中的大多数在大学工作，并通常以团队的形式从事研究。当一个团队产生了新观点后，就写出论文在报刊上发表。

在科学家的论文发表之前，其他科学家要对其进行审核，确认它是有用的、可靠的、有新意的。这一过程称为**同行评审**（peer review）。

宇宙将无休止地膨胀下去吗？

宇宙学家想预测宇宙将会以何种形式终结。然而，到远处星系的距离是如此之远，他们无法准确测量到它们的距离和它们离去的速度等数据，从而使这一工作充满了不确定性。

他们也想得出宇宙质量的较好估测值。如果这一质量值很大的话，则其万有引力可能会引发宇宙"大坍缩"。然而，最近对超新星的观测结果表明，宇宙膨胀的速度却在加快之中。由于证据的不确定性，故还出现了其他一些富有挑战性的预测宇宙最终命运的理论。

宇宙学家建立了宇宙的计算机模型。他们可能要处理大量的数据，因而要用诸如图中显示的超级计算机。它每秒可进行数千亿次运算。

Model-independent dark energy test with sigma8 using results from the Wilkinson Microwave Anisotropy Probe

M Kunz, P-S Corasaniti, D Parkinson, and E J Copeland,

Physical Review D **70** 041301 (R) (2004) *ICG 04/30*

写给其他科学家的科学论文。专家能读懂它。通过这样的论文，宇宙学家分享彼此的观点。

问题

1. 列出支持大爆炸理论的 4 种观测结果。
2. 1965 年发现的宇宙背景辐射对提出大爆炸理论的科学家是非常重要的。试说明其中的原因。

关键词：

- 红移
- 大爆炸
- 同行评审

通过探究发现

- 詹姆斯·赫顿对他找到的岩石的各种解释
- 岩石的历史及科学家为它断代的方法

约在250年前，人类开始不满足于自己所掌握的关于地球的知识，开始对一些不能解释的现象进行探究。如当人们发现山中的岩石中含有甲壳类或其他海洋动物的化石时，往往十分惊奇，不禁会问："它们怎么会出现在这里？"

詹姆斯·赫顿和岩石告诉我们的故事

如果不出现某种形式的造山运动，冲蚀作用能将陆地变成平板状。

沉积物被河流冲进海洋，沉入海底并在那里变为泥沙。

沉积物受到挤压后结合形成致密的沉积岩。在一些地方，层状的沉积岩呈倾斜状或褶皱状。

詹姆斯·赫顿是一位受过良好教育且善于观察的农民。当他观察到暴雨将农田中的土壤冲刷掉后，所裸露出的很多岩石是由沉积物构成的（现称之为沉积岩）时，在他的脑海中便逐渐形成了一种全新的观点：陆地是由沉积物循环构成的。

利用现在解释过去

1785年，赫顿在爱丁堡的皇家学会会议上宣读了他那惊世骇俗的理论，在学会的会刊上以新闻通讯的形式发表并定期进行讨论。以这种方式，他的观点传遍了全欧洲。

现在，赫顿的观点被称为岩石周期理论。**冲蚀**（erosion）和沉积物的沉积过程是缓慢的，在这漫长的时间内，地球表面也发生了巨大的变化，一些适于人类生存的新土壤也因冲蚀产生了。地球内部的热量改变着岩石并将大地隆起。

地球变化的历史表明：万物不是在某时某刻立即创生的。地球发生演变的数以百万年的时间称为“深时”。

在赫顿生活时期的欧洲，人们相信地球从没发生过大的变化，即从被上帝创造时就是这种样子。另外，人们普遍认为，地球的历史也不过只有6000年。当然，这种说法的依据是《圣经》。因此，他们对赫顿的观点持抵触甚至反对的意见。就这样又过了一个世纪，具有开创性的英国地理学家查尔斯·赖尔的观点先于赫顿的观点被人们接受了，而他的观点支持了赫顿的观点。

为岩石断代

地理学家逐渐学会了利用岩石中的痕迹确定其历史的方法。他们利用的线索如下：

- 深处的呈层状的岩石较为古老，新形成的岩石通常要覆盖在较早形成的岩石的上部。
- 化石具有时代特征。很多生物都生活在特定的时期，后来就灭绝了。
- 插入特征。如果一种类型的岩石嵌入了其他岩石，则它是后来形成的。例如，炽热的岩浆会注入原有岩石的裂隙中，凝固后就形成了新岩石。

但这些线索只能比较岩石生成的早晚，却不能确定岩石形成的年代。

很多岩石具有放射性。科学家现在可根据测量岩石发出的放射线来推断岩石形成的年代。现已发现的地球上最古老的岩石形成于40亿年前。

旧有岩石位于新岩石之下。生活在不同时期的生物有助于地理学家推断各层岩石形成的时间。

科学观点的发展

以詹姆斯·赫顿为例，他的科学观点的形成包含了下列典型特征：

- 证据
- 解释
- 想象的作用

证据

化石、不同类型的岩石、岩石呈层状的方式、岩石中的褶皱或嵌套。

解释

赫顿关于岩石周期的观点、为岩石断代的不同方法。

想象

赫顿能够想象我们熟悉现象的漫长的演变过程，如他就认识到地表的变化是缓慢的，要经过数百万年的时间。

关键词

✔ 冲蚀

问题

1. 上图悬崖下的化石中，按生物生活时期的先后顺序排列是怎样的？各层岩石由何而来？
2. 赫顿可以在爱丁堡皇家学会的会刊上发表自己的发现。为什么说这对他是非常重要的？

G 大陆漂移

通过探究发现

- 由阿尔弗雷德·魏格纳引发的一场科学大辩论
- 大陆一直在缓慢漂移的证据

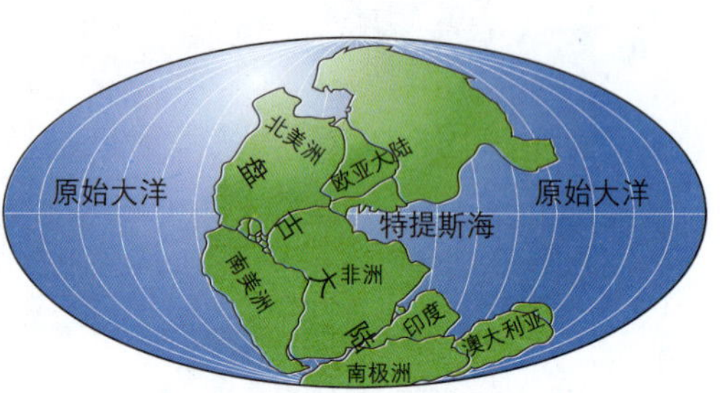

2亿5千万年前

魏格纳显示的所有的大陆以前曾是一个整体大陆，称为盘古大陆（亦称泛大陆）。

关键词

- 大陆漂移

问题

1. 在本节的学习中，给出关于下列要求的例子：
   a. 证据
   b. 解释
2. 哪一个大陆在其边缘部分具有山脉？
3. “同行评审”包含了一些科学家对其他科学家工作的评论。当其他科学家知道了魏格纳的观点后，有怎样的反应？

山脉是如何形成的？

詹姆斯·赫顿之后约 100 年，科学家想知道山脉是如何形成的。当时，大多数地理学家把地球比作一只脱水后起皱纹的干苹果：他们认为地球一开始是炽热的。后来地球变冷并产生了收缩，因此它的表面也就起了皱褶，而地球上的山脉就是呈现在地表的这种皱褶。

大陆在运动中？

大约在 1900 年左右，科学家发现了放射性，并发现地球内部放射性物质的热效应阻止了地球变冷。因此，需要建立一种新的山脉形成理论。

很多人能够发现南美洲和非洲形状的特征。这两个大陆看起来和拼图游戏中能连在一起的两块图形十分相像。阿尔弗雷德·魏格纳认为这意味着大陆是在运动着的，它们本来是连在一起的。他要从它们的岩石中寻找这种观点相关的证据。

1912 年，魏格纳参加了在法兰克福举行的地理学会会议，在会上他提出了**大陆漂移**（continental drift）观点并提交了支持这种观点的证据。他于 1922 年出版了代表他观点的著作《大陆和海洋的起源》。世界各地的地理学家都读到了这部著作的英译本。

极地探险遇难

1931 年 5 月 12 日，德国气象学家和极地探险家阿尔弗雷德·魏格纳的遗体被找到了。他带领一支考察队前往格陵兰岛。在 1930 年 11 月 1 日他生日后一天失踪。不幸的是，他好像只能因为在科学上的过于大胆而被人们记住。

魏格纳宣称大陆是移动的：大陆就像犁过大洋底部一样。他认为这能很好地解释大陆边缘处山脉能吻合的原因。

他发现了很多有意思的支持大陆漂移说的证据：不同大陆间山脉的岩石吻合且动植物的化石相同。但大多数地理学家反对这种自以为是且好像不能自圆其说的观察结论。

早上好。我能向你介绍关于大陆漂移的理论吗?
魏格纳，你那近乎疯狂的理论我们都有所耳闻。

非洲和南美洲的植物化石都是相同的。

爬行动物化石也是一致的。

你怎么可以用一点化石就得出那种荒唐的结论呢?

说不定在非洲和南美洲之间曾经有过一座连接两大洲的陆桥呢!

有这种桥存在过的证据吗?
哦，哦，这个吗……

各大陆边缘的岩石类型恰如拼图游戏中的相连接部分的图形，这表明各大陆曾经是连在一起的。
North America
Eurasia
South America
Africa

不对！这仅是因为大陆移动得太缓慢了。
地理学中的关键原理是“用现在说明过去”。现在我们不能看到大陆移动，对吗?

我不准备再听你胡说下去。什么力能使一块大陆移动啊?！

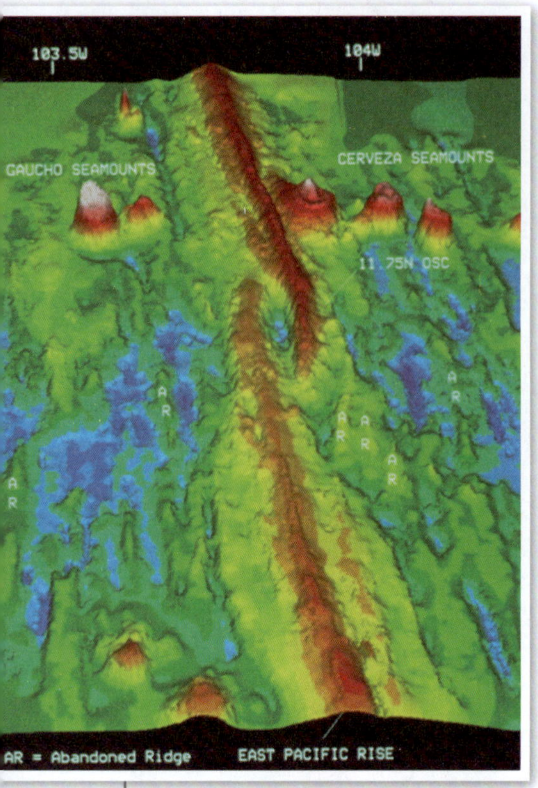

这张计算机模拟图显示了太平洋部分洋底的形状（未显示海水）。

确定海底形状

在 20 世纪 50 年代，美国海军向三大海洋科研中心拨款进行研究，他们想探究：

- 如何利用磁场探测敌方的潜艇。
- 如何使己方潜艇在靠近海底航行，以躲避敌方探测。

数十名供职于这三个科研中心的科学家和参与相关工作的两所大学的科学家组织了多支考察队。他们收集到了大量数据，发表了数以千计的科学考察论文。他们的工作和设想完全改变了我们对地球运动过程的理解。

从斑马纹到海底分布

科学家开始绘制洋底地图。在工作中他们惊奇地发现，在大多数洋底都存在呈链状的山脉。现在将其称为**大洋中脊**（oceanic ridge）。1960 年，一位名为哈里·赫斯的科学家认为，海底会沿着大洋中脊向两边分开，这个过程称为**海底扩张**（seafloor spreading）。它也是大陆移动的原因。

在大洋中脊之下，地球固体地幔中的物质就像被加热的乳脂糖那样缓慢地向上升起。当它们到达大洋中脊处时，受到的压力减小，故一些物质熔化形成岩浆。地幔的运动恰如两条传送带那样将大洋中脊向两边拉，使炽热的岩浆喷发出来。这些岩浆受冷后又形成了新岩石。

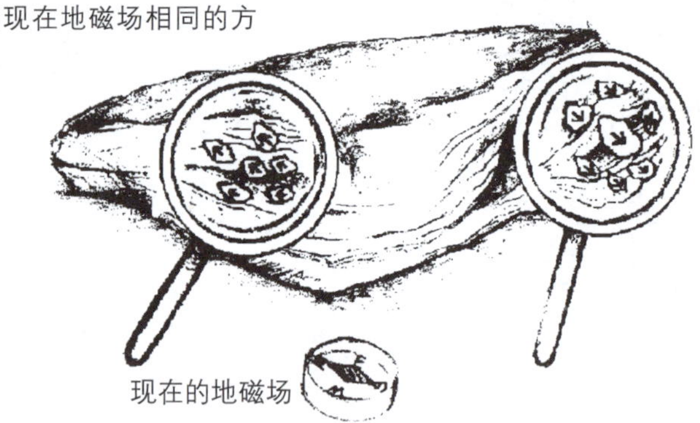

地磁场的方向经常反转，其原因目前科学家尚未完全掌握。地磁北极变成了地磁南极，而地磁南极变成了地磁北极。富含铁的岩石记录了它们凝固时的地磁场方向。

英国一位名叫弗雷德·瓦因的年轻研究生，解释了大洋中脊两侧岩石中磁性呈条状对称的原因：炽热的岩浆冲出大洋中脊后冷却形成了条状的新岩石，岩石中的物质就沿当时地磁场的方向被磁化。1963 年的科学杂志《自然》发表了他的这种解释。

1966 年，一个独立的科学家小组在另一个大洋中脊两侧，也发现了更为清晰的磁性数据呈条状对称的现象。这使得其他科学家不得不接受海底扩张的观点。

塔尼娅·阿特沃特当时正在大学里学习地理学。她描述了 1966 年下半年的一次科学家会议的情形。会上，弗雷德·瓦因正在向科学家们展示十分清晰的磁场条状结构。

“（条纹显示）这种过程导致了海底扩张。我惊奇得像被闪电击中了一样，好像每根头发都倒竖了起来……大多数科学家在走进会场时还坚信大陆是固定不动的，而在走出会场时则大多都认为大陆确实是在移动着的了。”

关键词
- 大洋中脊
- 海底扩张

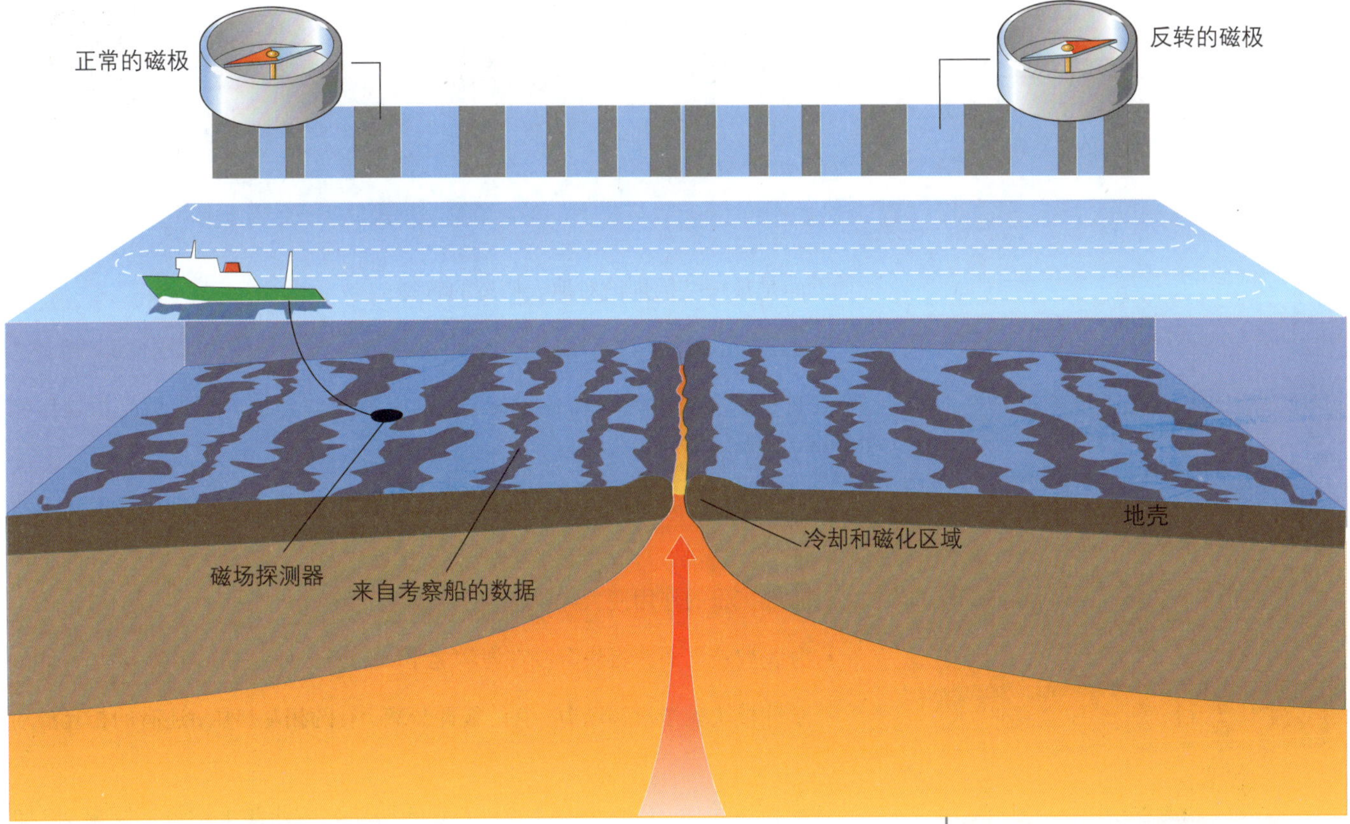

大洋中脊一直都在制造新的洋底。岩石在大洋中脊两侧的磁化带就如同斑马条纹一样。

海洋沉积岩更坚定了海底扩张说

1969 年的海底钻探为海底扩张说提供了更多的证据。距离大洋中脊越远的沉积岩越厚。这证明了靠近大洋中脊的海底年代较近，而离大洋中脊较远处的海底年代较为久远。

问题

4. 在本节的学习中，给出关于下列要求的例子：
   a. 证据　b. 解释　c. 猜想
5. 仔细描述磁化带的斑马状条纹为海底扩张说提供的佐证。

H 板块结构理论

通过探究发现

- ✔ 很多地理过程的更加宏大和完整的解释
- ✔ 减少因火山和地震造成的灾害的方法

1967年，海底扩张和其他一些地球运动过程都可用一个更大、更完备的理论来解释。这个理论就是板块结构说。

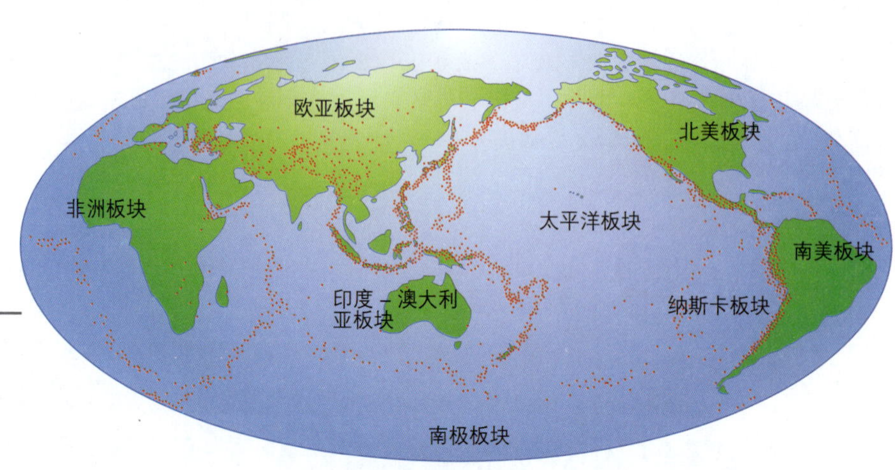

这幅地图中的每一个红点表示一个地震点，地震多发于板块结构的边界处。

下面是板块结构理论对地表构造的解释：

- 地球的最外层是岩石圈，它包括了地壳和地幔上层的固态刚性部分。
- 它是由多块巨大的和一些较小的岩石厚板块构成的。这就是**板块结构**（tectonic plate）。
- 低层地幔（岩石圈之下）既热又软，它能缓慢移动。这种移动带动板块移动。
- 海底扩张的作用使大洋中脊处持续宽广起来。
- 海底被破坏而使板块沉浸在海沟之下。
- 刚性板块缓慢地移动着：有的彼此分离，有的相互挤压，还有的相互滑动错位。

全球定位系统（GPS）能探测到大陆的移动。大西洋平均每年变宽2.5厘米，亦即不比你的指甲长多少。有一些地方，海底扩张可达到每年20厘米。

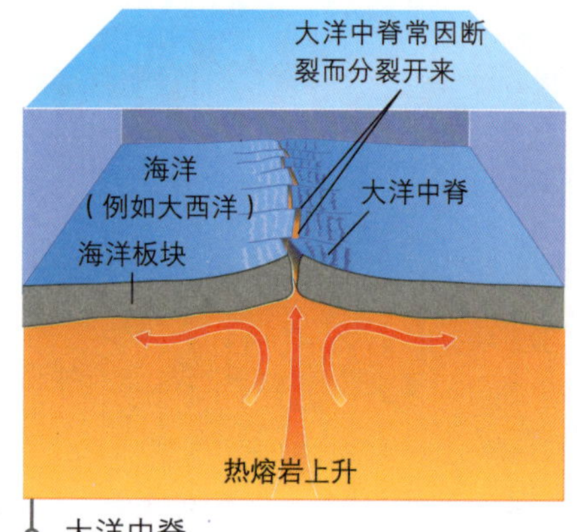

大洋中脊。

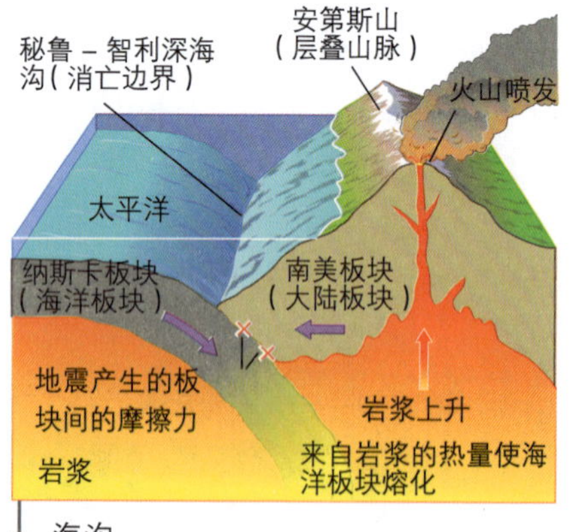

海沟。

问题

1. a. 大西洋在100年（生命范围）中将扩张多大？
   b. 10000年（人类历史）它将扩张多大？
   c. 1亿年它又将扩张多大？
2. c的答案和大西洋现在的宽度相比如何？

板块理论的解释

板块的运动使大陆产生了漂移。这一理论也能解释：

- 部分的**岩石循环**（rock cycle）
- 造山运动
- 大多数地震现象
- 大多数火山现象

关键词
- 板块结构
- 岩石循环
- 地震
- 山脉

地震

在一些地方，板块间会发生相对滑动，如加利福尼亚的圣安德烈亚斯断裂带等。

地球板块的运动产生的力在断裂带上积聚起来。一旦这种力达到了很大的程度，使维系板块岩石间的受力平衡被打破而产生了相互运动，使大地摇晃起来，这就是**地震**（earthquake）。

地震频发于运动着的板块的交接处。陆地上板块间相互错位产生的地震和海底地震产生的海啸最具破坏性。

地震波由震源辐射
断裂
震中
震源

造山运动

板块间的碰撞导致了山脉的形成。这主要通过三种方式。

1. 在海洋板块沉入地下的地方，其表面易形成火山峰。

2. 生长边界的挤压作用也能使岩石隆起而形成**山脉**（mountain chain）。

3. 有时海洋也因两个大陆的缓慢相向运动产生的碰撞而完全不存在了，两个大陆的边界因挤压扭曲而隆起，从而形成了山脉。这种现象在西藏和喜马拉雅山区域仍在进行之中。

岩石循环

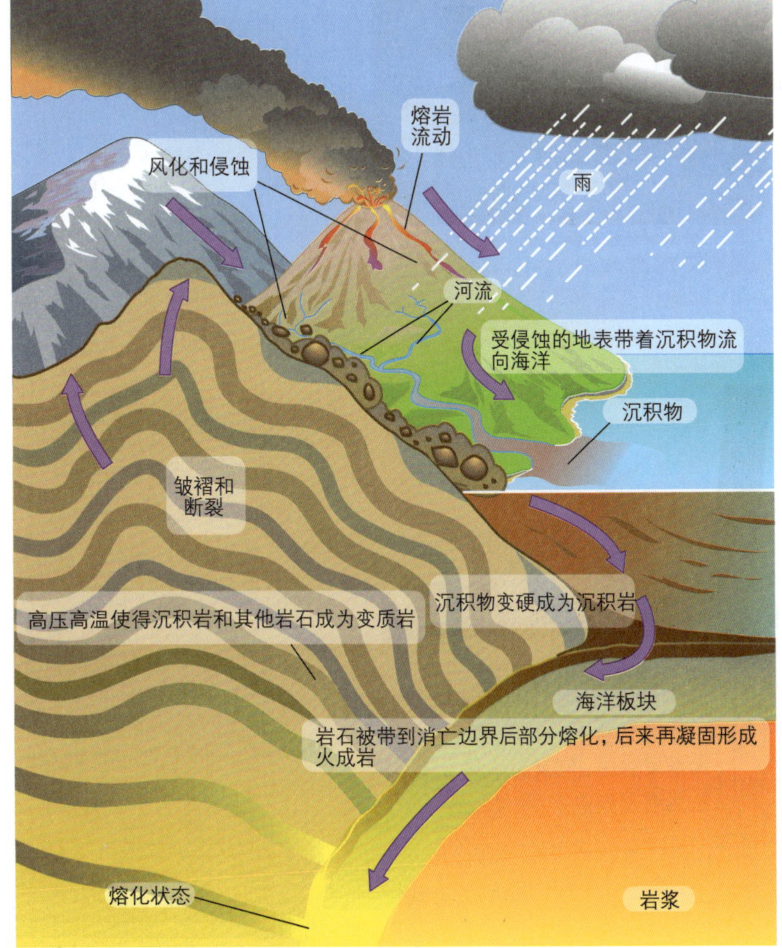

板块的运动在岩石循环中也能起到部分作用。

问题

3. 分步描述岩石循环形成的过程。

地震和地震波

通过探究发现

- 地震产生了地震波
- 地震波的传播方式
- 地震波的测量

地球科学家每年能记录到的地震次数超过 3 万次。平均每年有一次具有巨大破坏性的地震。

破坏性极大的地震发生时将释放出巨大的能量。这种能量由震源传播出去，在很远的地方仍能被探测到。

探测地震波

我们通常用地震仪来探测地震产生的振动。

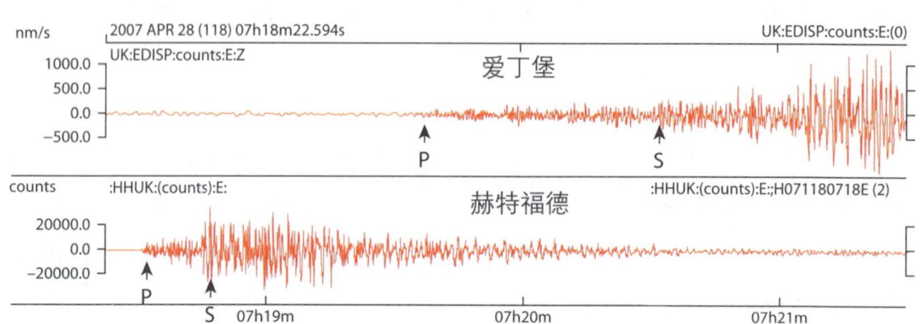

这是一幅由地震仪记录的地震图像。它显示了经由地球传播的 P 波和 S 波，它同样可以探测到由地球表面传来的地震波。

2010 年 1 月 12 日，地震毁坏了海地太子港。

地震发生后，科学家要将从世界各地地震仪收集到的尽可能多的数据汇集起来。上图是典型的地震仪在地震期间记录的图像。它探测到了两组振动数据：

- P 波（P-wave）首先被探测到（P 表示最初）。
- S 波（S-wave）然后被探测到（S 表示其后）。

这种经由地球传过来的地震发生处的振动称为**地震波**（seismic wave）。

一种地震仪。它由一根水平杆和一根斜杆构成。其左侧被吊起来。地震发生时，它就晃动起来。它常被用在学校中。

什么是波？

我们对水面的波都很熟悉。但科学上的“波”一词有着特殊的含义。波是将能量从一地传输到另一地的重复的振动，它本身不是物质的，如声波和光波等。对地震波而言，它载着地震释放的能量沿地球传播。

纵波和横波

P 波和 S 波通过地球的方式是不同的。P 波在传播时有一系列的压缩区。而 S 波则将地球上的物质像水波那样摆来摆去。

下图是用桌上的一根弹簧模拟这两种波的传播过程。

要产生 P 波，则沿弹簧方向推拉，使其产生一系列的致密区和稀疏区。这种波称为**纵波**（longitudinal wave）。声波是一种纵波。

要产生 S 波，则将弹簧横向左右摆动，使其产生一系列波浪形。这种波称为**横波**（transverse wave）。水波和绳波都是横波。

关键词
- P 波
- S 波
- 地震波
- 纵波
- 横波
- 振幅
- 波长

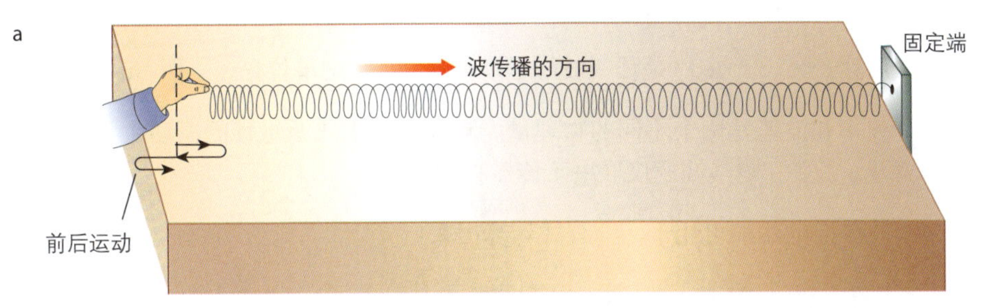

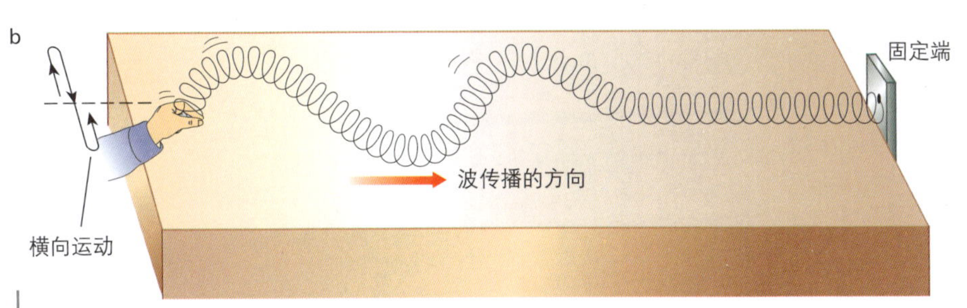

用弹簧产生的两种类型的波：a. 纵波；b. 横波。

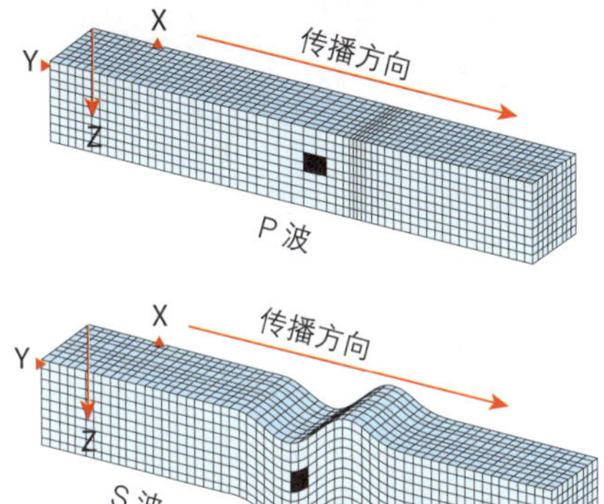

P 波常被描述为"推拉"波，而横波则被描述为"侧向"波。

问题

1. 观察上一页的地震图像。P 波和 S 波中，哪个具有较大的振幅？

测量波

我们可以利用一幅波的简图来定义波的两个重要的量：

振幅（amplitude）是波峰偏离没受扰动前平衡位置的距离。

波长（wavelength）是从一个波峰到相邻的另一个波峰间的距离，或从一个波谷到相邻的另一个波谷间的距离。

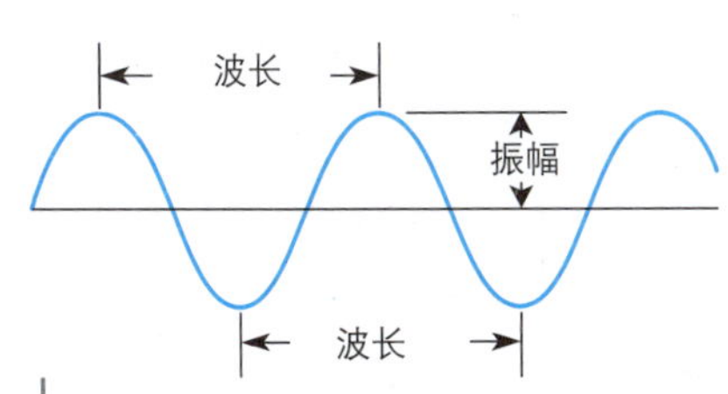

描述波时要用到的重要信息。

问题

2. 用尺子测量上一页图中的弹簧。
   - 测量纵波中一个压缩区到另一个压缩区的距离，得出纵波的波长。
   - 测量横波中一个波峰到另一个波峰的距离，得出横波的波长。
3. P 波和 S 波两种地震波中，哪一种的波速较大？证据是什么？
4. P 波在地球中的传播速度大约为 6 km/s。则它在地震发生后 5 min（300 s）传了多远？

频率和波速

我们如上一页所示在用弹簧产生一列横波时，手充当了波的振动源的作用。我们可以用两种方式来改变波。

- 加大手的摆动幅度，这将使产生的波具有较大的振幅。
- 加快手的摆动速度，这将使每秒产生更多的波，即增加了波的频率。

波的**频率**（frequency）表示了 1 s 内通过任一点的波数。它等于振源每秒的振动数。频率的单位是赫兹（Hz）。1 Hz 表示每秒通过 1 个波。

在用一根弹簧来产生波时，有的目的却无论如何也达不到。如你的手无论怎样运动，也不能提高波的传播速度，但换成一根不同的弹簧后就有可能做到。

波速（wave speed）是任一波峰运动的速度，它的单位是米 / 秒（m/s）。

频率和波速是两个不同的物理量。频率取决于波源每秒的振动次数。波一旦离开了波源，则其波速仅取决于传播它的介质。

波传播的距离可用下面的公式计算出来：

传播距离 = 波速 × 时间　用符号表示则为 $s = vt$

例题

利用声波测量距离

测距仪向体育馆的另一侧发射出超声波信号，它被体育馆另一端的墙反射回到仪器中。

声波的波速是 340 m/s，若经 0.2 s 后它越过体育馆后又被反射至仪器中。

声波传播的距离是多大？

传播距离 $s = vt$

传播距离 $s = 340\ \text{m/s} \times 0.2\ \text{s} = 68\ \text{m}$

即：传播距离 $s = 68\ \text{m}$

体育馆有多长呢？

因为声音要经往返传播才能到达仪器中，故

体育馆长度 $= \dfrac{68\ \text{m}}{2} = 34\ \text{m}$

波的计算公式

想象我们在用弹簧产生横波的过程中，加快手的摆动能增大波的频率，即每秒能产生更多的波，但这时的波不同了，因为其波长减小了。

正如我们所知，波从我们手中以固定的速度传播出去，每秒内传播的距离是相同的。如果每秒产生更多的波，则波形将变短以保持每秒传播的距离不变。

这表明波的频率和波长间存在着一定的关系。假定波源每秒振动 5 次，即它产生的波的频率为 5 Hz。若此波在介质中的波长为 2 m，则每个波每秒内前进了 10 m（2×5 m），亦即波速为 10 m/s。通常地：

$$\text{波速} = \text{频率} \times \text{波长} \quad (v = f\lambda)$$

$$v = f \times \lambda$$

米 / 秒（m/s）　赫兹（Hz）　米（m）

此公式将波的 3 个物理量联系在了一起。它适用于所有类型的波。

蓝波比红波的频率高，但它的波长比红波的短。

关键词
- 频率
- 波速

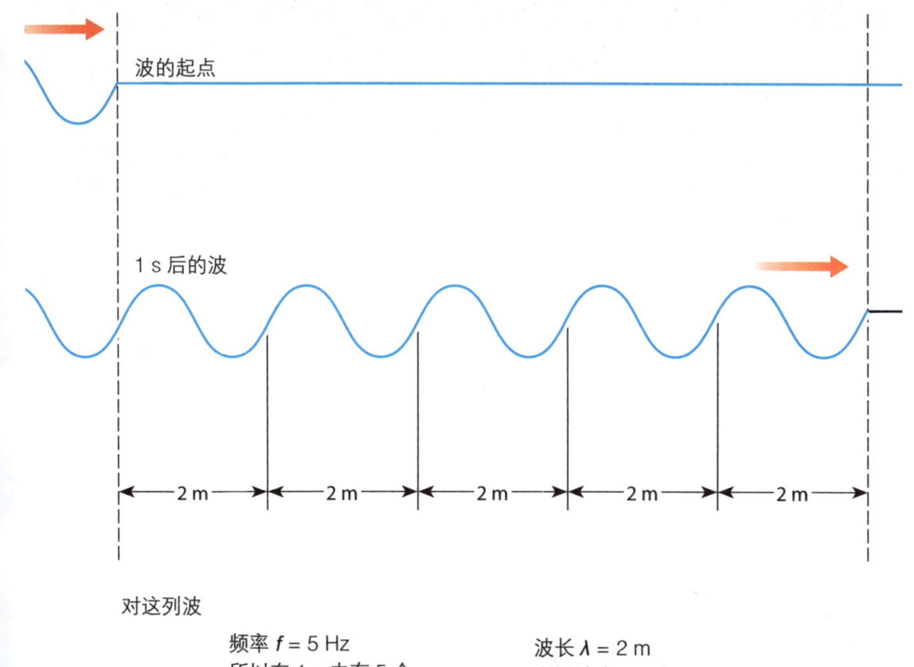

$$v = f\lambda = 5\ \text{Hz} \times 2\ \text{m} = 10\ \text{m/s}$$

波速、频率和波长间的联系。

问题

5. 一频率为 0.5 Hz 的地震波在通过一块岩石时的波长为 20 km。
   a. 试计算它的波速。
   b. 这列波在通过另一块岩石时的波速为 14 km/s，则它这时的波长又是多大？
6. 观察上图中的蓝、红两列波。试借助图来说明“波的波长和其频率成反比”。

地震波的利用

通过探究发现

- 地震波在地球中传播的方式
- 用地震波揭示地球构造的方法

地质扫描

地震波对想要探究地球内部结构的地理学家来说太重要了。他们不必等到地震发生，只需在地表引爆炸药，再探测反射波就可以了。下图显示了用这种方法勘探石油的过程。

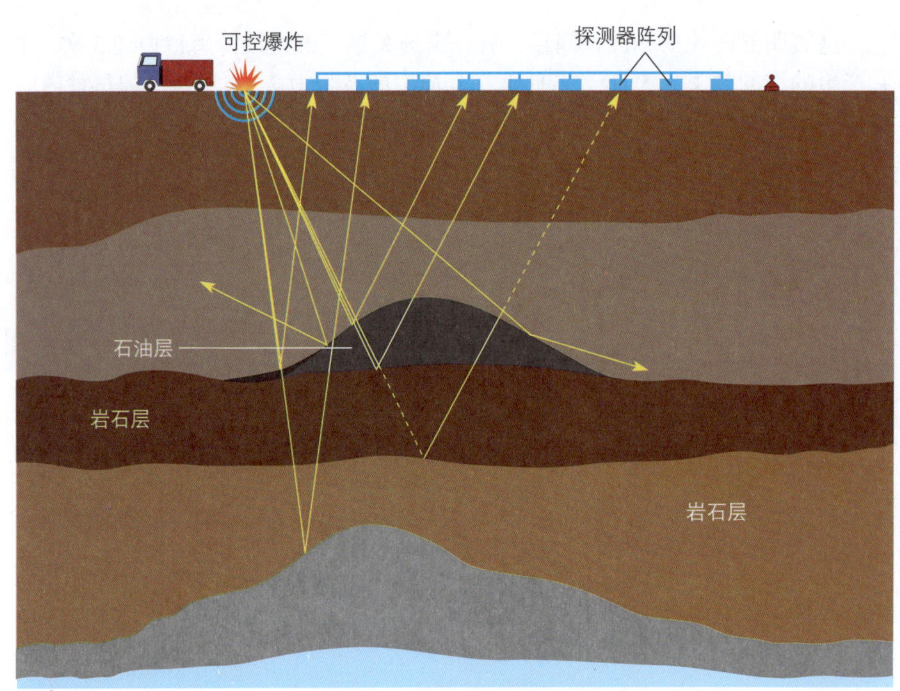

爆炸产生的地震波传播出去后又被声探测器阵列探测到。

由反射回来的波的形式，地理学家能够推算出地下的岩石结构。这种方式类似于用超声波探测尚未出生的胎儿。

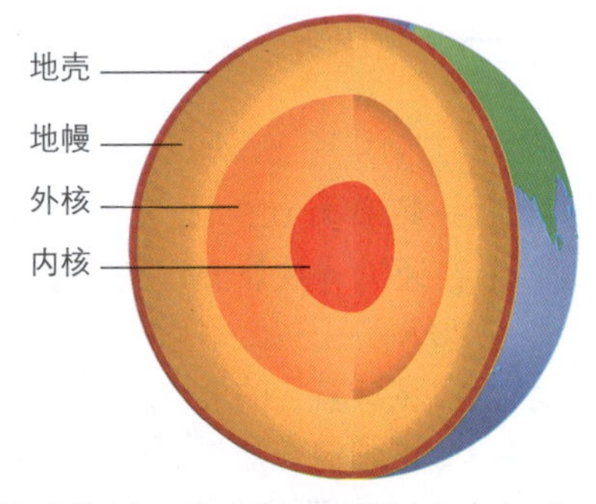

地球的剖面图。本图是通过几十年对地震波研究取得的结果。

探测地球内部

地震波可在更大的领域内施展身手。地理学家利用它可发现地球的内部结构。左图给出了地球的层状结构。较薄的**地壳**（crust）在地球的最外层，然后是**地幔**（mantle），最后是地球的中心**地核**（core）。在地壳上往下钻探数千米都几乎难以做到，那么我们是如何知道图中的地球结构的呢？

在 20 世纪初，科学家就在世界各地安装了地震仪。这使得他们可以探测到地球上任一点发生的地震。通过比较不同地方的地震仪绘出的地震图像，就能得出何时何地发生了地震，以及地震的强度等。

阴影区

科学家注意到 P 波和 S 波都到达了紧靠地震中心的地震仪。但对位于地球另一侧的远处的地震仪，只有 P 波到达了。而对 S 波来讲，则存在一个不能到达的“阴影区”。这是什么原因呢？

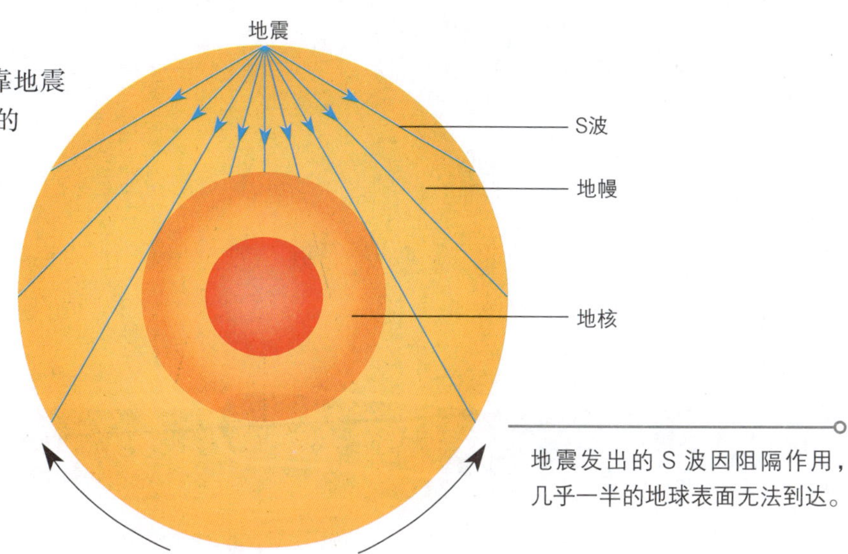

地震发出的 S 波因阻隔作用，几乎一半的地球表面无法到达。

1906 年，爱尔兰一位名叫理查德·奥尔德姆的地理学家推测：地球的中心有一个液态的核。后来的 1914 年，德国一位名叫比诺·古滕贝格的物理学家发表了关于这一问题的完整答案，因为他知道 P 波和 S 波在地球中传播的情况是不同的。

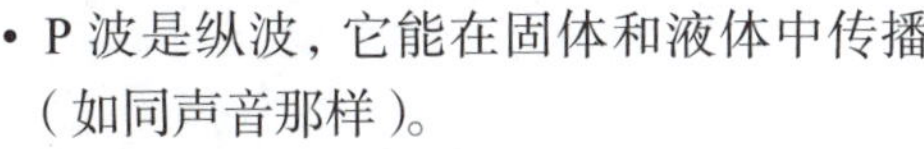

- P 波是纵波，它能在固体和液体中传播（如同声音那样）。
- S 波是横波，它能在固体中传播，但不能在液体中传播。

古滕贝格意识到，正是这种液态的地核阻挡了 S 波的传播。根据阴影区的大小，他又算出了地核的大小：直径约 7000 km，约为地球直径的一半。

随着更灵敏的地震仪的出现，人们能揭示越来越多的地球内部奥秘。一位名叫英格·莱曼的丹麦科学家研究了 P 波的图样后，于 1936 年推算出：在地球液态的地核内部，还应存在一个较小的固态地核。

问题

1. 按从中心向外的顺序写出地球各层的名称。
2. 根据 S 波在地球表面被探测的情况，试说明这显示了地球一定具有一个液态地核的原因。
3. 说明世界各地科学家的工作是如何有助于发展起地球构造的观点的。

关键词

- ✔ 地壳
- ✔ 地幔
- ✔ 地核

科学
解释

在本章中我们了解了科学家收集证据（数据、观察结果等）的方法。这些证据既与地球以外的诸如太阳系、恒星和星系等空间物体有关，也与地球的结构及其发生的变化有关。

应该知道：

- 太阳系包含了太阳、8 颗行星及它们的卫星、矮行星、小行星和彗星等。
- 太阳仅是银河系中无数恒星中的一颗。
- 地球、太阳和银河系大小的比较方法。
- 光以极快的速度传播，光传播一年所通过的距离（1 光年）常被用作测量恒星间和星系间巨大距离的单位。
- 夜空中我们看到的遥远的天体比它现在实际年龄要年轻，因为我们看到的它发出的光是它很久以前发出的。
- 氢原子核发生的聚变反应提供了太阳发出光和热的能源。
- 遥远的星系在离我们远去，这是宇宙 140 亿年前发生的“大爆炸”导致的。
- 宇宙、太阳和地球年龄的比较方法。
- 地球的年龄比地球上最古老的岩石的年龄（距今约 40 亿年）要大。
- 阿尔弗雷德·魏格纳关于大陆漂移的理论可以解释造山运动。
- 地幔运动产生的海底扩张，为大陆漂移和板块结构理论提供了证据。
- 大陆板块运动产生了地震、火山，产生了山脉，形成了岩石循环。
- 地震在地球内部产生了波动。
- 地震波既有横波也有纵波。
- 地球由内核、外核、地幔、地壳构成。
- 波是由振源产生的，每秒产生的波的数量称为波的频率。
- 波具有振幅和波长。振幅是从波峰顶（或波谷底）偏离未受扰动前平衡位置的距离；波长是一个完整波循环的长度。
- 波可以用计算公式描述：

  传播距离 = 波速 × 时间；波速 = 频率 × 波长。亦可记作：

  $s = vt$; $v = f\lambda$

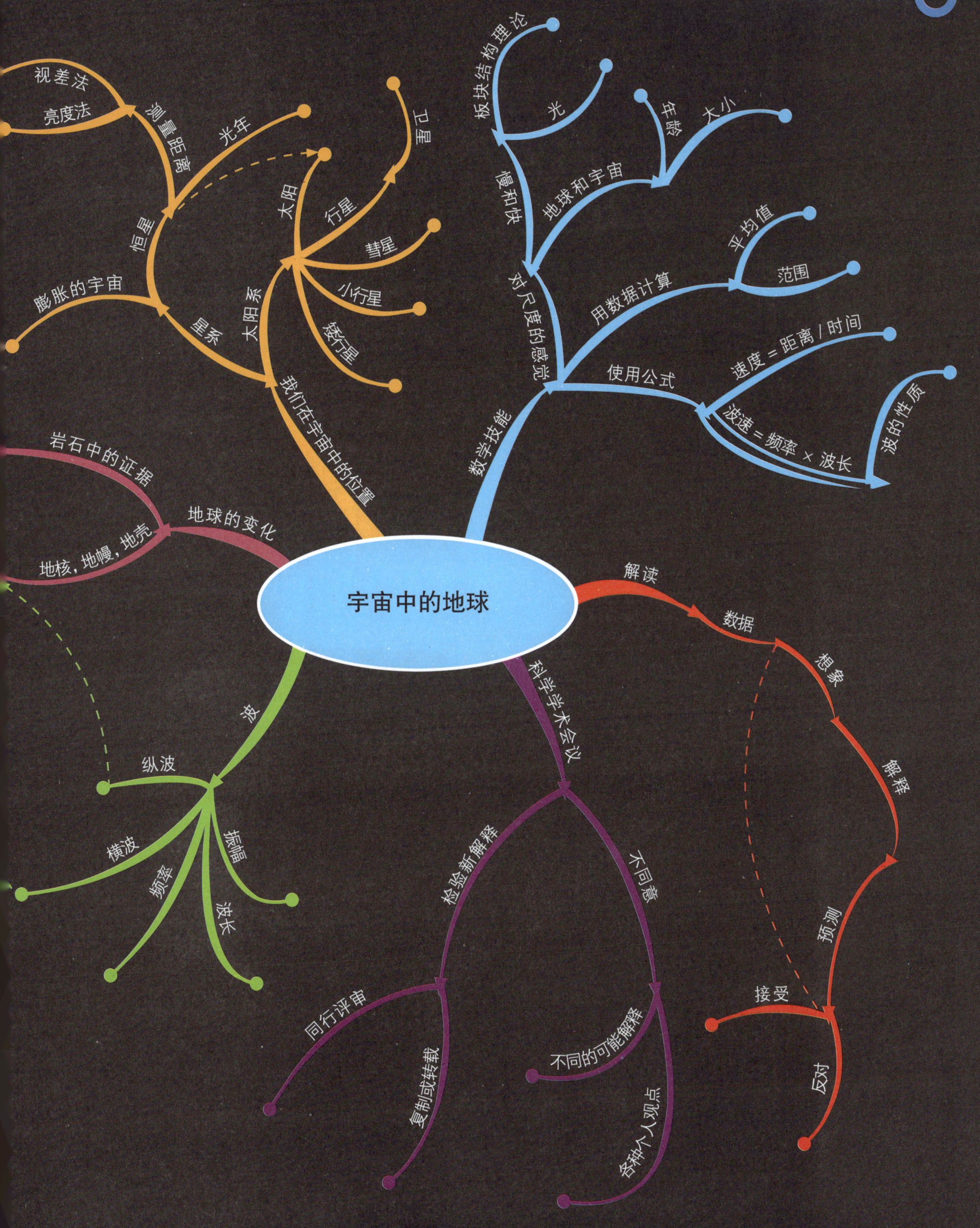
宇宙中的地球
我们在宇宙中的位置
太阳系
太阳
行星
卫星
彗星
小行星
矮行星
星系
恒星
测量距离
视差法
亮度法
光年
膨胀的宇宙
数学技能
对尺度的感觉
慢和快
板块结构理论
光
地球和宇宙
年龄
大小
用数据计算
平均值
范围
使用公式
速度 = 距离 / 时间
波速 = 频率 × 波长
波的性质
地球的变化
岩石中的证据
地核，地幔，地壳
波
纵波
横波
频率
振幅
波长
科学学术会议
检验新解释
同行评审
复制或转载
不同意
不同的可能解释
各种个人观点
解读
数据
想象
解释
预测
接受
反对

科学观点

我们除了要多了解地球的构造以及太阳系、恒星和星系的本质外，还应了解科学家如何发展自己的观点，以及他们的研究被科学学术界接受和反对的原因。本章中的个案研究诠释了这些科学观点。

• 经过其他科学家的批判性评价，使新的科学数据和解释变得更加可靠。这一过程称为同行评审。科学家可通过学术会议、著作和学术期刊交流他们的观点。

• 科学家用重做试验和观测的方式，来验证科学结果发布者的数据和解释。

由此我们应能鉴别：

• 作为数据的论述。

• 作为全部或部分解释的论述。

• 能够解释的数据或观测结果。

• 与解释不符的数据和观测结果。

科学解释应能给出经得起检验的预测。我们应知道：

• 和预测一致或不一致的观察结果能使科学家更加坚定或开始怀疑解释的正确性。

对一些数据的含义，科学家并非总是得到相同的结论。关于魏格纳大陆漂移说观点的辩论，就是这样的一个例子。我们应知道：

• 魏格纳的论点在当时受到反对的原因。

• 一些科学问题仍然没有得到很好的解答。

• 我们尚无法知道到很多恒星和星系的精确距离，这是因为测量上存在着很大的困难。

• 我们难以预测宇宙的最终归宿。

复习问题

除了太阳之外，太阳系还包含有行星、月球、彗星和小行星等。

试说明它们之间的区别。按照大小的顺序再分别说明它们的运动情况。

2

维斯多·斯莱弗是一位天文学家。1915 年，他测量了大量遥远星系的运动速度。下表是他的测量结果。

星系	速度（km/s）
A	1100
B	500
C	1100
D	600
E	300

最近的天文学研究表明，这些星系相对我们的

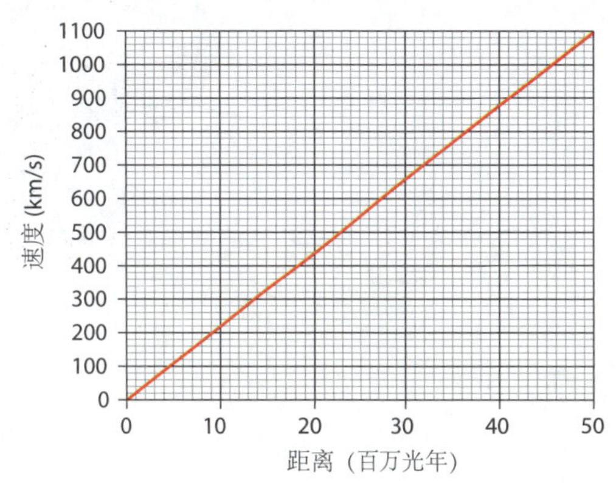

运动速度由右图中的图像表示：

利用此图像决定斯莱弗所列的表中的哪个星系距离我们 2300 万光年。

3

下列说法描述了导致地震的事件，但它们的排序是错误的。请将它们按正确的顺序排列。

a. 板块不能随便移动因而积聚起巨大的压力。

b. 两大板块的边缘在圣安德烈亚斯断裂带相遇。

c. 岩浆的缓慢运动使板块移动。

d. 边缘间的摩擦力阻止板块自由移动。

e. 突然的运动导致了地震的发生。

f. 当压力积聚得非常之大时，使板块突然滑动。

4

选用所给的词，完成下列关于观察恒星的句子。

探测	星系
光	行星
污染	声音

我们仅能看到遥远的恒星，这是因为只有它们能自身发 ________。

城市里的人很难看到星星，这是因为城市里存在着光 ________。

天文学家已经发现一些近处的恒星有绕它们轨道转动的 ________。

B2 保持健康

为什么要研究如何保持健康？

健康的身体是我们每个人都想要的。关于保持健康的资讯到处都是。例如，报刊中常有文章告诉我们应吃什么、应喝多少，介绍新型病毒、“超级细菌”等。新的证据每天都在出现，因此，关于如何保持健康的信息也是瞬息万变，使我们难以分辨哪种说法是最好的。

已经知道的知识

- 微生物能够进入人体并导致感染。
- 白细胞能够抵御细菌、保护身体。
- 抗生素能够杀死很多种微生物，但不能杀死病毒。
- 免疫接种能抵御一些疾病的侵害。
- 一些疾病是由不健康的饮食习惯和缺乏体育锻炼引起的。
- 科学家共同调查研究以降低传染病的流行。

要发现什么？

- 身体抵抗感染的方式
- 关于使用疫苗的论点
- 超级细菌是从哪里来的
- 新型疫苗以及药物发展和试验的过程
- 患心脏病的原因
- 身体达到水平衡的方式

科学的应用

一些疾病是由有害的微生物导致的。人如果被感染了，身体中会产生奇异的自保能力。疫苗和药物能保护人免受一些疾病的侵害，医生也一直试图拓展新的治病方法。但是并非所有的疾病都是由微生物引起的，不良的生活方式可能也是一些疾病的诱因。媒体也常就人们吸烟、不良的饮食习惯、缺乏体育锻炼等行为对人们的健康问题敲警钟。

科学观点

如何确定一篇关于健康的报道是否可信？了解其相关性、起因和同行评论会对你有帮助。在决定是否使用及怎样使用疫苗和药物时，也有一些伦理问题（关于对和错的争论）要考虑。

A 我怎么了，医生？

通过探究发现

- 一些微生物使我们致病的方式
- 细菌的繁殖方式
- 感染

人们平时很少会考虑自己的健康问题，只有生病时才意识到身体健康的重要性。人的一生中总会遇到健康问题，这通常都是些像感冒之类的小毛病，但有些病会危及生命，如心脏病、癌症等。

很多症状会让人感觉不适。在医生的接诊室中：

- 一男子因患关节炎而感到膝痛。
- 一位年轻女子感到恶心、疲乏，她不知道自己已经怀孕了。
- 一名患心脏病的男子正接受每月的例行检查。

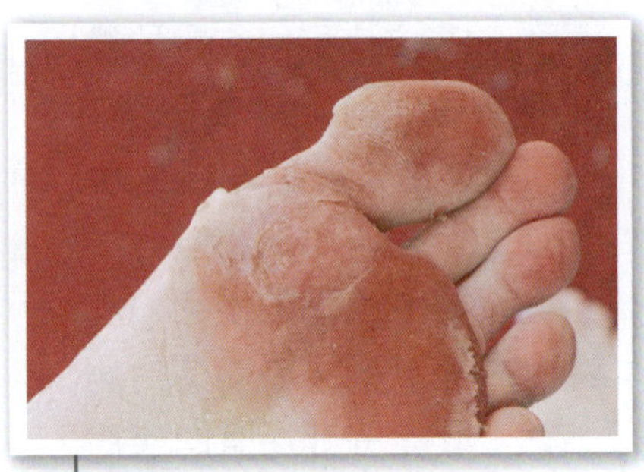

真菌使人患了脚气病。

上述这些症状都不能传给其他人。如果有人患了**传染病**（infectious diseases），那么这种病就能由一个人传给其他人。

传染

感染是由一些侵入人体的**微生物**（microorganism）导致的。这些微生物包括**病毒**（virus）、**细菌**（bacterium）、**真菌**（fungus）等。当致病的微生物进入人体后，就开始快速繁殖，从而使人产生了感觉不适等**症状**（symptom）。导致不适的原因可能是：

- 微生物繁殖时破坏了人体中的细胞。
- 微生物产生了毒素。

很多由细菌或真菌导致的疾病可以用药物治愈，但目前对由病毒引发的疾病尚无好的治疗方法。受病毒侵害染病后服药，只是让我们在脱离病毒前感到好受一些。关于这些，我们将在本章后面学习到。

关键词

- 传染病
- 微生物
- 病毒
- 细菌
- 真菌
- 症状

微生物像什么？

微生物非常小，细菌要借助显微镜才能看到。而病毒就更小了，只有纳米的尺度。1 纳米只有 1 毫米的百万分之一。

来自微生物的攻击

在我们每次吸入的空气中，可能就含有数十亿的微生物。每个你触摸的物体表面也都被它们所覆盖。我们处在这样的环境中还很健康，这是因为：

- 大多数微生物不会使人致病。
- 人体中存在阻止微生物侵入的屏障。

	病毒	细菌	真菌
大小	20—300 nm	1000—5000 nm	大于 50000 nm
外形			
病例	流感，骨髓灰质炎，感冒，艾滋病，麻疹	扁桃体炎，肺结核，鼠疫，膀胱炎	脚气，鹅口疮，癣

乔琳的手指

乔琳在做园艺时不慎割破了手指。因为没有立即清洗，故她皮肤上和泥土中的细菌就侵入了她的身体，并立即开始繁殖。细菌是以下图中的方式繁殖的。

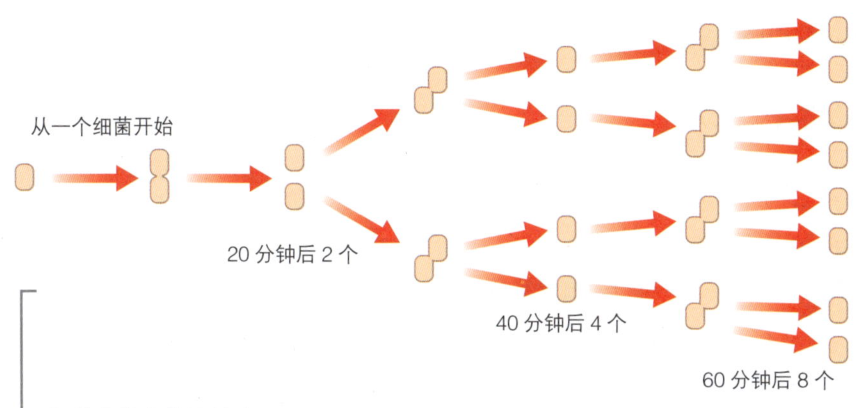

细菌在体内快速繁殖。

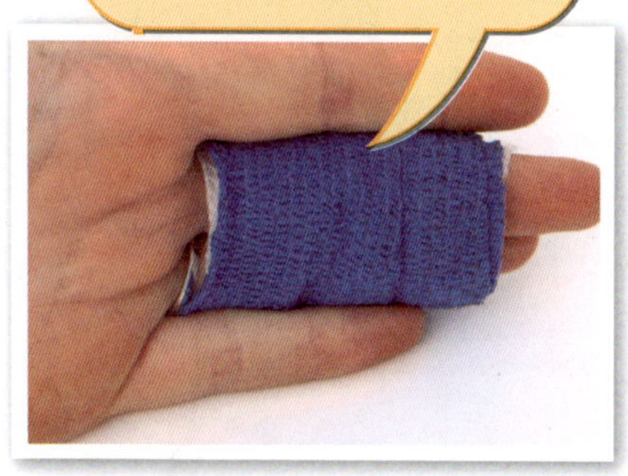

细菌的繁殖方式很简单。每个细菌分裂成两个新细菌，它们经过短时间的生长后再度分裂。若温度、营养、湿度等条件合适，它们每 20 分钟就要分裂一次。

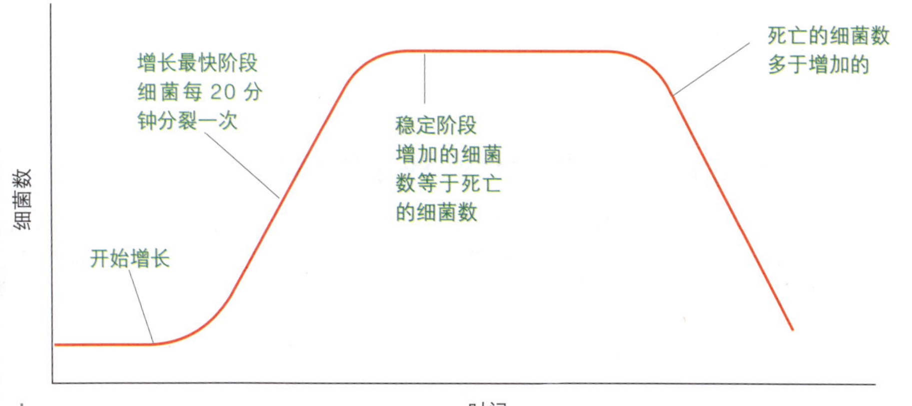

处于密封容器中的细菌在理想条件下也不能保持最快的增长速度，因为当营养物质耗尽后，代谢所产生的废物会杀死它们。

问题

1. 说出 3 种能够致病的微生物。
2. 写出由上一题中的微生物导致的两种疾病。
3. 说明两种由微生物导致的身体不适感。
4. 细菌繁殖的适宜条件有哪些？
5. 3 个有害菌进入了伤口。3 小时后它们有可能繁殖成多少个？

通过探究发现

- 白细胞抗击感染的方式
- 人对细菌免疫的途径

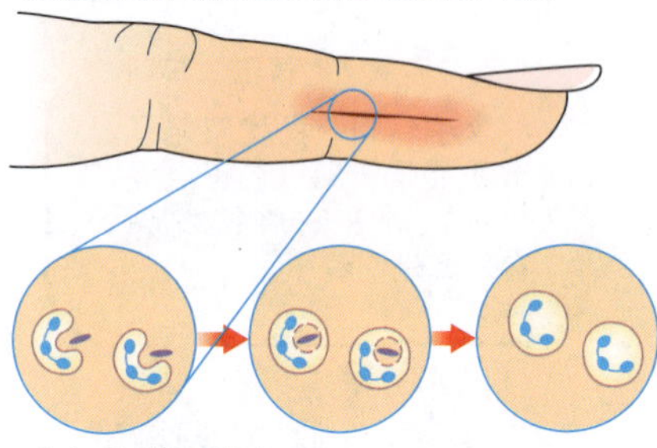

白细胞将细菌包围起来并吞噬掉。

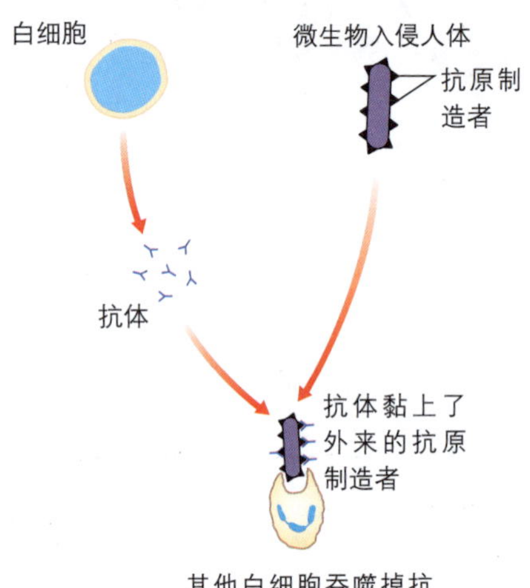

一种白细胞产生了针对一定微生物的**抗体**（antibody），用各种方式吞噬微生物。所有细胞都具有产生抗原的能力，并且它是这类细胞特有的。微生物产生的抗原对人体来说是外来异物。

发生在乔琳手上的“战斗”

乔琳的身体对细菌来说是理想的生活环境，但这并不意味着它们可以为所欲为。

乔琳手指红肿，表明它已经发炎了。于是更多的血液被输送到伤口区域，它携带着身体的“保卫者”——**白细胞**（white blood cell）。白细胞将细菌包围起来并**吞噬**（digest）掉。

“战死”的白细胞、杀死的细菌及其他被破坏了的细胞一起形成了脓。因此，红肿和脓液表明人体中发生了抵御感染的战斗。红肿和脓液随着杀死细菌的进程逐渐减少，最终伤口痊愈。

人体中抵御感染的“军团”

人体中抵御感染的部分构成了**免疫系统**（immune system）。白细胞是免疫系统中的中坚力量。

结论是什么？

在大多数情况下，人体自身能抵御细菌的入侵。清洁伤口并涂抹消毒药通常就足够了。但乔琳的伤口感染得如此之严重，故医生对其使用了**抗生素**（antibiotic）。抗生素这种化学物质能够杀死细菌和真菌，但不能杀死病毒。不同的抗生素能杀死不同的细菌或真菌。

每个人都需要抗体，而非抗生素

每个人都得过感冒，人们对此习以为常。有人感冒了会说：“不要大惊小怪，不就是感冒了吗！”

娜塔莉已经病了几天了，医生却没有给她开任何抗生素。这是因为她的感冒是病毒引起的，抗生素对此无能为力，只有靠她自身的抵抗力了。

抵御病毒

娜塔莉的颈部腺体肿胀，这是因为这里产生了大量新白细胞，由它们和体内的病毒展开“厮杀”。

抗体是如此有用，我们为什么还会得病呢？

每种微生物所具有的**抗原**（antigen）是不一样的。故对各种新的微生物，人体不得不产生各种针对性新抗体，但这需要花几天的时间。所以在人体消灭“入侵者”之前就表现出了症状。

像感冒那样的病可能还不要紧，但一些严重的疾病却可能带来大麻烦：在人体有足够的时间消灭这些微生物之前，已经死于疾病了。

为什么有的病人一生只得一次该种疾病？

一旦人体产生了某种抗体，则下一次再遇到相同的入侵者时会作出快速反应。一些被称为**记忆细胞**（memory cell）的白细胞能使抗体驻留在血液中。若相同的抗原再度入侵，这些白细胞就能识别出它，快速繁殖并制造出有针对性的抗体。这意味着人体在第二次遇到特定的微生物时，能快速做出反应，在致病之前杀死入侵者。故人体对这种疾病而言就是**免疫**（immune）的了。

有的病不能免疫

娜塔莉的感冒变轻了，她返校后仅 3 周就再次患上了感冒。但如果人患过一次天花，就会因获得了免疫性，一般不会再次患此病。那为什么我们每年都要患 3 至 5 次感冒呢？

这个问题的根源在于致人感冒的病毒有数百种。人每次所患的感冒可能都是由不同的病毒导致的。更糟的是，病毒具有很高的**变异**（mutation）率。这意味着病毒的 DNA 会经常发生变化，它们表面的抗原也是如此。所以，上一次有效的抗体，第二次对新抗原就不起作用了。人体需要不同的抗体来对付病毒。这也是我们经常患感冒的原因。

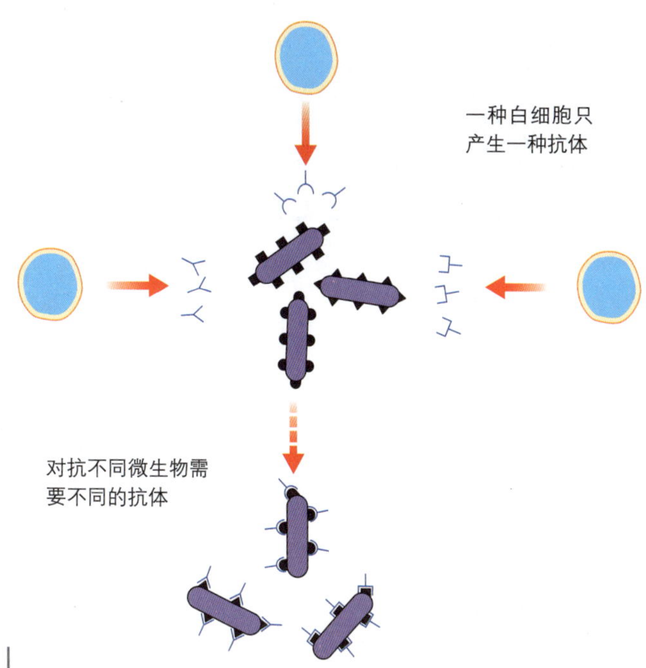

只有正确的抗体才能对特定的微生物有效。

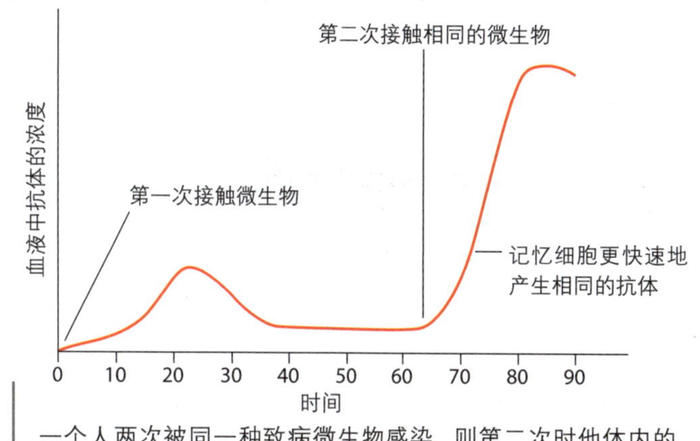

一个人两次被同一种致病微生物感染，则第二次时他体内的白细胞产生抗体的速度比第一次快得多。

问题

1. 为什么抗生素不能使人免受病毒感染？
2. 说明白细胞保护人体免受入侵微生物侵害的两种方式。可借助图表表示。
3. 写出一个描述免疫系统的功能的句子。
4. 作一幅流程图来说明人能对天花产生免疫力的原因。
5. 用几句话说明娜塔莉不会对感冒产生免疫力的原因。

关键词

- 白细胞
- 吞噬
- 免疫系统
- 抗生素
- 抗体
- 抗原
- 记忆细胞
- 免疫
- 变异

C 接种疫苗

通过探究发现

- ✔ 疫苗的作用机理
- ✔ 确定使用疫苗是否安全

我们能享受使用很多治病药物的福利，但最好还是不要得病。**接种疫苗**（vaccination）的目的就是预防疾病的发生。

接种疫苗是利用了人体自身的免疫系统。这一过程能激活人体内的白细胞以产生抗体，使人在没患过某种疾病的情况下也能对它产生免疫力。

将少量致病微生物注射到人体内。确保它们已致死或是不活泼的，以免真的致病。有时也只使用微生物的某些部分。

白细胞识别出这些外来微生物，产生抗体并黏附在这些微生物上。

抗体使微生物聚成团，其他白细胞将其吞噬掉。

人体中存在白细胞（有“记忆能力”的细胞）。当致病微生物再度入侵时，人体将更快速地产生抗体。

在人生病前，入侵的致病微生物就被消灭了。

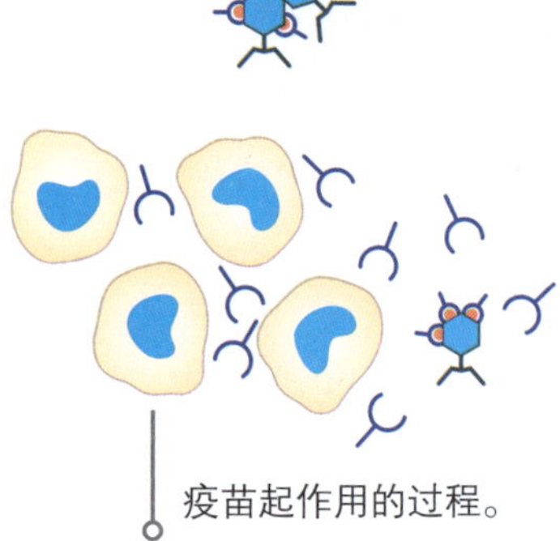

疫苗起作用的过程。

年龄	儿童接种针对的疾病
2、3、4个月	DTB-Hib（白喉、破伤风、百日咳、咳嗽、脊髓灰质炎、B型嗜血杆菌流感、细菌感染导致的脑膜炎和肺炎），肺炎球菌感染的脑膜炎
13个月	MMR（麻疹、腮腺炎、风疹）
3—5岁	白喉、破伤风、百日咳、脊髓灰质炎、MMR
12—13岁女孩	乳头状瘤病毒导致的子宫颈癌
13—18岁	白喉、破伤风、百日咳

由于接种疫苗，使很多儿童性的疾病在我国很少见。

疫苗安全吗？

任何医药治疗必须保证做到下列两点：

- 能改善健康状态
- 使用的手段是安全的

疫苗能使人免受疾病侵害而改善健康状态，且经过检验能确保对人体是安全的。但重要的是要记住：没有任何事是绝对安全的，人各有所异，对药物的反应也是不一样的，对疫苗也是如此。

医生只有在确保安全时才实施治疗。这时：

- 受到严重伤害的风险非常小
- 受到的益处远大于任何可能的危险

对此，在E节中将作更多介绍。

作出正确选择

为阻止疾病的大规模流行，几乎所有的人都需要接种疫苗。如果不这样做，则致病微生物会对人造成侵害。接种率下降一点，患病的人就会增加很多。

关键词
- ✔ 接种疫苗

接种过疫苗　被感染的　未接种疫苗

如果接种疫苗率达到 98%，那么未接种的人也不大可能得病。

如果接种疫苗率下降至 90%，则未接种的人得病的可能性大大增加。

为什么政府鼓励人们接种疫苗？

医生鼓励在孩子小的时候接种疫苗。在英国，针对一些疾病（如麻疹等）实行大规模接种活动，这也意味着只有很少的人可能患这种病。父母应该权衡疾病可能造成的伤害和疫苗可能具有的副作用间的利害关系。

- 几乎无人在接种后发现有任何有害的影响。
- 接种 MMR 疫苗的人即使产生副作用也是微不足道的（儿童中有万分之三），产生过敏反应的就更少了（儿童中有百万分之一）。
- 一些患过麻疹的儿童留下了严重的残疾（四千分之一）。
- 麻疹也可能致命（万分之一）。

对整个社会而言，接种疫苗是最好的选择。但对以孩子为中心的父母来讲，这往往是艰难的选择。人们有时更愿意接受接种疫苗的危险大于患麻疹带来的危险的说法。因此，让人们获得明确、公正的信息来帮助作决定是非常重要的。

问题

1. 疫苗是用什么制成的？
2. 描述接种疫苗能够防止人得传染病的原因。
3. 说明疫苗不可能是“完全安全”的原因。

1998 年，MMR 疫苗被误认为会导致自闭症。这引起了广大父母的担忧。在 1970 年代，人们对百日咳疫苗也有过类似的担忧。

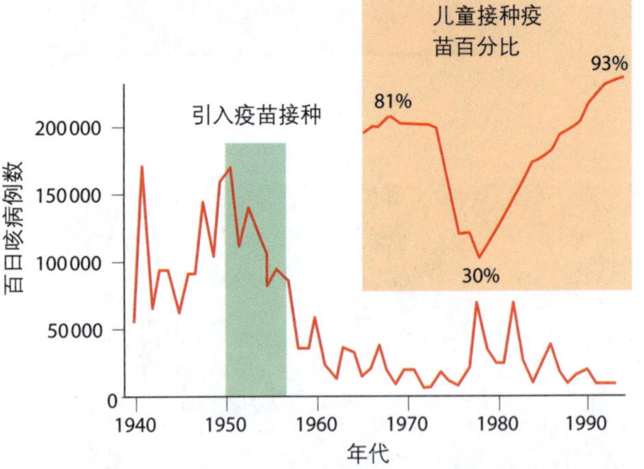

图中显示了 1940 年至 1992 年间英国逐年患百日咳的病人数。

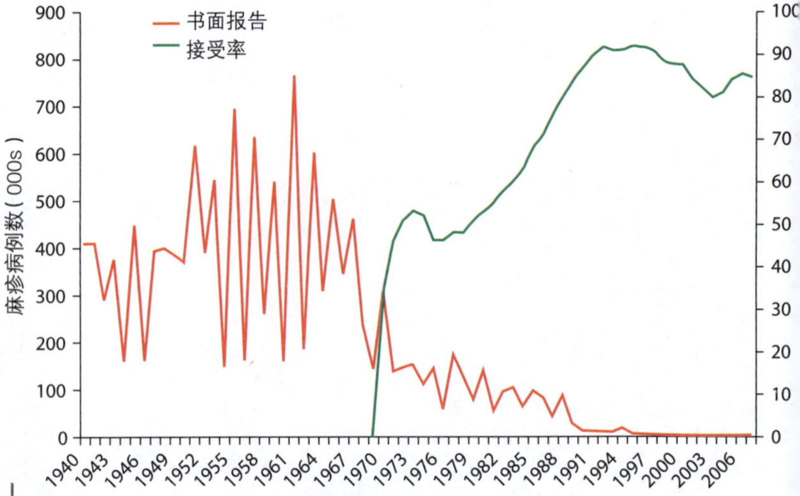

图中显示了 1940 年至 2007 年间麻疹患者人数逐年变化的情况及 1970 年以来接种的接受率。

百日咳：

该疾病每年都使数以千计的儿童死亡或受到损害。

1950 年：开始使用疫苗。

1970 年代：有科学报告认为使用疫苗可能会导致儿童产生严重脑损伤。很多媒体甚至报道过这样的案例。

接种率由 81% 下降至约 30%。

1970 年代至 1980 年代，发生了逾 200000 例百日咳，其中有 100 多人死亡。

1980 年代：科学家证明，关于疫苗能引起脑损伤的报告是不准确的。但过了几乎 20 年，才使疫苗接种率恢复到原来的水平。

问题

4. 为防止疾病的大规模爆发，几乎所有的人都要接种疫苗。请说明这样做的理由。
5. a. 估计在实施疫苗接种之前每年患百日咳的人数。
   b. 描述 1950 年至 1970 年间百日咳患者数的变化情况。
   c. 1973 年至 1979 年间儿童接种率是如何变化的？
   d. 说明这种变化的原因。
6. 分析 1965 年至 1990 年间百日咳的病例数变化。它与儿童的疫苗接种率有关吗？
7. 2008 年，英格兰和威尔士的麻疹患者人数上升，超过了 5000 人。你认为其中可能的原因是什么？

天花

天花是一种可怕的疾病。在1950年代，全世界有5000万人患此病。到1967年，由于在一些国家中接种了天花疫苗，使发病人数降到1000万—1500万。但世界上60%的人口仍受到它的威胁。

1967年，世界卫生组织（WHO）发动了在世界范围内接种疫苗、消除天花的大战役。1977年，出现在东部非洲索马里的一例天花成为世界上有记录的最后一个病例。

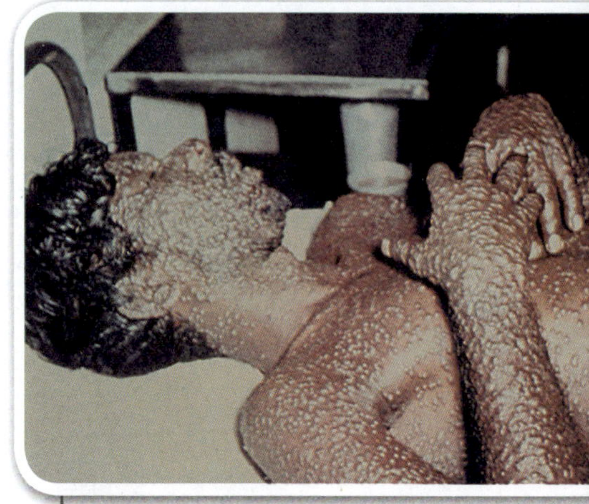

每4个天花患者中就有1个死亡。幸存者身上也留满了伤疤，很多人因此失明。

应该强制实行疫苗接种吗？

政府和诸如英国国家健康中心那样的公共机构共同制定了应由谁提供基于安全评估的疫苗的决定。在英国，所有的儿童都被提供了麻疹疫苗。如果按法律必须接种的话，就会将儿童患这种病的风险降到极低。然而，还是有一些儿童得了此病。这是因为接种的成功率无法达到100%。

强制实行接种麻疹疫苗是否可行呢？回答是否定的。我们的社会不认为强制任何人去接受特殊的治疗是正确行为。这和科学上的“可行”是有区别的，人们考虑的是是否“必须”去做。

不同的决定

居住地的不同可能影响人们对接种疫苗的态度。

人们通常趋向于将疾病归因于卫生条件差、住房拥挤等。很多人一旦患病后情况会更糟，这是因为：

- 很差的饮食或患有其他疾病使身体更虚弱。
- 缺医少药，医疗保健条件差。

因此，对是否接种疫苗，居住在贫穷社区的人和居住在富裕社区的人很可能会作出不同的决定。

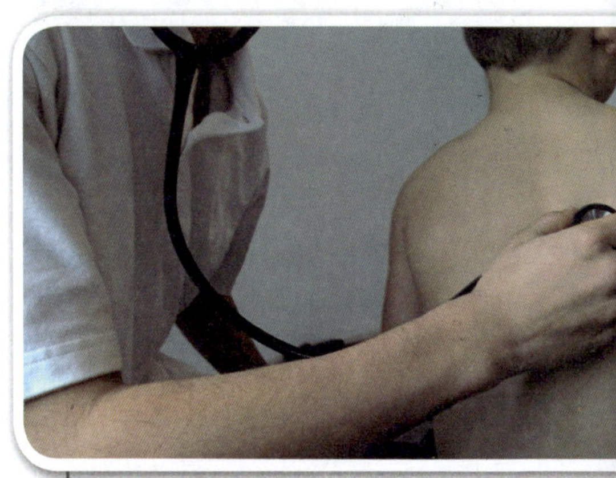

一些人越来越关心疫苗对自己孩子的安全性。但对很多人而言，他们作出的决定是轻率的。

问题

8. 说明在英国接种麻疹疫苗是非强制性的原因。
9. 用两个理由说明居住在世界不同地域的人对接种疫苗的态度可能是不同的。
10. 科学家不能制造能抵御任何疾病的疫苗。你认为人们应该如何做？

D 超级细菌

通过探究发现

- 超级细菌的出处
- 如何和超级细菌作斗争

可用消毒的化学药物杀死微生物（细菌、真菌和病毒）。但一些药物仅能抑制它们的繁殖，还要经人体免疫系统消灭残存者。诸如漂白液等消毒剂常用于家庭中杀死或抑制细菌、真菌和病毒。抗真菌药物只能杀死或抑制真菌，抗生素只能杀死或抑制细菌，它们对病毒都无能为力。

抗生素由天然的细菌或真菌制成，用于消灭其他的微生物。长在霉变食物上的菌类能够制成青霉素。

最早的抗生素

在古埃及时期可能就已经有人在使用抗生素了，他们将发霉的面包涂抹在感染的伤口上。科学家现在知道，这种霉斑实际上是菌类，用它可提取青霉素。在 1940 年代，科学家开始培植这种菌以大规模生产青霉素。

细菌的反击

一开始，青霉素被称为“神奇之药”。在 1940 年代之前，每年都有成千上万的人死于细菌感染。现在，可用抗生素来治愈这种病。抗生素也适用于治疗动物，将其添加到饲料中，就可以治疗受感染的牲畜。

但在十年之内，有一种细菌青霉素就无法将它杀死，因为它获得了抗药性。后来人类又发明了新型的抗生素，但不久这种细菌又发展出了新的抗药性。目前这种“超级细菌”已经具备了对我们所拥有的一切抗生素的抗药性。我们现在尚不清楚在新药出现后多久，它又会产生抗药性。

超级细菌由何而来?

基因发生的微小变化，即变异，可使细菌细胞转化成超级细菌。如果仅有一个这样的细菌，还不会造成大的伤害，但如果它能快速繁殖的话，则能产生大量的对抗生素具有抗药性的同种细菌。还有能引发癣和鹅口疮的真菌，也拥有了抵御通常使用的抗真菌药物的抗药性。

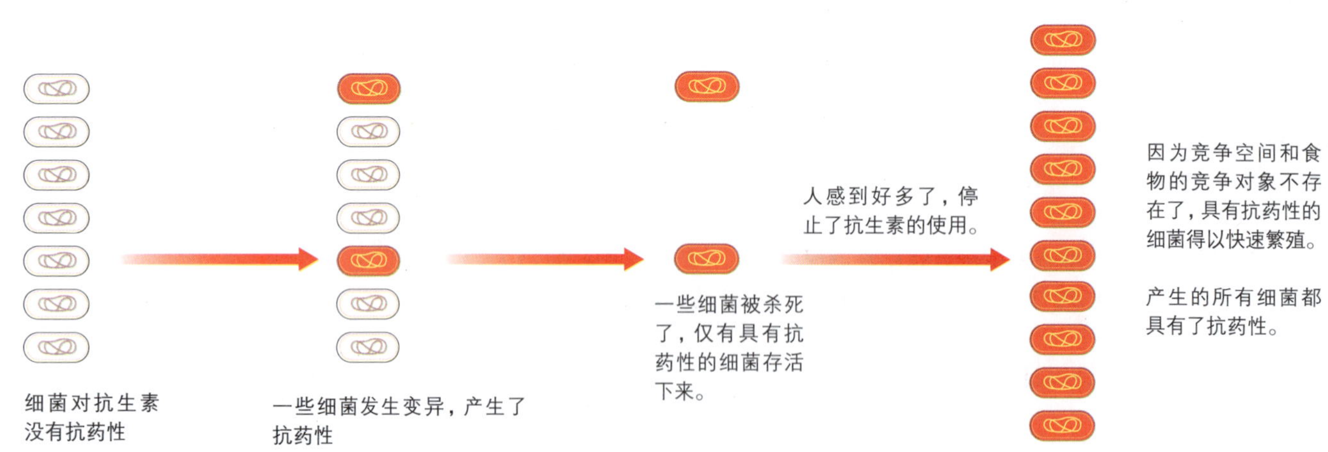

一些细菌因基因变异产生了抗药性。

为什么超级细菌发展得如此之快？

有两种情况会助推超级细菌发展出**对抗生素的抗药性**（antibiotic -resistant）：

- 人们在并不必要的情况下过分使用抗生素。
- 人们不接受完整使用抗生素的疗程。

若某人接受了一个完整的抗生素疗程，很有可能有害细菌会全部被杀死。但如果他感到痊愈了，就停止使用抗生素，这时，那些对抗生素有抗药性的细菌就成了幸存者，并随后开始繁殖和快速生长，这些后代将都具有抗药性。

我们如何抵御超级细菌？

科学家无法阻挡抗药性细菌的繁殖和生长。产生这种细菌的基因变异是个自然过程。到目前为止，我们只能寄希望于科学家发展新型抗生素的步伐赶在细菌发展出抗药性的前头。

在发展新型药物的同时，还有一些解决这一难题的途径：

- 提高医院的卫生条件以降低病人被感染的危险。
- 只有病人确实需要才开含抗生素的处方。
- 确保病人理解抗生素疗程结束才停止服药的重要性（除非产生副作用）。

新型药物的新来源

科学家一直在寻找新型药物的来源。例如，鳄鱼血液可能成为一个新型抗生素家族的来源。人们在鳄鱼血中发现了可作为强力抗菌剂的化学物质。这一发现始于科学家的好奇心：鳄鱼为什么在互相撕咬时被咬断了腿还不感染呢？

问题

1. 什么是对抗生素具有抗药性的细菌？
2. 写出解释抗药性细菌能够得以发展的要点。
3. 描述能够降低抗药性细菌发展的危险的两件事。

关键词

✔ 对抗生素的抗药性

“超级细菌”MRSA 来袭

这种致命细菌对几乎所有已知的抗生素都具有抗药性。更坏的消息是它已经冲破了医院的范围，使那些在工作、购物，甚至留在家中的人都可能因感染它而死去。这是什么原因造成的？正是我们一直用以杀死它的抗生素在作祟！

报道显示：一种名为 MRSA 的细菌已经对几乎所有抗生素产生抗药性了。

鳄鱼血可能是制造新型抗菌药物的重要来源。

E 新型药物是从哪里来的？

通过探究发现

- 新型药物开发过程
- 测试新型药物的方式

我们大多数人都会按照医生开的处方服药，而不会过多地提出问题。因为我们心里已有了“这肯定对我们有好处”的设定。但我们能否向发展新型药物的科学家提问呢？

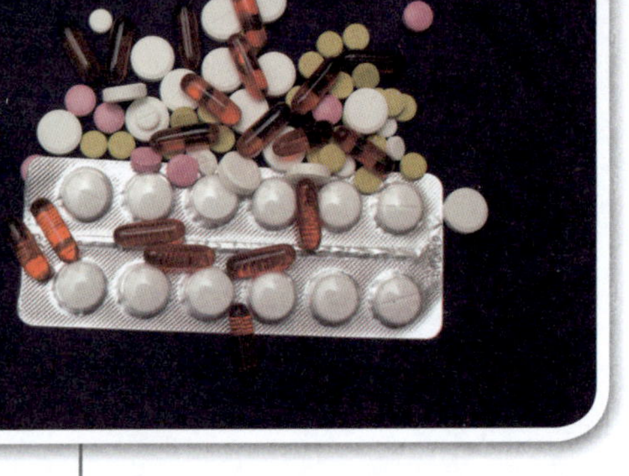

从止痛药到疫苗，从抗生素到抗过敏药，药物成了我们生活的一部分。

在世界范围内，很多科学家都在试图研制出新型药物：新型抗生素，新型治哮喘和癌症的药，治疗疟疾和 HIV 的药等。

研制一种新药可能要花费数年时间，还要有大的经费投入。研制成功的巨大回报是人类健康状态的改善。当然，医药公司也会获取巨额利润。

科学家对新型药物的研制过程说明如下：

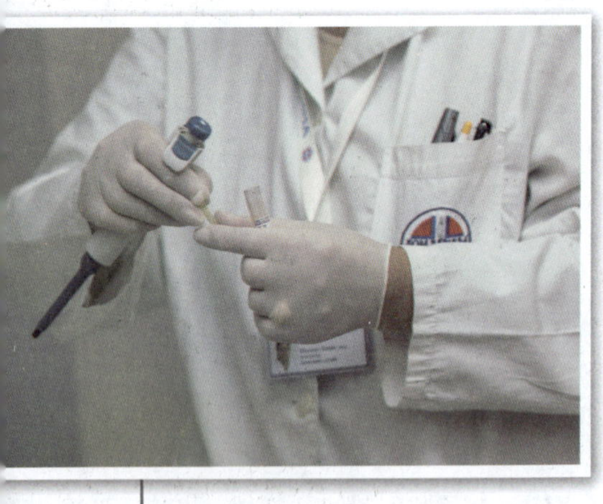

研究癌症的科学家。

首先要研究疾病，以明白致病的原因。这有助于我们明确要针对的对象。例如，化学物质能杀死微生物，或者能减轻人体的不适感。

我们寻找自然资源中可能有用的化学物质，再用计算机中的分子模型来验证我们的设想。

当我们发现了有效的化学物质后，还要进行很多次检验和测试。通过大量的检验和测试发现有没有过多的问题，这非常重要。只有极少数药物能通过这些关口。

第一步：人体细胞测试

早期的测试是对实验室中培育的人体细胞进行的。科学家尝试在各种带病的人体细胞上使用各种剂量的新药。这种测试能检验这种化学物质对这种疾病的治疗效果。同时，从测试中也能得出这种药对人体细胞安全性的数据。

第二步：动物试验

对通过了人体细胞实验的药物，再在动物身上进行试验，以保证在所有动物身上的试验结论和在实验室对人体细胞测试的结论相符。

第三步：临床试验

只有通过了动物试验的药物，才能在人体上进行试验。这称为**人体试验**（human trial）或**临床试验**（clinical trial）。这种试验能提供给科学家更多关于药物的有效性和安全性的数据。这种试验都是先对健康的志愿者实施，以确定其安全性，再对患者实施，以进一步证实其有效性和安全性。

长期的人体试验保证了药物的有效性和安全性。药物经长期使用仍有效而没有毒副作用也是非常重要的，因而在药物被批准使用后，研究还不能终止，还要提供更多的关于其安全性的数据。

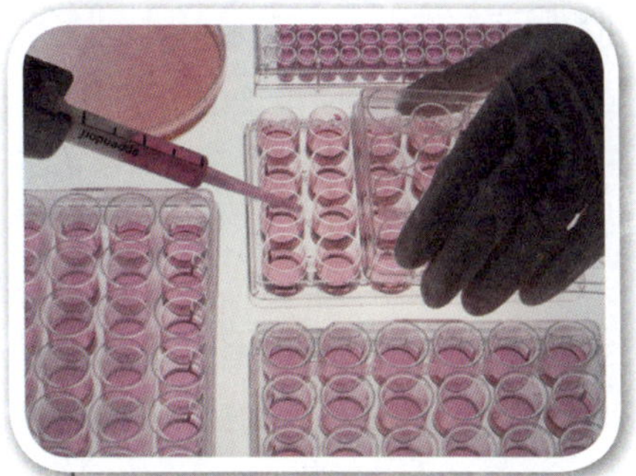

对实验室中的细胞进行药物测试，也称为体外试验。

对动物和人类志愿者的试验称为体内试验。

并非所有人赞同用动物进行试验。英国医师协会认为，当前用动物试验来研发新药是必要的，但也应尽可能地使用替代的方法。

如果动物试验没有问题，就可申请专利了。研制一种新药要花费很多资金。如果有了专利，其他公司在 20 年内就不能卖这种药。但临床试验和获准生产还要花费很长时间。通常我们独家生产这种药的时间也就是 10 年左右。

关键词
- 人体试验
- 临床试验

问题

1. 完成下表：

步骤	测试	发现
1	用实验室中培养的人体细胞进行药物测试	• 对人体细胞的安全性 • 治疗疾病的有效性
2		
3		

2. 研制成功一种新药可能要花费很多资金。试推测其中的原因。

临床试验——关键时刻

安娜在 5 年前被诊断为患了乳腺癌。万幸的是，对她的治疗很有效，她目前已经基本康复了。现在，她被请求去参加新药的试验。医生希望这样能降低她癌症复发的可能性。

安娜得到了怎样的治疗？

那些愿意参加这种试验的人被随机地分成两组。为了保证试验结果的可靠性，将参试人员**随机**（random）编组是必要的。

试验过程中，一组参试人员服用新研制的药，另一组被称为**控制组**（control group）的参试者不服用这种药。最后，将这两组得到的结果进行比较。

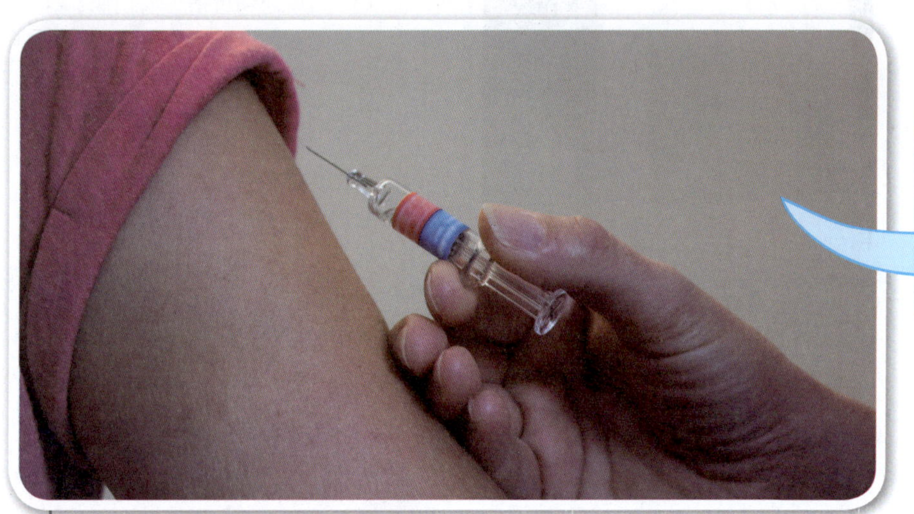

安娜对她的医生说：

问题是我不知道我是否得到了真正的治疗。我能拿自己的健康冒险吗？我知道试验对将来的人有帮助，但对于我呢？你能否告诉我：我是否使用了真正的药物？

在试验前，安娜要签一份“知情同意书”。签后则表明她所有的疑虑都被解答了。她可以随时中止试验。参加被试的任何人都要签署“知情同意书”。

安娜的医生不知道安娜是否服用了新药，连安娜本人也不知道，治疗结果也要与其他人比较。这表明安娜参加的是**双盲试验**（double-blind trial）。

如果安娜和她的医生知道了其中奥秘，就有可能影响到关于她的症状的报告。随机分组的双盲试验是临床试验公认的最佳方法。

控制组得到了怎样的治疗？

在试验新药物时，几乎所有临床试验中的控制组都使用传统的治疗方法。因此，从两组得到的结果的对比中，能显示出新药及其治疗方法是否有改进。

有时，对某种疾病并无现成的治疗方法。因此，就让控制组服用**安慰剂**（placebo），它看起来和真药一样，只是不含药物成分。在临床试验中使用安慰剂的做法很少见。在安娜参与的试验中控制组就服用了安慰剂。

人体试验带来的伦理问题

服用安慰剂一般不会造成安娜的癌症复发，而使用新药却可能带来风险，她的医生试图从中找出任何有害的效应。另外，新药也提供了使她的身体状况好转的机会。

这看起来似乎不公平，因为控制组有可能错过了新药带来的任何好处。但要记住：并非所有的新药都能通过临床试验。为验证新药是否可用，进行适当的测试是必要的。测试也能为医生提供那些要避免的有害效应的数据。

- 如果试验表明危险性过大，则试验就要被终止。
- 如果试验表明新药确实有效，则它将会立即被提供给控制组使用。

问题

3. 说明药物试验要随机分组的原因。
4. 说明单盲试验和双盲试验的区别。
5. 描述在试验中错误地使用安慰剂可能带来的情况。
6. 你认为安娜应该如何做。说明你的理由。

单盲试验

在一些试验中，医生被告知哪位病人服了什么药。这是因为要审慎地避免特定的有害效应。这种试验方式被称为**单盲试验**（blind trial）。

双盲试验

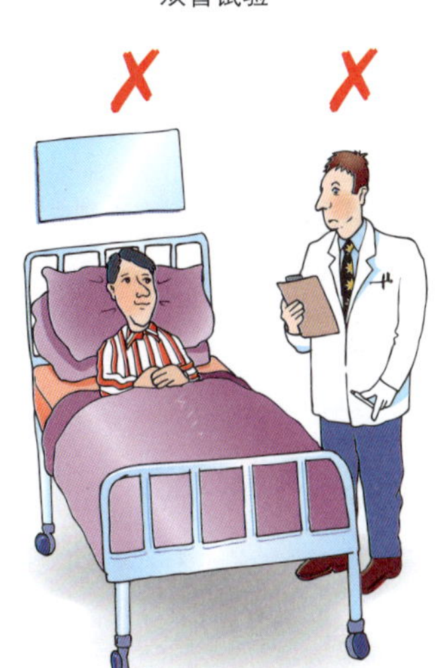

单盲试验

开放性试验

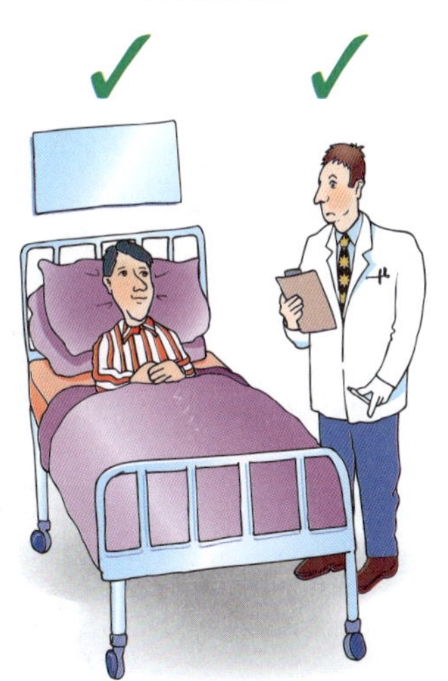

在药物试验过程中，医生或病人知道（√）或不知道（×）试验中是否使用了新药。

开放性试验

在**开放性试验**（open-label trial）中，病人和医生都知道治疗的真实方式。如在进行理疗和药物治疗对比试验，或让所有病人都在试验中服用一种新药时，这种方式是必要的。开放性试验往往是在没有其他的医治方法，且医生确信没有其他的方法可使严重患病的病人康复时才使用的试验方法。药物可能的有害效应所带来的风险，会被因此得以延长生命甚至治愈的可能性所抵消掉。这种试验中，没有人服用安慰剂。这种情况下，对这种病人不给予新药带来的希望可能是错误的。青霉素的试用过程就是这样的例子。

关键词

- 随机
- 控制组
- 双盲试验
- 安慰剂
- 单盲试验
- 开放性试验

通过探究发现

- 血液被输送到身体各部分的方式
- 心脏病的起因
- 保护心脏的方式
- 测量心脏的负荷能力

3 个星期之前，奥列弗突发严重的心脏病。他很幸运地活了下来，现在他正为心脏病不再复发而努力。

人体中的供应路线

人的心脏犹如体内的一个水泵。人坐下时，心跳约为每分钟 70 次。心脏可分为 4 个空腔：上面的两个腔接收身体回流的血液，下面的两个腔具有较厚的肌肉壁，向身体各部位“泵”血。因此，人的心脏是“双泵”。它和输送血液的血管一起构成了循环系统。

血液是如何循环的?

身体中的血液进入心脏的右侧心房，然后进入右侧下部的心室，由它将其泵入肺部的血管以获取氧。随后又回流至心脏左上侧的心房，再进入其下方的心室。由它再将血液泵出输送到身体的其他部分并释放氧。在心脏的上、下两腔之间有活门状瓣膜，它能保证血液在心脏内按正确的方向流动。

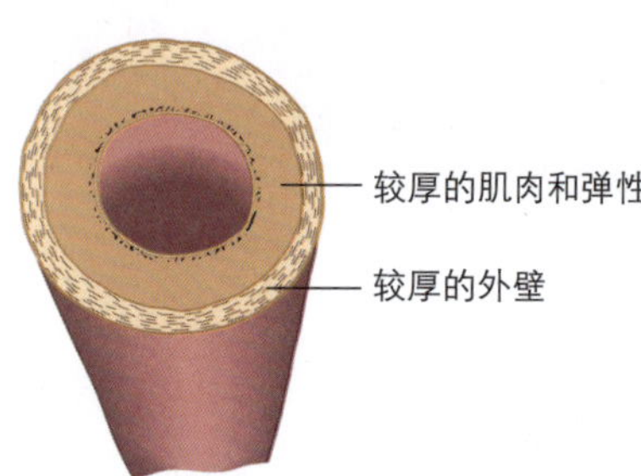

动脉（artery）是将血液从心脏输往人体各部分的血管。较厚的外壁能经得起心脏泵血时的压强。

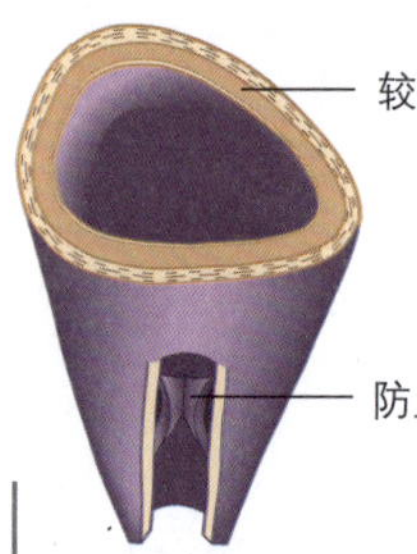

静脉（vein）是使身体各部分血液流回心脏的血管。薄而有弹性的外壁能经得起运动引起的挤压。

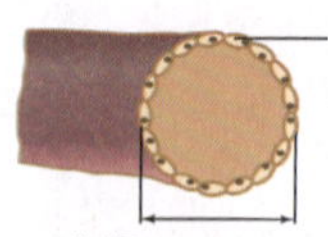

毛细血管（capillary）是连接在最小动脉和静脉之间的血管。非常薄的壁能使氧和养分进入细胞，并将废物排出。

我永远忘不了，当时我感到很冷，遍体是汗。不仅是我的胸，手臂、颈和下巴都非常痛。我在重症监护室中醒来时，以前的事几乎都不记得了。我可不愿再出现这样的状态了。

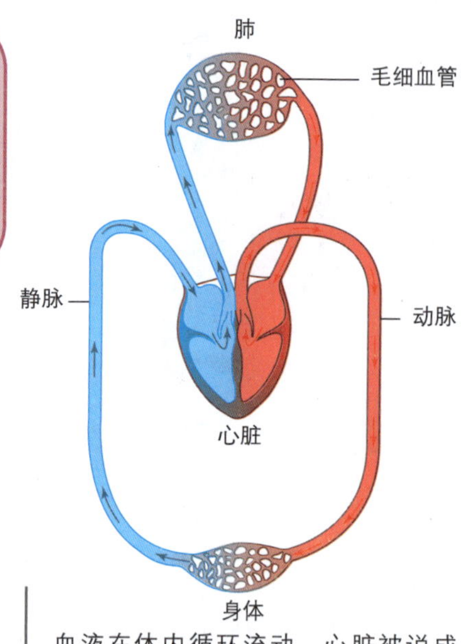

血液在体内循环流动。心脏被说成“双泵”，是因为血液每经过一次完全循环，都要流经心脏两次。

心脏病是怎么回事?

血液携带氧和养分进入细胞中，细胞又利用这些作为原料来提供能量。没有能量，心脏的活动就终止了。因此，心脏的肌肉细胞必须有专门的血液供应。

有时，脂肪会在**冠状动脉**（coronary artery）中堆积。血液会在脂肪块上形成凝块。如果这种凝块堵塞了动脉，心肌就会缺氧，其中的细胞开始死亡。这就是心脏病的一种起因。

心脏病是很严重的健康问题

心脏病（heart disease）是心脏类疾病的统称。例如，它包括冠状动脉阻塞、心绞痛等。

奥列弗之所以能活下来，是因为他的心脏只是部分损坏。他被施以清除动脉凝块的治疗。如果输往心脏的大部分血液被阻塞了，那将是致命的。

在英国，每年有 23 万人心脏病发作，即每 2 分钟便有 1 例。英国的冠心病患者远比那些非工业化国家常见。这是因为英国人的体力活动少：出行坐汽车，干活有机器，并且典型的英国饮食都是高脂肪的。

心脏病是如何造成的?

心脏病通常不是由感染导致的。人的基因、**生活方式**（lifestyle）是患心脏病的重要因素。大多数患者是由这两个因素共同造成的。心脏病一般不是由一个因素造成，而是由各种**危险因素**（risk factor）共同造成的，所面临的危险因素越多，则患心脏病的可能性就越大。

奥列弗是否存在再次患心脏病的可能?

奥列弗具有冠心病的家族病史。他身体超重、吸烟、常吃高脂肪和高盐食物。他的饮食结构导致了高血压和高胆固醇。所有这些危险因素的增加，都使他心脏病发作的可能性增大。虽然奥列弗喜欢看体育类电视节目，但他不喜欢亲自参加此类活动。他的医生据此给了他一些忠告以降低患病风险。这其中包括适度饮酒和缓解紧张情绪等。

问题

1. 请说明心脏细胞需要良好供血的原因。
2. 说明饮食中含有过多的脂肪是导致心脏病的原因。
3. 列出 4 种增大患心脏病风险的因素。

关键词

- 动脉
- 静脉
- 毛细血管
- 冠状动脉
- 心脏病
- 生活方式
- 危险因素

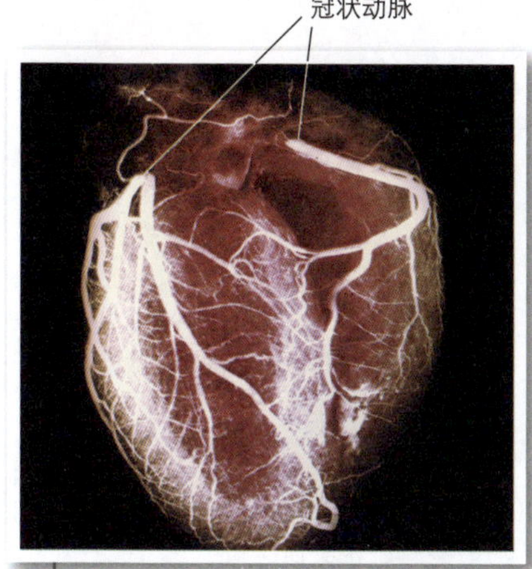

冠状动脉将血液输送至心肌。

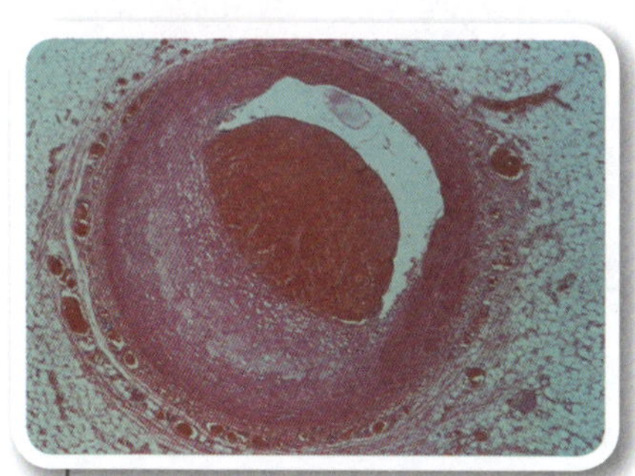

脂肪在冠状动脉中堆积。

心脏健康指南

- 少吃脂肪类食物以降低血液中的胆固醇。
- 戒烟。
- 减肥以降低血压，并减轻心脏负担。
- 做诸如每天 20 分钟步行的日常锻炼，以增加心脏的活力。
- 减少食盐摄取量以降低血压。
- 必要时，用药物控制血压和胆固醇。
- 保持放松、不紧张的心态。

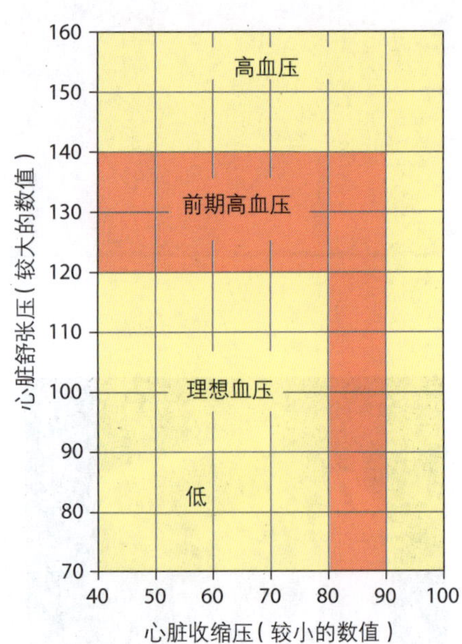

通常血压都有一个正常范围。人的身高、体重、生活习惯、性别等因素都可能影响到正常血压值。

如果奥列弗知道自己的动脉变狭窄了，就可以采取措施阻止心脏病的发作。医生可能已经测过了他的**血压**（blood pressure）和**脉搏**（pulse rate）并告诫他要实施健康的生活方式。

监控心脏

当动脉被沉积的脂肪堵塞时，心脏就难以向身体各部位供血，故心脏负担加重，心跳加快。

我们可以用测手腕内侧或颈部动脉脉搏的方法测量心脏的负荷能力，测得每分钟动脉搏动次数即可知道心脏跳动的快慢。而更精确的测量心脏泵血负担情况的方式是测量血压。血压是由于血液在血管内流动对动脉内壁产生的侧压力。测量中要记录两个数值，如 120/80，较大的数值是收缩压，即心脏收缩，向动脉血管泵血时对动脉所产生的压力；较小的数据则是舒张压，即心脏舒张时血液在动脉内流动所产生的压力。

高血压增大了患心脏病的危险。狭窄的动脉会提高脉搏和血压，而像摇头丸和大麻那样的迷幻毒品也能产生这样的后果。

生活方式病

心脏病和一些癌症（如肺癌），多属**生活方式病**（lifestyle disease）。100 年前，传染病杀死了很多英国人。现在，良好的卫生和保健条件、接种疫苗等使传染病已被控制，但生活方式病却更常见了。在世界的其他地方，生活方式病的病因可能是不同的，并因此导致其他种常见病。

关键词
- 血压
- 脉搏
- 生活方式病

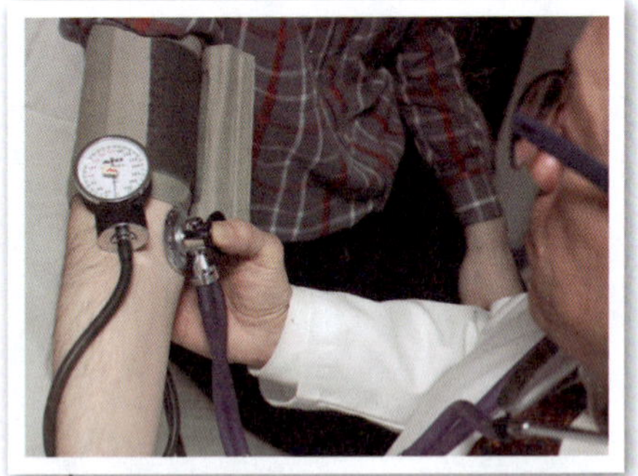

医生在为病人测血压。高血压会导致心脏病。

问题

4. 心脏病在英国是常见病，发病率远高于非工业化国家。请推测其原因。
5. 如果你的邻居想参加体育活动，但不愿花钱去体育场所锻炼。请你给她出个主意，使她每天都能进行体育锻炼。

如何知道疾病的起因?

医生通常很容易就能找出传染病的病因，因为病人身体中存在相关的致病微生物。但像心脏病和癌症那样的生活方式病的病因就难找多了。

通过探究发现

- 科学家证明引发生活方式病的危险因素的方法
- 需要证据来证明病因

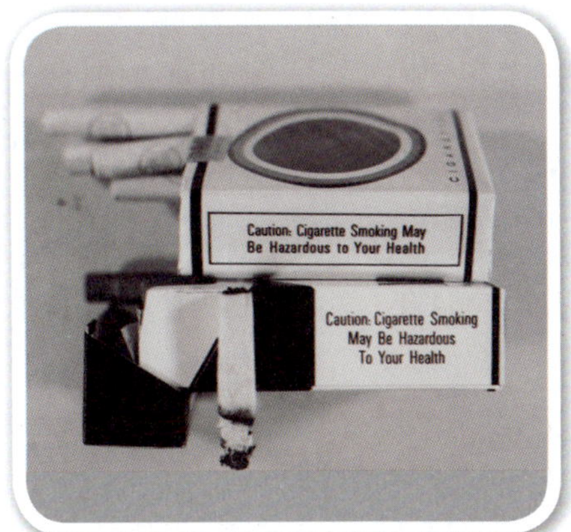

1971 年英国香烟上对健康的警示语。

2003 年英国香烟上对健康的警示语。

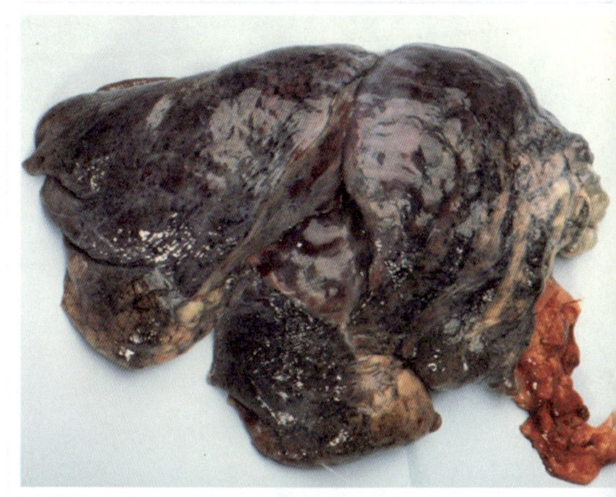

肺组织被香烟中的焦油熏黑了。

吸烟和肺癌

从 1971 年开始，英国政府要求在香烟的包装上印警示语。有证据表明，吸烟和诱发癌症间具有**相关性**(correlation)。到 2003 年，这种证据越来越强有力了。医生是如何证明吸烟能致癌的呢?

早期的线索

1948 年，美国的一位名叫欧内斯特·温德尔的医学院学生，在对一位死于肺癌的人进行尸检时，注意到死者的肺变黑了。当时没有证据表明这是因为他生活在空气污染的环境中导致的。但他的妻子说，他近 30 年来每天都要抽 40 多支烟。温德尔知道一个案例不足以证明两个事件间存在必然联系。

1950 年，两个英国科学家理查德·多尔和奥斯汀·布拉德福德·希尔，进行了一系列科学研究。首先，他们比较了因肺癌住院和因其他原因住院的两组人。当时，吸烟是很流行的，因此两组中都有吸烟者，但在肺癌组中吸烟者的比例要高得多。

这一数据显示了吸烟和肺癌间有一定的相关性。多尔和希尔推测，吸烟能导致肺癌。但相关性并不意味着一件事肯定能导致另一件事的发生。

每天吸香烟支数	每10万人中罹患肺癌的人数
0—5	15
6—10	40
11—15	65
16—20	145
21—25	160
26—30	300
31—35	360
36—40	415

数据表明男性患肺癌的人数和每天吸烟量间的关系。

关键词
✓ 相关性

报告的可靠性如何？

多尔和希尔在医学期刊上发表了他们的研究结果。通过审读，其他科学家也可以对他们得到的数据及其收集数据的方法进行分析论证。如果在此过程中不能找出差错，则要宣称这一结果是比较可靠的。

如果其他科学家也能得到相同的数据和结论，则这一结果就更可靠了。

主要研究

1951 年，多尔和希尔开始了更大规模的研究。他们用了逾 50 年的时间，跟踪调查了 4 万多名英国医生的健康情况。2004 年，多尔和另一位名叫理查德·皮托的科学家共同发表了研究结果。其要点如下：

- 吸烟者的寿命比不吸烟者平均少 10 年。
- 在任何年龄终止吸烟都能减少危险。

最后之谜的一种解释

自 1920 年以来，美国的肺癌发病率急剧上升，在英国也有类似情况。

很多医生坚信是吸烟导致了肺癌。然而，烟草公司对此并不买账。他们认为是其他因素引发了肺癌，如汽车排放尾气造成的严重空气污染等。

现在缺少的最后一关是对吸烟导致肺癌的原因的解释。1998 年，科学家终于发现了它！他们对烟草中的化学物质损害肺部细胞，从而导致肺癌的过程进行了说明。这更坚定了吸烟致癌的说法。

问题

1. 写出一个日常生活中具有相关性的例子。
2. 作图说明患肺癌人数和人吸烟多少有关。
3. 简短说明审读的作用。
4. 试说明一位科学家的成果能被其他科学家再现的重要性。
5. 如果温德尔将在 1948 年所见的案例发表的话，大概不会被人们所接受。试给出两种可能的原因。
6. 如果某人从 16 岁至 60 岁每天吸 20 支烟，他肯定会患肺癌吗？说明你的答案。

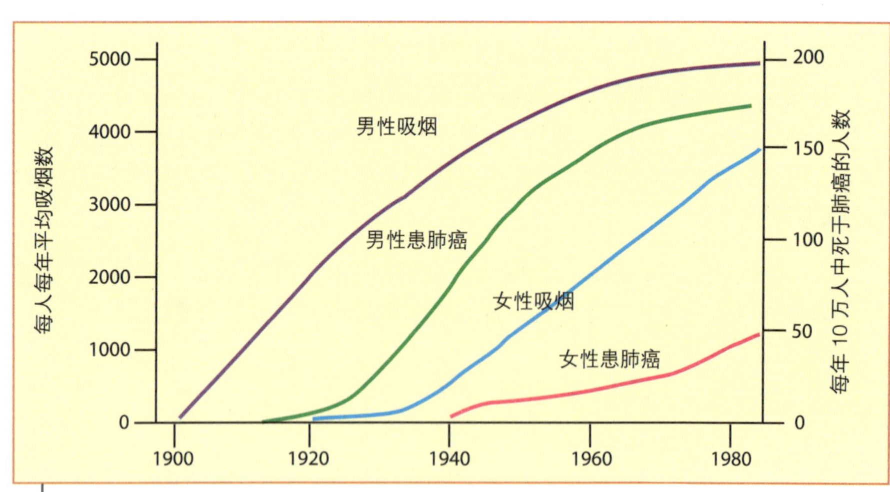

1920 年前，肺癌患者稀少。随着吸烟的流行，男性肺癌发病率上升，随之是女性。二战结束前，女性吸烟者极少。

怎样得出好的研究成果？

研究健康问题的医学报告很多。**流行病学**（epidemiological）是寻找导致各种疾病的危险因素的学问。例如，探究心脏病的主要致病因素等。

我们可以用这种信息来为自己保持健康作决定。因此，研究的结果是否正确是很重要的。你可以探寻几个方面的因素：

有多少人参与了研究？

好的研究必须要有大量的人来作为测试样本，这样才能保证结果不受一些偶然因素所左右。

在美国，一项长期的研究要有超过 13000 人做被试，且三代人都要有。这种方式对心脏病研究极为重要，它能明确导致心脏病的所有已知的主要危险因素。

被试者在研究中是如何很好地匹配的？

健康研究通常要比较两个测试组的数据。一组具有危险因素，而另一组没有。例如，比较参加和不参加体育锻炼的人。在这些研究中，使两组被试者尽可能地**匹配**（match）是非常重要的。

对心脏病的基因研究

2007 年公布的由威康信托基金会病例控制协会开展的大规模**基因研究**（genetic study）表明，心脏病与基因和生活方式有关。

这一研究团队研究了 2000 名冠心病患者和 3000 名健康人的基因组，明确了心脏病与 6 种常见的等位基因或基因变异有关。

理解导致心脏病的遗传因素有助于我们了解一个人面临多大的危险。对带有一种或多种“危险”等位基因的人，仍能通过采用健康的生活方式、监控血压、降低胆固醇、遵医治疗等来降低危险性。

危险性有多大？

在使用健康研究数据来作决定时，还要看其他方面。假如达到了“双倍患病危险”时，要查看危险的基点是什么。例如，一种危险后果的几率是否能达到百万分之一？如果如此，那么，两倍的危险性也仅达到了百万分之二，或五十万分之一。这种危险性也是很小的。

对大规模人群健康状况的观察，能使科学家了解各种疾病的危险因素。

关键词

- 流行病学
- 匹配
- 基因研究

问题

7. 说出一种增大患心脏病危险的因素。
8. 在确认研究计划是否完美时，应察看哪两个方面？
9. 若你十几岁的女儿开始抽烟了。她认为：“抽烟不会导致心脏病和肺癌。爷爷抽了一辈子烟，不是好好的？”你应如何向她说明她可能不是那样的幸运者？

H 用变化保持不变

通过探究发现

- 动态平衡
- 重要的原因
- 负反馈

在细胞内，每秒钟都发生数以千计的化学反应。正是这些反应要求人体细胞必须在适当的环境下才能正常工作，而保持人体内环境适当的条件是**动态平衡**（homeostasis）。

要达到动态平衡并非易事，这要求人体内发生的大量事物相对保持不变。让我们来看一下人体内每秒钟发生的部分变化。

人体在努力做到：

- 使水和盐的比例维持在正常水平。
- 控制营养的数量。
- 清除有毒的废物，如二氧化碳和尿素等。

跑步使运动员身体发热，于是身体排出更多的汗以降温。这是一个动态平衡的例子。

控制系统

控制系统使人体机能保持在稳定的状态，这和人工控制系统有些相似。

所有的控制系统都包括：

- **感受器**（receptor）。负责接受刺激（变化）。
- **处理中心**（processing centre）。接收信息并协调作出响应。
- **效应器**（effector）。自动产生反应。

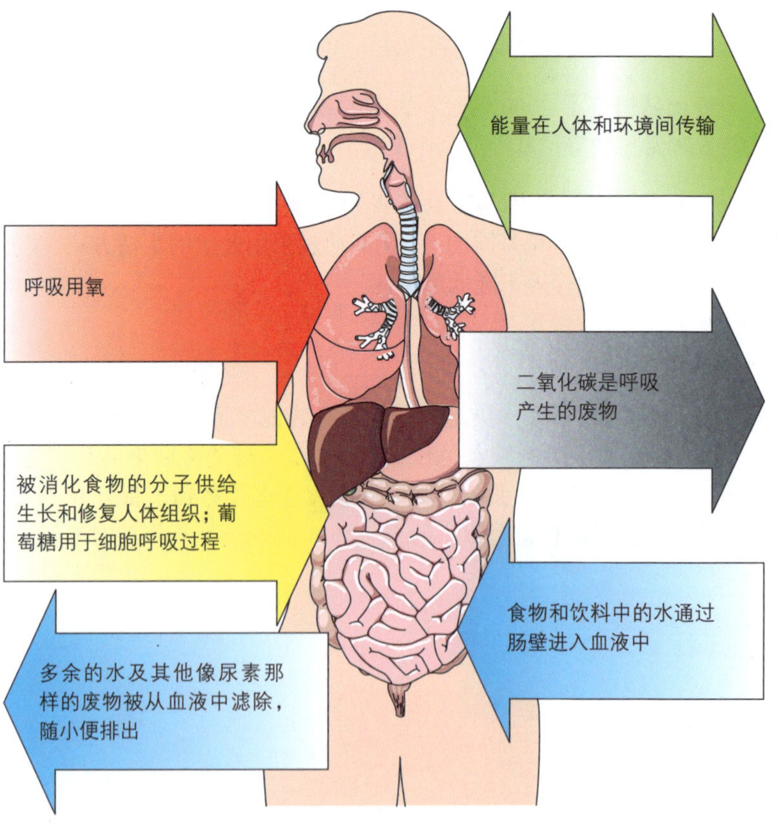

人体中每时每刻都有输入和输出。

恒温箱是如何工作的?

早产儿不能自主调节自己的体温，因此要把他们放在恒温箱中。恒温箱是一个人工控制系统。

恒温箱中有温度传感器、带开关的温度调节器、加热器等。若恒温箱的温度下降多了，加热器的开关就闭合而使温度升高。当温度高到一定程度后，加热器的开关断开。这一类控制被称之为**负反馈**（negative feedback）：

- 系统中任何变化导致产生相反变化的动作。

下图说明了这种变化的过程。

关键词

- 动态平衡
- 感受器
- 处理中心
- 效应器
- 负反馈

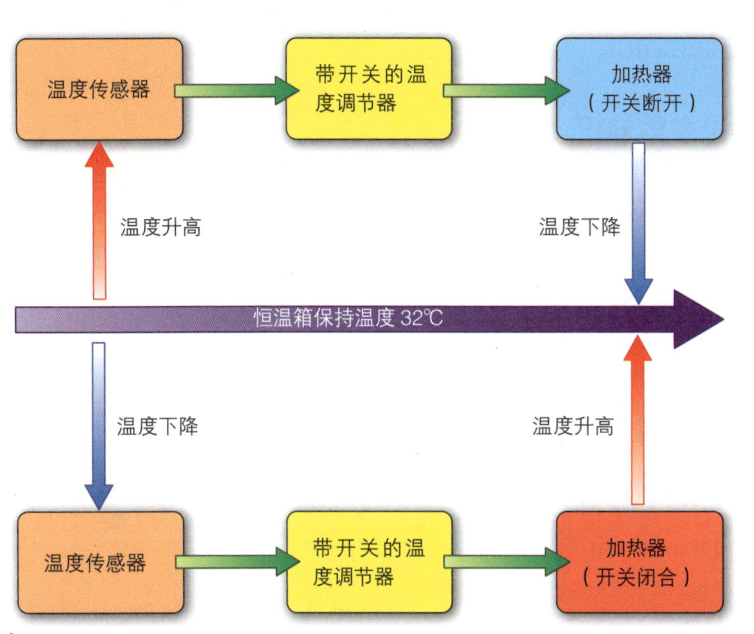

恒温箱中控制温度的负反馈系统。

用人工控制系统来保持婴儿的环境温度恒定。

我们身边有很多负反馈系统。例如，当冰箱中的温度升高到一定程度后，压缩机就开始工作将温度降下来。在降到足够低的温度后，压缩机的开关又断开。

人体是如何自动调节的?

人体的温度也是自动调节的。例如，当人感到热时，就不自觉地流汗了。与此同时，对水的控制也是自动的，如使人感到口渴或少分泌尿液等。这些变化都是神经系统和激素共同调节的结果。

人体也在利用负反馈系统，但它比恒温箱要复杂得多。人具有使自己冷下来和热起来的效应器。负反馈系统的逆反变化使系统保持相对稳定。

问题

1. 写出动态平衡的定义。
2. 在恒温箱中，哪些元件是：
   a. 感受器
   b. 处理中心
   c. 效应器
3. 写出负反馈的定义。

I 水的动态平衡

通过探究发现

- 人体摄取和排出水的方式
- 肾排出废物的方式
- 肾平衡体内水的方式

实验表明学生应该在课堂上饮水。
- 能增加注意力集中时间
- 提高考试成绩

要使人体机能正常，就必须使摄取的水和排出的水达到平衡。

水的动态平衡使人体内的水分保持稳定，这是人体通过调节水的输入和输出平衡来实现的。下一页的图显示人体获取和排出水的方式。

肾脏的作用

肾脏（kidney）具有两种功能：维持水的动态平衡和**排泄**（excretion）。排泄是将人体细胞中化学反应产生的有毒废物排出体外。这两种功能间是有联系的，因为废物排泄的过程也需要水的参与。

肾脏控制着人体中的水平衡，它是通过改变尿液分泌量的方式来实现的。天气热或跑步时，出汗使人损失了一些水，肾就减少尿液中水分的排出，但废物的排出量不变，这时尿液浓度变大。

让细胞中水分保持适当的水平是重要的，这能使其中的化学物质维持在保持细胞活性所需要的浓度。

关于水平衡更多的知识

想一下你的尿液浓度和体积的变化情况。天气冷的时候，尿液多且颜色淡；天气热时，尿液少且颜色暗、浓度大。

人体中血浆的浓度决定了肾脏吸收水分的程度和排泄尿液的多少。血浆的浓度可能因为下列因素变得比通常高：

- 运动量增大而排汗。
- 没有喝足够的水。
- 吃了盐分较大的食物。

这时，肾脏将再吸收更多的水而排出较少的尿液。

药物和小便

很多药物对人生成的尿液有影响。**酒精**（alcohol）能使人体因产生大量稀释的尿液而处于脱水状态。脱水会使人产生头晕、头痛、疲劳的感觉。持续脱水能对人的健康产生严重的负面影响，其中包括对肾脏、肝脏、关节和肌肉等的影响。严重脱水可能导致低血压、癫痫发作、心跳加速，甚至意识丧失等。

迷幻药（Ecstasy）也会产生这样的负面作用。它使人的尿液减少，并影响人的体温调节能力。体温过高会使人过量饮水，导致体内水分达到危险的程度，产生致命的癫痫发作。迷幻药也能升高血压、使心跳加速，从而增大患心脏病的危险。

控制水平衡

对体内水平衡进行控制的系统也是负反馈系统。

- 大脑中的感受器探测到血浆中任何细微的浓度变化。
- 当血浆的浓度过高时，便触发**脑下垂体**（pituitary gland）释放称为 ADH 的激素。当浓度降低后，就不再释放 ADH。
- ADH 经由血液到达作为效应器的肾脏。在 ADH 干预下，一定量的水被重吸收进入血液。ADH 越多，则有越多的水被重吸收。

关键词
- ✔ 肾
- ✔ 排泄
- ✔ 酒精
- ✔ 迷幻药
- ✔ 脑下垂体
- ✔ ADH

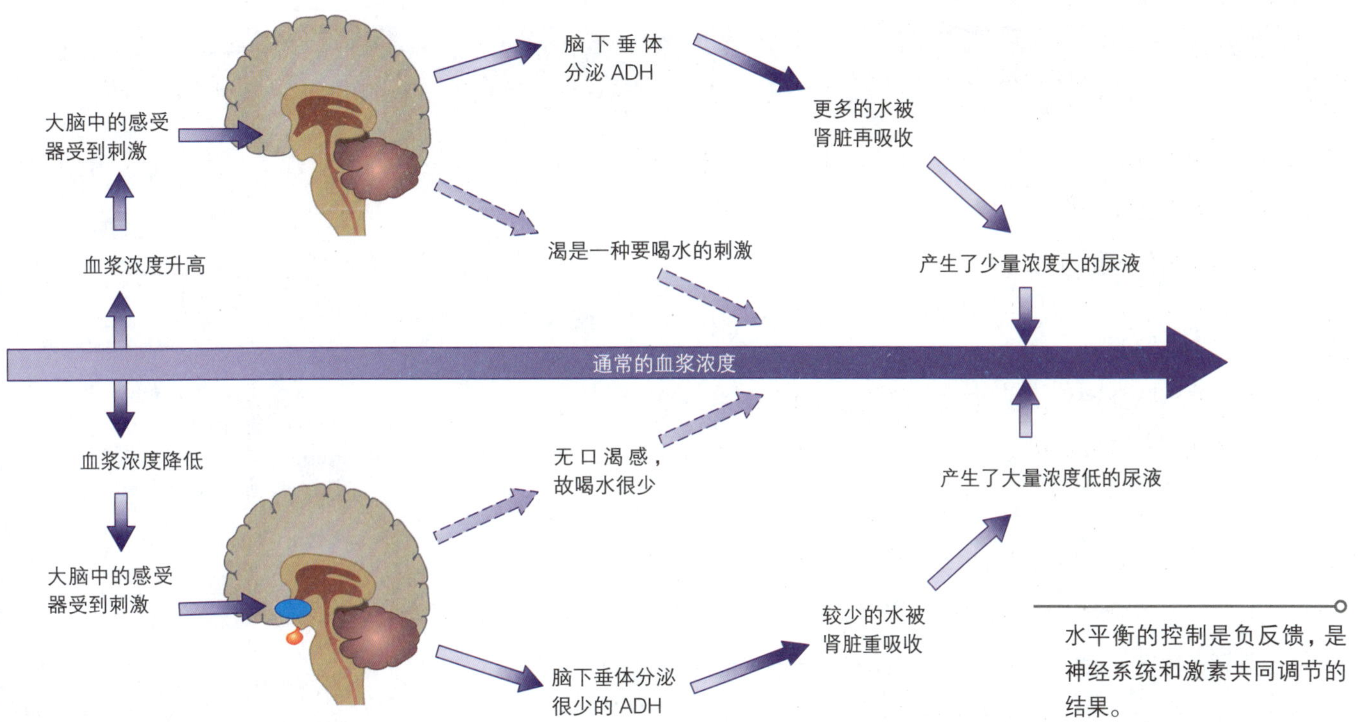

水平衡的控制是负反馈，是神经系统和激素共同调节的结果。

药物影响 ADH 的调控

酒精和迷幻药通过对 ADH 分泌量的影响，改变了人生成小便的量。酒精抑制了 ADH 的产生，使肾脏再吸收的水量减少，从而使尿液增多。迷幻药增加了 ADH 的产生，导致排出的尿液量减少，而被肾脏重吸收的水增多。体液累积过多会使大脑受损甚至导致死亡。

问题

1. 完成下表，以显示当血浆浓度变化时发生的情况。

	血浆浓度降低	血浆浓度升高
脑下垂体分泌	较少 ADH	
肾脏重吸收		
尿液体积		
尿液浓度		增大

2. 迷幻药触发释放 ADH。试说明这对水平衡的影响。

科学

解释

要保持健康，则要注意：有良好的生活方式、避免感染、必要时再用药，并使我们的身体有一个恒定的内部环境。

应该知道：

- 微生物在人体内快速繁殖，破坏细胞并释放出有毒物质，从而使人患病。
- 白细胞吞噬并消化微生物，或利用产生的抗体消灭微生物。
- 特定的抗体是如何识别特定微生物的。
- 记忆细胞用快速产生抗体的方式使身体产生免疫性，若此后身体再度被感染，则入侵的微生物将会被消灭掉。
- 疫苗是致病微生物的安全形态，它能促使人体产生抗体。
- 药物和疫苗不可能是绝对安全的，因为人的基因和人对疫苗的反应都有不同。
- 抗菌素被用于杀死细菌、真菌和病毒。
- 微生物产生的变异使它们能对抗菌素产生抗药性。
- 新药要先后在人体细胞、动物、健康的志愿者、病人上试用，以检验其安全性和有效性。
- 药物的长期试验有开放性试验、单盲试验、双盲试验等形式。
- 在药物试验中使用安慰剂带来了伦理问题。
- 人的循环系统包括具有“双泵”供血的心脏、动脉、静脉和毛细血管等。
- 脂肪在血管中的沉积会引发心脏病。
- 基因和诸如饮食、是否参加体育锻炼、紧张状况、吸烟与否、用药是否合理等生活方式，共同构成了是否可能患心脏病的因素。
- 测量脉搏的方法。
- 高血压可能导致心脏病。
- 神经和激素有助于维持人体中的动态平衡。
- 人体通过感受器接收到刺激，神经中枢接收信息并协调作出响应，效应器产生反应。
- 感受器和效应器间的负反馈作用能使人体保持动态平衡。
- 肾脏用改变尿液浓度的方法来维持人体中的水平衡。
- ADH 通过负反馈调节尿液浓度，药物能对人体分泌 ADH 产生影响。

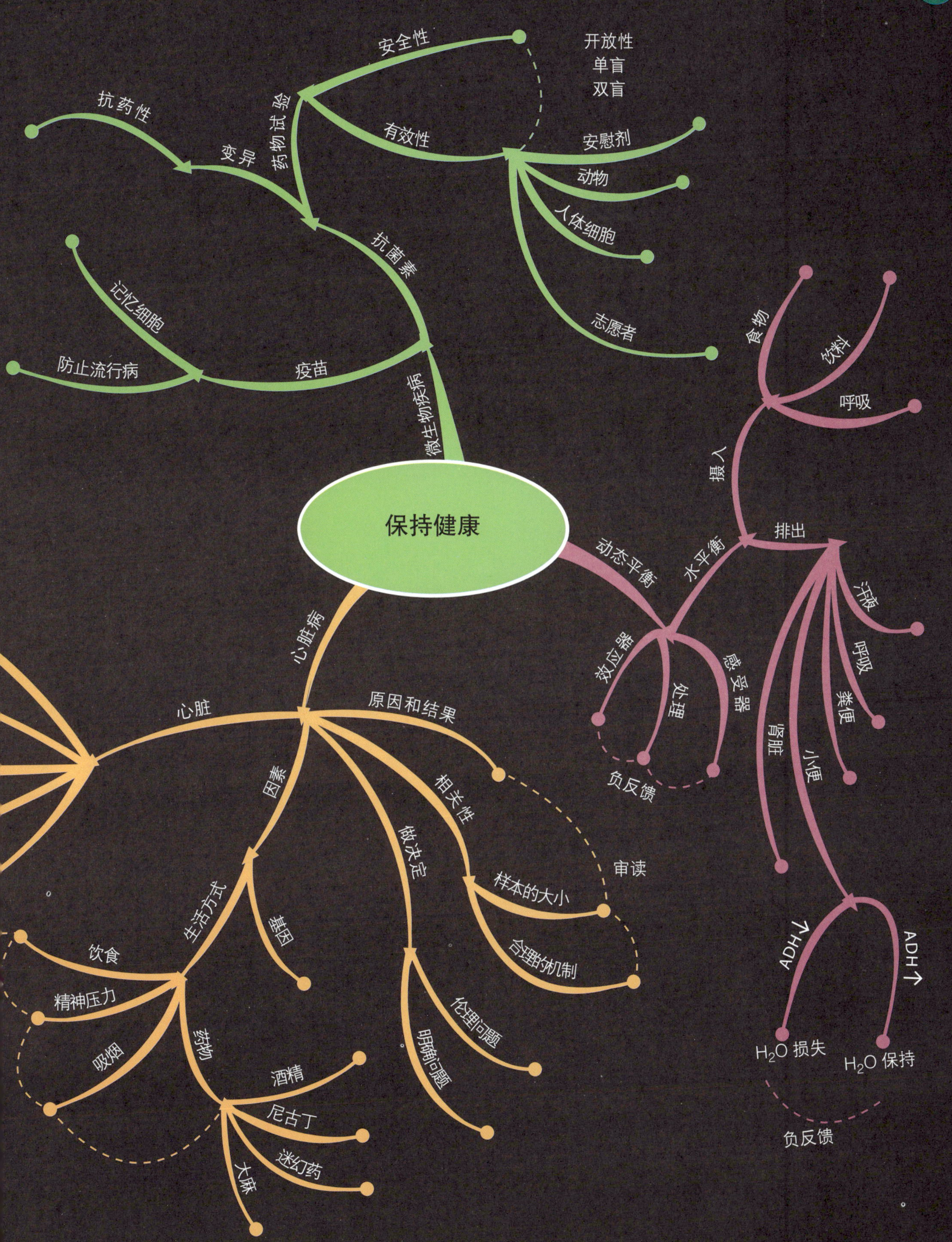

保持健康
微生物疾病
抗菌素
药物试验
安全性
开放性
单盲
双盲
有效性
安慰剂
动物
人体细胞
志愿者
变异
抗药性
疫苗
记忆细胞
防止流行病
动态平衡
水平衡
摄入
食物
饮料
呼吸
排出
汗液
呼吸
粪便
肾脏
小便
ADH↓
ADH↑
H_2O 损失
H_2O 保持
负反馈
效应器
处理
感受器
负反馈
心脏病
心脏
原因和结果
相关性
样本的大小
合理的机制
审读
做决定
伦理问题
明确问题
因素
基因
生活方式
饮食
精神压力
吸烟
药物
酒精
尼古丁
迷幻药
大麻

科学观点

本章为我们提供了深入理解因果关系、科学家分享观点的方式，以及对科学问题作决定的过程（包括观点和风险）的机会。

如果输入变量的增大引发了输出的增大或减小，则我们就说这两者间存在着相关性。

我们应该能够：

• 从日常生活中的例子推断事物间的相关性。如吸烟量的增加和引发心脏病的危险间的关系等。

• 在得到文本、图表等数据后能明确其中的相关性。

• 理解具有相关性并不意味着有因果关系。如冰淇淋消费量和枯草热发病率同时增大，但枯草热不是由冰淇淋引发的。

科学家通过调查表明，某种因素导致了某种结果增大的可能性。如用使不同试验组紧密匹配或随机分组的方式，调查吸烟和患心脏病间的联系等。我们应通过样本大小、样本的选取和匹配的合理程度批判性地对研究进行评价。

即使有证据表明结果和因素有关，科学家仍要寻找其中的合理机制。例如，吸烟增加了患心脏病的危险，这是因为人体摄入尼古丁的影响。尼古丁就是这种机制。

科学家在学术会议和期刊上宣布自己的研究报告，这使其他的科学家能够审读他们的证据和结果。

这样做可增大结果的可信度，特别是这种结果可被其他科学家再现后尤为如此。

一些问题不能由科学作出解答，如那些涉及价值观的问题。我们要区分那些可用科学的方法解决的问题和不能解决的问题。例如，像是否应该强制接种疫苗之类的问题等。

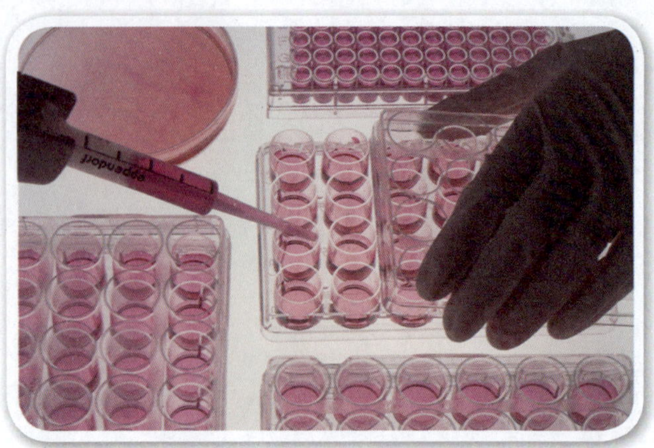

在讨论这类问题时，利益的大小和面临的风险都要被考虑到。

一些科学问题还涉及伦理层面，导致有人同意而有人反对。一旦涉及伦理问题，则我们应该：

• 搞清问题实质。

• 综合人们可能持有的不同观点。

在讨论伦理问题时，常见的论点有：

• 正确的决定应能使大多数人获取最好的结果。

• 特定的行动其正确与否和结果无关，而错误的行动就是不正当的。

我们要能够：

• 鉴别基于上述两种说法的例子。

复习问题

1 我们身体有时受微生物侵害。我们常用致死的微生物制成疫苗来保护自己。下面给出了关于利用疫苗防止受到微生物侵害的说法。选出其中正确的说法，并将它们按顺序排列起来。

a. 致病微生物被消灭掉。

b. 白细胞产生了大量抗原。

c. 记忆细胞快速产生针对疾病的抗体。

d. 身体缓慢产生针对疾病的抗体。

e. 致病微生物进入体内。

f. 在血液中释放抗体。

g. 我们接种防病的疫苗。

2 新药要试验其有效性和安全性。试说明新药将在什么被试对象上试验，以及其在开放性试验、单盲试验和双盲试验中各扮演什么角色。

3 医生要决定在何种情况下对谁使用安慰剂。请说明安慰剂是什么、使用的目的何在、何种情况下不能使用。

4 肾脏能调节人体中的水量。

a. 试说明 ADH 在肾功能中所起的作用和 ADH 分泌受负反馈调控的方式。

b. 试说明：

i 酒精对肾功能的影响

ii 迷幻剂对肾功能的影响

5 食用高脂肪类食物能增大患心脏病的危险。但不同的人对此有不同的观点。

为回答这些问题，我们可以利用 1 次或多次下列各人的观点，也可以不用。

珍妮
我读过关于吃高脂肪食物易得心脏病的文章。我认为科学家所说的这种原因恰能增大我患心脏病的危险。

兰吉特
我爷爷一辈子都吃含脂肪的食物，到 83 岁才死于流感。科学家在得出吃高脂肪食物易得心脏病这一结论前，分析了大量的数据。

彼得
我们仅知道很多科学家依据收集到的数据说明吃高脂肪食物易得心脏病。若这仅是单一的研究，那不足信。

斯特拉
我是食品科学家。我的发现在发表前都得到过其他科学家的审查。

a. 哪个人认为缺少结果的再现是对科学结论质疑的原因之一？

b. 哪个人认为单个案例不能作为是否具有相关性的令人信服的证据？

c. 哪个人描述了科学审读的过程？

d. 哪两人认为因素可能增大结果出现的机会，但并非总是如此？

C2 选择材料

为什么要研究材料？

我们买的所有物品都是由某些物质材料制成的，而这些物质材料一定又来自于某处。在约 1900 年之前，我们使用的物品基本上都是用天然材料制成的。这些材料取自植物、动物和岩石等。从那时起，人们就发现了改变自然界中物质性质的方法，同时也在制造全新的材料，并尽量根据需要做到物尽其用。

已经知道的知识

- 化学物质可分为单质和化合物。
- 化学物质也可以是混合物，即两种或两种以上的物质混合在一起，但彼此没有发生化学反应。
- 不同的化学物质或材料具有不同的性质。
- 物质的性质决定了它的用途。
- 分子是由原子组成的。
- 在化学反应过程中，反应物中的原子分离然后重新组合形成新的化学物质。
- 在化学反应过程中，各种原子的数量是守恒的。
- 分析实验结果的方法。

要发现什么？

- 帮助人们选购商品的检测方法
- 科学家用于研发高性能材料的原理
- 迎合人们需要的各种聚合物和塑料
- 纳米技术有助于科学家研发出应用范围广的新材料

科学的应用

科学家应用分子科学的知识说明不同的材料具有不同性质的原因。这使得他们能够研发出应用范围广阔的新型材料。

科学观点

科学家要对商品的适用性、使用价值和安全性进行检验。我们在购买商品时，就可利用这些检验得到的数据，判断其所给出的关于用途和效果的说法是否可信。

A 正确选择材料

通过探究发现

- 物质及其性质
- 天然和合成材料
- 高分子聚合物

关键词

- 材料
- 性质
- 高分子化合物
- 天然
- 人工合成
- 陶瓷
- 金属
- 混合物
- 柔韧的

最新时尚
巧克力鞋

光滑且合脚。不含橡胶和玉米纤维，穿起来很舒服。味道也不错。使你看起来更具吸引力。只需将脚放入熔化了的美味巧克力中，就能形成具有牛奶、褐、白三种华丽色彩中一种颜色的一双合脚的鞋。

橡胶乳是一种可从橡胶树中得到的天然聚合物。经处理后，它可制成很多产品，如鞋底等。

广告中所没提的事

当然，用巧克力制鞋只是一个玩笑。巧克力绝不是一种制鞋的好**材料**（material），其原因是：

- 易碎。
- 在温暖的天气中易熔化。
- 狗会尾随并舔食你的鞋。
- 易磨损。
- 会黏在地毯上并留下气味。

应该不是巧克力制造的

虽然巧克力并不具备制鞋的优良**性质**（property），但用塑造法制鞋的想法却并不新奇。南美印第安人很早就会让橡胶树上的胶乳直接流到脚上，然后坐在太阳下，待胶乳干了后，就形成了最早的合脚的雨靴。胶乳比巧克力更适合做鞋。现在让我们看看它与巧克力相比在制鞋方面有哪些优点。

奇妙的弹性

胶乳和巧克力间的最大区别在于胶乳是**柔韧的**（flexible）。所有被用来做鞋的材料都是柔软的，这样脚才可以弯曲。另外还需要：

- 结实，因为我们要穿着它行走。
- 防水。
- 在室温下应能保持固态。
- 有弹性，应能保持不变形。
- 在弯折时不易断裂。

胶乳具备了上述所有这些性质，而巧克力却不具备。胶乳是一种高分子材料。

产品是由大量各种各样的材料制成的。

什么是高分子化合物？

所有的**高分子化合物**（polymer）都有一个共同的特点，即它们的分子都有非常长的原子链。诸如棉花、皮革、羊毛类的**天然**（natural）材料和诸如聚乙烯、尼龙、氯丁橡胶等**人工合成**（synthetic）材料都是高分子化合物。因此，大多数制鞋的材料都是高分子化合物。

选择材料

我们用很多种材料制造物品。用**陶瓷**（ceramic）制成杯子、盘子、瓦、玻璃窗、砖和马桶等；用**金属**（metal）制造飞机、汽车、管道、电线、项链和体育器材等；用高分子化合物制造箱包、衣物、窗帘和计算机等。所有这些材料都是化学物质。一些金属是纯净物，没有和其他物质混合。我们使用的大多数材料都是化学物质的**混合物**（mixture）。

设计人员在设计产品时，要首先选用具有产品所需要的性质的材料。

名称的含义

有些词可能具有不止一种含义。如“材料”可能表示布或纤维，但对科学家而言，这可能又意味着用于制造产品的任意种材料。

问题

1. 观察上面照片里的汽车，指出哪些物品是由下列材料制成的：
   a. 陶瓷
   b. 金属
   c. 高分子化合物
2. 皮革是一种天然高分子化合物。你认为用它来制造漂亮鞋子的原因是什么？
3. 钢是一种金属，常用来做工作靴的鞋头，却不用来制整个靴子。请指出钢不适宜制整个靴子的一些性质。

B 使用高分子化合物

通过探究发现

- 我们如何利用天然和人工合成高分子化合物
- 高分子化合物及其应用的例子
- 天然高分子化合物被人工合成高分子化合物取代的方式和原因

高分子化合物能满足人们的大多数基本需求，这包括：

- 遮护身体、取暖和交通。
- 食物、水、卫生和健康。
- 人与人之间的交往、休闲和娱乐等。
- 刺激思维和创新。

天然高分子化合物

在人工合成高分子化合物问世前，人们像使用金属、玻璃、陶瓷等材料那样使用天然高分子化合物。下图中给出了一些天然高分子化合物材料。

多年来人们使用棉花织成的布来缝制衣物等家用纺制品。棉花生长在棉籽的周围。

丝绸的外观和手感都很华贵，很久之前就被广泛用于制成高级服装。它是用蚕茧上的蛋白质纤维织成的。

羊毛调节温度的能力很强，故常用于织成布料等柔软物品。它是从绵羊身上获取的蛋白质材料。

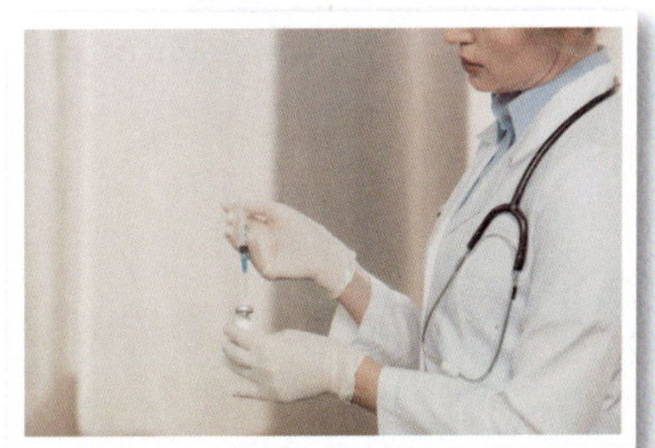

医生等医务人员戴天然橡胶(rubber)手套以防感染。橡胶是从诸如橡胶树那样的植物上获取的。

毛皮是最早用于做衣物的材料。现在，对它的使用存在争议：很多人认为这是残忍的和不必要的。

纸有很多用处，如装饰、消遣、传递信息等。纸是用富含纤维素的纸浆制成的，

关键词
- 橡胶

从天然到人工合成

下面及下一页的照片都展示了一些人工合成的高分子材料。很多过去用天然高分子化合物制成的物品现在都用人工合成高分子化合物来制造了。随着越来越多的人工合成高分子化合物的出现，设计师和工程师们在研发新产品时有了更多的选择。每一种高分子化合物都有自己独有的性质，这可能是天然材料所不具备的。

- 缝制衣物的天然纤维被人工合成纤维所取代，使其清洗更容易、保型性更好、适用的衣物品种更多。
- 毛皮和皮革也可用人工合成高分子材料替代。这样可少用或不用动物制品。
- 用塑料替代木材。这样可使物品更轻巧、更耐腐蚀且不需要用油漆。
- 纸袋被塑料袋所取代。塑料袋更轻便且能防水。

聚乙烯袋有助于人们保护、储存和携带食品。

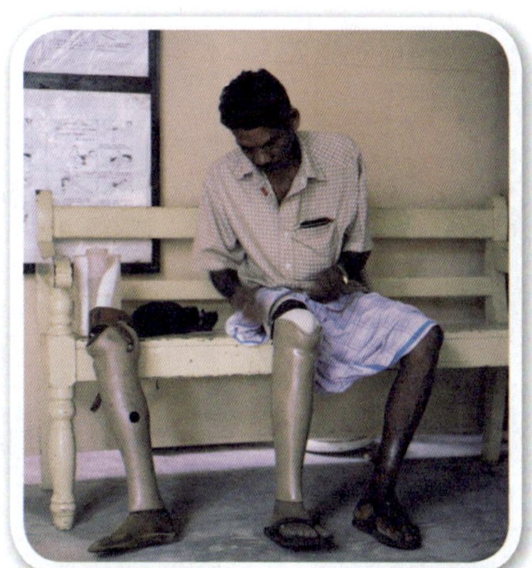

这位斯里兰卡病人装有用聚丙烯材料制成的义肢。

世界首家充气教堂是用聚氯乙烯（PVC）制成的。

聚对苯二甲酸乙二酯（PEF）是一种聚酯，常被用于制造饮料瓶和食品容器。

聚酯纤维被用于制造船壳和船帆。

在桑给巴尔商店里展示的用丙烯酸作的画。

曼彻斯特市体育场的顶是用聚碳酸酯“玻璃”制成的。

凯夫拉头盔拯救了很多士兵的生命。

用氯丁橡胶制成的潜水服具有保温和防护作用。

问题

1. 作图表展示高分子化合物能满足我们需求的方方面面。可利用本节内容和你所知道的任何其他例子。
2. 说明一些物品原来是用天然高分子化合物制成，但现在改用人工合成化合物制造了。给出至少 3 种物品作例子。说说每个例子中材料替换的原因。
3. 给出一种塑料制品。说明它不用金属做原料的原因。
4. 给出一种人工合成化合物制品。说明它不用陶瓷为原料的原因。
5. 用一个例子说明用人工合成高分子化合物取代天然高分子化合物能对下列方面有好处：
   a. 保护环境
   b. 保护动物
6. 用一个例子说明用人工合成高分子化合物取代天然高分子化合物也可能对环境造成损害。

使用正确的材料

制造商和设计师必须使用恰当的材料来制造产品。他们要根据材料的性质和价格来作出决定。很多产品中包含了高分子化合物材料。

通过探究发现

- 科学家用于描述材料的术语
- 检验材料以保证其质量和安全性

关键词

- 强度
- 张力
- 压力

具有特殊性能的现代材料。

例如，制作鞋底的材料要求柔软、耐磨、结实。当然，不能一折就断，即要有韧性。人工合成橡胶恰能满足这些要求。

电子计算机外壳和鞋底有很大的不同：它既要坚硬、结实又有韧性，又要不易划伤并能保持外形不变形。因此，它要选用较硬的高分子化合物材料。

斜拉桥非常坚固是因为拉它的拉索是用钢制成的。钢的抗张强度很大。桥的支撑柱是用混凝土制成的，它具有较强的抗压强度。

关于材料的术语

科学家在描述材料的性质时，常使用专用的名词。例如，日常用语中的“坚强（strong）”一词在技术术语中为“强度”，意思相近。当然，也有一些词的意义有些差异。

一种材料的**强度**（strong）表示要用多大的力才能使它破碎。一些材料的抗拉伸强度大，如钢材和尼龙等，具有很大的**抗张**（tension）强度。对混凝土而言，较小的张力也有可能使其断裂，但它具有较大的**抗压**（compression）强度，因此它被广泛用于制造支柱和基础。

关键词
- 刚性
- 硬
- 软
- 密度

测试塑料包装材料的仪器。正在测量压瘪一个塑料瓶所需要的力，由此得到瓶子的强度大小。

刚性(stiff)是韧性的反义词。这类材料难以被拉伸或弯曲。刚性好的材料具有很多的重要用途，常被用于制造飞机、桥梁和发动机等。

硬(hard)和**软**(soft)也是一对反义词。越软的材料越容易压缩。较硬的材料总是能压缩较软的材料。

在很多应用中，单位体积材料的轻重也是一个重要指标。像钢材和混凝土那样的材料具有较大的**密度**(density)，而同样体积的其他材料却较轻，即具有较小的密度，如发泡橡胶和发泡聚苯乙烯等。

测量术语

术语有助于描述材料。需要多角度描述的材料也并不少见。对材料的性质进行精确测量是必要的，因为比较材料并测试它们的性质是非常重要的。

例如，撑竿跳高使用的撑竿应该具有韧性，但如果太软就有可能支撑不住使用者的体重。横杆下的垫子也不能过软，要使运动员能安全着地。在诸如此类的情况下，要对材料的性质进行测量以保证所选材料的适用性。

工程师要测试材料和产品的性质。材料的柔韧性可用在一定力的作用下材料的弯曲程度来测量。使材料达到破坏程度的力又表征了它的强度范围。材料的密度可由它的质量和体积计算出来。

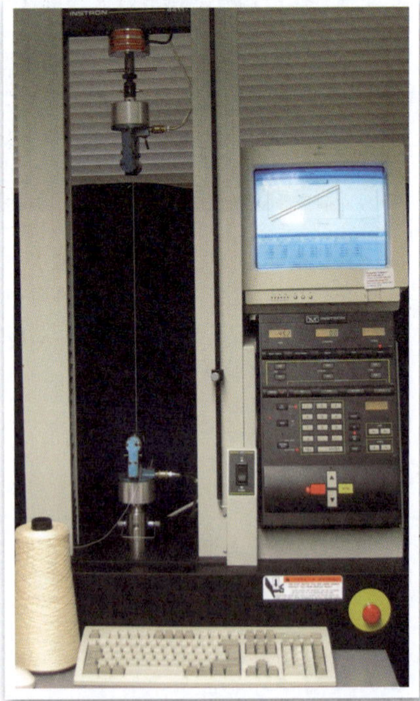

这台仪器正在测试缝纫线的强度。样本取自出厂的每一批次产品，以保证各批次的产品都是一样的。

问题

1. 观察上页中滑旱冰的照片。请确定这些人穿着的旱冰鞋上的部件哪些是：
   a. 有韧性的　b. 刚性的　c. 强度大的　d. 硬的
2. 观察左侧的两张测试材料的照片。哪一张是测试抗张强度的？哪一张是测试抗压强度的？
3. 测试包装材料强度的目的是什么？

质量控制

当安全因素取决于某条件时，则对这些条件进行精确测试就尤为重要。

攀岩运动的绳索在使用过程中应保证不会断裂，因此要对其强度和安全性进行测试。这种绳索要能经受得住比人的体重大得多的拉力。

大多数的绳索都是成批次生产的。有一种仪器专门用于对每一批次的样品进行测试，得出能使绳断裂的力的大小。测试要严格按照标准程序进行，以确保测试结果的精确性。**精确度**（accuracy）表示测量值接近真值的程度。

可重复的和可重现的

每次对绳索的测试都使用相同的方法。这意味着每次都应得到相同的结果，即测试是**可重复的**（repeatable）。这也意味着其他人使用这种方法进行测试，也应能得到相同的结果，即测试是**可重现的**（reproducible）。

在现实中，每次测试所获得的结果可能有小的差异。这是因为有误差的存在，例如测试仪器本身导致的误差等。这种误差可用校准仪器的方式使其达到最小。校准是检查仪器给出的读数是否准确，如有不准立即校正的过程。

控制所有没有被测试却可能影响结果的因素是十分重要的，如温度等。最小的可使绳索断裂的力是在标准的室温下测试出来的。如果绳索是在各种不同的温度下进行测试的，则可能影响测量到的绳索的强度值，也就不能保证绳索是否能满足需要。

对强度真值的最佳估测方法，是对至少 3 个样本进行重复测试，然后计算其平均值并以此确定强度范围。

攀岩用的绳索必须具有较大的抗张强度。攀岩者要保证他们使用的绳索都被测试过。

关键词

- 精确度
- 可重复的
- 可重现的

问题

4. 给出一个在测试攀岩绳索的过程中要控制的因素。
5. 说明重复测量的重要性。
6. 测试攀岩绳索抗张强度的过程中得到了下列结果：
   27546 N　27356 N　27598 N　27467 N。
   计算这组测试结果的平均值和范围。

D 放大

通过探究发现

- ✔ 显微镜下的材料
- ✔ 材料中的分子和原子
- ✔ 分子模型

羊毛套衫和丝绸衬衣有很大的不同。衬衣比套衫更庄重，但伸展性小。它们都是用天然高分子化合物制成的，但差异却很大。它们的性质取决于大到可见的和小到不可见的材质：

- 可见的纤维纹路。
- **纤维**（fibre）的微观形状和质地。
- 构成高分子化合物的分子。
- 构成分子的原子。

丝绸。

可见的编织纹路

制作衬衣的布是紧密地编织的，我们很难看到纱线的经纬花样。布难以伸展，是因为强度足够大的纱线彼此紧密地编织在一起。

而针织套衫柔软且伸展性好。它的孔隙较大，线能够轻易穿过。

用肉眼就能看到编织纹路和孔隙。这些都是**宏观**（macroscopic）特征。然而，布的性质也取决于更小的结构。

放大：20 倍
可见：肉眼
宽度：4 mm

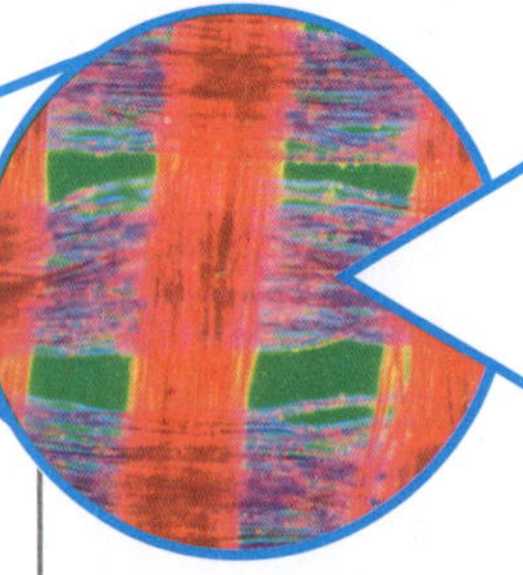

放大：1000 倍
可见：用显微镜
宽度：80 μm

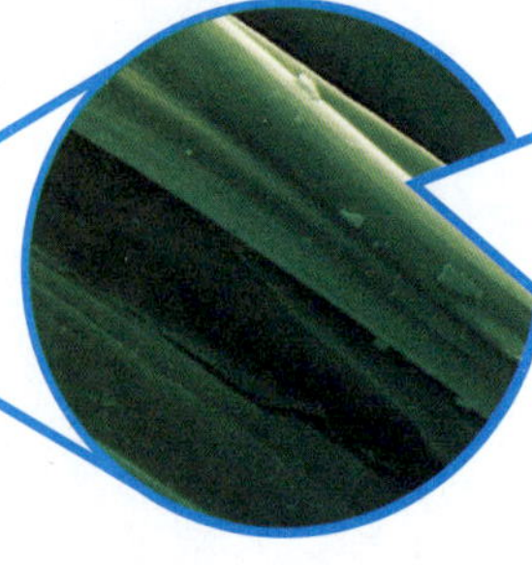

放大：5 千万倍
可见：显微镜也不能胜任
宽度：1.5 **纳米**（nanometre）

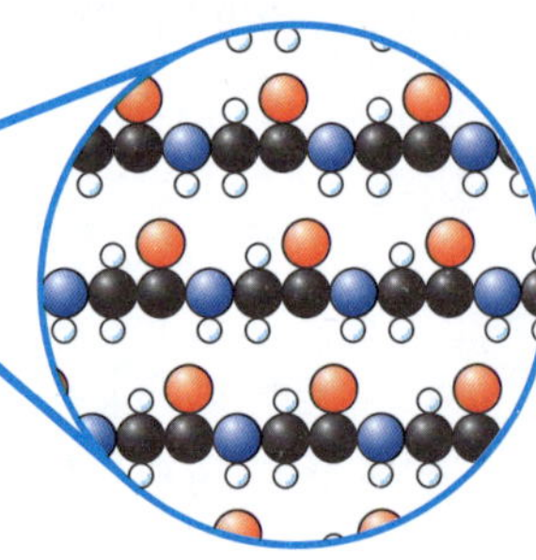

结构的层次和细节。毫米是千分之一米，微米是千分之一毫米，纳米是千分之一微米。

一根放大 1250 倍的羊毛纤维。

贴近了看

用显微镜可以看到布中纤维的细微特征。例如丝绸，可以看到光滑、纤细的蚕丝彼此相互交织。

羊毛纤维的表面较粗糙。它们在毛线中相互缠绕，并且毛线间也相互缠绕。

看不见的分子世界

使用任何一种显微镜，都难以对物质的深层次结构进行观察。科学家要用分子来解释丝绸、羊毛及其他纤维间的不同。分子是如此之小，以至于要用极高的想象力去描述它们。

科学家用**纳米**（nm）作为单位来测量原子和分子的大小。$1\ m = 1 \times 10^9\ nm$。一些分子的尺寸甚至小于 1 nm，如空气中的一些分子，但多数分子都大于 1 nm。

纤维中的分子在纳米的尺度下算是大的，它们非常长，可达 1000 nm 或更长。纤维中的**长链分子**（long-chain molecule）的形状和大小使得物质具有了一定的性质。高分子化合物之所以具有特殊的性质，是因为它的分子很长。

关键词

- 纤维
- 宏观
- 纳米（nm）
- 长链分子

分子模型

即使是最大的分子，我们也不能用肉眼直接看到。因此，对纳米尺度的分子，科学家基于实验的结果建立起了分子模型。

分子模型可以用伦敦的地铁线路图来比较。地铁线路图上并非仅是地下铁路，它还包括大量路线、车站连接等方面的有用信息。简言之，分子模型不是分子真实的样子，而是显示了科学家发现的分子中原子的连接方式等信息。

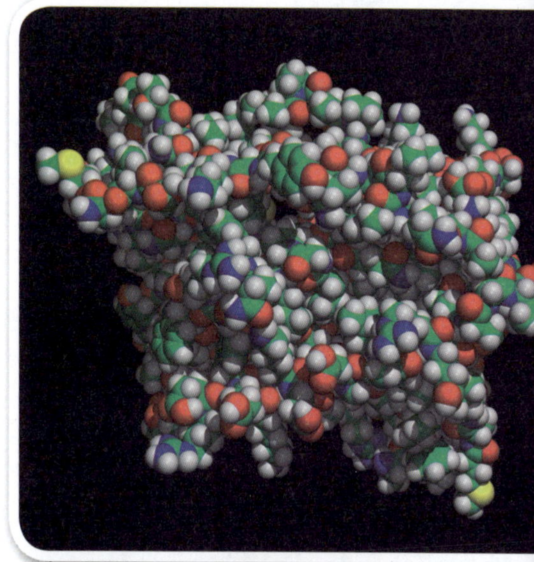

图为一个蛋白质分子的计算机模型。没人知道真实的原子和分子是什么样的。但模型有助于我们理解它的性质。真实的原子是没有颜色的。本图中用不同颜色区别原子：绿色是碳，黄色是硫，蓝色是氮，灰色是氢，红色是氧。

问题

1. a. 将下列物体由大到小进行排序：纤维，布料，原子，纱线，分子。
   b. 利用上一问题中的物体，按结构由大到小的顺序写出 4 个句子。第一个句子可以是：布料是由纱线编织到一起制成的。
2. a. 丝绸中有多少种化学元素？
   b. 碳氢化合物中仅含有氢和碳原子。丝绸是碳氢化合物吗？
3. 某高分子化合物分子长约 1000 nm，而一个原子的大小约为 0.1 nm。
   a. 试估计一根高分子化合物链中有多少个原子。
   b. 多少个这样的分子按直线排列可达 1 mm？

E 伟大的新观点

通过探究发现

- 高分子化合物的发现
- 高分子化合物的长链分子
- 构成高分子化合物的单体

20 世纪 30 年代是人工合成高分子化合物问世的十年。当时世界正处于战争即将爆发的恐慌之中，各国政府都试图通过科技领先使自己获益。这也无形中促进了科技的发展。这其中也包括了一个大胆设想：人工合成高分子化合物。然而，人工合成高分子化合物的发明纯属偶然。

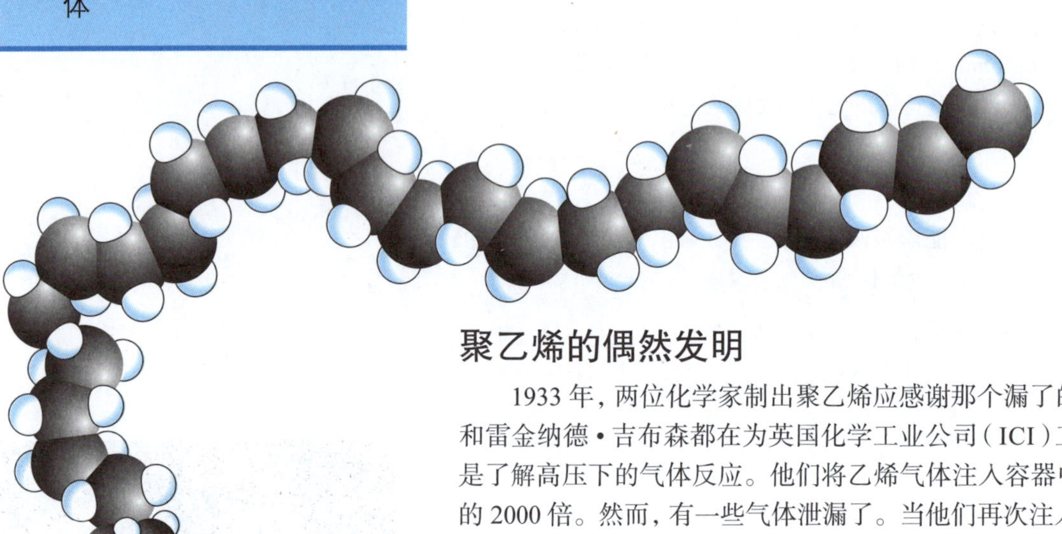

聚乙烯的偶然发明

1933 年，两位化学家制出聚乙烯应感谢那个漏了的容器。埃里克•福西特和雷金纳德•吉布森都在为英国化学工业公司（ICI）工作。当时，他们的任务是了解高压下的气体反应。他们将乙烯气体注入容器中，再将压力增大到常压的 2000 倍。然而，有一些气体泄漏了。当他们再次注入气体后，又泄漏了。

两天后，他们发现仪器中残留有一种白色的蜡状固体。这是一个令人惊奇的现象。他们认为这种固体是气体自身发生反应的结果。也就是说，乙烯的小分子可以通过某种方式彼此结合形成较大的分子。

他们弄清楚了新形成的分子像一条重复的链条，一个个乙烯分子形成了这一链条上的每一个环节。

后来，他们明白了：是空气中的氧气进入了仪器中，起到了催化剂的作用，使乙烯分子间原本非常缓慢地结合到一起的反应速度加快了！

什么是高分子化合物?

所有的高分子化合物都有一个共同点：长链中的分子片断重复出现，链上的每一个环节都来自一个小分子。

这种小分子被称为**单体**（monomer）。它们一个接一个连接在一起形成了链状结构。天然高分子化合物是如此，如棉花、丝绸、羊毛，诸如聚乙烯、尼龙、氯丁橡胶等一些人工合成高分子化合物也是如此。

福西特和吉布森所制出的高分子化合物命名为聚乙烯（polythene）。其中的“聚（poly）”表示将很多分子结合到一起，而“聚乙烯”则表示将大量的乙烯分子结合到一起。

高分子化合物的先锋

华莱士·卡罗瑟斯是一位美国化学家，他发明了氯丁橡胶和尼龙。氯丁橡胶的发明也同样由于偶然。一位在卡罗瑟斯的实验室中工作的工人，将一罐化学物质的混合物遗留在实验室中。5 个星期后，卡罗瑟斯在清理它时，发现在罐底有一种橡胶状的固体。他意识到这种新物质可能是有用的。他据此制造出了氯丁橡胶。这种人工橡胶自 1931 年进入市场后，至今仍在使用，如被用于制造潜水衣等。这一发现帮助卡罗瑟斯发现了将小分子**聚合**（polymerise）成高分子化合物的方法。

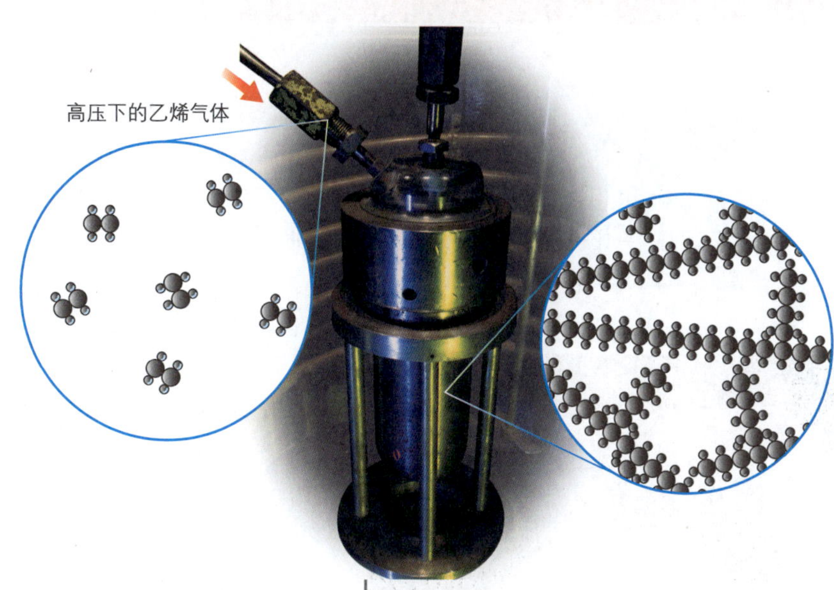

福西特和吉布森早先使用的高压容器已经成了科学博物馆中的展品。本图表示了小的乙烯分子聚合成聚乙烯的过程。这称为聚合反应。

尼龙的发明

在第二次世界大战前，日本和美国的关系恶化。双边贸易发生困难，丝绸的供应被终止了，使其变得稀少且昂贵。卡罗瑟斯开始着眼于寻找丝绸的人工合成替代品。1934 年，他的研究团队研发出了尼龙。这是一种用两种单体制成的高分子化合物。这两种分子在长链中交替循环地结合在一起。

不幸的是，卡罗瑟斯在他的发明成果显示效力前去世了。但他的两项重大发明使人们受益至今。

关键词

- ✔ 单体
- ✔ 聚合

问题

1. 什么是高分子化合物？什么叫单体？
2. a. 写出两种由偶然事件而发现的高分子化合物。
   b. 很多科学家从偶然事件中获得新发现。下列词可用于描述这些科学家：
   幸运，娴熟，有前瞻性，追求发明，有创新性。
   从中选出两个词来描述这些科学家。在每个例子中，要说明选择该词的理由。

F 大分子和小分子

通过探究发现

- ✔ 长链和短链的分子
- ✔ 高分子化合物的性质

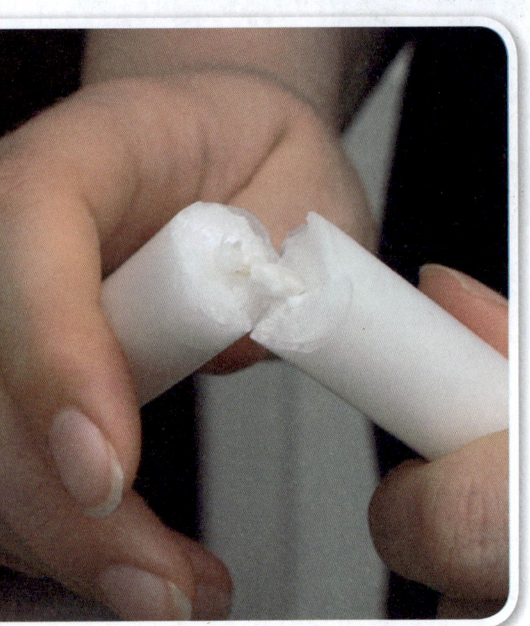

每个石蜡分子的碳链只有约 20 个原子，因此石蜡较为脆弱。

聚乙烯分子和石蜡分子相像，但聚乙烯分子的长度约是石蜡分子的 5000 倍，因而它具有较大的强度和韧性。

长链分子和短链分子

有机化合物的性质与分子中碳链的长短有关。石蜡的分子和聚乙烯相似，但石蜡和聚乙烯相比显得较为脆弱。这是因为石蜡的分子比较短，含有较少的原子，而聚乙烯分子中则含有数以千计的原子。

两种不同的作用

分子是由原子组成的。分子中原子间的连结是很强的，故我们很难将一个分子分开，即使在材料中的物质断裂时，分子也没有断开。

然而，分子间的力却是非常微弱的。我们能很容易地将分子分开，它们甚至能相互间滑动。

石蜡和聚乙烯的破碎和熔化

将一根蜡烛拉伸或弯折，它很容易断裂。这是因为使小分子互相分开是较容易的，其分子间的作用力非常弱。

使一块聚乙烯发生破碎则要困难得多。它的长链分子是杂乱无章的，要让它们相互间滑动十分困难，长链分子使得聚乙烯的强度比石蜡大。

聚乙烯的熔点也比石蜡高。这是因为较长的聚乙烯分子间的作用力比石蜡的略大一些，因此，要将聚乙烯分子分开需要较多的能量，这也表明它要在较高的温度下才能熔化。

问题

1. 我们可用面条来形容石蜡和聚乙烯间的区别。我们将一只碗中盛上意大利面条，在另一只中盛上通心粉。
   a. 在这一比喻中，什么表示的是分子？
   b. 哪一种面条表示的是石蜡，哪一种面条表示的是聚乙烯？
   c. 这种比喻是如何说明聚乙烯的强度比石蜡的大的？

使橡胶增硬

天然橡胶是非常柔软的高分子化合物，但却容易磨损。这使它成为擦掉铅笔字的好材料，但在其他方面使用受限。

大约是 1840 年，一位名叫查尔斯·古德伊尔的美国发明家一直在做硫和橡胶混合的实验。他试图改善这种天然材料的性质。一次，他不慎将这种混合物滴到了炽热的火炉上。他嫌麻烦没有将其及时清理掉，第二天早晨却发现它变硬了。

他又花了两年时间来研究用这一方法得到橡胶最佳状态的途径，他把这一过程称为**硫化**（vulcanisation）。这使橡胶进入了高强度材料的行列，且它既隔热又耐磨。但在当时，没人知道其原因，仅知道用它制造的轮胎具有更神奇的性能。

古德伊尔开始使轮胎制造商业化。他先从自行车和童车轮胎入手。硫化法至今仍用于商业化制造汽车、摩托车和飞机的轮胎。

交叉链接

古德伊尔是改变高分子化合物性质的第一人。他知道硫化作用的功效，但不知其原理。现在我们已能从分子理论方面进行解释了。

硫化使得橡胶分子间产生了**交叉链接**（cross-link）。由此，分子被固定在排列的位置上，这使得它们不能相互滑动，因而硫化橡胶也不再像先前那样柔软了，而是强度更大、更坚硬。因为这时要将其分子分离开，需要更多的能量，故它的熔化温度也升高了。

通过探究发现

- ✔ 用科学的方法改变高分子化合物的性质
- ✔ 交叉链接使高分子化合物更牢固
- ✔ 塑化剂使高分子化合物变软
- ✔ 呈结晶状的聚合物

用硫化天然橡胶制成的手套强度较大，不易撕破。

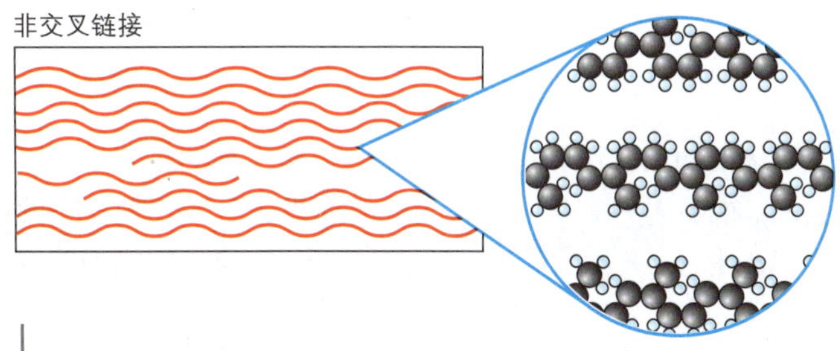

图中每条线都代表一个高分子化合物的分子。没有交叉链接时，每条长链都能自由移动，不缠绕，能相对滑动。

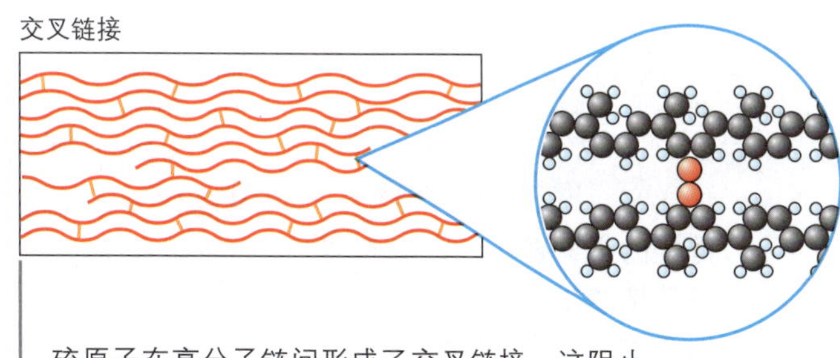

硫原子在高分子链间形成了交叉链接。这阻止了分子间的滑动。

关键词
- 硫化
- 交叉链接
- 耐用
- 塑化剂

软化

聚氯乙烯（PVC）是一种高分子化合物，常被用于制造窗框和水管等。这要求材料**耐用**（durable）且有一定的硬度。PVC 同时也是一种制造布料的高分子材料，但这时则需要它具有一定的柔韧性。

为使 PVC 变软，则要向其中添加**塑化剂**（plasticiser）。这是一种具有较小分子的油状液体，这些小分子就位于高分子化合物的链之间。

高分子链现在被进一步分开，这减小了它们之间的力。因此，它们间相互滑动需要的能量就更小，故更容易。这也意味着高分子化合物变得更柔软，当然，熔化温度也更低了。

这种 PVC 没有添加塑化剂，被称为 uPVC。

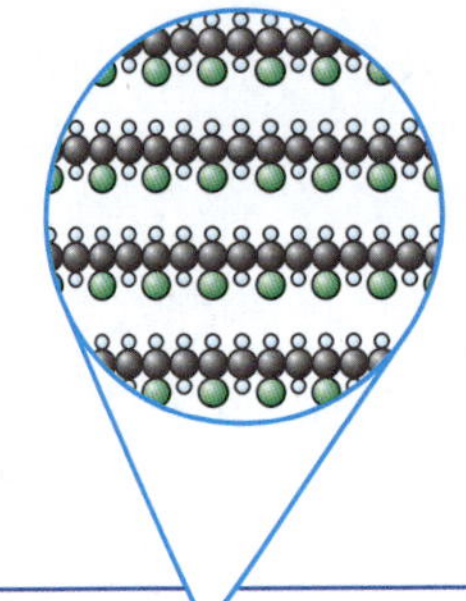

图中红线表示 PVC 分子。它们都是彼此靠紧的长链。它们靠得越紧，彼此间的力就越大。

这种塑化了的 PVC 被用于制造衣物。

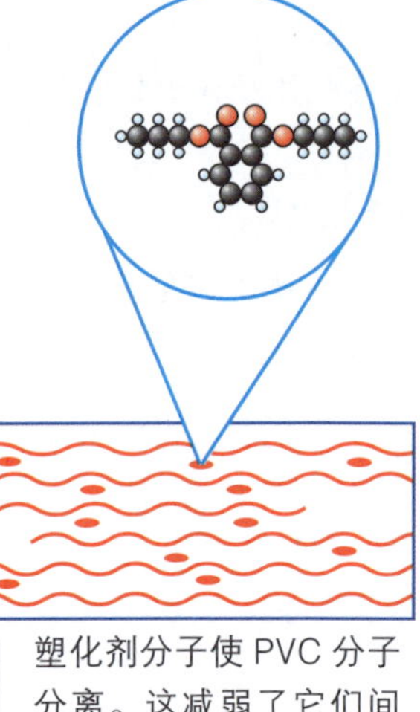

塑化剂分子使 PVC 分子分离。这减弱了它们间的吸引力，使分子更容易相互滑移。

问题

1. a. 化学家能够改变橡胶分子链间的交叉链接。你认为随着橡胶中交叉链接程度的增加，它的性质将会如何变化？
   b. 塑化剂对高分子化合物的性质会起何种影响？

保鲜膜

保鲜膜是用添加了塑化剂的 PVC 制成的。不幸的是，塑化剂的小分子可以从高分子材料中进入食品，很多人为它是否会损害健康而担忧。塑化剂有害的证据存在争议，并受到了塑料企业的质疑（详见 C3 章第 K 节：使用塑化剂的益处和风险）。

一个明显的迹象是，常使用食品塑料包装能够减少食品中的有毒物质，而这些物质存在对健康造成严重损害的风险。

对于当前使用的 PVC 保鲜膜，塑化剂很难从这样的高分子材料中进入食品。

最早的聚乙烯

化学家现在知道，在高压下制成的聚乙烯中，聚合物链有分支，这使得其分子排列得不规整。

与篝火用的木柴堆作比较。木柴里的枝杈相互支撑，使木柴堆里有许多空隙。而伐木是整齐地堆叠的。这种情况和聚合物的情况相似，只是尺度不同而已。如果分子链上有很多分支，则结构将显得零乱并有很多空隙。这就是在高压下产生的聚乙烯的真实写照，即它的分子将有**支链**（branched chain）。

在高压下制成的聚乙烯分子具有分支。这使聚合物分子不能整齐排列。这种类型的聚乙烯密度较低且不是结晶型的。

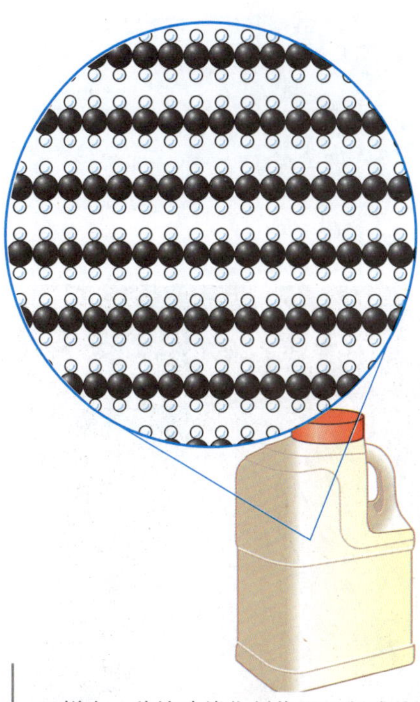

乙烯在一种特殊催化剂作用下制成的结晶型聚乙烯分子没有分支。聚合物分子排列整齐。这种类型的聚乙烯密度稍高且是结晶型的。

强度和密度都较大的聚乙烯

在一些聚合物中，分子的排列非常凌乱无规则。而在另一些聚合物中，分子又排列得整齐划一，这种情况称为**结晶聚合物**（crystalline polymer）。当然也有部分无规则、部分结晶化的聚合物。科学家意识到，如果能提高聚乙烯的结晶度，有可能增大其强度和密度。20 世纪 50 年代，科学家发现了一种能使聚乙烯分子按直线整齐排列的方法。这是德国科学家卡尔·齐格勒和意大利科学家朱利奥·纳塔国际合作的结果。

他们用一种特殊的金属化合物作为催化剂，它的作用与高压产生聚乙烯过程中氧气的作用相同，都是加快乙烯分子结合到一起的速度的。增长的聚合物链聚成了固体。固体平整的表面使分子聚集得更规整。

在这种新的聚乙烯结晶体中，分子更整齐地排列在一起。分子间的力也比以前更强，故需要更多的能量才能分开它们。这种新材料和原先相比，强度和密度都增大了，且在高温下变软。这两种材料都在生产。原先分子有分支的聚乙烯被称为低密度聚乙烯（LDPE），而结晶型的则被称为高密度聚乙烯（HDPE）。

关键词

- ✔ 支链
- ✔ 结晶聚合物

问题

2. 为什么 HDPE 的密度比 LDPE 的稍大？试基于分子结构和排列方式进行说明。
3. LDPE 在水沸腾时开始软化，而 HDPE 在 100℃时仍能保持原来的强度。很多生产商都愿意用 HDPE 做产品材料而不用 LDPE。试给出其中的原因。

通过探究发现

- 用科学方法设计新型的聚合物产品

戈尔涂层具有防水、防风的能力，但能使汗液的水气散发出去。

关键词

- 熔点

构思巧妙的分层：防水透气涂层

有时，我们将不同性质的聚合物层像三明治那样组合在一起。一个有趣的例子是戈尔塑性防水纤维涂料。用这个名称是为了纪念它的发明者鲍勃·戈尔。他当时在做一种名为聚四氟乙烯（PTFE）的聚合物研究，这是一种用于不粘锅的涂层。

戈尔发现，如果 PTFE 涂层受到张力，则它上面会出现密布的微孔，单个的水分子就能通过这些微孔，但水滴因为较大而无法通过。这使戈尔陷入沉思：能否设计一层东西，人体皮肤蒸发的水气可以透过，但雨滴却不能呢？

戈尔涂层是两层布夹着的一层 PTFE。穿着用它制成的衣物，无论是干体力活还是天气变化，都能保证身体的干燥和舒适性。汗液能顺着纤维渗出，但水却无法进入。

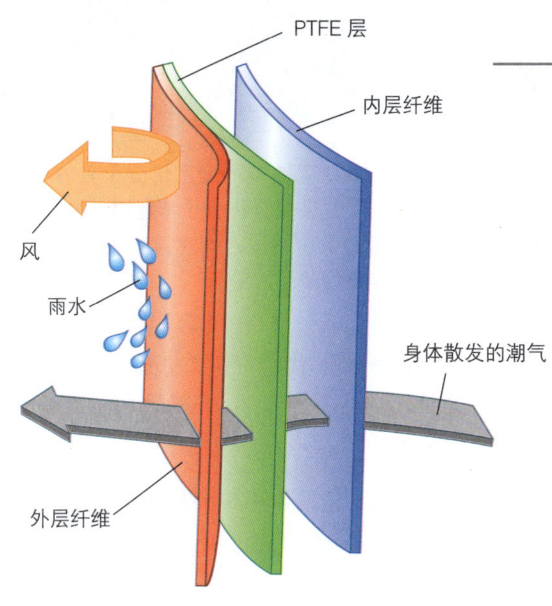

戈尔涂层膜：在 PTFE 薄膜上有数以十亿计的微孔。孔径是小雨滴的 20 000 分之一，但却是水分子的 700 倍。

强度非常大的聚合物：凯夫拉

几乎所有的早期人工合成聚合物都是偶然发现的。而一旦化学家知道了聚合反应的机理后，他们就能预测反应发生的结果。这意味着他们能够有目的地制造具有一定性质的聚合物。

杜邦是一家大型企业，且对聚合物有着特别的兴趣。这家公司想研制出强度大、重量轻、**熔点**（melting point）高的聚合物。于是，公司的化学家设计并制造出了分子链非常长且以层状结构结合到一起的聚合物。这些层又紧密地以环形阵列结合在一起。

研究者之一是美国科学家斯蒂芬妮·科瓦雷柯，当时她的工作是制造一种少量的新聚合物并将其转化成液体。一旦它变成液体了，就被压迫通过一个小孔而形成纤维。问题是，这种聚合物难以熔化，也不能溶解于任何常见的溶液中。

科瓦雷柯用很多种溶液做实验，她甚至发现了这种新聚合物能够溶解在浓硫酸中，这是一种非常危险的化学物质，可能对人造成严重烧伤。但这种聚合物的纤维就是用这种方法制成的！这是最原始的凯夫拉，它的强度超过钢的5倍！它被用于制造防弹背心和加固轮胎。与它相似的聚合物是芳香族聚酰胺（Nomes），它被用于制造赛车防护服。

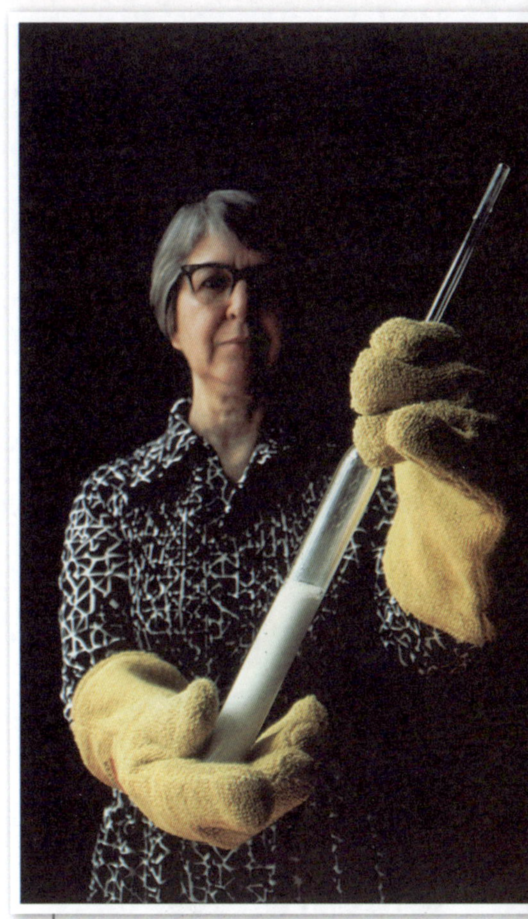

斯蒂芬妮·科瓦雷柯戴着用凯夫拉制成的手套。她发现了将这种聚合物转变成纤维的方法。

复制天然：尼龙搭扣

将尼龙搭扣的两端压在一起，就很难再拉开了。它的一端呈钩状，另一端与之形成开口环状。

尼龙搭扣的发明者是乔治·德·梅斯特拉尔。他模仿了野外活动时粘在袜子上的植物果实而制成尼龙搭扣。这种果实上长满了细小的钩子，能钩住袜子上的线。

德·梅斯特拉尔用尼龙制成了搭扣。他选用合适的聚合物线并成功地制成了钩和环。

图为放大了的尼龙搭扣上的钩和环。这是一张用电子显微镜制作的模拟彩色图像。环是松散地编织上去的，钩是被编织到纤维上后剪断的环。当将两个表面压到一起后，就产生了很强的连接作用，但用力可以撕开。本图为放大30倍图像。

问题

1. 学习E—H节，给出两个符合下列条件的聚合物或聚合物产品的例子：
   a. 偶然发现的
   b. 人为设计的
2. 说明戈尔涂层既能防水、又仍能让水通过的原理。
3. 哪个词描述了制造下列物品的聚合物所应具有的性质？
   a. 尼龙搭扣的钩子
   b. 尼龙搭扣上的环

让石油变得有用

通过探究发现

- ✔ 将石油变得有用的过程

石油化工厂。

原油

高分子化合物是由小的单体分子结合到一起形成长链而成的。对大多数人工合成高分子化合物而言，构成它们的小分子最初都来自**石油**（crude oil）。

石油是一种黏稠的深褐色液体，它是由数百万年前的浮游生物（包括植物和动物）遗体形成的。它深藏于地下或海底地下，要通过油井将其抽至地面。

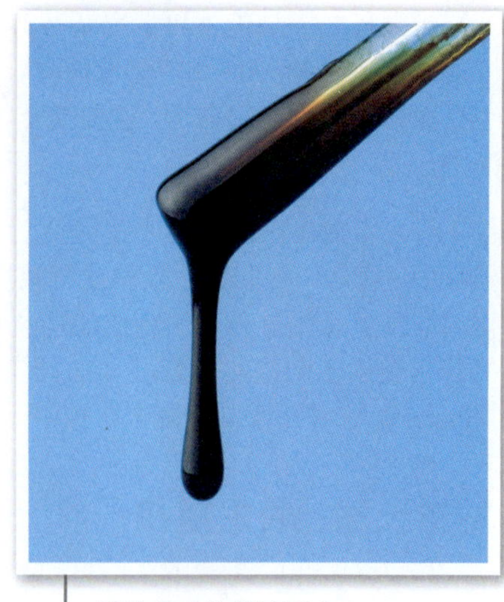

石油自身的用途不大。

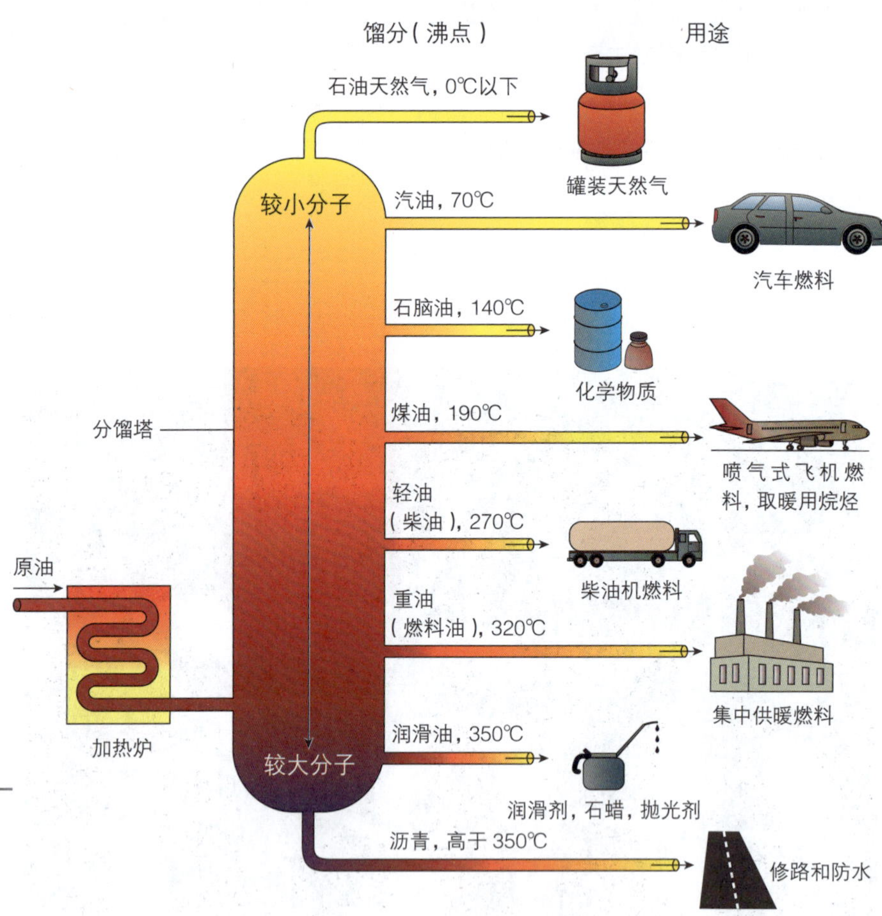

分馏塔示意图，石油在此处被分馏成各种有用的成分。

石油是**碳氢化合物**（hydrocarbon）的混合物。因为它是一种混合物，石油本身的直接用途不大。它需要按照分子大小分成不同**馏分**（fraction）。这一过程称为**分馏**（fractional distillation）。石油经过提炼后，就变成多种十分有用的物质了，所以石油是宝贵的资源。

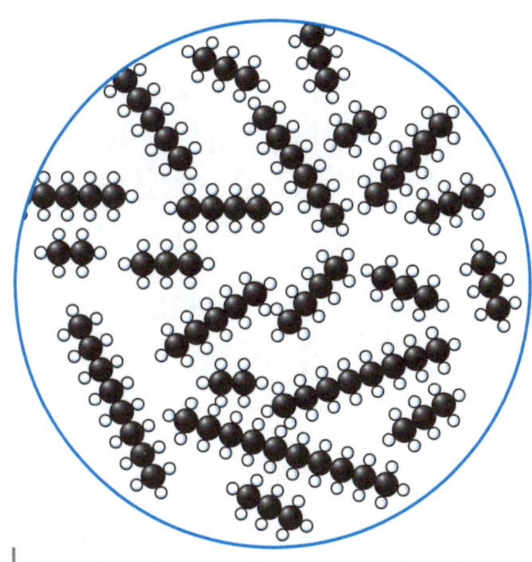

石油是数以百计的不同种碳氢化合物的混合物。碳氢化合物中只含有碳原子和氢原子。

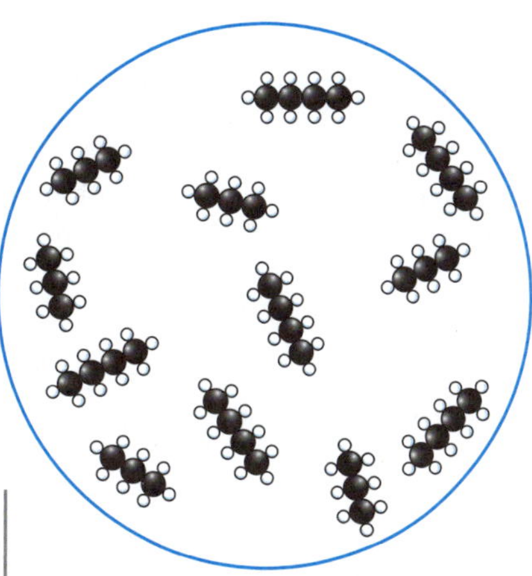

这些分子直接到分馏塔的顶部。这种分馏物都是碳链很短的碳氢化合物。它们分子间的力最弱，因而沸点最低。

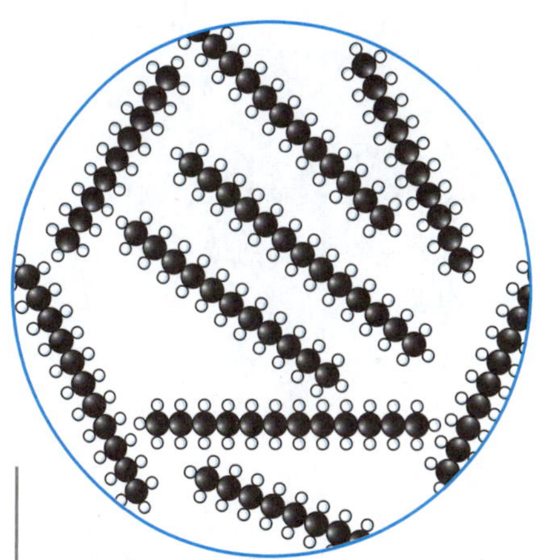

到分馏塔底部的分馏物具有很长的碳氢化合物分子链，因而沸点最高。

在第 154 页的图中，经加热炉加热后，石油中的碳氢化合物就进入了分馏塔。在这里，沸点最高的分馏物沉入底部，沸点低的则去到上层。碳氢化合物分子依据各自不同的沸点被分离开来。

很小的分子具有很低的沸点，因此位于分馏塔的顶部。这是因为它们分子间的力很小，只需要很少的能量就能使它们脱离液体而成为气体。很大的分子具有很高的沸点，这是因为它们分子间的力较强。因此，它们就沉到分馏塔的底部。每次得到的分馏物仍然是不同分子的混合物，这是因为它们之间的分子大小和沸点相差不大。

每种分馏物因性质不同而用途不同。大多数的分馏物被用作运输、家庭生活和工矿企业的能源，还有的被用作润滑剂。一些较大的分子还要被分裂成小分子，再用于**化学合成**（chemical synthesis），制造诸如聚合物等新材料。但仅有 4% 的石油被用于这一方面。

关键词

- 石油
- 碳氢化合物
- 馏分
- 分馏
- 化学合成

问题

1. 石油是由各种碳氢化合物构成的。
   a. 什么是碳氢化合物？
   b. 石油中有哪些碳氢化合物？
2. 完成下题：
   分馏塔将碳氢化合物按分子种类分组的过程称为________。这时构成各组的分子仍是混合物，但包含的碳氢化合物的种类较石油中的__________。同种分馏物中的碳氢化合物分子的__________是相似的。
3. 试说明将石油分馏的重要意义。

J 纳米技术

通过探究发现

- 纳米的大小
- 纳米粒子的性质
- 用纳米粒子制成的新材料

很多巴士公司在柴油中加入了纳米级的添加剂，降低了燃油消耗量和废气排放量，使汽车能源利用更高效。

不是小，而是非常小

巴士公司、度假者和严重受伤的人只是从最新的科学技术中受益的部分群体。新产品应用了极微小的物质的性质制造而成。这种新技术称为**纳米技术**（nanotechnology）。“纳”取自希腊语 nanos，意味着“很小”。在纳米技术中，粒子的大小是以纳米（nm）为单位的。

纳米技术是利用和控制十分微小的**纳米粒子**（nanoparticle）构建材料的技术。有些纳米粒子可作为专家手中的构建新的原子间结构的材料。还有的纳米粒子是通过化学合成或其他诸如蚀刻的方法制成的。

1 纳米等于 10 亿分之一米，即 1 nm = 0.000 000 001 m。

1 nm 约为：

- 1 个 DNA 分子的大小。
- 人手指甲每秒钟生长的长度。
- 人头发平均直径的 1/800 000。

很难想象 1 纳米有多小。

右图是一个纳米级粒子的示意图，它看上去和一粒烟尘相似。它的直径约为 10 nm，即约 0.00001 mm。我们将 100 000 个这种粒子沿尺子紧密排列才 1 mm 长。让我们用另外的方式进行思考：

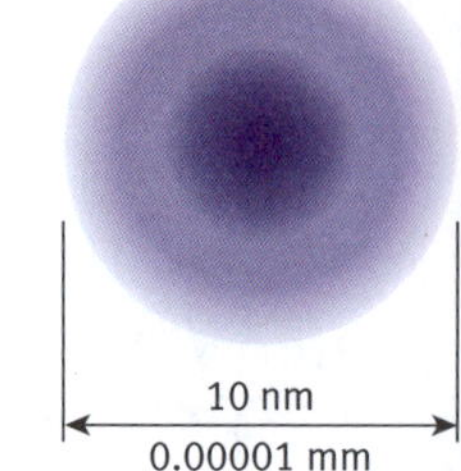

想象一下，如果将一个直径为 10 nm 的纳米粒子视作一个足球，则

- 一个原子将如同一枚 10 便士硬币大小；
- 一个红血球细胞将有一个足球场那么大；
- 一只猫将有地球那么大。

纳米粒子的性质

力的大小

如果穿的棉毛衫和衬衣都用人工合成纤维制成，它们会容易粘在一起。产生这种“黏合”作用的力和用棉毛衫摩擦过的气球能粘到墙上的原理相似。平时我们没有注意到这种使两个表面相吸引的力，是因为它们太小了。但从纳米角度看，它就是非常大的了。这种力具有可利用的潜力，它可以使壁虎在天花板上行走。壁虎的脚上长有数百万根纳米级大小的纤毛，因而具有非常大的表面积，这使它能粘到天花板上。这启发美国科学家设计出了能粘在墙上行走的机器人，他们使用了类似于壁虎脚底那样结构的高分子聚合物。

壁虎的脚掌上长有数以百万计的纳米级的纤毛，是它们使壁虎能“粘”在天花板上并行走自如。

面积的大小

对纳米粒子而言，它的**表面积**（surface area）和体积的比是相当大的。一个 30 nm 的固态粒子，它 5% 的原子是在表面上的。一个 3 nm 的粒子，则有一半的原子在表面上。表面的原子比内部的活跃。这意味着纳米粒子通常更活泼，可能具有非同寻常的性质。

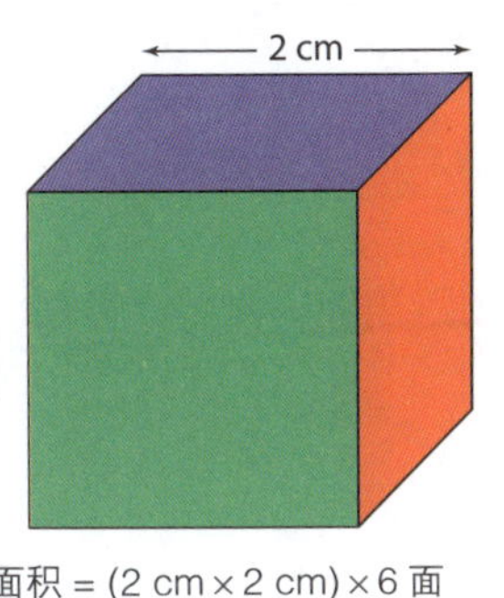

面积 = (2 cm × 2 cm) × 6 面 =24 cm^2

←1 cm→ ←1 cm→

1 个立方体表面积 = (1 cm × 1 cm) × 6 面 = 6 cm^2

总表面积 = 6 cm^2 × 8 =48 cm^2

较小的粒子具有相对较大的表面积。

一些防晒霜中含有纳米粒子。

医学中的纳米技术

我们都知道珠宝饰品常用银材料，因为它有美丽的光泽且性质不活泼。很久以前人们就知道银也具有杀菌消毒作用。1999 年，一种含有纳米银粒子的名为爱银康的绷带面市了，它用于包扎受伤严重的伤口。由于它能在伤口感染前将细菌杀死，因而深受人们的青睐。微小的纳米银粒子在受潮时（接触伤口中的血液等）就快速溶解，并直接产生作用。

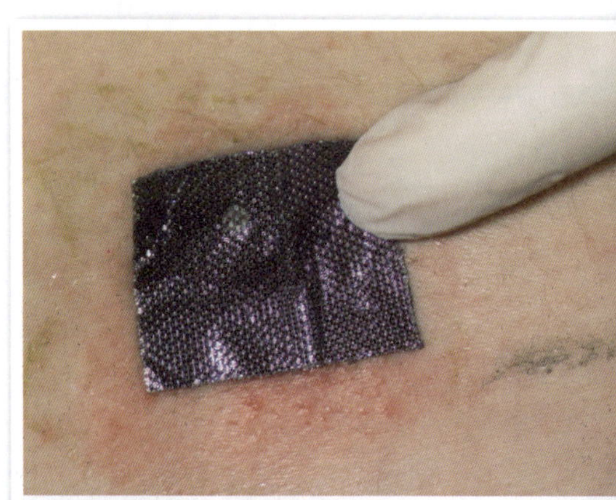

爱银康是一种含有杀菌作用的纳米级银粒子的绷带。

问题

1. 请写出纳米的定义。
2. 银有很多种用途。
   a. 银的哪些性质使其被用于珠宝业？
   b. 爱银康中的银和珠宝中的银的作用有哪些不同？
   c. 为什么在处理伤口时纳米银粒子比普通的银材料更有效？

关键词

- 纳米技术
- 纳米粒子
- 表面积

K 纳米技术的应用

通过探究发现

- 自然界中的纳米技术
- 纳米技术的应用
- 纳米技术应用所带来的风险

在海上形成的纳米级盐粒子。

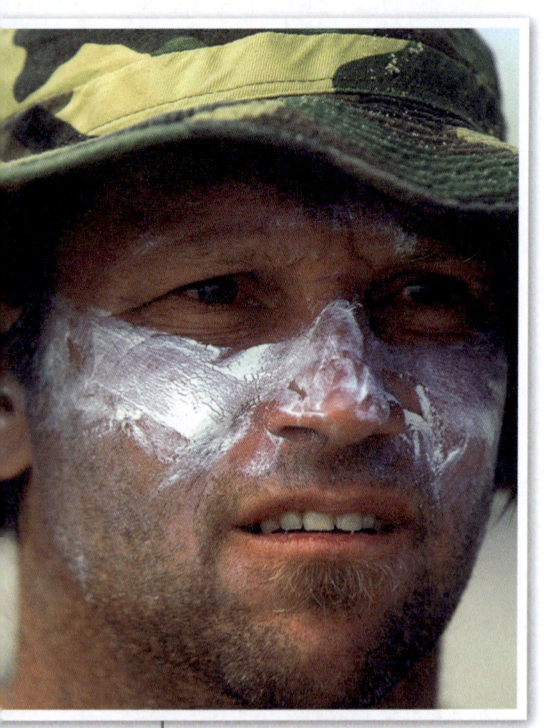

老式的防晒霜能被看见。

自然界中的纳米技术

纳米技术听起来非常新奇，但在自然界，也有天然的纳米粒子。甚至在生物细胞中也有纳米级的结构，它能以可控的方式移动和转化并执行复杂的功能，它远比当前任何人工合成的纳米技术先进。

下面提及的这些事物都是在纳米尺度下的：

- 大风掀起的海浪在空气中产生微小的盐粒，这些盐粒有助于雨雪的形成。
- 非常精确地控制着生物系统的蛋白质。
- 牙齿上的珐琅质，部分是由纳米粒子构成的。

人类很早就在无意识中制造纳米粒子而浑然不知。如，用固体燃料点着的火，会产生很多纳米级微粒（和其他废物混合在一起）。

纳米技术的应用

我们已经在使用纳米技术产品了，纳米技术已广泛应用于医药卫生、体育器材和服装等诸多方面。

防晒霜

很多防晒霜中含有氧化锌或氧化钛成分，这些物质都是白色的。在传统技术下，这些物质的颗粒都较大，会在皮肤上留下白色的痕迹。现代防晒霜使用纳米粒子，经揉搓可进入皮肤，使皮肤看起来更自然。

网球和网球拍

从 2002 年开始，纳米技术进入了职业网球领域。“双核”网球内具有附加的 1 nm 大小的粒子和橡胶的混合物层，它能防止空气从球中泄漏出去，从而更长时间地保持原状。

纳米粒子还被添加进制造网球拍的碳纤维中，它能使球拍更轻便，强度更大。

纳米技术正在改善着体育器材的性能。

衣料含防沾水和脏物的化学物质的涂层。

电子纸

普利斯通公司的工程师们已经利用纳米技术研发出一种装置。他们将一种称为“液体动力”的材料夹在两片玻璃或塑料片中间，使其成为轻便、柔软的显示器。它即使在断电的状态下仍能保留住图像。这种显示器能够取代纸质广告，从而节约用纸。另外，使用电子信号非常省电。

服装

科学家已经研发出含有纳米氧化锌粒子的布料，与用于防晒霜中的粒子相同，它具有防紫外线的功能。耐脏的衣物也被研制出来了，它有非常微小的纤毛，使它不易沾上水和其他物质，因此在洗衣时能节约很多的水和电能。

生产袜子时如加入纳米银粒子等化学物质，则袜子就具有了杀菌的作用，可有效防止脚臭。

自清洁窗户

一家名为皮尔金顿的公司生产出了一种“活性玻璃”的窗户，玻璃上有一层纳米粒子。当光照射到这些粒子上时，便能分解玻璃上的脏物质。这种玻璃表面还有水自净功能，当有雨水落到玻璃上时，就能自行将其冲洗干净了。

纳米技术及其带来的风险

性质不同，风险也不同

对同一物质，纳米粒子和较大的粒子的性质间存在着较大的差异。这可能意味着纳米粒子会对植物、动物和环境造成较大的影响。也意味着可能会对人产生毒害作用。一些医生对纳米粒子太小而有可能会从血液进入大脑表示担心。如果这是真的话，则表明一些在通常情况下无害的物质在纳米尺度下变得带有较大毒性了。

关于各种纳米材料与尺寸较大的同种物质存在差异的确切原因，至今尚未完全搞清楚。到目前为止，尚未进行纳米材料和较大体积同种物质材料不同而对健康和安全造成影响的研究，但一些团体和组织认为应先进行相关研究。

问题

1. 利用第 J 和 K 两节的内容，给出现在可能利用纳米技术的体育用品、健康用品、生活用品、建筑材料、衣物的例子。
2. 列出纳米技术产品可能对环境有利的 3 种情况。
3. 说明人们为什么关注纳米技术可能对环境造成损害。

科学解释

科学家利用掌握的分子知识研发出了具有神奇性质的新材料。用从石油中提取的碳氢化合物制造出大量不同的人工合成化合物。

应该知道：

- 比较物质的一种方法是测量它们诸如熔点、强度、刚度、硬度、密度等性质。
- 在为一些特殊目的选择材料时，具有精准的物质性质知识是必要的。
- 诸如塑料、橡胶、纤维等高分子化合物都是由长链分子构成的。
- 常用人工合成的高分子化合物材料取代传统的诸如木材、钢铁、玻璃等材料的原因。
- 石油是从地壳中获取的原料之一，常被用于人工合成高分子化合物。
- 石油的主要构成是各种分子链长度不同的碳氢化合物。
- 碳氢化合物中仅含有碳和氢两种原子。
- 碳氢化合物的沸点取决于其分子链长度的原因。
- 石油化工通过提炼石油获取有用的产品。
- 用分馏的方法将石油按分子链的长短分离成各种分馏物。
- 提炼石油过程中得到的一些较小的分子可用于制造新的化学物质。
- 聚合反应是一种将较小的单体聚合成长链分子的化学反应。
- 聚合物的性质取决于其中长链分子的排列和结合方式。
- 改变聚合物的性质可用不同的方法，如增大分子链的长度、交叉链接、添加增塑剂、改变结晶度等。
- 纳米技术是利用和控制非常小（1—100 nm）的结构的方法。
- 纳米粒子可有天然的、偶然获得的和人为设计制造的。
- 同种物质的纳米粒子和较大的粒子具有不同性质的原因。
- 纳米粒子如何被用于改善材料性质。

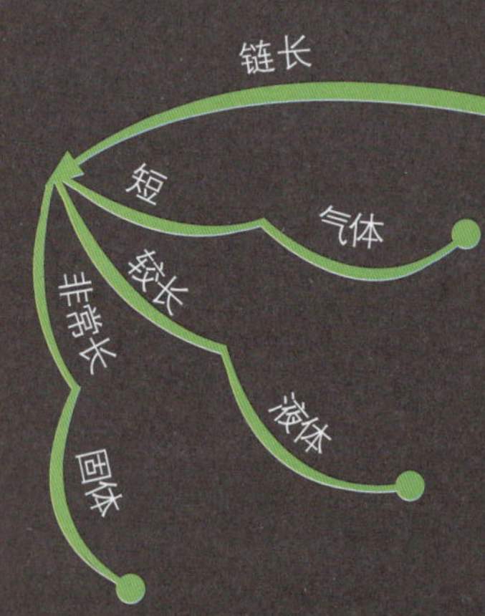

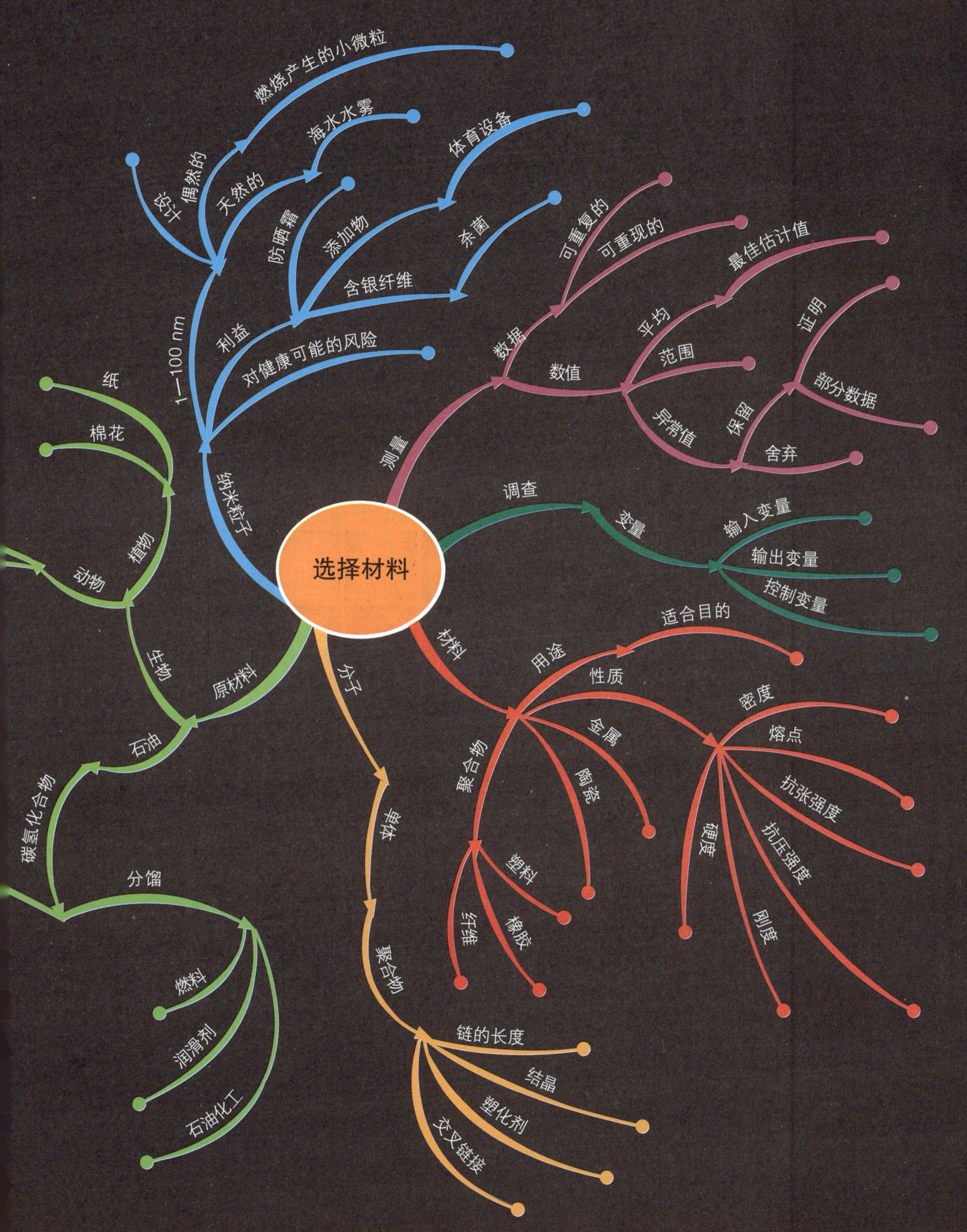
选择材料
纳米粒子
1—100 nm
设计
偶然的
燃烧产生的小微粒
天然的
海水水雾
利益
防晒霜
添加物
体育设备
杀菌
含银纤维
对健康可能的风险
测量
数据
可重复的
可重现的
数值
平均
最佳估计值
范围
异常值
保留
证明
部分数据
舍弃
调查
变量
输入变量
输出变量
控制变量
材料
用途
适合目的
性质
密度
熔点
抗张强度
抗压强度
刚度
硬度
金属
陶瓷
聚合物
塑料
纤维
橡胶
分子
单体
聚合物
链的长度
结晶
塑化剂
交叉链接
原材料
生物
植物
纸
棉花
动物
石油
碳氢化合物
分馏
燃料
润滑剂
石油化工

科学观点

科学家要对材料的性质进行测量，以确定其用途。科学家为达到一定的目的而选用材料，是凭数据而不是靠想当然。

科学家不能保证某一个测量值是真值。只有可重复的数据才是可靠的。当测量一个量得到了几个不同的结果时，这可能是因为：

- 测量的不是同一个样本。例如同一种材料的几个样本。
- 测量的量是变化的。例如，不同批次生产的同一种聚合物。
- 测量仪器自身的精度限制或使用时产生的误差。

通常估计真值的最佳方式是多次测量并取平均值。重复测量得到的一组数据，从最小值到最大值给出了真值可能处于的大致范围。我们应该：

- 用重复测量得到的一组数据计算平均值。
- 如果一个测量值位于重复测量得到的其他数据的范围之外很远处，则它可能是一个无效的异常值。
- 对于异常值，判断将其保留还是不作为计算平均值的数据。

在比较材料的不同样本的性质的数据时，我们应当知道：

- 它们的平均值间可能没有重叠，这种差异是可能存在的。

为确保检验因素和结果间的关系，控制所有可能影响结果的因素是十分重要的。在设计如何测量材料性质的过程中，我们应当：

- 明确影响结果的因素。
- 说明控制所有可能有影响的因素（不是被调查的那一个）的必要性。
- 认识到对其他因素的控制是成功设计的关键。而这些因素没有得到有效控制的设计则是有缺陷的。

一些科学技术的应用，如使用纳米粒子等，可能会对生活质量或环境产生一些意想不到的不良影响。得到的利益要与做出的代价相权衡。我们应知道：

- 一些纳米粒子可能会有害于健康，人们担心，在这些影响没有被充分研究之前，纳米产品已经投入生产和面市了。

复习问题

1 一家公司测试了一种直径为 12 mm 的尼龙绳和直径为 14 mm 的聚丙烯绳的强度（kN）。测试结果如下表所示。

测试次数	1	2	3	4	5
尼龙绳	25.7	25.1	24.8	25.2	25.2
聚丙烯绳	19.9	20.8	20.1	20.4	20.8

a. 说说为什么对每种绳子重复测试 5 次。

b. 对每一种绳子，计算最佳的强度真值估计值。

c. 两种绳子间存在真实差异吗？利用测试结果说明你的答案。

2 a. 下表中给出了 3 种碳氢化合物的数据。分子中的碳原子越多，分子就越大。试描述物质的沸点随分子大小增加而变化的趋势。

碳氢化合物名称	沸点（℃）	一个分子中的碳原子数
甲烷	–162	1
正己烷	69	6
正十六烷	287	16

b. 用分子间力的大小来说明沸点变化的趋势。

3 a. 指出当橡胶的长分子间变成交叉链接后，橡胶性质发生了下列的哪些变化：

- 韧性增大了
- 韧性减小了
- 硬度增大了
- 硬度减小了
- 熔点升高了
- 熔点降低了

b. 说说当将塑化剂加入聚合物中后，聚合物的性质所发生的两种变化。

4 a. 氧化钛纳米粒子常被用于防晒霜中。因为它们是如此之微小，故不能反射可见光。

i 一个纳米粒子直径的范围是多大？

ii 说说常将它加入防晒霜中的一种益处。

iii 说明一些人对使用含有纳米粒子的防晒霜心存疑虑的可能的原因。

b. 列举两个以上使用纳米粒子的例子。

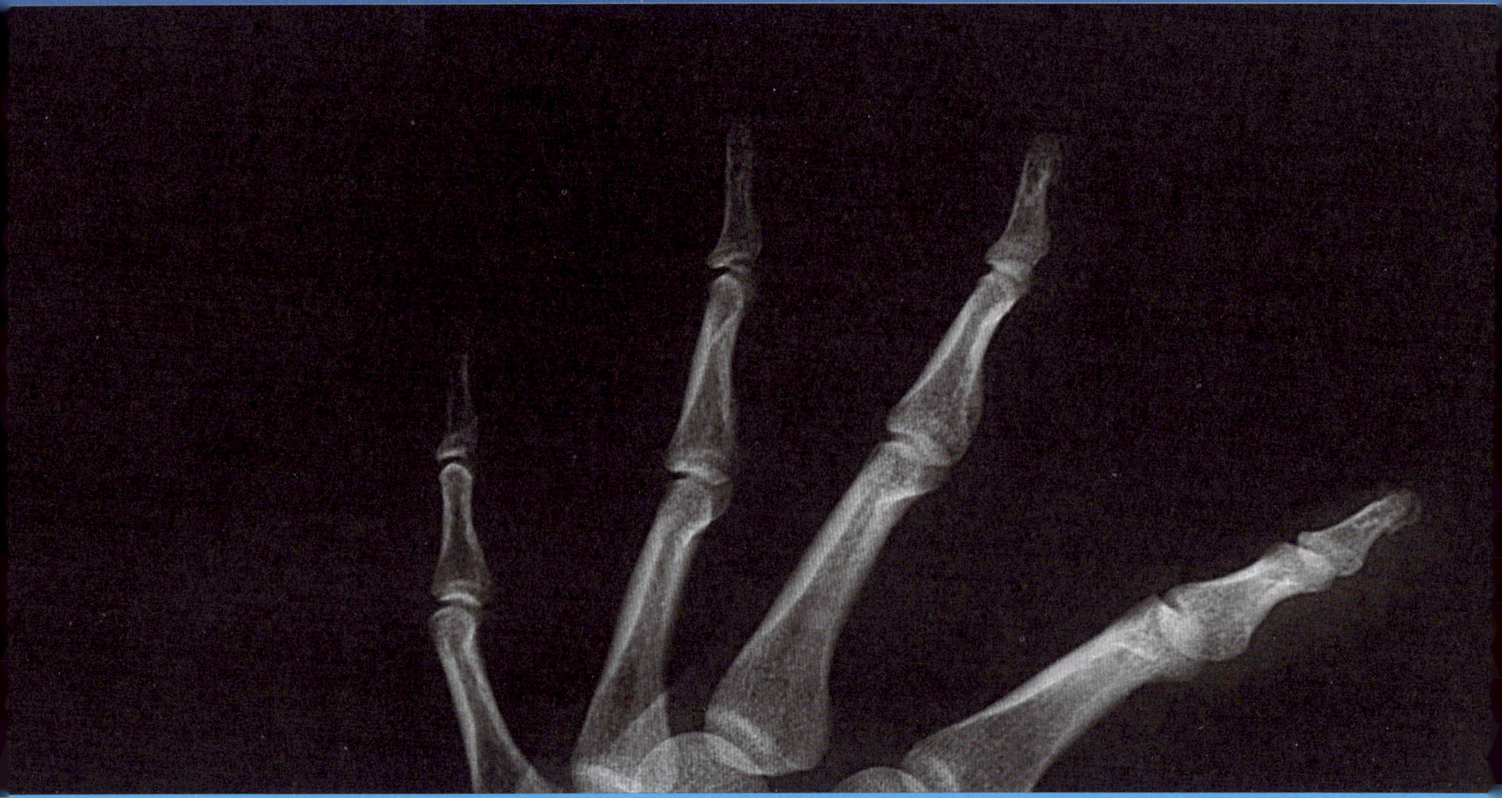

P2 辐射和生命

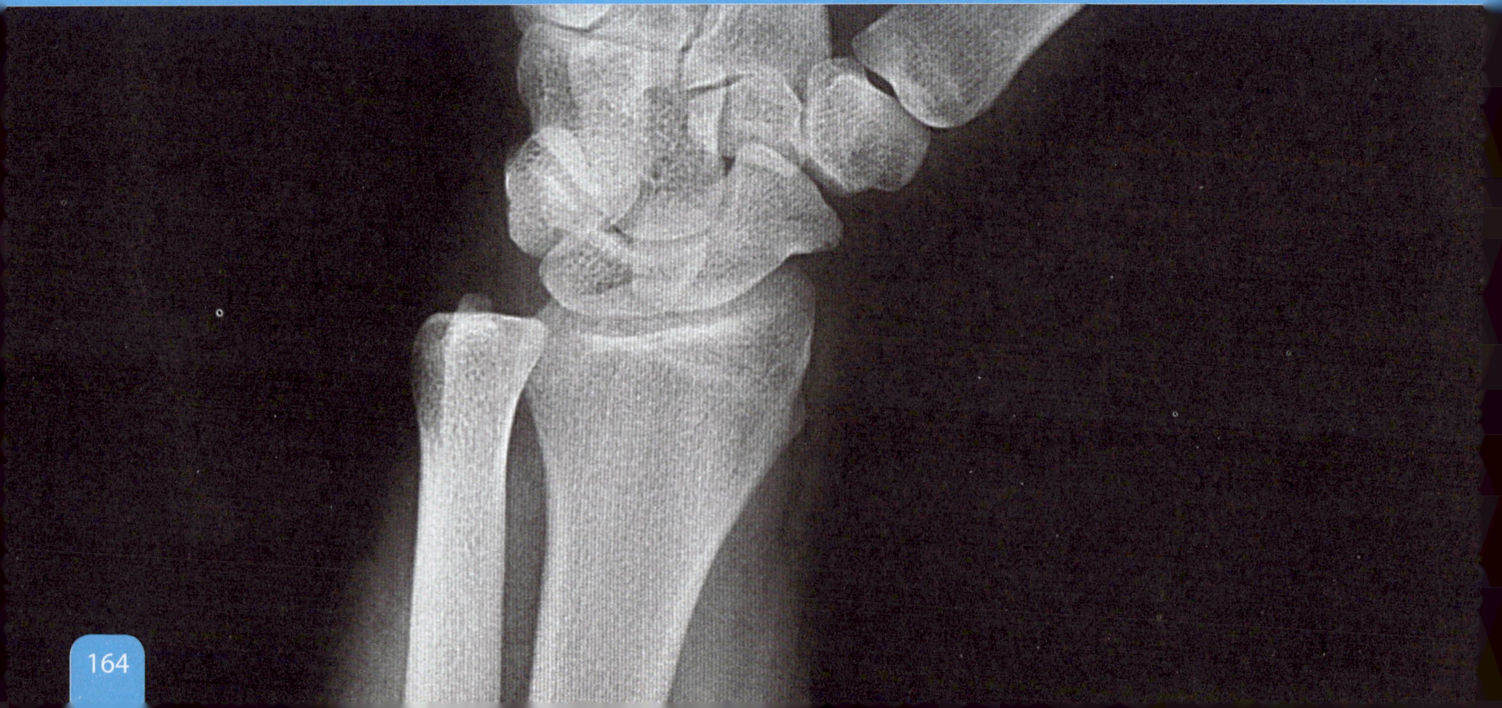

为什么要研究生活中的辐射？

人类的眼睛只能看到一种电磁辐射——可见光。另外的很多种电磁辐射人类是看不到的，其中一些电磁辐射对人类甚至是有害的。你可能听到过很多关于各种电磁辐射对人体的伤害作用。例如，来自像太阳光那样的自然光源、来自像移动电话等装置的人工产生的电磁辐射，都有可能对人体组织造成损伤。另外，气候变化也会导致我们受到辐射的侵害，并且这种侵害对人体有可能是非常危险的！

已经知道的知识

- 光是沿直线传播的。
- 光传播的速度非常快。
- 当光射到一个物体上后，有一些被反射，还有一些被吸收，剩余的则透射了过去。
- 白光可被分解成各种颜色的光谱。

要发现什么？

- 光的传播和被吸收的方式
- 全球变暖的证据及其带来的效应
- 数字信息储存和传输的方式
- 移动电话发出的微波辐射
- 权衡危险和利益

科学的应用

很多种辐射都从属于同一“家族”，这个家族称为电磁波谱。我们的通信系统利用电磁辐射来传递信息，如收音机和电视节目、移动电话、计算机网络等。科学可以解释我们的身体吸收辐射后发生的反应，也能说明辐射使大气层变暖的原因，并能利用计算机模型来预测全球变暖的现象。

科学观点

要了解电磁辐射的传播及其介质，就需要掌握一些事物间的关系和产生的机理。我们有多大把握说明一种事物是另一种事物导致的呢？我们也可以学习正确评价媒体中关于电磁辐射对健康影响的研究报告和描述方法。

A 日光浴的收益和风险

通过探究发现

- 暴露在太阳光下的益处和所冒的危险
- 电磁波谱

皮肤的颜色

太阳光中的**紫外辐射**（ultraviolet radiation，UV），亦称紫外线，能够导致人类罹患皮肤癌。皮肤癌是一种可致人死亡的疾病。

黑色素是皮肤中的一种深棕色的色素，它能保护皮肤免受紫外线的伤害。那些祖先生活在阳光充足地区的人，皮肤一般都具有深颜色的保护色。

什么是紫外辐射?

紫外辐射是电磁辐射“大家庭”中的一员。正如可见光可分布开来形成一个由红到紫的光谱一样，电磁辐射也能分布开来形成一个**电磁波谱**（electromagnetic spectrum），紫外线在其中恰好位于可见光谱紫光的外侧。

无线电	微波	红外线	可见光	紫外线	X 射线 / 伽马射线
频率最低			可见光		频率最高

频率增大 →

电磁波谱是一个电磁辐射家族，它们在空间的传播速度都极快，为 300 000 km/s。

我们可以想见电磁辐射应是以波的形式传播的。无线电波是电磁波谱中频率最低的，而伽马射线（亦记为 γ 射线）和 X 射线是频率最高的。

阳光和皮肤

人类的皮肤需要阳光照射以产生维生素 D。这是一种营养物质，它能增强骨骼和肌肉，也能提高免疫系统的功能以保护人体免受感染。最新的研究表明，维生素 D 能够有效地阻止乳房、结肠、卵巢以及其他器官中癌细胞的生长和扩散。

深色皮肤不利于在人体内产生维生素 D。因此，生活在世界上阳光较不充足地区的人的肤色是浅色的。这样，就可以受到太阳之利。但生活在这些地区的具有深色皮肤的人，只要从食物中摄取足够的维生素 D，也能健康地生长。

浅色的皮肤有利于产生维生素 D，但它在防止紫外线侵害方面的能力则较弱。黑色素瘤是最凶恶的一种皮肤癌。童年经受严重晒伤，患黑色素瘤的危险是成年人的两倍。

权衡风险和收益

很多人喜欢日光浴。它能够在人体内产生调节情绪的化学物质，从而减少压抑感带来的危害。

照射阳光有好处吗？这可不是一个容易回答的问题。在英国人的一生中，患一种名为恶性黑色素瘤的皮肤癌的几率：男性为 1/99，女性为 1/77。这是 2009 年的统计结果。皮肤癌患者数在快速增长。然而，即使整日足不出户，同样也存在着这种危险。

无论何时，都要注意尽可能地保护你的身体健康，最大限度地减少患病的危险。

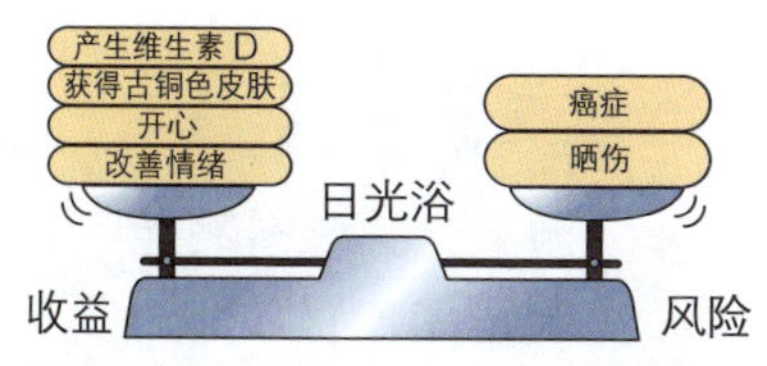

很多人接受日光浴。他们要衡量收益和风险哪个更大。

皮肤癌的危险性被忘到脑后了

过多地暴露在阳光下是危险的。英国癌症研究机构的一项调查发现，在知道皮肤癌危害的人数和实际在阳光下采取措施保护自己的人数方面，存在着令人担忧的反差。

在 16 至 24 岁的年轻人中，约有 73% 的人相信暴露在阳光下会增加患皮肤癌的可能。但在这一年龄组中，仅有四分之一的人使用高效防晒霜等遮光剂，更只有低于 20% 的人在强烈的阳光下注意遮阳或寻找阴凉。

关键词：
- 紫外辐射（UV）
- 电磁波谱
- 因素
- 直接原因
- 有关系
- 导致

有关系还是产生的原因？

一项对 2600 人的研究表明，那些长期暴露在强烈阳光下的人，患白内障的可能性是普通人的 4 倍！暴露在阳光下是导致白内障的**因素**（factor）之一，眼睛中产生白内障是一种**结果**（outcome）。这表明白内障和暴露在阳光下是**有关系**（correlation）的。但医生不说暴露在阳光下是**导致**（cause）白内障的唯一原因。他们认为还有其他一些因素，如年龄和饮食等。

问题

1. 观察上一页中的电磁波谱图：
   a. 哪种辐射的频率最低？
   b. 哪种颜色的可见光的频率最高？
2. 一个深色皮肤的人到日光照射较少的地区居住后，他为什么需要经常到室外活动？
3. 长期暴露在阳光下会增加罹患皮肤癌的危险。列出足不出户，避免直接受到阳光照射的一些好处。再列出这样做的一些危害。
4. 分析黑色素瘤存在的危险信息。哪种人更容易罹患皮肤癌？试给出答案及其理由。

通过探究发现

- 光源和光的传播路径
- 臭氧层如何保护地球上的生命

关键词

- 辐射源
- 发射
- 透射
- 反射
- 吸收
- 臭氧层
- 大气
- 氟里昂

一些有颜色的物质被加入玻璃中后，就能使玻璃吸收一定颜色的光并透过其他颜色的光。

美丽的世界

所有的辐射都有**辐射源**（source），它们从辐射源**发射**（emit）出来后，就传播开来，亦即开始了辐射旅程。辐射不可能处于静止状态。可见光在射到人眼中后会使眼后部的物质发生化学变化而产生视觉。

很多物质，如空气等，能够很好地**透射**（transmit）光，我们称之为透明的。光在从光源到达人眼的过程中，可能还会受到其他物质的**反射**（reflect）。我们周围的物体，如果它不反射光的话，我们就不可能看到它。

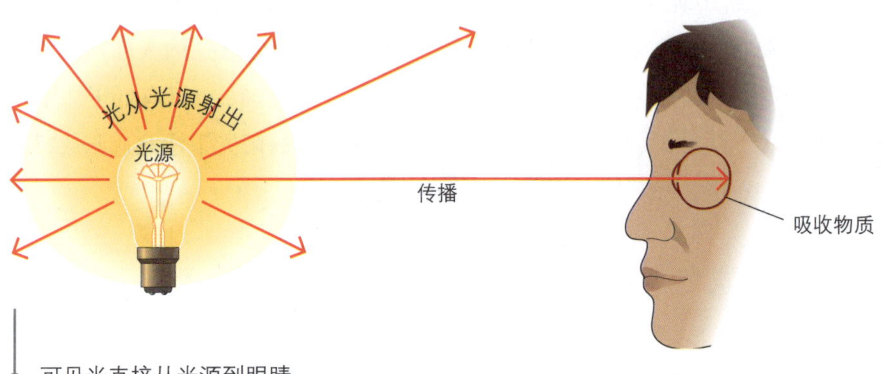

可见光直接从光源到眼睛。

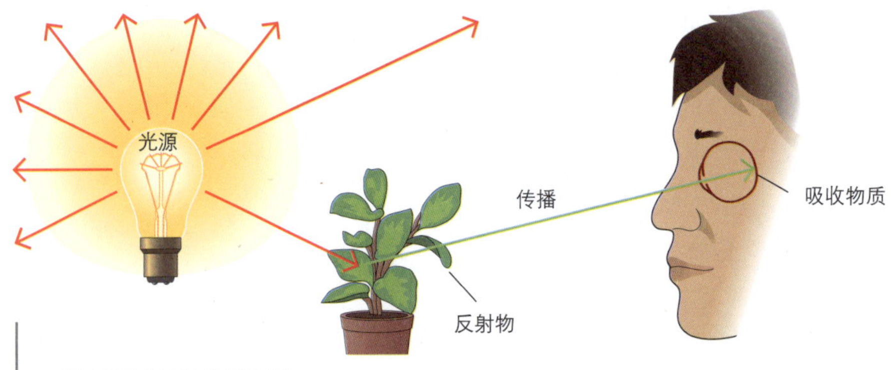

可见光通过反射物到眼睛。

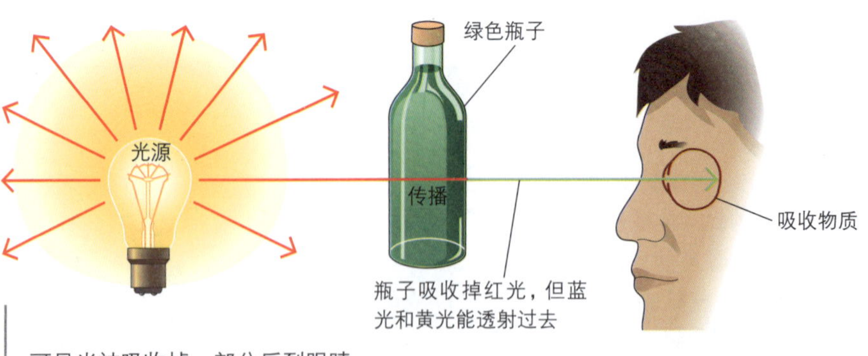

可见光被吸收掉一部分后到眼睛。

大气的吸收

来自太阳的辐射包含了红外线、可见光和紫外线等。一些辐射能穿透大气层到达地面。幸运的是，大多数有害的紫外辐射在传播过程中被大气层**吸收**（absorb）掉了。大气层中的**臭氧层**（ozone layer）是吸收紫外辐射而保护地球上生命的功臣。

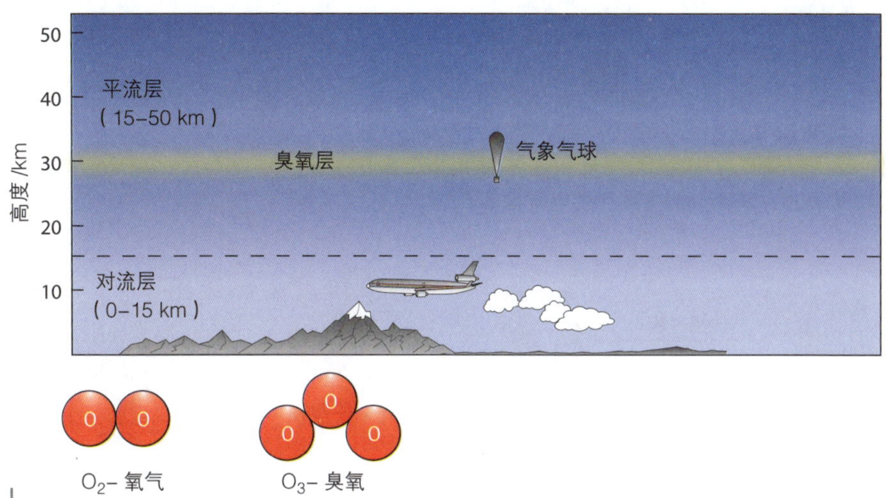

臭氧能够很好地吸收紫外线。

大气（atmosphere）是由包括呼吸所必需的氧气在内的混合气体构成的。在大气层的上部，一些氧原子每 3 个结合在一起成为臭氧分子，大量的臭氧分子构成了臭氧层。

臭氧层对紫外线具有很强的吸收作用。当紫外线的能量被臭氧吸收，将把臭氧分子破坏掉，使其成为自由氧原子。

这些化学变化是可逆的。臭氧层中的自由氧原子一直在与氧气分子结合着，其产物就是新的臭氧分子。

臭氧空洞

人类自身的活动也为自己的生存带来了危险。一些人造的化学物质，如在冰箱中广泛使用的**氟里昂**（CFCs）等，一直在逸入大气中。它能将大气中的臭氧分子转化成普通的氧气分子，而氧气分子对紫外线几乎没有吸收作用。因此，这就使更多的紫外线能够穿越大气层来到地球表面。这种现象在冬春两季的地球北极与南极地区尤为强烈。因此，在这些地区上空较为薄弱的臭氧层被称为“臭氧层空洞”。

对于这一问题，已经召开了专门的国际会议来会商。现在，气溶胶中已不再使用氟里昂。回收来的废冰箱也要将氟里昂安全地加以处理。然而，臭氧层可能需要几十年才能恢复到原来的厚度。

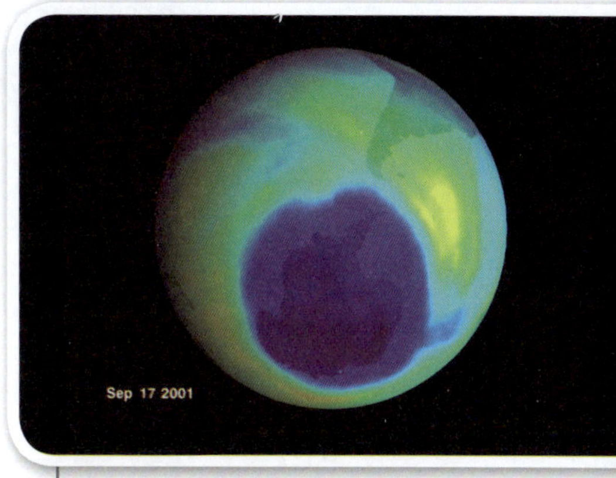

这是根据对臭氧层的探测所成的像。深颜色区域的臭氧密度较小。由图像可知，被探测区域臭氧层上有个“空洞”。

废弃的冰箱在等待移除氟里昂。

问题

1. 玻璃能够反射光吗？说明你所知道的原因。
2. 物质能够透射、反射和吸收光。玻璃在其中哪方面的性质更强？如何改变玻璃的这种性质？
3. 利用光源、反射和探测器这三个词来说明你在夜晚可以用手电筒来阅读的原理。
4. 大气层吸收了大部分来自太阳的紫外辐射。为什么这对地球上的生命来说是非常重要的？

C 吸收电磁辐射

通过探究发现

- 电磁辐射被吸收后产生的现象
- 一些辐射更具危险性的原因

物质一旦吸收了电磁辐射后，它就获取了能量。而获取能量的多少，取决于它吸收辐射量的多少。

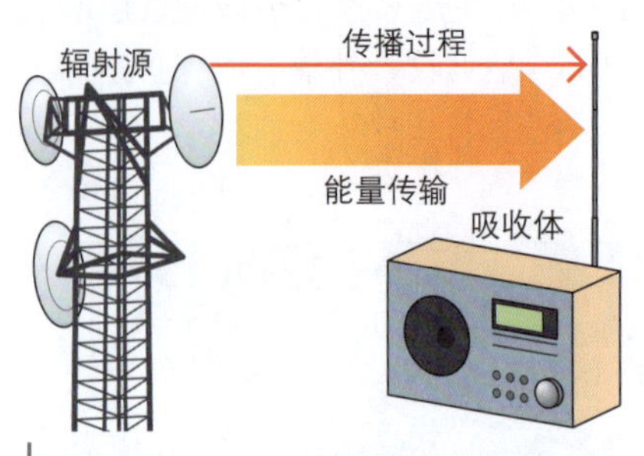

金属天线能够吸收无线电和微波辐射。这一过程是在金属内部产生电磁振荡。

辐射能在金属中产生电流效应

微波和无线电波能在无线电设备的天线中产生变化的电流。

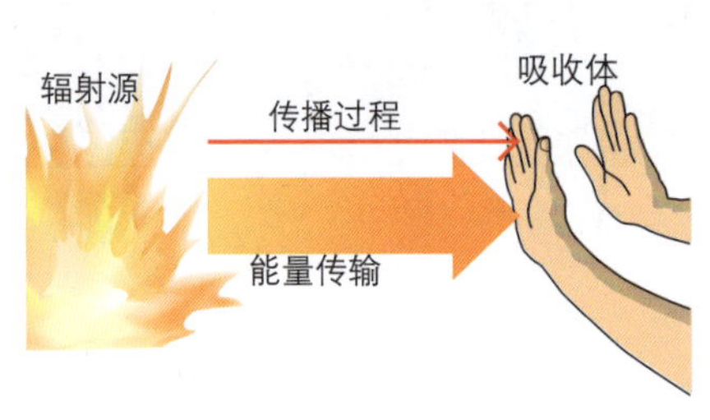

燃烧能向周围环境传递能量。它周围的物体(包括人)的表面，都吸收了因辐射而传递来的能量。

辐射能产生热效应

物质吸收了辐射后，其中的粒子(原子和分子)的运动加剧，其结果是使物质发热。

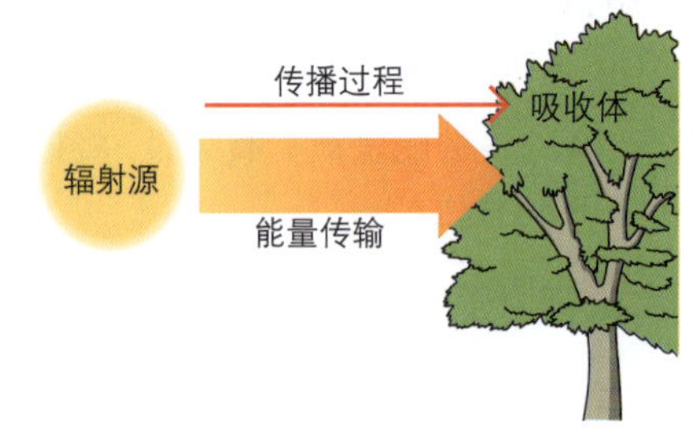

植物的叶子吸收了太阳辐射来的能量，使得光合作用能够进行。

辐射能够产生化学变化

若辐射载有足够的能量的话，则吸收它的分子将变得更加容易产生化学变化。在光合作用时是这样，在人眼睛中的视网膜里也是如此。

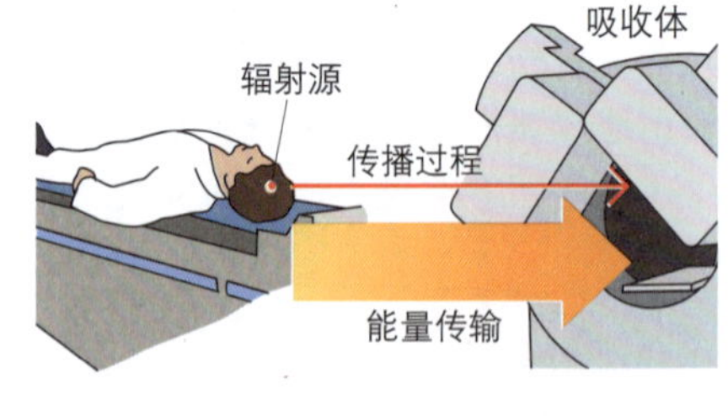

这是用伽马相机拍摄的医学照片，构成图像的每一个点都是因电离作用产生的。

电离会对生物细胞产生伤害

若辐射载有的能量非常大，就有可能将吸收细胞中的分子破坏掉，使其成为称为**离子**(ion)的带电“碎片”。这一过程称为**电离**(ionisation)。离子还将参与其他的化学反应。因此，电离会对生物细胞产生危害。

辐射是分成小份传递的

现在让我们来介绍一个辐射名词——**光子**（photo）。光子其实就是辐射的一小份能量。

- 辐射源是以一个一个光子的形式发射能量的。
- 物质吸收辐射能量也是以一个一个光子的形式进行的。

物质从电磁辐射中获取能量的大小取决于下面两个方面的因素：

- 到达该物质的光子数。
- 每个光子所能释放出的能量。

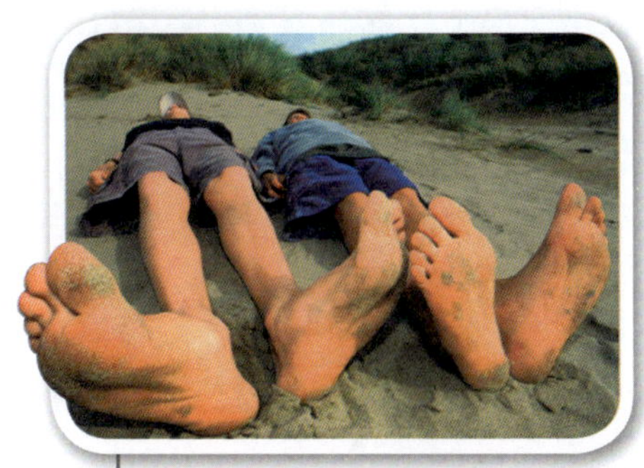

躺在阳光下，红外线和可见光具有热效应。紫外线辐射的电离作用能够产生导致皮肤癌的化学变化（虽然可能性较低）。

电离和非电离辐射

让我们回看第 166 页的光谱图。高频率辐射具有高能量的光子。**X 射线**（X-ray）和**伽马射线**（gamma ray，γ - ray）的光子携带的能量最多。无线电波的光子携带的能量最少。

γ 射线、X 射线和紫外线辐射都是将大量能量"打包"到一个个光子中。因此，吸收体是从大量的光子中获取能量的。这些光子都具有非常强的电离效应。所以，像 γ 射线、X 射线和紫外线这样的辐射，我们称之为**电离辐射**（ionising radiation）。

可见光、红外线、微波和无线电波被统称为**非电离辐射**（non-ionising radiation），因为它们的单个光子没有足够的能量去电离一个原子或分子。这种辐射的主要效应是能对物质加热。光子的能量越小，其热效应越低。

关键词：

- 离子
- 电离
- 光子
- X 射线
- 伽马射线
- 电离辐射
- 非电离辐射

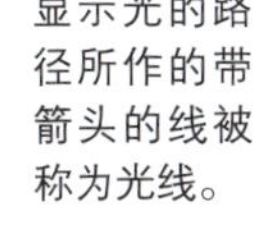

显示光的路径所作的带箭头的线被称为光线。

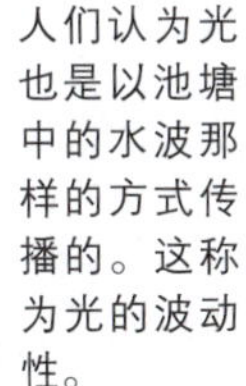

人们认为光也是以池塘中的水波那样的方式传播的。这称为光的波动性。

我们也可以将辐射视作将能量从辐射源输送到观察者处的光子。

辐射传递能量。关于它在辐射源和吸收体之间的传播方式，可用不同的理论解释。

问题

1. 假设现在无线电波正在穿越你的身体。
   a. 这束无线电波是从哪里来的？
   b. 为什么它不能产生任何电离效应？
   c. 它能产生热效应吗？试作说明。

D 电离辐射的危险

通过探究发现

- 降低来自电离辐射的危险
- 电离辐射影响细胞的方式

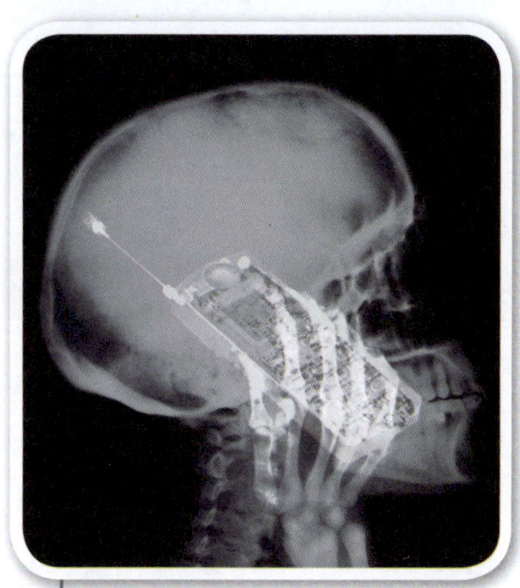

X 射线保障人体健康和给人体带来的损害是众所周知的。移动电话在带来便利的同时，也存在着一定的辐射危险。

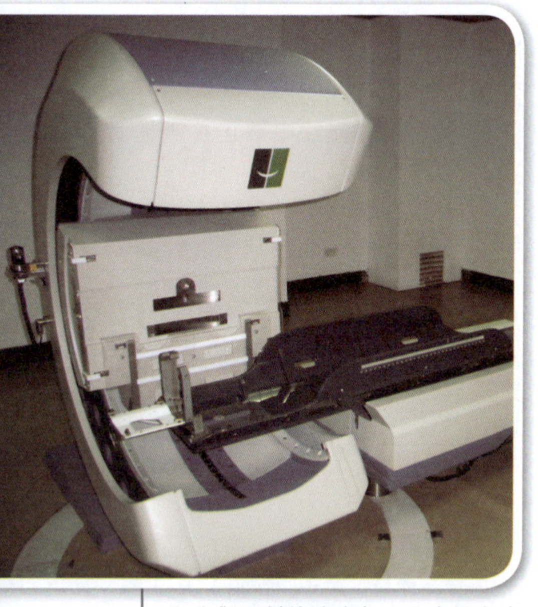

图为伽马射线治疗仪。上方设备中产生的伽马辐射直接照射在病人体内的癌变肿瘤上。

使用 X 射线

X 射线于 19 世纪 90 年代被发现。很快人们就将它变成医疗检查的有力工具，拯救了成千上万人的生命。它的原理是什么呢？

X 射线是用电在 X 射线管中产生的。用一束 X 射线照射病人的一侧，在另一侧用成像仪器接收透过来的 X 射线。

随着 X 射线束穿过病人身体，它有一部分被吸收掉了，骨头吸收的比肌肉更多，所以在最终所成的像中，骨头会形成阴影。我们就说 X 射线的**强度**（intensity）因吸收而降低了

电磁辐射的强弱是指每秒到达 1 平方米表面上的能量大小，它表示了辐射的“强度”。

任何辐射离开了辐射源后强度总是在变小，这是因为辐射分布的面积将越来越大。

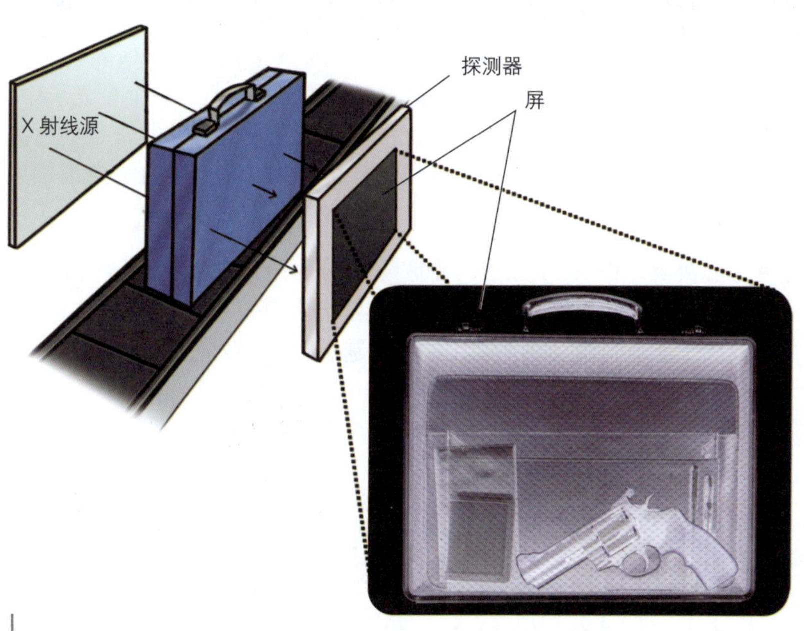

X 射线机也被用于机场安全检查。像骨头、金属等制成的物品阻挡 X 射线的能力很强，从而降低了其强度。

使用伽马射线

伽马辐射和 X 射线类似，所不同的是它来自时刻向外发出辐射的**放射性物质**（radioactive material），且无法人为使它停止。

伽马辐射像 X 射线一样，可用于对病人内部器官进行医学造影，也可用于杀死癌细胞。

相关证据的发现

艾丽丝·斯沃特和乔治·尼尔对大量妇女和她们的孩子进行了调查，发现在怀孕期间接受 X 射线治疗或检查的母亲所产下的孩子易患癌症。

能解释这种原因且被广泛接受的**机理**（mechanism）是：X 射线的光子能够电离人体内的分子，若 DNA 分子受到影响则特别危险。这个过程破坏了人体细胞的化学结构，从而导致了癌症。因此，用“相关性”已不足以表达这种联系了。在一些案例中，它就是导致癌症的直接原因。

这一研究成果使医生在使用 X 射线时更加谨慎了。辐射对胎儿和儿童体内快速分裂的细胞更是危险。对儿童和孕妇使用 X 射线带来的危险性大于任何使用它可能带来的收益。

降低危险性

当病人使用 X 射线时，设备和操作程序应在能获取清晰的影像的前提下，保证使病人接受最小的辐射量。对那些在电离辐射下工作的人，也必须进行有效的防护。

通过多种途径可以减少受电离辐射的伤害。

- 时间：病人暴露在 X 射线照射下的时间越短，则吸收的辐射就越少。
- 距离：随着一定的辐射从辐射源传播开来，离辐射源越远，辐射强度就越小。
- 遮蔽：铅在吸收 X 射线方面具有非凡的功能，使用铅板可以起到非常好的遮蔽作用。
- 灵敏度：所使用仪器的灵敏度越高，则用于产生病人影像所需的辐射量就越小。

紫外线光子具有改变原子和分子的足够能量，这将激发细胞内的化学反应，从而导致皮肤癌的产生。这也是要忠告那些在阳光下活动的人应用衣物遮盖皮肤或涂防晒霜的原因。

艾丽丝·斯沃特

艾丽丝·斯沃特是英国的一位医生。她向 1953 至 1955 年间因癌症去世孩子的母亲收集了大量信息，并进行了仔细的分析。很快，她得出了较为明晰的答案：一般来讲，母亲在怀孕期间进行 X 射线治疗的儿童比其他儿童患癌症的可能性平均高两倍。

关键词：

- 强度
- 放射性物质
- 机理

问题

1. a. 给出 3 种属于电离辐射的电磁辐射。
   b. 它们中哪一种的光子的能量最小？
2. 在艾丽丝·斯沃特的文章中，她的研究结果是什么？产生这种结果的因素又是什么？
3. a. 对暴露在 X 射线下的孕妇和儿童，为什么说他们患癌症和受到 X 射线照射间的关系不是“相关”而是“导致”？
   b. 为什么明知会有不良后果，医生还会要使用 X 射线？

通过探究发现

- 微波的热效应
- 微波炉的安全工作方式
- 移动电话产生的辐射

微波炉

在微波炉内，**微波辐射**（microwave radiation）所具有的能量被转化成吸收微波的物质增加的能量。一旦微波被吸收，其本身的能量也就失去了。微波的良好吸收物，如水、脂肪、糖类等吸收微波后，其分子便剧烈振动。因此，物质的温度也就升高了。

土豆含有水分，因此也能吸收微波辐射。微波在穿越土豆的过程中强度也就减弱了。玻璃、陶瓷中的颗粒只能从辐射中吸收极少的能量，几乎不能使它们分子的振动增强。因此，用玻璃、陶瓷等制成的普通的碗、杯等是无法直接用微波炉加热的。微波炉中的这类器皿发热，主要是其盛装的食物受热后的热传递所致。

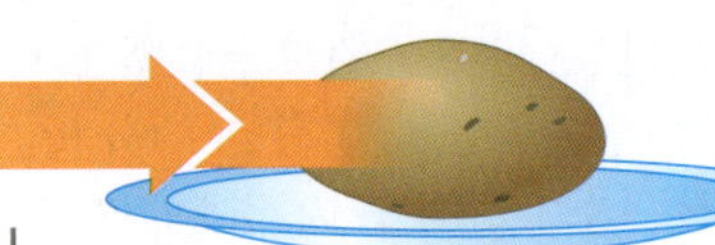

土豆吸收辐射能量的示意图。微波进入土豆后逐渐被吸收，甚至达不到大土豆的中间。盘子从微波辐射中只吸收极少的能量。

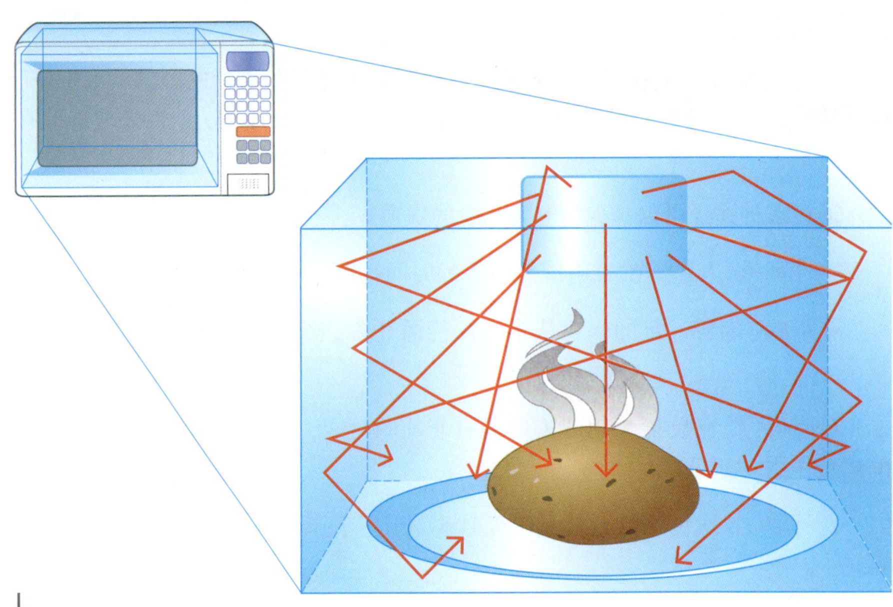

在微波炉内部，像玻璃和陶瓷之类的物品对辐射近乎是透明的，金属炉壁能将这些辐射反射回去而不使它从炉中逸出。而像水那样的一些物质，能很好地吸收这些能量。

关键词

- 微波辐射
- 强度
- 持续时间
- 红外辐射
- 主频率

安全性

人体中也有能吸收微波辐射的水和脂肪，因此微波也能把人灼伤。炉门上的金属网能够将微波反射回炉内。炉中还有一个特别的暗置开关，使炉门不慎被打开时微波炉能自动停止工作。

烹调得怎么样？

任何物质在吸收如微波等非电离辐射后都会发热，发热程度取决于辐射**强度**（intensity）和**持续时间**（duration），即暴露在微波下的时间。

要对微波炉进行控制的话，只需调节：

- 功率旋扭（控制强度）
- 烹调时间旋扭（控制持续时间）

大脑会被烧熟吗？

移动电话是利用微波辐射来传递信息的。它接收从较近处的移动电话基站传来的微波信号，并向这个基站发回微波信号。当人使用移动电话通话时，他那较厚的头骨将吸收一些移动电话发出的辐射，另有一些辐射会到达脑部并对其加热。但这种加热量非常之小，比进行剧烈体育锻炼产生的加热效果还低很多。

没有证据能证明这种作用是有害的。辐射在传递过程中要向四面八方散开，故其强度随着距离的增加而急剧减小。因而很多人使用免提工具使移动电话远离头部。

当使用者停止讲话时，移动电话也就不再有辐射了。电话在接近基站天线时，它能自动调弱发出的信号以节省电能。这也意味着较少的辐射进入使用者的头部。

我们都是辐射体

物体达到炽热的程度时也会发出可见光。事实上，冷物体也能发出电磁辐射。这是肉眼看不到的**红外辐射**（infrared radiation），也称红外线。甚至远低于0℃的物体也能发出微弱的红外辐射，但它的频率非常低。

物体越热，则辐射的频率越高。非常热的物体，如炽热的恒星等，能发出**主频率**（principle frequency）在电磁波谱中紫外线范围之内的辐射。

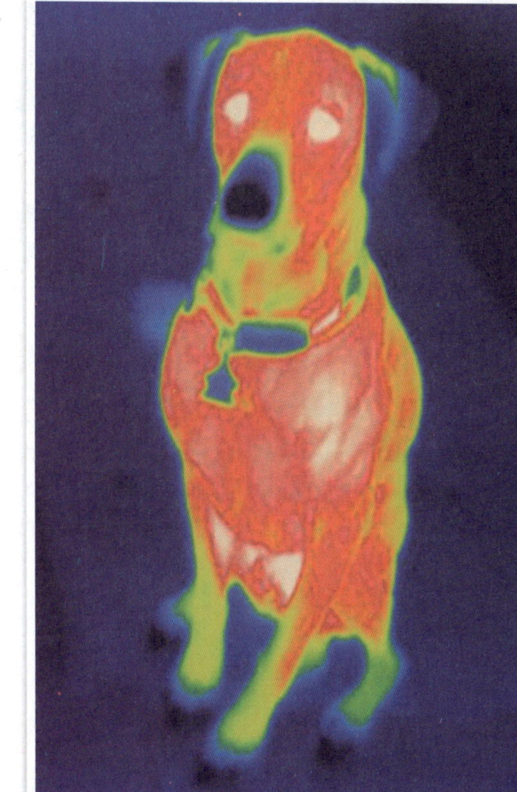

动物（包括人）冷到不能发出可见光的程度。但用特殊的照相机却能够探测到它们发出的红外线。

问题

1. 哪些种类的辐射位于电磁波谱中微波辐射的两端？
2. 为什么微波辐射不属于电离辐射？
3. 为什么微波炉的门和内壁反射微波是非常重要的？
4. 很多人认为接近移动电话基站是危险的。如果你住在基站附近，为什么你的手机发出的辐射强度却不大？
5. 辐射的危险性取决于光子的能量。电磁辐射的能量和它的频率成正比。请解释“成正比”的意义。

F 气候变化

通过探究发现

- 太阳使地球变暖的方式
- 大气层为地球保暖的方式
- 大气层中二氧化碳含量变化的原因

气象局收集到的数据表明，罗杰·瑞吉斯比其他英格兰城镇得到的日照时间更长。这一数据比其他个人收集到的更可靠。

关键词

- 气候学
- 温室效应
- 温室气体

你感觉到现在的夏天比过去的更热，冬天也不像过去那样寒冷了吗？这是一个**气候学**(climate)的问题。气候学是研究一个区域内很多年来天气平均变化的科学。我们不能仅凭自己的经验来回答这一问题，因为一个人在一段时间内只能位于一个地方，且单凭记忆是不可靠的。正确可靠的方法要通过收集和分析大量的数据资料。

对生命最舒适的温度

地球表面的平均温度为15℃，这是对生命最舒适的温度。这一温度条件是怎么获得的呢?

首先，我们随地球绕着太阳转。地球表面接收了来自太阳的辐射，使地球变暖。同时，地球又向空间发出辐射。

• 白天，我们所在的地球表面部分面向太阳，地球吸收了来自太阳的辐射，使地球的温度升高。

• 夜间，我们所在的地球表面部分背离太阳，地球向外辐射能量，地球温度下降。

• 地球的温度比太阳的低，因此它发出辐射的主频率也较低，它可能被大气层所吸收掉。

如果没有太阳来为地球补充能量的话，地球的温度则可能很快跌至约 −270℃。

温室效应

如果没有大气层的保护，地球表面的平均温度将下降至 −18℃，即差不多和月球表面一样冷了。大气层使地球保暖或升温的效果称为**温室效应**(greenhouse effect)。

地球上的生命依赖于温室效应。没有它，地球上的水会结冰。而液态的水对于生命至关重要。

温室气体

如果大气中仅含有最普通的氮气和氧气等气体，则将不会产生温室效应。

问题

1. 个人经验不能作为可靠的气候变化证据。这是为什么?
2. 下列存在于地球大气中的气体，哪些气体不属于温室气体?
   氮气，甲烷，氧气，二氧化碳，水蒸气

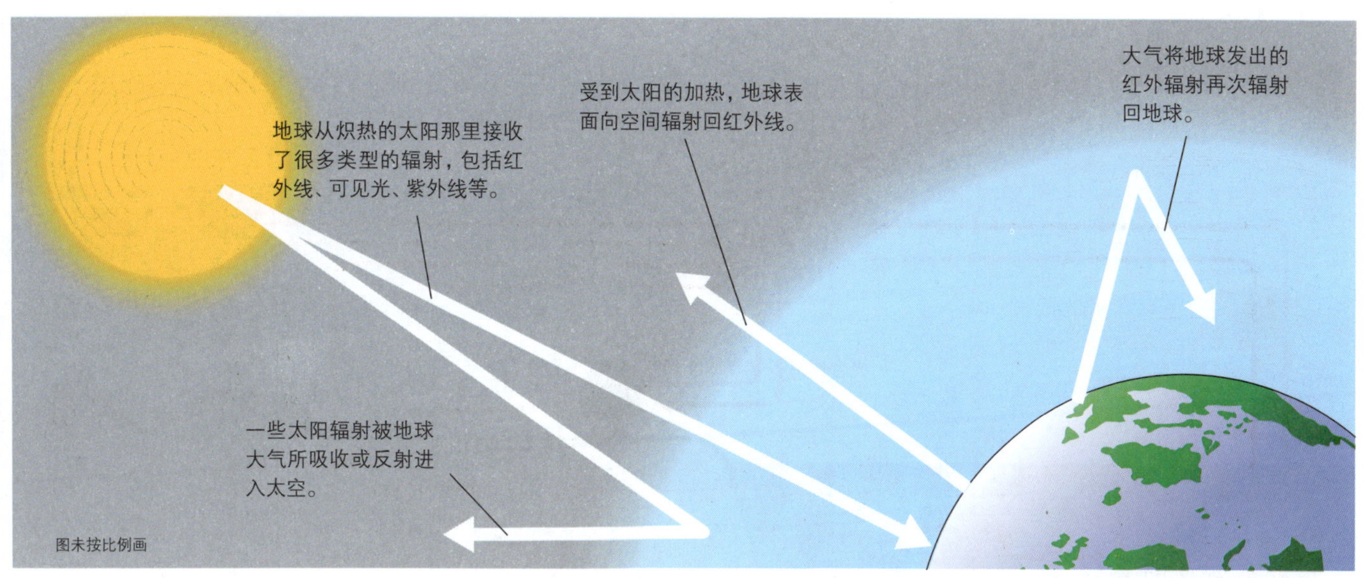

进入和射出地球大气的辐射能量趋于达到平衡。大气层让来自太阳的红外辐射通过，却阻止地球向空间发射红外辐射。这是因为地球辐射的频率比太阳的低，因而被大气层吸收掉了。

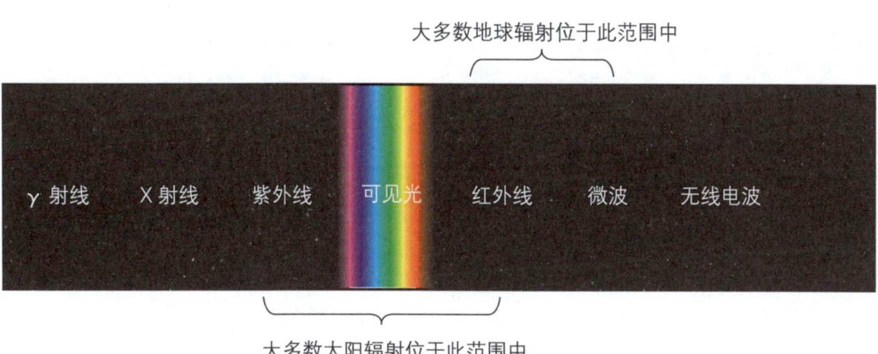

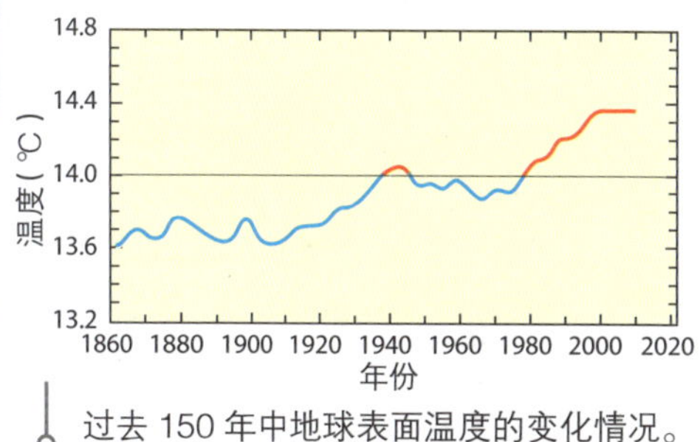

过去 150 年中地球表面温度的变化情况。

大气中较少种类的气体会呈现出与其他气体不同的差异。二氧化碳、甲烷和水蒸气等能吸收地球辐射的红外线，它们统称为**温室气体**（greenhouse gas）。

过去的温度

一个多世纪以来，气象站一直在记录当地当时的温度。右侧的图像显示了这样的一个结果。

有清晰的证据表明，从 1800 年开始，地球的平均温度一直呈上升的趋势。这一结论得到了来自自然本身证据的支持（如树的年轮、海洋中的沉积物、古老冰块中封闭的空气等）。

大多数科学家认为，大气层中的二氧化碳（CO_2）是导致地球平均温度升高的主要原因。依据是：

- 最近全球温度和 CO_2 含量同时增大。
- 有证据表明，从遥远的过去至今，地球温度和 CO_2 含量同步变化。
- 科学家现在已经知道大气层中 CO_2 使地球变暖的机理。

问题

3. 所有关于二氧化碳含量和平均温度变化的描述都使用“相关”一词。哪些表述含有“直接原因”和“直接后果”的含义？
4. 观察温度变化图像，用它描述地球表面温度在过去 150 年内的变化情况。

碳循环

二氧化碳是一种温室气体，它在地球变暖的过程中起到了关键作用。工业化社会产生的二氧化碳气体比以往任何时期都多。

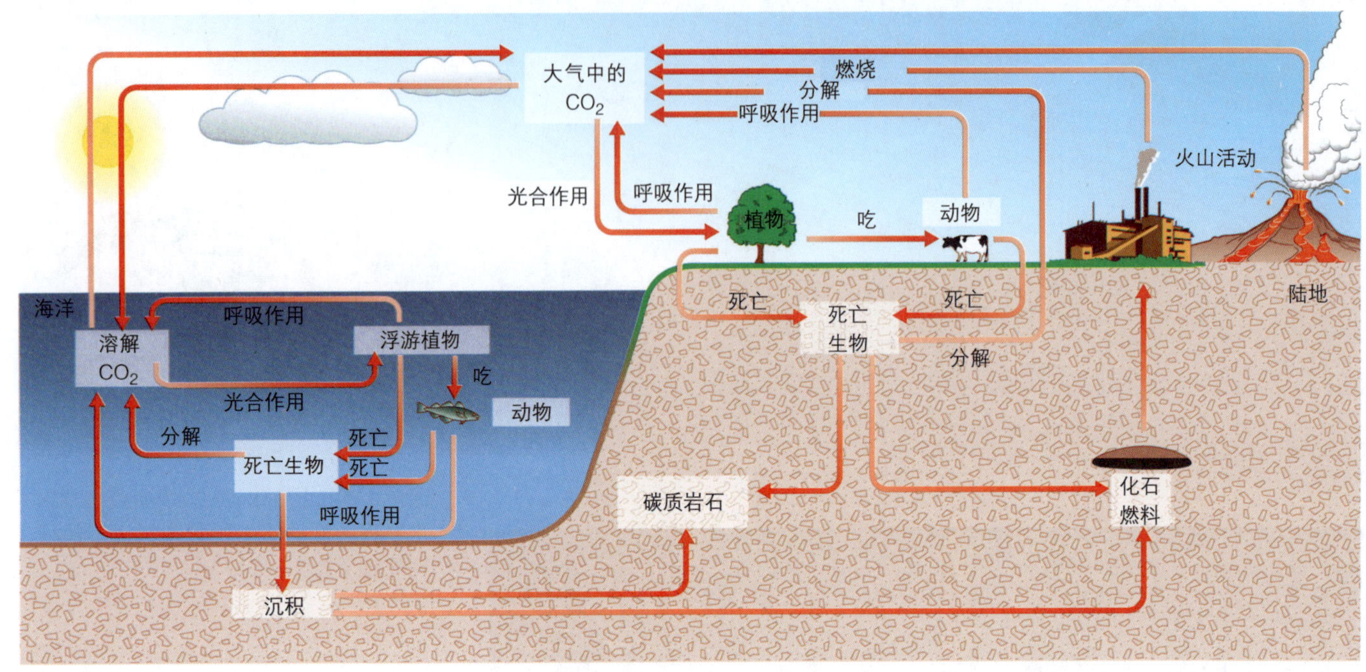

地壳、海洋、大气以及生物中都含有碳。自然界中，碳原子在被反复使用着。**碳循环**（carbon cycle）描述了碳的贮存和输运的过程。

大气中的二氧化碳

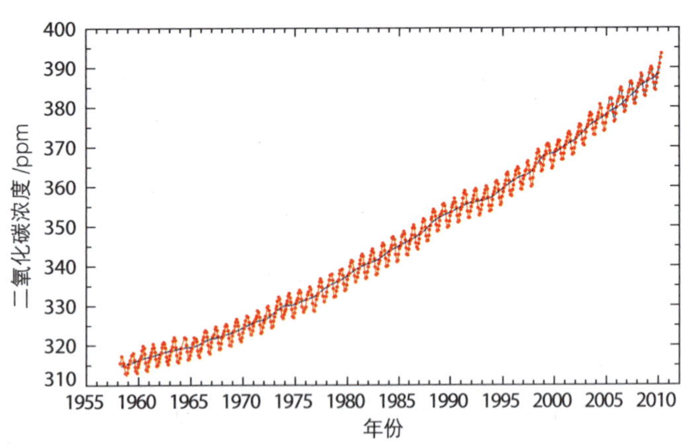

1958 年以来，夏威夷莫纳罗亚的二氧化碳浓度一直被监控记录着。总体来讲它呈上升的趋势。1980 年后，以平均每年约 1.5 ppm 的速度稳步上升。

数亿年前，大气中二氧化碳的含量比现在高得多。绿色植物使用二氧化碳进行光合作用并释放出氧气，这使得动物得以生存下来。甚至形成的化石燃料中也存在着大量的碳而被“锁”于地下。另外，像石灰石、白垩等岩石中也存在着大量的碳。

数千年来，大气中二氧化碳的含量是较稳定的。植物在光合作用中吸收二氧化碳，动物和分解者又在消化时将它们返回到大气中。人类燃烧木材，烧掉的木材和新长成的树相平衡。200 多年前，工业革命改变了这一切，大量使用化石燃料增加了大气中二氧化碳的含量。

人类活动释放出的碳

在世界上的一些地方，人为了生活得更舒适，认为自己有权利恣意处理食物，无节制地使用淡水和电能，制造冰箱等产品，住在大房子或别墅中……所有这些都要增加能源的消耗。

当煤、石油和天然气等化石燃料燃烧时，就会增加大气中二氧化碳的含量。甲烷是另一种温室气体，在放牧和种植稻谷的过程中会有大量甲烷产生。大量砍伐或焚烧树木被称为**大规模砍伐森林**（deforestation）。这不但会增加大气中二氧化碳的含量，也会减弱通过光合作用来减少二氧化碳的过程。

虽然甲烷会产生较强的温室效应，但人类活动产生的二氧化碳的效果更甚。这是因为大气中二氧化碳的含量比甲烷大得多——每年的排放量都是以十亿吨计的。这就是需要制定减少二氧化碳气体排放量国际协议的原因。

汽车等机动车是主要的二氧化碳气体排放源。

发电厂向大城市提供了足够的电能。每天它都消耗许多列车的煤并向大气排放出数千吨的二氧化碳气体。

航空运输也是使用化石燃料的大户。航空燃料之所以便宜，是因为它无须像汽车那样为使用燃料交税。

英国人比其他国家的人需要更多的能源来使住房保持温暖状态。

问题

5. 分析上一页中的碳循环图。
   a. 列出 6 个向大气中排放 CO_2 的过程。
   b. 列出 2 个减少大气中 CO_2 的过程。
   c. 上述过程中的哪一个发生变化使得大气中 CO_2 的含量增加了？
6. 根据上一页中的 CO_2 浓度图的形状分析：为什么它每年时升时降？为什么长期的总趋势是逐年上升的？
7. 用燃烧的方式将森林变成农场。说明这样做会导致大气中 CO_2 含量增大的原因。

关键词

- 碳循环
- 大规模砍伐森林

通过探究发现

- 气候变化可能带来的效应
- 降低向大气排放二氧化碳的途径

自然界的记录

极地冰盖将它的历史也冰冻了起来。在南极洲的部分地区，约 4 km 厚的冰层是由积雪逐年逐层积聚成的。这些冰层中包含有很多小气泡，它记录了 80 万年来大气的情况。由此可看出地球气候是一直处于变化之中的，有过冰河时期和温暖的时期。

但是，历史上温度升高的幅度从来没有像刚过去的 50 年那样快。

取样发现，南极洲的这些冰层中包含有很多数十万年前的小气泡。

改变气候的自然因素

在历史的长河中，自然因素一直是气候变化的主导。例如：

- 地球轨道的变化使地球到太阳的距离也发生了少量变化。
- 来自太阳的辐射量一直在周期性地变化着。
- 火山喷发增加了大气中二氧化碳的含量。

这些因素造成的变化比我们现在看到的要缓慢得多。但当科学家在试图确定哪些人类活动能够导致气候变化时，这些因素仍应被考虑到。

气候模型

大气层和海洋控制着地球的气候。气候科学家利用**计算机模型**（computer model）来预测大气中不断增加的二氧化碳将产生的效应。

什么是计算机模型？气候模型类似于逐日的天气预报模型。它们利用了气候科学家所知道的关于大气和海洋习性的知识。例如，我们现在知道，目前地球吸收来自太阳的能量比它辐射到太空中的能量多 1%。这多出的能量为海洋加热，增大了水蒸发的速度，即增加了大气中水蒸气的含量。利用计算机模型便能计算出这对全球温度的影响程度。

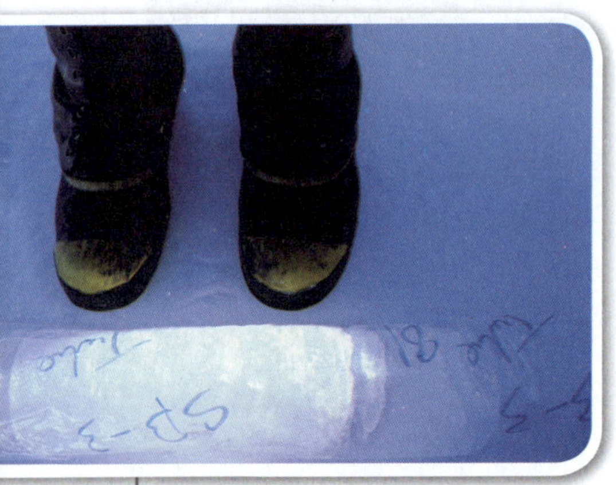

像这样的冰芯记录着数十万年来地球大气的变化。

计算机模型可用地球过去的气候数据进行测试。若它能够正确说明这些数据，则它对未来的预报很可能就是准确的。

然而，我们越是想更深入地了解未来，则在我们的预报中就存在更大的不确定性。

警报性的预报

这些模型都向我们发出了警报：

- 现在人类活动对气候的影响大于自然因素造成的影响。

关键词

- 计算机模型

• 在我们的有生之年中，将来排放的温室气体还将继续提升全球温度 2℃至 6℃。

• 如果大气中二氧化碳的浓度升得过高，气候变化可能将变得不可逆。

• 为了使气候稳定，全球二氧化碳气体的排放量就必须减少 70%。

• 英国的冬天将变得更潮湿，夏天更干燥。

气候变化是缓慢的。仅现在大气中多余的二氧化碳气体就还将影响地球气候 20 至 30 年。因此，全球温度肯定还将上升 2℃。即使人类从现在起全面停止向大气中排放任何二氧化碳气体，在以后的 300 年甚至更长的时期内，地球上的冰山还将继续融化，海平面也将因此不断升高。

根据卫星图像制作的地图显示了 1980 年至 2007 年间北极冰层的减少情况。

气候变化带来的效应

人类社会依赖于稳定的气候。全球变暖带来的危险是巨大的。

极端天气：可能会出现更加极端的天气，如超强暴风雨、热浪等。这是因为较高的温度会在大气中产生强对流，且有更多的水分从江河湖海中蒸发出来。

海平面上升：海洋中的水在受热时会发生膨胀，导致海平面上升。另外，像南极洲和格陵兰岛那样的大陆的冰层融化，增加了海洋中的水。低海拔的地区将会洪水泛滥，对居住在像孟加拉国恒河三角洲那样的河流三角洲或低海拔海岛的人带来重大问题。

干旱或沙漠化：雨量减少可能使得一些地区的主要农作物绝收。热带地区可能频发干旱，引发诸如撒哈拉那样的沙漠的扩张。

健康问题：蚊子可以在更多的地方存活，从而造成疟疾流行。

气候变化的怀疑论者

数以千计的气候学家提出了人类活动影响气候的观点。他们在科学期刊上发表了自己的研究成果并相互印证。

还有一些科学家和非专业人员对这种观点发起了挑战。这种人被称为全球变暖现象的“怀疑论者”或“否定者”。然而，他们很多用于挑战的证据却支持了气候学家的观点。

问题

1. 海平面在上升。试给出两个它还将继续升高的理由。
2. 说明温度升高将引发强暴风雨的原因。
3. 全球变暖的哪两个效应将导致一些地区农作物难以生长？
4. 作一张表格，列出教材这些页中提到的科学的不确定性。

付出的代价

世界上最贫穷的国家可能在应对气候变化效应方面是最无能为力的。因此，这些国家中的人民也就最易受到这些影响的侵害。即使是生活在发达国家中的人民，也常深受这些影响之苦。

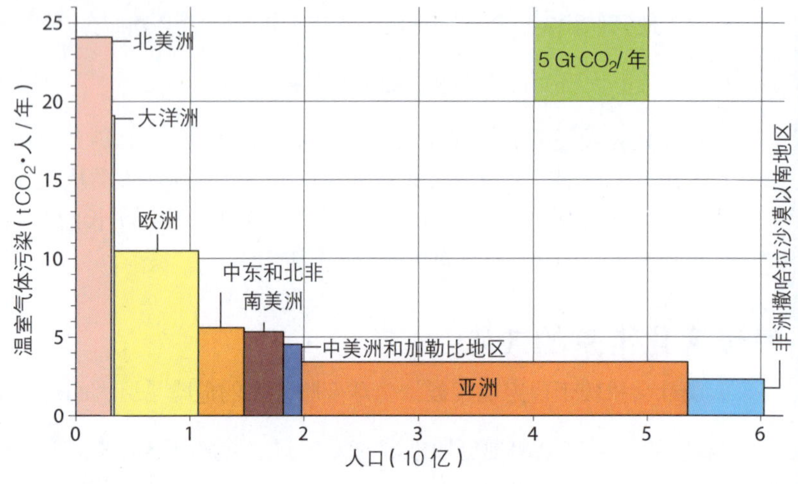

图中的直方图显示：

• 直方图的高度显示每人每年排放的二氧化碳气体量。北美国家最多。

• 直方图下的面积表示各地区二氧化碳气体的总排放量。欧洲和北美洲二氧化碳气体的排放量占到世界总排放量的 60%。

英国也处在危险之中

因湾流的作用，英国的气候长期以来一直是温暖而柔和的。这一湾流是从加勒比地区穿越北大西洋流向欧洲的暖流。有证据表明这一湾流在过去一直在减缓着，使得英国有了结冰的地区且在不断扩大着。有迹象表明，这一湾流还将继续减慢下去。

地球具有一个巨大的洋流“输送带”系统，它有助于使北纬地区的陆地保持温暖状态。

政府应做些什么？

英国政府降低温室气体排放量的目标是：

- 到 2020 年减少 20%。
- 到 2050 年减少 80%。

基线是 1990 年排放的温室气体 5.92 亿吨。右边的图像显示排放量已经有了小幅下降。

政府难以用改变人们生活习惯的方式来减少二氧化碳的排放。英国政府对公众的意见是敏感的，因为每隔几年，他们就要面临新的选举。他们发现要想长期把事情做到极致是非常困难的。人民稍有不满，便会举行抗议活动。工商业者也会因为自己的利益被侵犯而进行抗争。

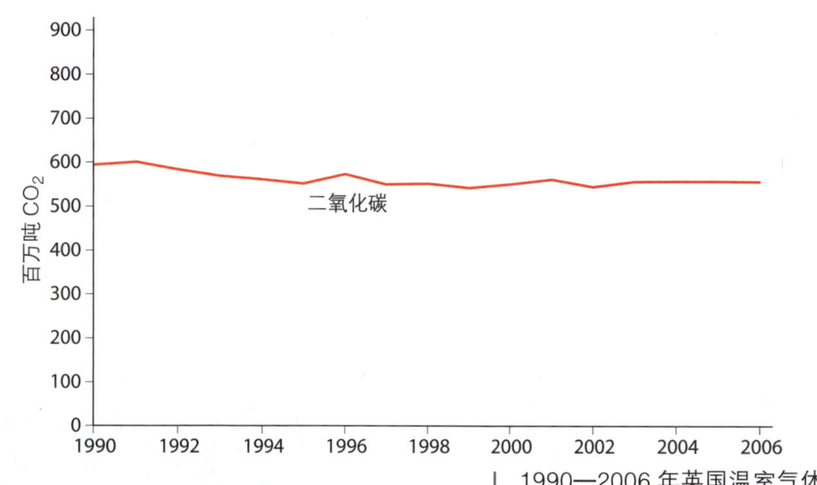

1990—2006 年英国温室气体的排放量。

技术解决方案

有很多种关于用技术来降低向大气排放二氧化碳量的提案。但这距离实施可能还需很长的时日——因为其结果是不确定的。

让科学来拯救

一些关于降低二氧化碳气体排放量的解决方案被认为是有效的。

- 在海洋中撒布铁粉。这有助于浮游生物的生长，而浮游生物能够吸收溶解于海水中的二氧化碳。海水因此可以吸收更多的大气层中的二氧化碳气体。
- 俘获发电厂产生的二氧化碳气体，然后将其压缩成液态并抽入废弃的海底油井中。
- 水泥制造业也产生温室气体，在欧洲和美国占 5%，在中国占 10%。一种新型的生态水泥在凝结后的数年中具有吸收二氧化碳的功能。

但是，以上方案都没有被实施甚至没有被评价过。

摘自一种科学普及杂志。

问题

5. 分析第 179 页中描述的 4 个排放源。给出政府对每一个排放源可能采取的措施。
6. 分析上一页中的直方图。表示亚洲的图像既宽又低表示了什么含义？
7. 你认为人类应依赖于像科学杂志中介绍的技术手段来解决这些问题吗？解释你的理由。

H 用辐射传递信息

通过探究发现

- 利用电磁波传递信息
- 模拟和数字信号

信息是什么？

移动电话可以储存图像、声音、文本和数字。而图像、声音、文本和数字都是**信息**（information）的形式。

因为电话是电话网络的一部分，故它可以接收或发送信息，也能用来储存或处理信息。例如，使用者可以用它修改文本或玩游戏。

电话本身并非自带图像、声音、文本等。它仅是用电路储存了这些信息。这样就能容易地处理信息并显示在屏幕上，或发送给其他用户。

我们用天线来发送或接收移动电话的信号。天线要造得很高以使在天线和电话间有较大的“视野”。

传递信息的路径

移动电话是利用微波来工作的。微波是频率最高（或波长最短）的无线电波。其他的无线电波则用于收音机或电视节目的传送。

无线电波和微波都能在空气中传输很长的距离，因为它们仅能被大气吸收。这意味着微波也适合用于和太空中的航天器通信。

信息也可以用光导纤维来传输，且可利用可见光、红外线和紫外线等。这种纤维是用高纯度的玻璃制造的，这些辐射可以在其中传输数千米而没有显著的衰减。

已经用光导纤维制成了电视系统的光缆和用于互联网的高速电话线。

关键词

- 信息
- 载波
- 数字信号
- 模拟信号

信息载体

信息通过**载波**（carrying wave）从一处传输到另一处。无线电波、可见光和红外线都可以作为载波，但必须对它和信息进行调制。载有信息的波被称为信号。

载波 + 信息 = 信号

我们常在黑夜中用手电筒传递信息。手电筒发出的光便是载波，而一明一暗的光便是编码的信息。这和光纤中传输的信号非常相似。一系列由光的通或断构成的脉冲在光纤中传输并在另一端被接收到。如下图所示的由通或断构成的信号称为**数字信号**（digital signal）。这种信号仅用 0（断开，无脉冲）和 1（连接，有脉冲）两个符号来描述。

问题

1. 给出具有下列特征的信号名称：
   a. 只有 2 个可能的数值。
   b. 具有连续变化的值。
2. 给出 4 种可以转换为数字信号并通过移动电话传输的不同种类的信息。
3. 光和红外线的性质被用于通信的有哪些？

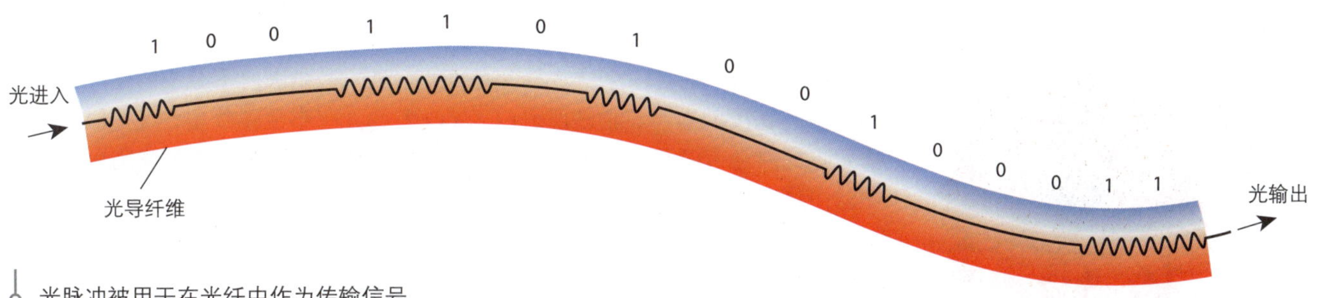

光脉冲被用于在光纤中作为传输信号。

信息编码

所有类型的信息都可转换为数字信号。以声波为例：对话筒发出的声音被转换成了变化的电压。右图显示了 1 秒内声音引发的电压变化情况。

电信号和原始声波的波形变化相同，像这种连续变化的信号称为**模拟信号**（analogue signal）。

图下的表中显示了变化的电压被转换成数字信号的情况。变化的电压在 1 秒内被多次采样，按其高度（即电压）用二进制数编码，用这些“0”和“1”来控制载波的“断”和“通”。

图像（如照片等）可用分解成非常小的点（即像素）的方式进行编码。每一个像素都用数字代码决定其颜色和亮度。

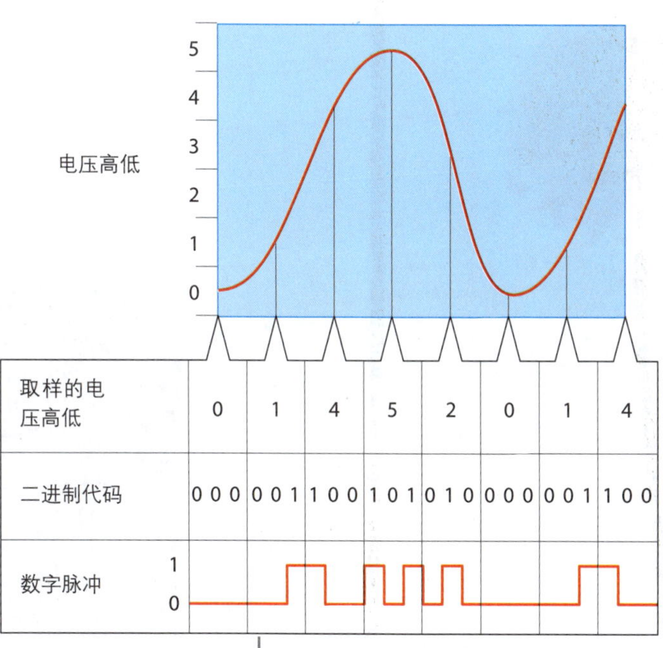

将模拟信号转换成数字脉冲的方式（真正的数字电路系统中的取样数远比本图中的高，取样速度也快得多）。

移动电话的主要部分。

载有信息的辐射

喂，听到了吗？

如果你用手电筒向朋友发送一个信号，他们则先需要解码。同理，移动电话也要对接收到的数字信号进行解码。

电话内部有一个能完成这一工作的微处理器。它解码的大致过程如上一页的图中所示：将二进制代码转换成变化的电压。然后，它被送到耳机中使我们听到声音。

更多的信息

用于储存图像或声音等所需的信息量大小是用**字节**（byte，或 B）来表示的。存储一分钟的音乐大约需要 1 兆字节（1 MB）。一个袖珍 MP3 播放器有可能储存有数百吉字节（GB）的信息。用它可储存供数周欣赏的音乐或数百张照片。

数字图像中的每一个像素都含有色彩信息。一张黑白图像中的每一个像素则有点的亮度的数字，能显现出白、灰或黑等。在彩色图片中，这种信息也能决定点的颜色，它可能是 256 种颜色之一，或超过百万种的颜色或阴影。彩色图像中含有更多的信息量，因此需要更长的时间来发送或储存。

下图给出了同一张照片的黑白和彩色两种形式。

黑白照片中的每一个像素都具有在白和黑之间的 256 种灰度之一。黑白照片被储存的信息量可能是 271 kB。但彩色照片中，每一个像素可能用到超过百万种颜色，使照片的信息总量有可能达到 74 MB 之多。

数字化图像的每个像素都用数字形式给出了它的色彩信息。色彩的选择度越大，则所需要的数字范围也越大。

移动电话中含有诸如金那样的贵金属，它能被回收循环使用。随着技术的进步，很多人的移动电话不断更新换代。

图像或声音的信息量越大，则它的质量越高。

使用数字信号的优势

对传输图像和声音那样的信息来讲，数字信号比模拟信号具有以下优势：

- 数字信号能够用微处理器进行处理（如用计算机、电话等）。
- 数字信号储存在存储器中时只占据极少的空间（如计算机、电话或 MP3 等中）。
- 每秒内数字信号可以比模拟信号承载更多的信息。
- 数字信号在传输过程中质量几乎没有降低，即很少有失真。而模拟信号在传输过程中易降低质量，且不能恢复。

上述的最后一点的原因如下：所有的信号在传输过程中都会变弱，且混入**噪音**（noise），即干扰信号也会加入其中。有噪音的音乐模拟信号可能变得模糊、刺耳且失真较大。但在数字信号中，这种效果是能够被纠正的。

下图显示了这种效果的原理。噪音的数字信号被送入由消除噪音电子电路构成的再生器中，它能区分出代码 0 和 1 构成的信号。数值接近 0 的纠正为 0，接近 1 的纠正为 1。可能原信号中被加入了大量的噪音，但在难以区分出代码 0 和 1 之前，就可用再生器将信号恢复至原始信号的质量。

关键词

- 字节
- 噪音

问题

4. 100 kB 的图像文件和 1 MB 的声音文件相比，那个文件的信息量大?
5. 试说明 10 MB 的图像文件比相同画面的 1 MB 的文件质量好的原因。
6. 试说明噪音可从数字信号中消除，却难以从模拟信号中消除的原因。

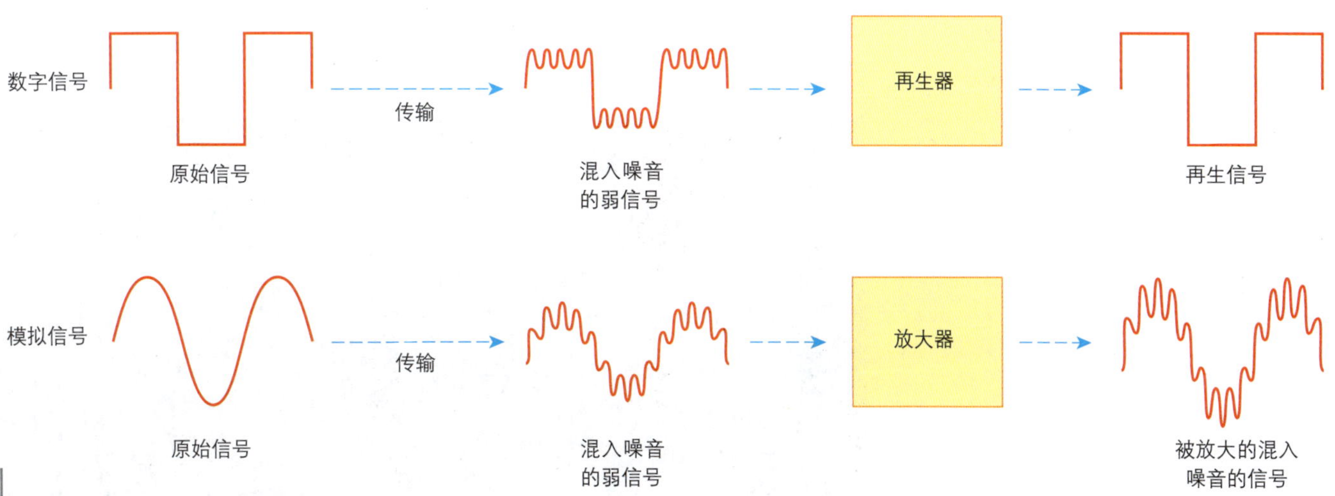

通过传输，信号变弱且混入噪音。数字信号可用再生器来进行清理。当模拟信号被放大时，混入其中的噪音也就一同被放大了。

I 对健康构成危险吗？

通过探究发现

- ✔ 从移动电话及基站发出的辐射
- ✔ 判断健康研究结果是否**可靠**（reliable）的方法

手机有用又好玩，可它存在危险吗？

移动电话发出的信号能被附近的基站接收到，这就是电话入网的方式。

因为手机天线紧靠使用者的耳朵，故人脑可能会吸收它发出的微波辐射能量，而吸收量又取决于辐射的强度和使用的时间长度。

在第 175 页中我们学过，被吸收的辐射会产生热效应，因此使用者的头部会被稍微加热。加热程度取决于被吸收的光子数量和每个光子所携带能量的大小。

辐射分布

因为辐射是向四面八方传播的，故辐射在刚离开手机的时候是最强的，离开手机后就迅速减弱。

同理，辐射在刚离开基站时也是最强的，且比手机辐射的强度要大。当它到达远处的手机上时，强度已经非常弱了。

人们对基站发出的辐射感到担忧。如果人正好站在一个基站旁边，人体吸收辐射产生的热效应就很明显了。

幸运的是，人不可能靠得如此近。基站被设计得如同灯塔，辐射则如同灯塔发出的光束。即使人站在基站的正下方，该处的辐射强度却可能比手机发出的还要弱。

移动电话
基站
天线
微波束
15–50 m
地面
50–300 m

移动电话基站发出的微波束。

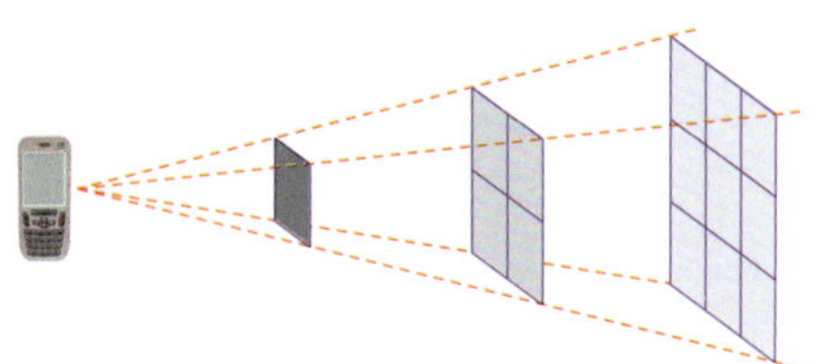

离电话的距离增加至原来的 2 倍，则面积变为原来的 4 倍，故辐射强度降为原来的 1/4。

很多人认为驾车旅行比乘火车安全。但在英国，每年平均约有 3000 人死于公路交通事故，而乘火车发生的人员死亡事故则少得多。这是一个**感知危险**（perceived risk）和**实际危险**（actual risk）之间差异的例子。

人们可能无法对一些特殊的危险性进行准确的评估，一般会将一些像辐射那样看不到效应的事物的危险性估计过高。另外，人们对感到无法驾驭的东西的危险性也往往估计过高。例如，人们认为乘飞机比骑自行车的危险性大，但每年都有很多人死于骑自行车发生的交通事故。

对健康的研究

在英国有超过5千万人使用移动电话。人们享受着移动电话带来的便利，却很少为那些尚不明确的危险担忧。到目前为止，尚无研究能证明它带来了任何危险效果。

为了发现潜在的危险，科学家将手机使用者和不使用手机者的样本进行了比较。有任何被试呈现较高的致癌率了吗？

我们能够相信这些研究结果吗？

新闻里经常报道关于对两组对照样本的对比研究，来看特定的因素或处理方法在这两组样本上体现出的差异。当你在思考这种形式的研究时，有两方面的情况值得你去检验：

要检验的内容	原因
看这两组样本是如何遴选出来的。你能确定任何结果上的差异确实归因于所公布的因素吗？	假定有一项使用移动电话是否会增大患脑瘤（癌）的危险的研究，它需要比较两个对照组——使用移动电话者和不使用移动电话者。 两组对照样本人群应尽可能多地在一些因素方面具有可比性，如使每一年龄的人数相同等，因为患脑瘤的可能性可能与年龄有关。 研究者也可能是随机选取样本的，因此，两组中的其他因素（如基因差异等）就可能是相似的。
样本是否足够大到令人相信研究结果的程度？	若样本数很小，则结果就很可能受到偶然因素的影响。样本数很大，就有可能给出关于整个人口的较为真实的结果。偶然性产生的效果应用平均的方法消除掉。

所冒的风险有多大？

通常，在报道健康问题时也会提到相关的危险。例如，在一篇报道中提到"人如果暴露在强烈的阳光下，则患白内障的可能性将提高4倍"！这究竟能说明什么呢？

• 若原来的危险性是百万分之一，现在仅达到百万分之四。完全不必为此担心！

• 若原来的危险性是百分之五，现在将达到百分之二十。这时要认真考虑和采取措施了。

还有一些人可能因自己的家族病史或生活习惯等因素而面临更高的危险性。

关键词
- ✔ 可靠
- ✔ 感知危险
- ✔ 实际危险

问题

1. 低强度的手机或基站辐射会对人的健康带来危险吗？（回答"会"和"不会"）
2. a. 观察本页表中的第一列。研究的是什么结果和导致这种结果的因素？
   b. 描述在第二种方法中遴选样本人员的方法。
   c. 说明用两组样本进行对照研究的重要性。

科学解释

在本章中我们了解了电磁波谱、各种类型的辐射源，以及它们既有用又危险的两面性。

应该知道：

- 认识不同形式的辐射及其辐射源、传播路径、被吸收后产生的效果。
- 电磁辐射是以光子的形式一份一份传递能量的。
- 用光子能量大小的顺序来描述电磁波谱的方法。
- 电磁波谱中不同部分的用途。
- 影响电磁辐射能量的两个因素。
- 电磁辐射的强度是如何随距离的变化而变化的。
- 电磁波谱中具有最高光子能量的 3 部分都是电离辐射。
- 电离辐射对生物是危险的。
- 人们如何防护电离辐射。
- 微波是如何加热物质的（其中包括生物细胞）。
- 为保护使用者，在微波炉的设计方面应考虑的措施。
- 阳光提供了光合作用和维持地球温度所需要的能量。
- 光合作用如何影响大气层中的气体成分。
- 温室效应，且能够明确哪些气体是温室气体。
- 利用碳循环理论来解释绿色植物和分解者保持大气中二氧化碳浓度长期不变的原因。
- 大气层中的臭氧保护地球上的生物免受紫外线侵害的原理。
- 全球变暖及其对农业、天气和海平面可能产生的影响。
- 计算机模型模拟提供了人类活动正在导致全球变暖的证据。
- 红外线和可见光可通过光纤传送信息。
- 声波可加载在电磁波上成为可传输的载波信号，然后再解码还原成为原始的声音。
- 编码可以是连续变化的模拟信号，也可以是由一系列脉冲组成的数字信号。
- 数字信号的优势在于它可降低噪音、易于储存，并可对储存的信号进行处理。

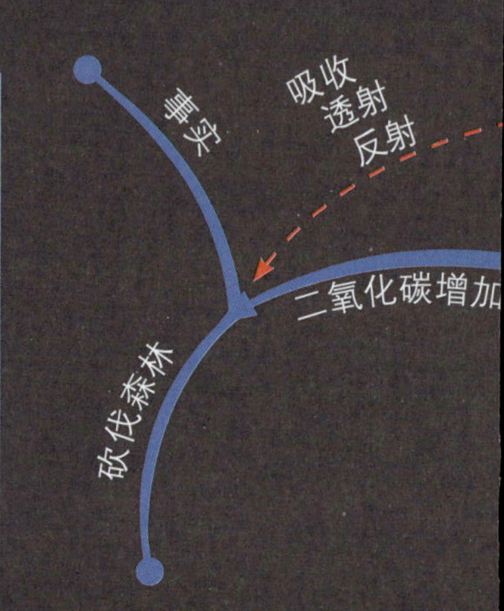

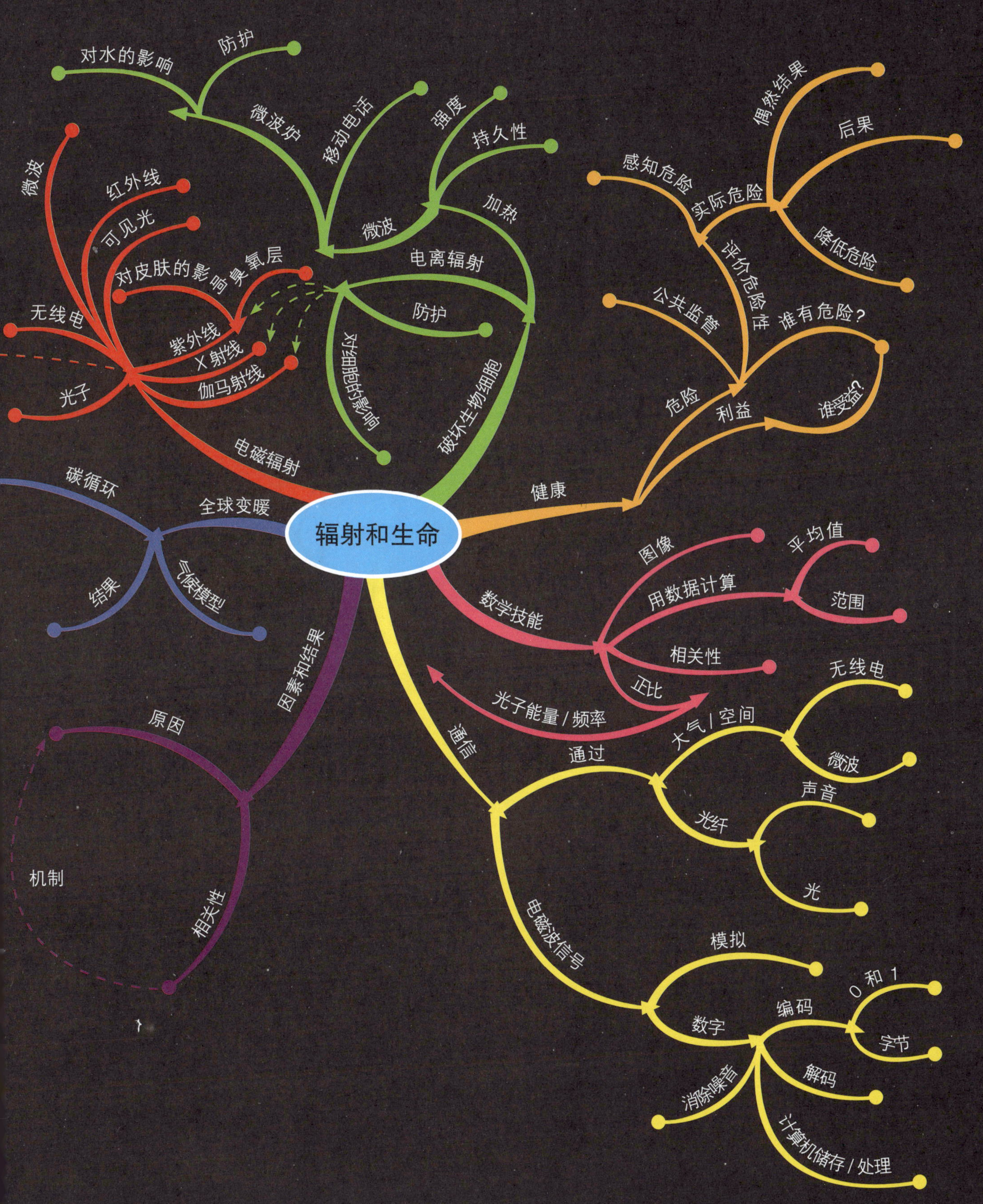
辐射和生命
电磁辐射
微波
红外线
可见光
对皮肤的影响
臭氧层
无线电
紫外线
X 射线
伽马射线
光子
对水的影响
防护
微波炉
移动电话
强度
持久性
微波
加热
电离辐射
防护
对细胞的影响
破坏生物细胞
健康
感知危险
偶然结果
后果
实际危险
降低危险
评价危险性
公共监管
谁有危险？
危险
利益
谁受益？
碳循环
全球变暖
结果
气候模型
数学技能
图像
平均值
用数据计算
范围
相关性
正比
光子能量 / 频率
因素和结果
原因
机制
相关性
通信
通过
大气 / 空间
无线电
微波
光纤
声音
光
电磁波信号
模拟
数字
编码
0 和 1
字节
解码
消除噪音
计算机储存 / 处理

科学观点

除了要理解电磁波谱之外，认识到相关性和必然结果间的差异、评价电磁波谱带来的利益和危险也都是非常重要的。

因素和结果间可能存在着各种方式的联系，而区分相关性和直接原因也是很重要的。相关性表明一种事物的变化和另一种事物的变化相联系；而直接原因表明某因素导致了结果。

在学习电磁波谱的内容时，应该能够：

- 说明日常所见事例间的相关性。
- 明确数据、图表或描述间的相关性。
- 给出可能会增加特定结果可能性但并不绝对导致这种结果的因素。
- 明确存在的能解释相关性的机制。科学家趋向于接受导致结果的因素。

我们所做的一切事情都存在着危险性，新技术的出现也可能会带来新的危险。评价特定结果发生的概率，以及它起作用后产生的后果是重要的。这是由于人们通常感知到的危险和实际危险间是有区别的：有时小于实际危险，有时大于实际危险。带来危险的特定条件可能也会带来利益，因此必须对危险和利益作权衡。

由此我们应能够：

- 明确科技发展导致的危险增大的因素。
- 用不同的方法阐释存在的危险。
- 讨论危险，同时考虑到它发生的概率及它发生时会产生的后果。
- 讨论一种行动会带来的危险和利益，同时考虑到谁将处于危险之中，谁又将获利。
- 区分实际危险和感知危险。
- 给出人们愿意或反对冒险的原因。
- 讨论各种危险事物应如何受到政府或社会组织的监控。

复习问题

a. 使用下面列出的文字完成电磁波谱的图表。

微波　　伽马射线　　紫外线

无线电波		红外线	可见光		X 射线	

b. 电磁波谱中何处的光子具有最高的能量？

c. 下列辐射中的哪一个不属于电离辐射？

伽马射线　　微波　　紫外线　　X 射线

下面的图像显示了大气中二氧化碳浓度在过去 300 年中的变化情况。

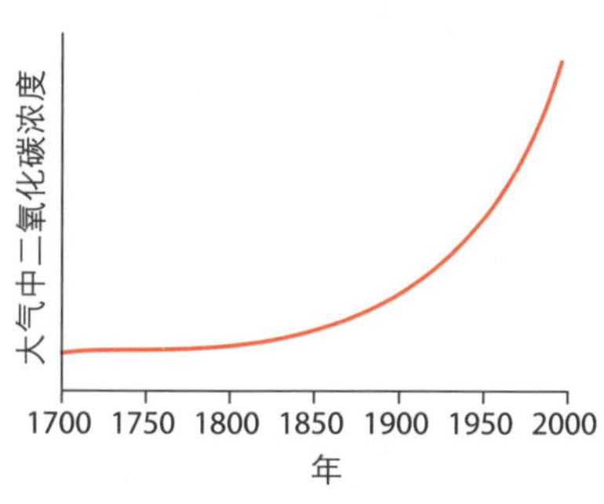

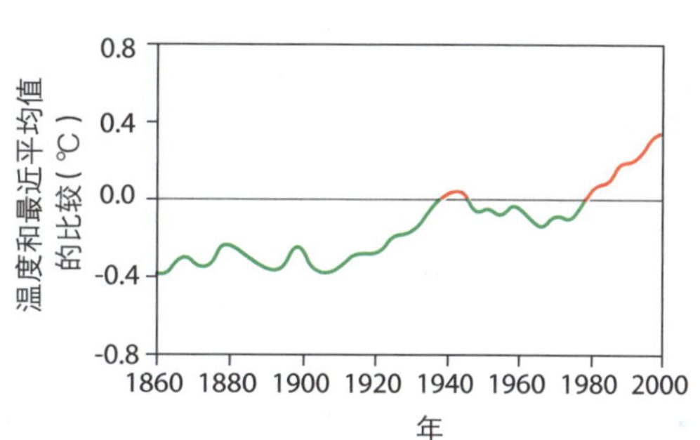

a. 描述左图中的趋势并给出科学解释。

b. 右图显示了 140 年来大气温度的变化情况。用这两个图像说明“相关性”的含义。

3

将下列各图和右侧的说法相匹配。每幅图可以使用 1 次或多次，也可以不用。

A 

D 

B 

E 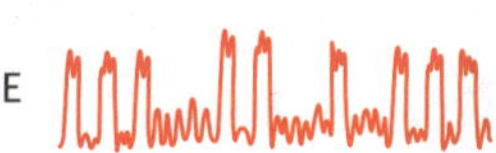

C 

F 

a. 声波是一种模拟波。

b. 声波可以转换成数字编码。被传输的数字信号是一系列的短脉冲。

c. 传输过来的数字信号比模拟信号的质量高。随着信号的传输，它的强度减弱，噪音增加。

d. 信号被接收到后进行放大。

e. 信号中的噪音要被清除掉。

f. 数字信号被还原成声波。

B3 地球上的生命

为什么要研究地球上的生命？

当今地球上有逾3千万种生物。它们都是从哪里来的呢？为什么有如此多的生物种类？物种重要吗？我们能使地球上的生物和它们的后代更好地永远生存吗？这些都是我们想从科学中得到答案的问题。科学家认为，地球在35亿年前就有生命存在了。随着第一种简单生物开始繁衍和变化，其发展出来的许多物种现在也已灭绝了。

已经知道的知识

- 来自父母的基因信息决定着后代的长相。
- 具有相同基因信息的个体也可能变得不一样。
- 生物的很多特征可能是由环境因素造成的。
- 光合作用是植物生物物质的来源。
- 植物生长需要无机盐。
- 生物在自然界中的分布是由环境因素决定的。
- 生物仅在能为它们提供生活和繁殖条件的栖息地生活。
- 生物具有对环境的适应性。
- 食物网表明了生物间的捕食关系。

要发现什么？

- 物种间的相互依存关系
- 地球上生物的进化
- 科学家发展起的进化理论
- 一些物种灭绝的原因

科学的应用

化石和DNA提供了地球上生物进化的证据。简单生物通过进化形成了很多新物种。

所有生命的生存依赖于环境和其他的物种。

归根到底，地球上的所有生命都依赖太阳能和通过环境回收的养分而生存。

科学观点

现在，大多数科学家同意进化论的说法。但是在200年前，却没有人认为这是正确的。发展出新的理论观点需要证据和想象力。即使如此，理论观点也会随着新证据的出现和对观点的验证而改变。物种多样性是人类赖以生存的珍贵资源。科学家能帮助我们设计更加可持续地使用自然资源的方式。

A 生命的多样性

通过探究发现

- 生命体都不尽相同的原因
- 什么是物种
- 生物的适应性

我们能时时发现地球上的不同生物间存在着差异。但即使那些外观看起来不同的生物，也有一些相似之处。例如，几乎所有的生物都是通过基因来传宗接代的。

分类——我们属于哪一类

科学家利用生物间的一些相似或不同点将它们分组。我们以前在整理物品时也可能这样做过。我们将这种方法称为**分类**（classification）。人类所属于的最大组为“动物王国”、最小组为“智人组”，即智人是人类这一**物种**（species）的学名。

生物分类都是用拉丁文命名的，无论交流者的母语是什么，他们都必须使用拉丁文统一为生物命名。

动物 → 脊椎动物  哺乳动物  灵长类 → 智人

最大组   最小组

和我们关系最紧密的是其他的智人，但我们同时也属于其他的组。所有具有骨架并有脊椎骨的动物称为脊椎动物。几乎所有的哺乳动物都具有四肢，而灵长类动物有具有 5 个趾（指）的上肢和下肢、可以向各方转动的肩关节，眼睛在面部前面的骨骼孔隙中。再向下分类，所包括的动物就更少了，但特征却更加接近。

人类的皮肤细胞和蝴蝶翅膀中的细胞是通过相同的化学反应来产生色素的。

如何定义一个物种？

科学家之所以将一组生物定义为同一物种，是因为它们非常相似，以至于：

- 它们之间可以交配。
- 它们的后代之间也可以交配，即是**可繁殖的**（fertile）。

马和驴相似，但由它们杂交产生的后代不能再繁殖，故它们是不同的物种。

马和驴是解释物种的好例子。它们能互相交配，繁殖出称为骡子的后代，但骡子是**不可繁殖的**（infertile）。马和驴看起来非常相似，但它们不是一个物种。

同一物种内的生物间也存在着不同。我们只需看一下教室中周围的同学就会明白这一道理了。这种差异是由基因和环境共同引起的，这些因素在生物进化中起到了非常重要的作用。以后我们还将发现更多这样的现象。

生存的艺术

当前地球上生活着逾 3 千万种生物，它们的特性使它们能在所处的环境中存活下来，这种特性就是**适应性**（adaptation）

仙人掌生活在高温、干旱的沙漠环境中，它们能生存是因为能适应沙漠这种环境。它们利用巨大的根系从沙土深处吸收水分并储存在茎中。很多仙人掌长有坚硬的刺状变态叶，称为叶刺。

鱼类也具有使其能在水中生活的特殊适应性。鱼能获取溶解在水中的氧气。氧气通过鱼鳃中的大量毛细血管进入血液。流线型的身体和光滑的体表使鱼在水中运动时受到的阻力很小，成对的鳍又使鱼在水中能保持平衡，而鳔使鱼在水中能获得一定的浮力。

仙人掌和鱼都能适应周围的环境而活下来。

问题

1. 你属于什么物种?
2. 说明为什么马和驴属于不同的物种。
3. 请给出仙人掌具有各种适应性的原因。

关键词

- ✔ 物种
- ✔ 可繁殖的
- ✔ 不可繁殖的
- ✔ 适应性

通过探究发现

- 一些物种灭绝的原因
- 一些生物相互依存的方式

在过去的数百万年中，很多生活在地球上的动物和植物灭绝了。一个物种中的所有生物都死光了的现象称为**灭绝**（extinct）。

有化石证据表明，在地球上至少发生了 5 次大规模生物灭绝。现在，我们可能处在新一次大规模生物灭绝的起点处。

在世界范围内，有超过 12000 个物种处在灭绝的边缘，即处在危险之中！

生物居住或生长的地方称为**栖息地**（habitat）。栖息地发生的任何剧烈变化都有可能带来使其中的生物灭绝的危险。

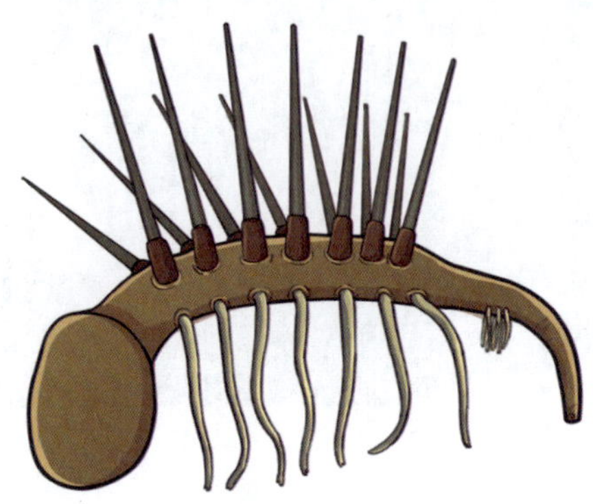

来自布尔吉斯页岩中的古生物化石。这种令人惊异的物种生活于 5.05 亿年前，现已灭绝。科学家认为它可能是螃蟹和蜈蚣的祖先。

环境的变化

所有的生物都需要诸如水、适宜的温度等条件才得以生存下去。日渐升高的温度改变着很多栖息地，全球变暖使很多物种处在危险的边缘。

新物种

外来的新物种可能会导致栖息地中的物种灭绝。

- 生物间为夺取自己需要的资源而产生竞争，争夺相同资源的两种不同生物甚至不能共存。其中一种会以夺得了诸如食物和庇护地那样的利益而取得**竞争**（competition）的胜利。
- 这种新物种可能成为栖息地原有生物的**捕食者**（predator）。
- 若新物种能导致**疾病**（disease）流行，则可能消灭其中的全部生物。

野生动植物已感受到全球变暖的效应了

对地球表面具有代表性的 20% 陆地面积中的 6 个区域进行研究。

一项大规模的研究表明，全球变暖可能会导致地球上四分之一的物种面临灭绝的危险。

英国各地生活着红松鼠。但现在体形较大的美洲灰松鼠占据了它们大部分栖息地。

1960 年代，荷兰榆树病产生的病毒杀死了大多数英国榆树。

捕猎

生物的栖息地里也需要其他物种的存在。例如，蜘蛛需要毛虫作为食物。

因此，如果所有的毛虫都死了，则蜘蛛也将面临生存危险，继而会使鼩鼱和猫头鹰置于危险之中。

食物网

大多数动物的食物不止一种。很多不同的食物链中包含相同的物种，于是就构成了**食物网**（food web），它显示了生物间的**相互依存**（interdependence）关系。

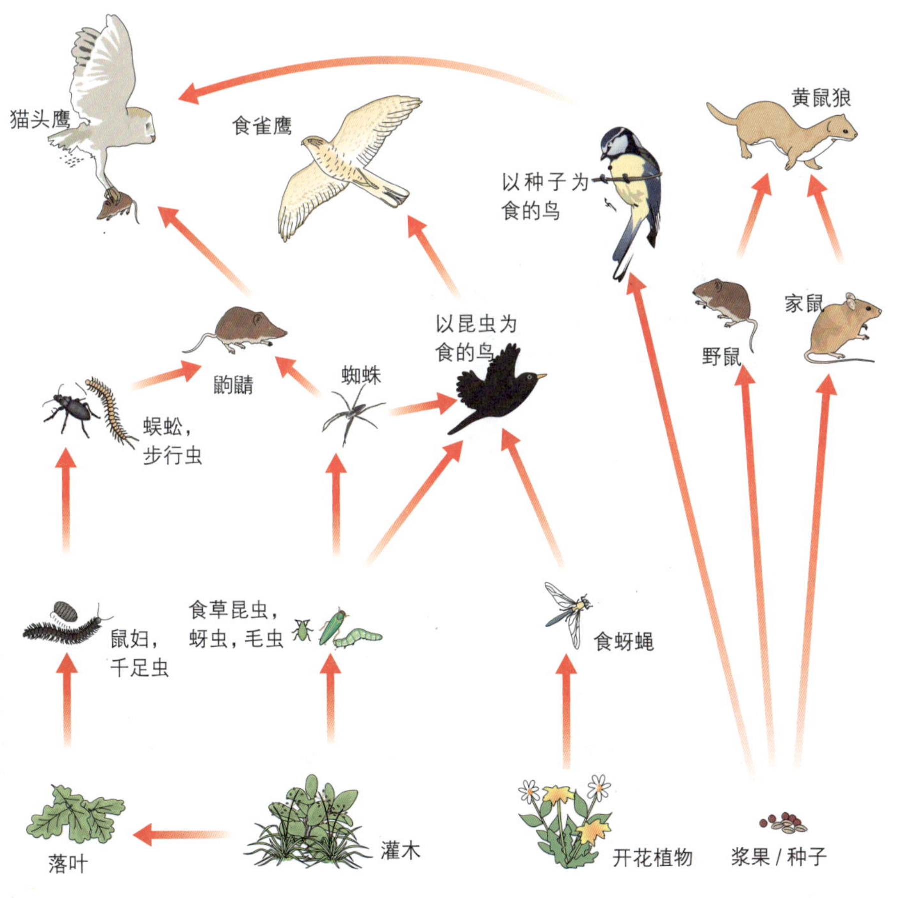

一种新动物加入食物网，可能会影响到栖息地原有的植物、动物和微生物。同样，一种动物的缺失可能会影响到食物网中的其他动物。

关键词
- 灭绝
- 栖息地
- 竞争
- 捕食者
- 疾病
- 食物网
- 相互依存

问题

1. 观察左图中的食物网。
   a. 举出两种为同一种食物源而竞争的动物。
   b. 一种疾病杀死了所有的开花植物。请说明这对食蚜蝇的数量将产生怎样的影响。
   c. 黄鼠狼进入了一个栖息地，它以野鼠类为食。
      i 家鼠的数量减少，试说明原因。
      ii 说明这将对毛虫的数量产生何种影响。
2. 说明灭绝的含义。
3. 根据下面条件举出两种生物。
   a. 植物物种与其竞争。
   a. 动物物种与其竞争。

通过探究发现

- 生物对太阳能的依赖程度
- 能量和营养在食物网中传递的方式

几乎所有生物的终极能源都是太阳能。太阳能提供了使大气层维持一定温度，以及产生食物中的化学物质所需的能量。

第 199 页中的食物链的共性是都始于植物，植物是**生产者**（producer）。

植物从阳光中获取能量，并利用这种能量将二氧化碳和水合成诸如淀粉那样的有机化合物。这一过程称为**光合作用**（photosynthesis）。

来自阳光中的能量被储存在这些构成植物细胞的新化合物中。这些化合物能通过**呼吸作用**（respiration）分解并释放出能量。储存的能量随着植物被吃掉或分解而传递给其他的生物。

植物能吸收照射到叶子上光能的 1%—3%，来产生新的植物物质。这种能量利用率听起来很小，但太阳释放出的能量是巨大的，因此这 1%—3% 的能量仍然足以维持地球上的生命生存。

日光浴者享受着太阳的温暖，但并非直接利用太阳能来维持生命。植物却能利用光能来直接产生养分。

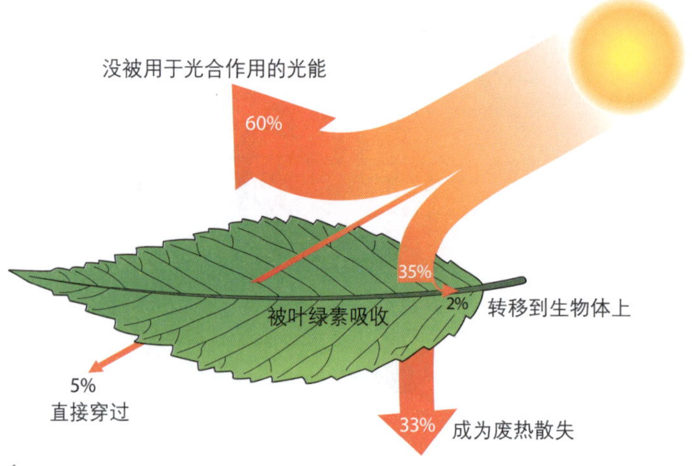

大多数到达叶子的光能被叶面反射回去、转化成废热或直接穿过叶子，只有很少比例的光能被叶绿素吸收并用于光合作用。

能量转移

动物自身不能生产食物，故要摄取外来的有机分子。动物是植物的**消费者**（consumer），并通过呼吸过程分解食物分子。

一些在呼吸过程中释放的能量被用于生长，这时食物分子变成了新细胞结构的一部分。

动物也把呼吸过程中释放的能量用于其他的生命过程，例如保持体温等。

平均来讲，在食物链的每一阶段，仅有 10% 的能量被传递到下一级。消耗的能量：

- 被用于生物的生命过程，如运动等。
- 作为热能散失到环境中。
- 随废物排出。

因此，在生态系统中，各层级生物的数量会逐渐减少，食物链的层级也是有限的，通常只有生产者、初级消费者、次级消费者和三级消费者。

右图显示的是生态系统中能量流动的效率。

能量也流向**分解者**（decomposer）和**腐食性生物**（detritivores）这些以生态系统中死去的生物和废物为食的生物。细菌和真菌是分解者，诸如鼠妇那样的小动物是腐食性生物。

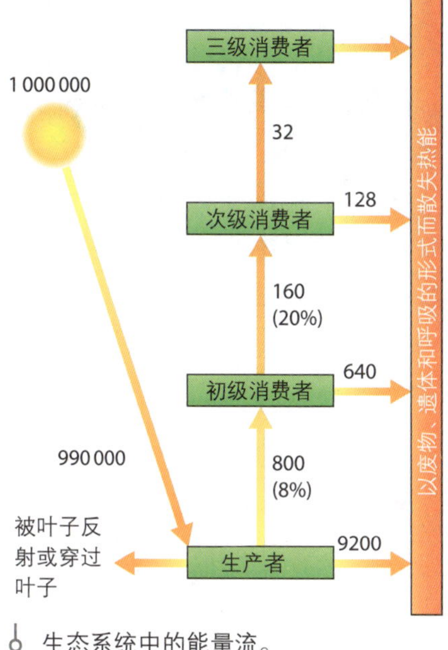

生态系统中的能量流。

鼠妇、蚯蚓、千足虫和昆虫的幼虫等是腐食性生物。

细菌和真菌等是分解者。照片显示生长在象鼻虫尸体上的真菌。

关键词

- 生产者
- 光合作用
- 呼吸作用
- 消费者
- 分解者
- 腐食性生物

问题

1. 观察第 199 页的食物网，确定其中两种：
   a. 生产者
   b. 初级消费者
   c. 次级消费者
   d. 三级消费者
2. 说明在同一食物链中生产者中的能量不能全部传递给初级消费者的原因。
3. 计算上图生态系统中次级消费者和三级消费者间能量传递的效率。

D 系统平衡

通过探究发现

- 生态环境中的碳循环和氮循环
- 用生命和非生命指标度量环境变化情况的方法

关键词

- 分解
- 燃烧
- 碳循环
- 浮游植物

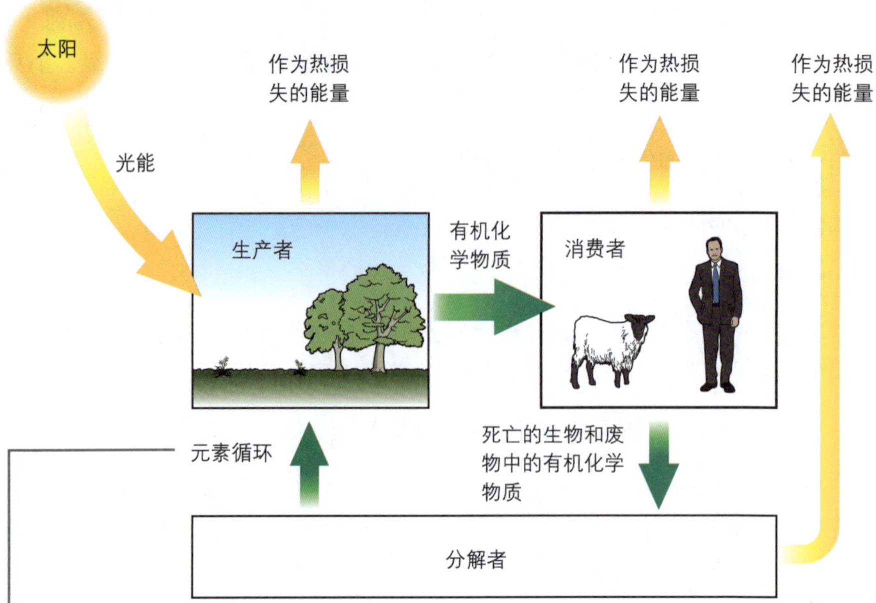

太阳
光能
作为热损失的能量
生产者
有机化学物质
消费者
作为热损失的能量
作为热损失的能量
元素循环
死亡的生物和废物中的有机化学物质
分解者

物质和能量通过生态系统的转移。

构成细胞的化学物质中储存的能量通过食物链传递给其他生物。能量以这种方式在生态系统中传递。这与碳和氮在生态系统中传递的过程相似，但也有较大的差异。

在生态系统中碳和氮总是循环的。

碳循环

地球上碳的含量是一定的，其中有很多构成了生物的身体。大量的碳以二氧化碳和化石燃料的形式存在于大气和海洋中。

光合作用从大气中提取了二氧化碳，被用于产生葡萄糖分子。在呼吸作用过程中，葡萄糖分子被分解，又向大气释放二氧化碳。

生命体死亡后，其中的有机化合物被**分解**（decomposition），碳和氮可能变成系统中新生生命体的一部分。

二氧化碳也可通过木头和诸如石油、天然气、煤和汽油等化石燃料**燃烧**（combustion）的过程进入大气。地球上的这一碳循环过程被显示在下一页的**碳循环**（carbon cycle）图中。

问题

1. 列出二氧化碳的下列流动方式：
   a. 进入大气。
   b. 从大气中提取。
2. 人类活动是如何导致大气中二氧化碳含量升高的？
3. 1970 年前，一种被称为三叉角藻的浮游物种仅在英格兰南部沿海被发现，现在在苏格兰水域也能发现。请推测环境变化能否对浮游生物的生长产生影响。

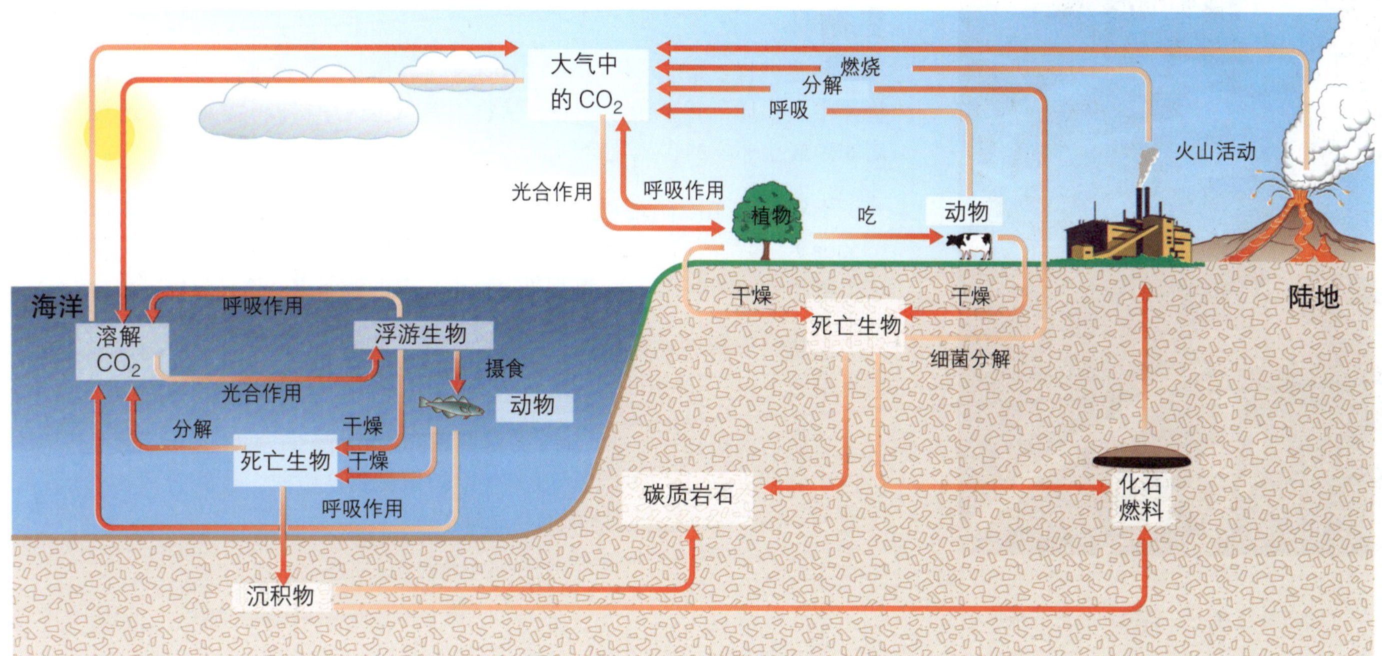

碳循环。

测量环境的变化

如果释放到空气中的二氧化碳量和光合作用所需要的二氧化碳量不相平衡的话，则大气中二氧化碳的浓度将发生变化。

大多数科学家认为，大气中二氧化碳的平均含量在上升，2010 年的官方数字是 0.04%，在本世纪末可能达到 0.05%。现在大气中二氧化碳的含量较 80 万年前升高了 40%。

二氧化碳含量的升高被认为是导致地球温度升高和全球变暖的重要原因。

气候的变化可由它对生物的影响测量出来。**浮游植物**（phytoplankton）是漂浮在海面上的非常小的植物，它们的数量和分布方式显示了气候变化对水温、海洋混合、养分变化的影响。

如果环境条件变化超过了物种的适应能力，则有可能会带来物种灭绝的危险。

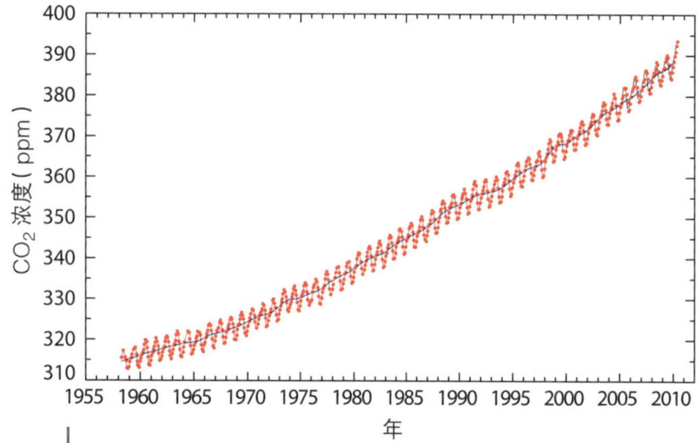

1958 年以来，夏威夷的莫纳罗亚不间断地记录二氧化碳浓度，发现它每年都在发生变化，但从 1980 年以来，其总体趋势是每年增加 1.5 ppm。

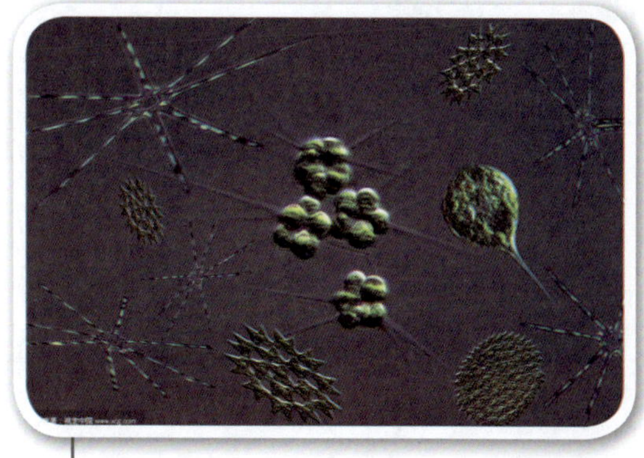

浮游生物的分布和数量随着水面温度的升高而发生变化。

固氮菌存在于豆科植物根部的根瘤中。

氮循环

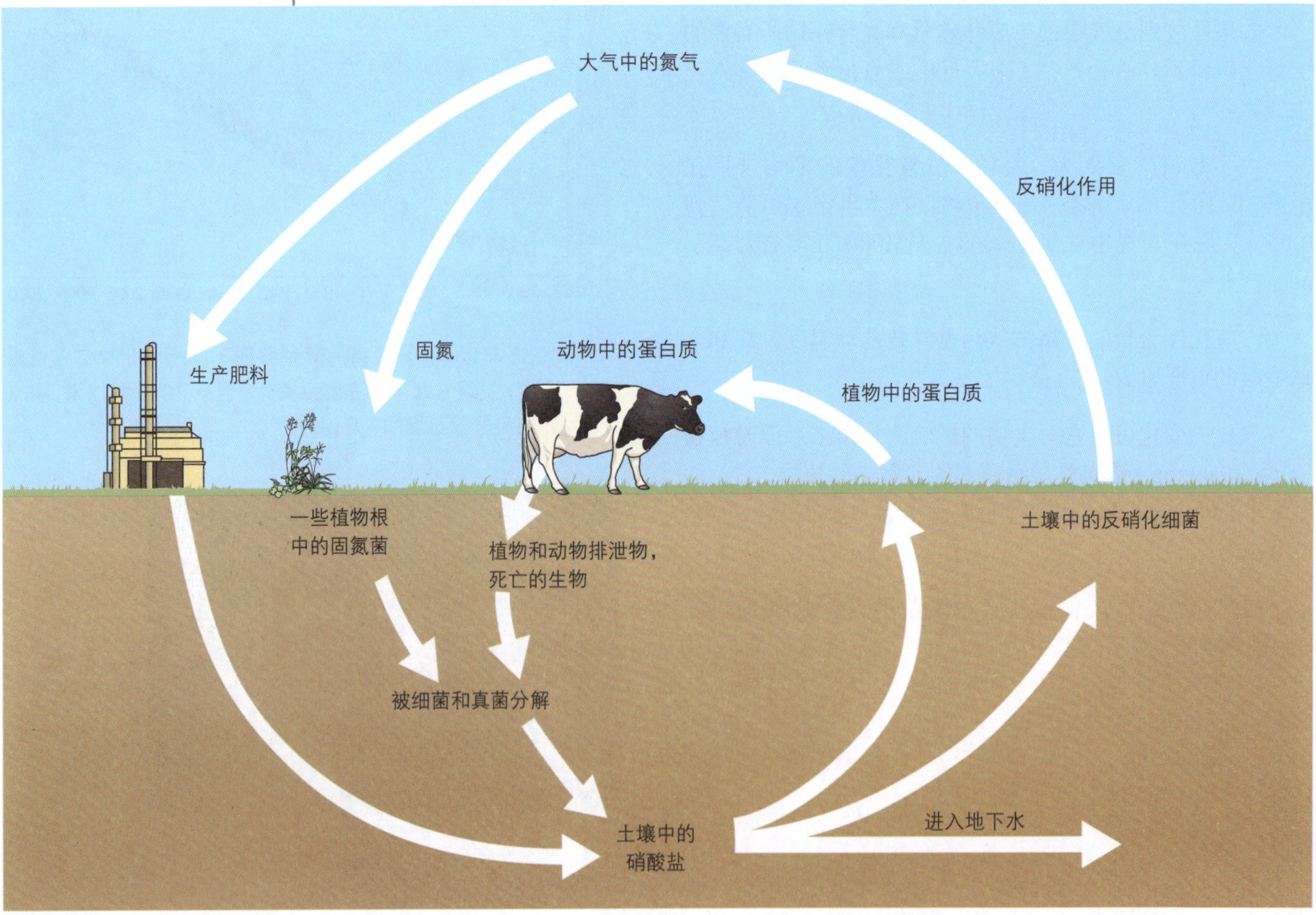

和碳一样，氮也可通过环境中的空气、土壤和生物进行循环。氮是所有生物体中蛋白质的重要组成部分。植物不能从空气中摄取氮，却能从土壤中提取诸如硝酸盐那样的含氮化合物。

土壤中的硝酸盐是利用空气中的氮形成的。这一过程称为**固氮**（nitrogen fixation）。**固氮菌**（nitrogen-fixing bacteria）可将氮气转化成硝酸盐。这种菌生活在土壤和诸如豌豆、大豆、苜蓿等豆科植物根的鼓包中。这种鼓包被称为根瘤。

植物将摄取的硝酸盐用于合成蛋白质。初级消费者（食草动物）吃植物，消化植物蛋白，并利用其产物（称为氨基酸）来合成自身的动物蛋白。

当动物或植物死亡腐烂时，**分解细菌**（decomposer bacterium）就将其中的蛋白质分解，变成硝酸盐进入土壤，以被植物再次吸收。生物排泄物（小便和大便等）中的氮也是通过这种途径循环的。

氮循环。

大气中的氮气
反硝化作用
生产肥料
固氮
动物中的蛋白质
植物中的蛋白质
一些植物根
中的固氮菌
植物和动物排泄物，
死亡的生物
土壤中的反硝化细菌
被细菌和真菌分解
土壤中的
硝酸盐
进入地下水

反硝化细菌（denitrifying bacteria）分解土壤中的硝酸盐，释放氮气进入空气中，这一过程称为**反硝化作用**（de-nitrification）。**氮循环**（nitrogen cycle）的各阶段都显示在上图中。

测量环境变化

农民常以化学肥料（通常是铵盐）的形式对土壤施氮。这可以增大植物生长的肥力。但这样做也可能对环境产生一些负面效应。

化学肥料可溶于水。富含硝酸盐的水从田里流入河流和湖泊，提高了水的含氮量，使其中的微小生物（浮游生物）快速生长，产生藻类"大爆发"。

有时，这种爆发会对饮用这些水的动物和人类产生危害。分解细菌将浮游植物分解，而这些细菌的呼吸又会将溶解在水中的氧气消耗掉。像**蜉蝣幼虫**（mayfly larvae）那样需要高浓度氧气的动物，在硝酸盐浓度高的水中是不能存活的。

监视空气质量

含氮化合物也会污染空气。我们可通过研究一定区域中地衣的类型来监测空气质量。

地衣（lichen）通常是由真菌和绿色藻类共生而形成的。藻类通过光合作用为真菌提供养分，而真菌则用防止干燥和遮挡太阳紫外线的方式为藻类提供庇护。

一些藻类物种能在含有高浓度氮化合物的空气中生长，而另一些对氮化合物极为敏感的藻类却只能在无污染的空气中生活。对氮敏感的藻类通常呈羽毛状。当空气污染加重时，就有可能使这一物种灭绝。

问题

4. 说明植物从空气中摄取氮的方式。
5. 园艺匠注意到羽状地衣从花园里消失了。其周围可能发生了什么变故？
6. 列表综述各种在氮循环过程中起作用的细菌及其作用。

关键词

- 固氮
- 固氮菌
- 分解细菌
- 反硝化细菌
- 反硝化作用
- 氮循环
- 蜉蝣幼虫
- 地衣

监视蜉蝣幼虫之类的小虫，可测量水质的变化。

金盾地衣可以在氮浓度高的区域生存，特别是高氨地区。

羽毛状地衣对空气中的氮污染十分敏感，因此在城市路边很少见。

E 地球上生物的进化

解释相似——进化的证据

科学家认为，35 亿年前地球上就有生命存在了，复杂的生命始于一些简单的生物。这也是现存生物具有很多相似之处的原因。

通过探究发现

- 化石和 DNA 提供的进化证据

这些简单生物随着时间的推移而发生着改变，产生了当今地球上数量如此庞大的生物种群，也包括已经灭绝了的很多物种。这一变化的过程称为**进化**（evolution），并且这一过程至今还在进行之中。

进化的证据何在？

化石（fossil）是保存在岩石中的死去生物的遗骸，它们是进化理论的重要证据。几乎所有的化石都是古老的物种形成的，其中超过 99% 是曾经在地球上生活过的灭绝物种。

化石证据的可靠性

化石的形成也需要一定的条件，仅有极少的生物最终形成了化石。因此存在着化石证据链的断档。

科学家已经收集到数以百万计的化石。这一庞大的证据群有助于建立起进化图像。例如，科学家研究了一种称为中华龙鸟的恐龙化石，发现它的尾巴上有由原始羽毛构成的橘黄色和白色的环。这一证据显示，最早的鸟是由小型肉食性恐龙进化而来的。

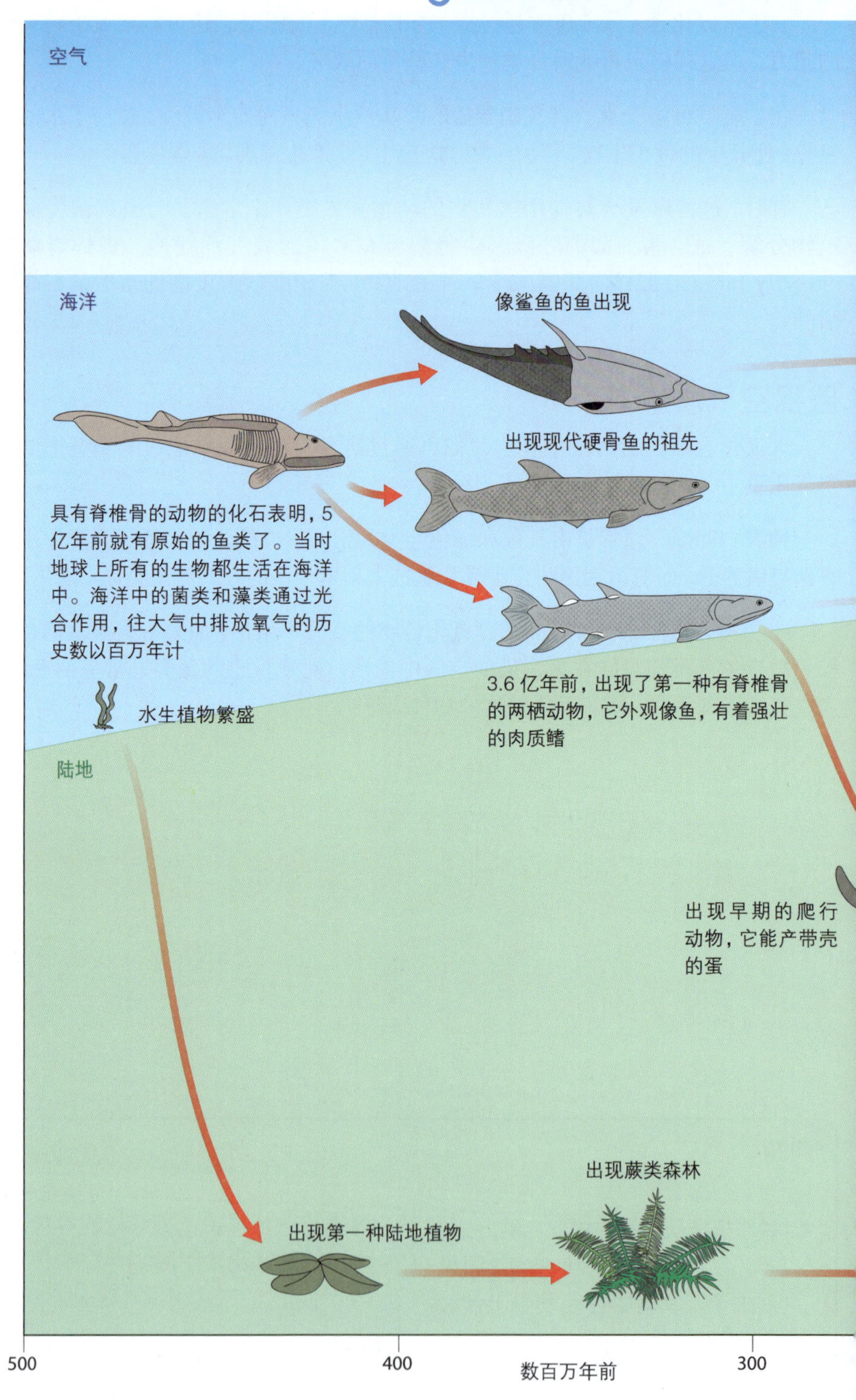

我们还有什么关于进化的证据？

科学家还比较了各种生物的 DNA。两种生物间的 DNA 越相似，其亲缘关系就越近。这使科学家能据此对生物进行分类，确定不同物种在进化树上的位置，澄清不同物种间的关系。

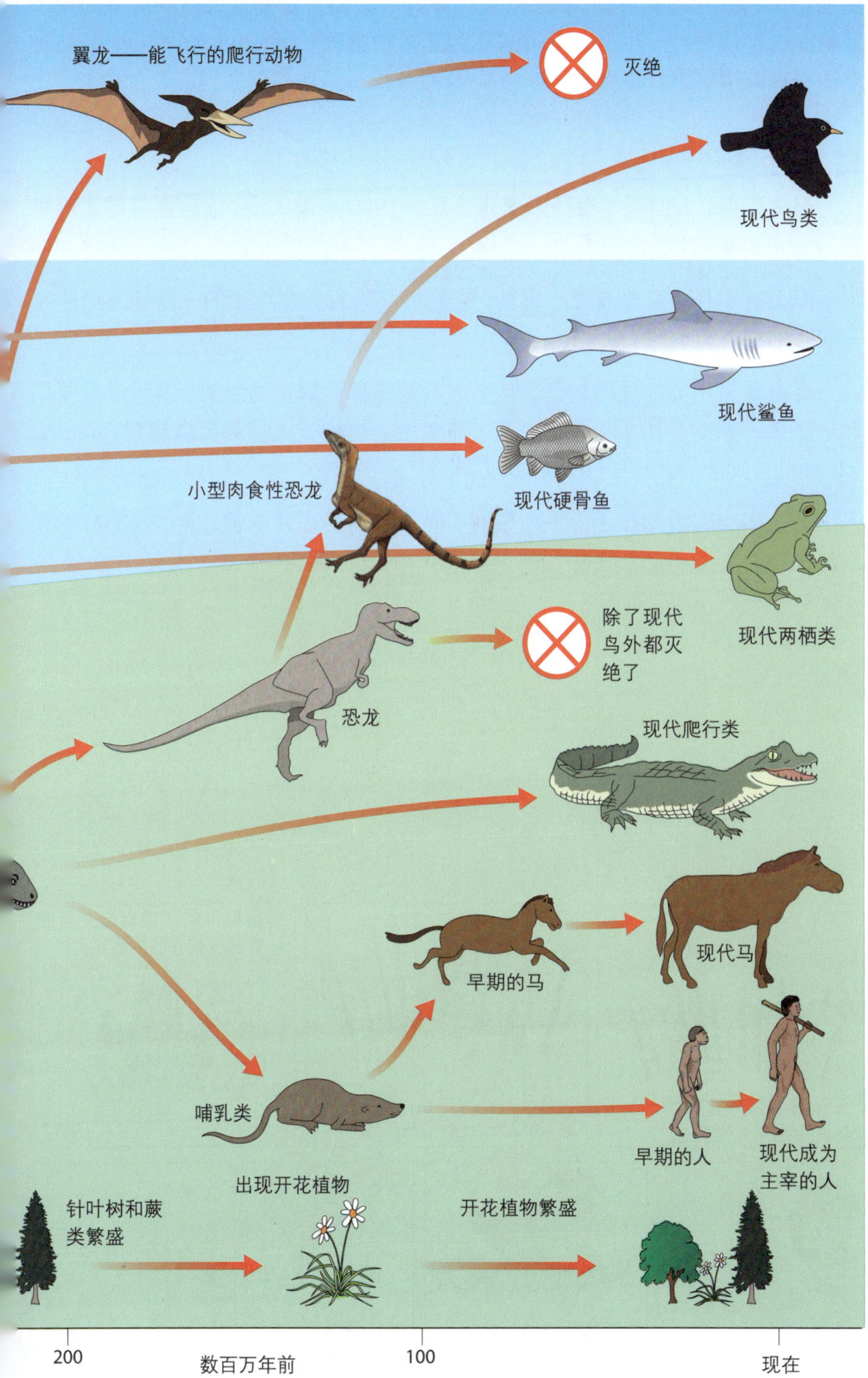

翼龙——能飞行的爬行动物
灭绝
现代鸟类
现代鲨鱼
小型肉食性恐龙
现代硬骨鱼
现代两栖类
除了现代鸟外都灭绝了
恐龙
现代爬行类
早期的马
现代马
哺乳类
早期的人
现代成为主宰的人
针叶树和蕨类繁盛
出现开花植物
开花植物繁盛
200
数百万年前
100
现在

关键词

- ✔ 进化
- ✔ 化石

人和黑猩猩间有 98% 的 DNA 是相同的。人们认为人和黑猩猩在 600 万年前有着共同的祖先，因此同被归类于灵长类。

人类和老鼠有约 85% 的 DNA 相同，都属哺乳类，在 7500 万年前有着共同的祖先。

问题

1. 地球上所有曾生存过的生物中，还存在的占多大的百分比？
2. 给出两种科学家用来证明进化的证据。
3. 描述在现代鸟类进化过程中发生的变化。

F 现在地球上的生物仍在进化之中

通过探究发现

- 进化如何发生——自然选择
- 人类如何改变一些物种

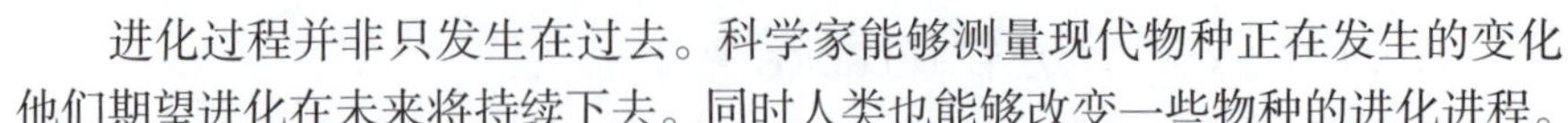

进化过程并非只发生在过去。科学家能够测量现代物种正在发生的变化。他们期望进化在未来将持续下去。同时人类也能够改变一些物种的进化进程。

选择性繁育

早期的农民注意到相同物种的个体间也存在着差异。他们选择具有自己想要的特征的农作物和牲畜，例如，只选择具有最高产量和最大抗病能力的用于繁殖。这种使物种发生变化的方式称为**选择性繁育**（selective breeding）。这种方法一直被用于繁育小麦、绵羊、狗、玫瑰及很多其他物种。

用选择性繁育的方法培育出各种颜色的郁金香。

自然选择

很久以前，人们就用毒药来杀死头虱。1980年代，医生确信在英国头虱**种群**（population）几乎为零了。

但也有一些头虱没有死于毒药，它们继续繁育并在英国的一些地方产生了一种能抗毒药的"超级虱"。

头虱是另一类变化的例子，但这绝不是选择性繁育的结果，因为没人要培育超级虱，是环境中的因素导致了这种变化。这种方式称为**自然选择**（natural selection）。自然选择是进化发生的方式。

头虱因为人类的作用而发生变化，但人类的历史并不长，大多数物种的变化都是先于人类产生之前发生的，是环境中的其他因素导致了变化。

头虱是一种常见的以吸血为生的小动物。

关键词

- 选择性繁育
- 种群
- 自然选择

自然选择的步骤

①同一个物种的不同个体间也存在着差异。

现代长颈鹿的祖先，颈的长度也有不同。

②它们为了争夺食物、庇护所和配偶等展开竞争。如果环境中的某些因素改变了，会怎么样呢？

食物减少，长颈鹿为食物而展开竞争。

③一些特征有助于其生存下来，它们可能继续繁育，并将这一特征遗传给后代。

较高的长颈鹿可以吃到更多的食物，生存和繁育的可能性更大，并将这些优势遗传给后代。

④更多的下一代具有这些优势特征。若环境不变，则更多的再下一代还将具有这些有用的特征。

很多代后，更多有长颈的鹿诞生了，它们在族群中的数量增多了。

治理头虱

地方卫生机构发布了更新的指导性意见，每两至三年就要告知人们当前本地流行的杀虫剂及特点。

这种不断更新的方法用于防止头虱获得抗药性，换言之，有助于保证药物杀死头虱的有效性，使治理工作能持续下去。

问题

1. 进化是如何发生的？
2. 比较选择性繁育和自然选择，完成下表。

选择性繁育的阶段	自然选择的阶段
同一个物种中的个体间存在差异。	同一个物种中的个体间存在差异。
人类选择具有自己需要特征的个体进行培育。	
这些是要繁育的植物和动物。	
它们向下一代传递遗传基因。	
更多的下一代具有选定的特征。	
若人类持续进行选择，则更多的再下一代也将具有这种特征。	

3. 说明种群的含义。
4. 阅读左面关于头虱的宣传单，试说明这种不断更新的方法能阻止头虱抗药性种群进化的原因。
5. 自然选择有时被认为是“物竞天择”。你认为这是对自然选择的最佳描述吗？

G 查尔斯·达尔文的故事

通过探究发现

- 达尔文对进化理论的解释
- 进化论被逐渐接受的原因

在“贝格尔”号调查船上的达尔文。

现在，大多数科学家都认为进化确实存在。但这一论点并非人人都能接受。在进化理论的发展过程中起到重要作用的人是查尔斯·达尔文。他的观点成为让人们接受进化确实发生过这一事实的重要突破。

达尔文的大观点

达尔文揭示了进化发生的方式。他说明了自然选择可能产生进化的过程，却没有立即发表自己的观点，而是多年之后才发表。

查尔斯·达尔文生于 1809 年，年轻时就对植物和动物表现出了浓厚的兴趣。22 岁那年，他随为绘制地图而环球航行的“贝格尔”号调查船进行了为期 5 年的远航。

查尔斯·罗伯特·达尔文。

“贝格尔”号的旅程

“贝格尔”号在旅途中的很多地方作了停留。每次停留，达尔文都会对当地的动植物作细致观察，收集了大量的标本，并就自己的观察，用注释和图像记录数据，写了很多观察笔记。

“贝格尔”号在靠近南美洲的加拉帕格斯群岛停留时，达尔文在不同岛屿间考察，得以仔细观察各种野生生物。旅行结束后，加拉帕格斯群岛不同的鸟类物种是他记录的众多观察结果之一。

著名的加拉帕格斯群岛鸟类

每一种鸟都有自己独特的喙，这与其能吃到特别的食物相适应。例如，有一种鸟具有和鹦鹉相似的喙，使其能磕破坚果；而另一种则有非常小的喙，使其便于食用植物种子。看起来各岛上的鸟具有不同的喙是为了适应于吃不同的食物。

分属不同物种的鸟。

达尔文在笔记中开始提出疑问：是否所有这些不同的鸟都是从一种鸟进化而来的？

达尔文的特别之处

达尔文并非第一个思考进化的科学家。他的祖父就是早期记录这种现象的人之一。但当时大多数人不认同进化论观点，而达尔文是第一个通过强有力的论据来改变人们看法的人。

达尔文开始观察大量的生物，写了很多可以用作论据的观察笔记。

- 他认为在某种程度上尚无前人给出过证据。他的思考具有创新性和丰富的想象力。
- 他萌发了用自然选择来解释进化现象的想法。

达尔文向朋友托马斯·赫胥黎展示了自己的笔记。赫胥黎也是一位科学家，当他读过这些笔记后说："我真笨！我怎么没早点想到这一点呢？"

在这个群岛上，在稀少的鸟类中，一个物种会被修正成不同的品种。人不可能不为此而惊奇。

查尔斯·达尔文：《随"贝格尔"号航行》节选，1838 年。

我展望未来，年轻人和新生的博物学家将能公正地看到问题的两面性。

查尔斯·达尔文：《物种起源》节选，1859 年。

问题

1. 达尔文写了很多关于不同物种的观察笔记，他是如何记录数据的？
2. 达尔文显示了哪种有助于发展出对自然选择解释的个人品质？

大象的生育年龄通常是 30—90 岁。达尔文通过计算得出：如果所有的大象都活下来，750 年后，一对大象的后代可达 1900 万头。

回国后得到的更多证据

回到英国后，达尔文搬到了位于肯特郡的新家，用 20 年来研究他的自然选择观点。他和世界上许多科学家通信交流观点。达尔文将所有的时间都花在了寻找支持自己观点的新证据上。

达尔文的新家中饲养了一些宠物鸽，它们的形状和颜色各异，但达尔文知道它们都属于同一物种，并认识到：

- 属于同一物种的动物和植物也存在差异，这种现象是**变异**（variation）造成的。

达尔文获得了更多自然选择的证据。

不能都活下去

随后，达尔文认识到：

- 并非所有的物种都能生存下去。

他在读了著名的经济学家托马斯·马尔萨斯的著作后得出了这一结论。在 18 世纪末，英国的人口快速膨胀。马尔萨斯指出：任何物种的数量增长速度都快于其食物的增长速度。他据此预言：人口增长的速度将远大于食物供应增长的速度，随之而来的是贫穷、饥饿和战争。

自然界中所有的植物和动物都在为食物和领地而**竞争**（competition），其中有很多将被淘汰掉。

达尔文综合了这些观点，意识到种群中的一些动物能得到较好的资源供给而生存下去。它们繁殖后代，并将自己的特征遗传下去。这种自然选择会随着时间的推移而使物种发生变化。达尔文已经对进化发生的可能方式给出了解释。

> 归因于生命体的奋斗，任何变异，哪怕非常微小，如果它能对任何物种中的个体产生任何好处的话，将趋于在这一个体中保存下来。这是由自然选择决定的。

查尔斯·达尔文：《物种起源》节选，1859 年。

关键词

- ✔ 变异
- ✔ 竞争

相同的数据，不同的解释

也有其他科学家注意到了生物间的差异，也注意到了显示物种变化的化石。在达尔文发表他的观点前 50 年，一位名叫拉马克的法国科学家曾对此写下和达尔文不同的解释。他认为动物在其一生中都发生着变化，并将这种变化遗传给后代。他引用的是如下图所示的长颈鹿的例子。

拉马克对长颈鹿进化现象的解释。

为什么说达尔文的解释更好一些？

好的解释要具备两方面条件：

- 能说明所有观察到的现象。
- 能解释人们以前没有想到的事物间的关联。

拉马克认为简单生物是自然发生出来的。在其后的每一代中，它变得越来越复杂。若这种说法正确的话，像单细胞动物那样的简单生物就应该消失了。因此，这种解释不能说明观察到的所有现象，因为简单生物仍然生活在地球上。

达尔文的观点能更好地说明这些观察结果，也能将以前人们没有考虑过的变异和竞争联系起来。

拉马克的观点现在看起来有点愚蠢，但他在尝试解释物种的变化方面，仍然不失为一位伟大的科学家。

为什么达尔文要为自己的解释担忧？

达尔文为人们对他的观点的反应而担忧。他在本子上写下了自然选择的观点，然后将这一手稿用棕色的纸包好，放在楼梯下的橱柜中，又给妻子写留言说明等他死后再将手稿付印的方法。于是，手稿被束之高阁了约 15 年。

问题

3. 达尔文是如何试图寻找更多的证据以支持自己的观点的？
4. 好的解释需要具备哪两方面的条件？
5. 达尔文将哪两种事物联系起来，从而得出对自然选择的解释？

《物种起源》

其后的 1856 年，达尔文接到了另一位科学家阿尔弗雷德·罗素·华莱士的来信。在信中华莱士谈到了对自然选择的观点。看信后，达尔文目瞪口呆：他们两人都发表了具有相同观点的短报告！达尔文向华莱士展示了他之前的工作。他要在华莱士和其他人之前单独出版这本著作以抢得先机。

于是著名的《物种起源》于 1859 年 11 月间面世了。这本书也成了科学史上最大的争议之一。

在英国维多利亚时代的很多人都不认同生物进化是由自然选择导致的观点。

人们对人类和猴子是近亲的说法极为反感。

I never saw a more striking coincidence. If Wallace had my manuscript sketch written out he could not have made a better abstract!

查尔斯·达尔文写给地理学家查尔斯·莱尔的信。

人们认同达尔文的观察结果，但不同意他的解释。

为什么人们又开始相信进化论了呢？

英国科学进步协会每年都召开年会。科学家在年会上分享各自的观点。在 1860 年的会上，科学家们强烈反对达尔文的观点。

但达尔文的两个朋友托马斯·赫胥黎和约瑟夫·胡克却支持这一观点。他们不仅是伟大的科学家，也是非常优秀的演说家，是他们帮助很多人改变了对自然选择的抵制态度。

1860 年，英国科学进步协会（BA）会议。赫胥黎和胡克为支持达尔文的观点而进行辩论。

最后的结局

自然选择是一种好理论。然而，它仍存在着 3 大问题。而这些问题都不是达尔文的反对者们提出的，而是达尔文自己提出的。

首先，他知道那些记录证据的化石是不完备的。在当时，要追踪一种物种变化为另一物种的变化要比现在困难得多。从那时起，支持自然选择证据的新化石不断被发现。

其二，我们还不知道地球确切的年龄。达尔文所在的时代，人们认为地球的年龄只有6000年，因此认为这段时间太短，不足以使复杂的生物产生进化。现代科学家从研究岩石中原子的放射性衰变中，得出地球的年龄约为45亿年的推论。

下面的问题分为两部分：

• 达尔文不能说明一个物种中的所有生物不完全相同的原因。这是变异产生的吗？

• 他也不能说明生物能将自己的特征遗传给后代的原因。

如果达尔文那时就知道基因的话，这两个问题是不难解决的。从他的时代起，科学的进步使得其他的科学家的研究受益。

在达尔文写了《物种起源》一书的同时，另一位名叫乔治·孟德尔的澳大利亚修道士（1822—1884）一直在种豌豆。他在试验中发现显性和隐性等位基因是相同基因的不同版本。孟德尔的研究说明了生物的特征是如何遗传的。他把自己的研究报告送给达尔文，但达尔文没有意识到它的重要性。孟德尔的研究就这样被人们忽视了，直到他去世16年后才受到重视。

博弈还在继续

1996年，教皇约翰·保罗二世入主罗马天主教会后，承认达尔文的工作并说道："……新科学知识使我们认识到进化论不仅仅是假设。"

人们继续对进化论进行争论。因为他们当中的很多人具有很强的个人信念，这影响到他们的观点。故这种争论是不会在短期内停止的。

问题

6. 1800年代的大多数人都不认同自然选择的观点。他们曾提出什么证据来反对呢？
7. 你认为进化发生过吗？说明你有这种想法的原因。
8. 推测科学家有时不愿放弃已有观点的原因。虽然有证据表明那种观点是错误的。

H 物种的诞生

通过探究发现

- ✔ 新物种形成的方式

查尔斯·达尔文的自然选择产生进化的理论预言了新物种从现在的物种中产生，其他的一些物种行将灭绝。这种变化通常是缓慢发生的，需要很多代时间。这也是达尔文不能观察到它发生的原因。自达尔文时代以来，科学家已经掌握了大量关于 DNA 的知识，这有助于他们进一步理解新物种产生的方式。

物种显示的变异

早期的物种是一些聚集在一起繁育后代的生物群落。它们不能繁殖出不同的物种，但一个物种中的成员都是不一样的，这是变异造成的。

基因突变控制了毛皮的颜色，从而产生了白色的老虎。

突变产生变异

假定 DNA 在被复制的过程中出现了一点差错。这样的**突变**(mutation)能繁育出不同颜色的花，或在动物皮毛上产生斑点。突变是自然产生的，但也可由化学或电离辐射的方法产生。

突变使一个物种中的生物产生差异，即为变异。这在自然选择中是十分重要的。没有变异，自然选择就不能发生。

大多数突变一般不会影响到生物，如果有影响的话那将是有伤害性的。极少的突变能对生物生存产生正面的变化。如果这种突变是发生在生物的性细胞中，则就会遗传给后代。

生活在不确定的世界中

如果环境发生了变化，则可能仅有部分种群能生存下来。根据自然选择理论，只有那些特征能适应环境的个体能生存下去。

与世隔绝地生活

彼此间不发生关系的种群，其中的成员只能与本种群内的成员间进行繁殖，而不会与其他种群的成员交配。

有时，一个种群中出现的变异将阻碍其与亲缘关系相近的种群间的繁殖，即使交配也不会繁殖。这一现象称为**生殖隔离**(reproductive isolation)。这种被隔离的种群就形成了新物种。

问题

1. 说明什么是突变及它是如何发生的。
2. 哪 4 个过程相结合才能产生新物种?

关键词

- ✔ 突变
- ✔ 生殖隔离

保持生物的多样性

I

生命的种类

据估计，地球上可能存在超过 3 千万个物种。地球上如此众多的动物、植物、真菌、藻类和微生物物种及其基因变异，称为**生物多样性**（biodiversity）。

若一个新物种产生了，这是否意味着有其他的物种走向灭绝？灭绝是生命的一部分吗？《21 世纪科学》向英国动物协会的乔治娜·梅斯提出了这些问题。

通过探究发现

- ✔ 物种走向灭绝是一件大事
- ✔ 生物多样性和可持续发展

乔治娜·梅斯

"确实，物种总是走向灭绝。这是一个自然过程。但是现在的情况和有记录的过去是不同的。
- 现在物种灭绝的速度是过去的数千倍。
- 现在的灭绝事件几乎都归咎于人类。"

人类该为物种灭绝受到谴责吗？

1598 年，荷兰水手来到了印度洋中的毛里求斯岛，在沿海的丛林地带，他们发现了一种肥胖且不能飞的鸟——渡渡鸟。到 1700 年，所有的渡渡鸟都不存在了，即这一物种灭绝了！人们认为是水手将这种鸟吃光了。但这一说法过于简单，而且当时留下的书面报告表明，这种鸟并不好吃。

是什么灭绝了渡渡鸟？

人类可能并没有吃渡渡鸟，但不能说对它的灭绝没有责任。这群水手到达时，带来的老鼠、猫和狗等可能攻击了它们的雏鸟或吃掉它们的蛋。水手也砍伐大树盖房子，使渡渡鸟失去了栖息地。

因此，人类也能造成其他物种的灭绝：

- 直接地，例如狩猎等。
- 间接地，例如破坏它们的栖息地，或将其他物种带入这些栖息地等。

渡渡鸟没能逃过环境变化带来的劫难。这对任何物种来讲都是灾难性的。

毛地黄有剧毒，但它向我们提供了治疗心脏病的特效药。

单一种植农作物有利于收益的最大化，但降低了生物多样性。

超市中塑料袋的用量下降了，但食品等物品的包装却增加了。大规模的过度包装对可持续发展是不利的。

物种灭绝重要吗？

若很多物种灭绝了，则地球上的物种就变少了。这种变化是非常致命的，例如：

• 人类需要其他物种提供食物、燃料和天然纤维（如棉花、羊毛等）等物资。现在的一些粮食作物都是用选择性繁育的方式从野生植物培育而来的，这些野生植物还存在，但和主导性的物种间还是存在着较大的差异。例如，野生的马铃薯有毒，野生的甘蔗只含很少的糖分。但野生植物现在仍被用于选择性繁育以培育出新的农作物。

• 很多药物也是从野生植物和动物中提取的。野生植物中大概还存在着很多不为我们所知的药物。

• 具有较高生物多样性的生态系统能够很容易地应对自然灾害。在干旱时，一个具有很多基因变异的物种，它的很多成员能够适应较为干旱的条件而存活下来。有一些物种不能活下来，造成了地区性的灭绝。但如果在一个生态系统中存在大量不同的物种的话，则有很多能存活下来。

生物多样性和可持续发展

保持生物的多样性是可持续利用地球资源的重要组成部分。**可持续发展**（sustainability）意味着在满足人们物质生活的同时，还要为人类的将来而保护地球。地球是我们后代的家园，保护各种物种是非常重要的。

农民要种植我们需要的粮食，但是要采用不破坏环境的可持续发展的方式。他们喜欢在广阔的土地上耕种，因为可用机械操作。基因一致的单一农作物，能够以相同的速度生长，且可同时收割。这称为**单一种植**（monoculture）。

单一种植的一个很大的不利之处是作物易受到病虫害的侵害，这也意味着农民必须经常使用化学农药。这两种做法将降低环境中的生物多样性，因此不具备可持续性，并且一旦遭遇严重的自然灾害，作物产量的下降可能也会威胁到食品供应。

包装带来的问题

外包装的用处很大，能在从农场或工厂到仓库或商店，再到我们家中的运输过程中保护食品等物品。但包装也带来了环境问题，这是事关可持续发展的大问题。我们要认真思考我们生产物品和处理废弃物品的方式。

据估计，在 2008 年英国消耗了 1070 万吨包装材料。因塑料轻巧结实，故有 50% 的产品用塑料来包装。这些包装材料最终都成为无用的垃圾。在过去，垃圾大多进行填埋，把坑填满后在表面进行景观设计。

改善包装带来可持续发展

使用诸如纸和以植物为原料生产的塑料等可**生物降解**（biodegradable）的包装材料，而不使用石油制成的塑料，可能更符合可持续发展的要求。在填埋坑中，这些材料很容易分解，只释放出近似植物在光合作用中固定的二氧化碳。但是，因为细菌分解这些废料时要消耗氧气，而地下缺氧阻碍了废物分解的进行。这种情况导致了腐败的发生，产生了甲烷，而甲烷是温室气体之一。

对这一问题的一种解决方法就是循环使用包装材料。2008 年，英国回收了 61% 的包装垃圾，比 1997 年的 28% 大幅增加。

当然减少包装的使用量会更好。这也能节省生产和运输原始包装材料的资源和能源，同时减少收集、运输和循环废物的环节，进一步降低能源消耗和二氧化碳的排放量。

可降解塑料是用植物中的淀粉和纤维素制成的。

填埋多年的报纸被挖出来后仍清晰可读。

问题

1. 说明可持续发展的含义。
2. 给出能说明地球保持生物多样性的重要性的两个理由。
3. 给出一些利用包装来使可持续发展更可行的方法。

关键词

- ✓ 生物多样性
- ✓ 可持续发展
- ✓ 单一种植
- ✓ 生物降解

科学

解释

在本章中我们思考了关于生物进化的不同解释，并学习了自然选择理论。我们还学习了生物对环境和彼此间的依赖使自己生存下来的方式，以及生物的多样性和可持续发展的重要性。

应该知道：

- 物种是一种用同一种方式生活、繁育后代的生物。
- 食物网中的所有生物都是互相依存的。
- 生物会和栖息地中的其他物种为争夺资源而竞争。
- 如果生物不能适应环境的变化，或有竞争者、捕食者、致病生物进入环境中，则它有可能走向灭绝。
- 太阳是地球上几乎所有生物的终极能源。
- 当生物被吃掉或腐烂时，能量就在生态系统中发生转移。
- 食物链中的能量以热量、废弃物、未食用部分等形式损失掉，这限制了食物链的范围。
- 碳循环有燃烧、呼吸和光合作用等形式。
- 氮循环的方式有固氮、转化成蛋白质、分泌、腐烂、植物摄取硝酸盐、反硝化作用等。
- 地球上的生命始于35亿年前，是从简单生物进化而来的。
- 同一物种中的所有个体间都存在差异，有一些变异来自遗传。
- 突变增加了基因变异，并能遗传给后代。
- 一些特征有利于一些生物在自然选择的过程中生存下来。
- 人类利用选择性繁育的方式培育具有一定特征的植物和动物。
- 新物种通过突变、环境变化、自然选择、隔离等方式的结合而发生进化。
- 对DNA和化石中的记录进行分析，得到了生物进化的证据。
- 生物的分类显示了它们在进化过程中的关系。
- 达尔文的进化理论是观察分析和创造性思维的结果。
- 生物多样性包含了生物物种内部和彼此间的变异。
- 生物多样性用增大生态环境稳定性的方式，保证可持续性和至关重要的粮食及医药的供应。
- 大规模的单一种植不能保持生物的多样性。
- 所有的包装材料在生产、运输的过程中要消耗原料和能源，并产生污染。少用包装材料有助于可持续发展。

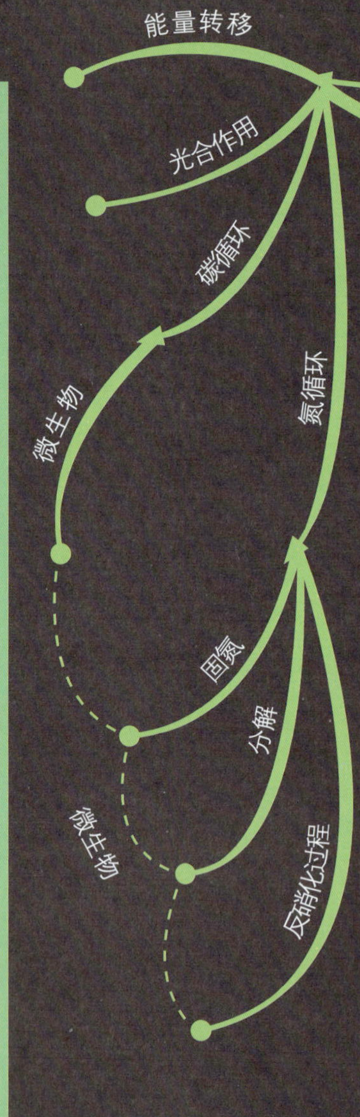

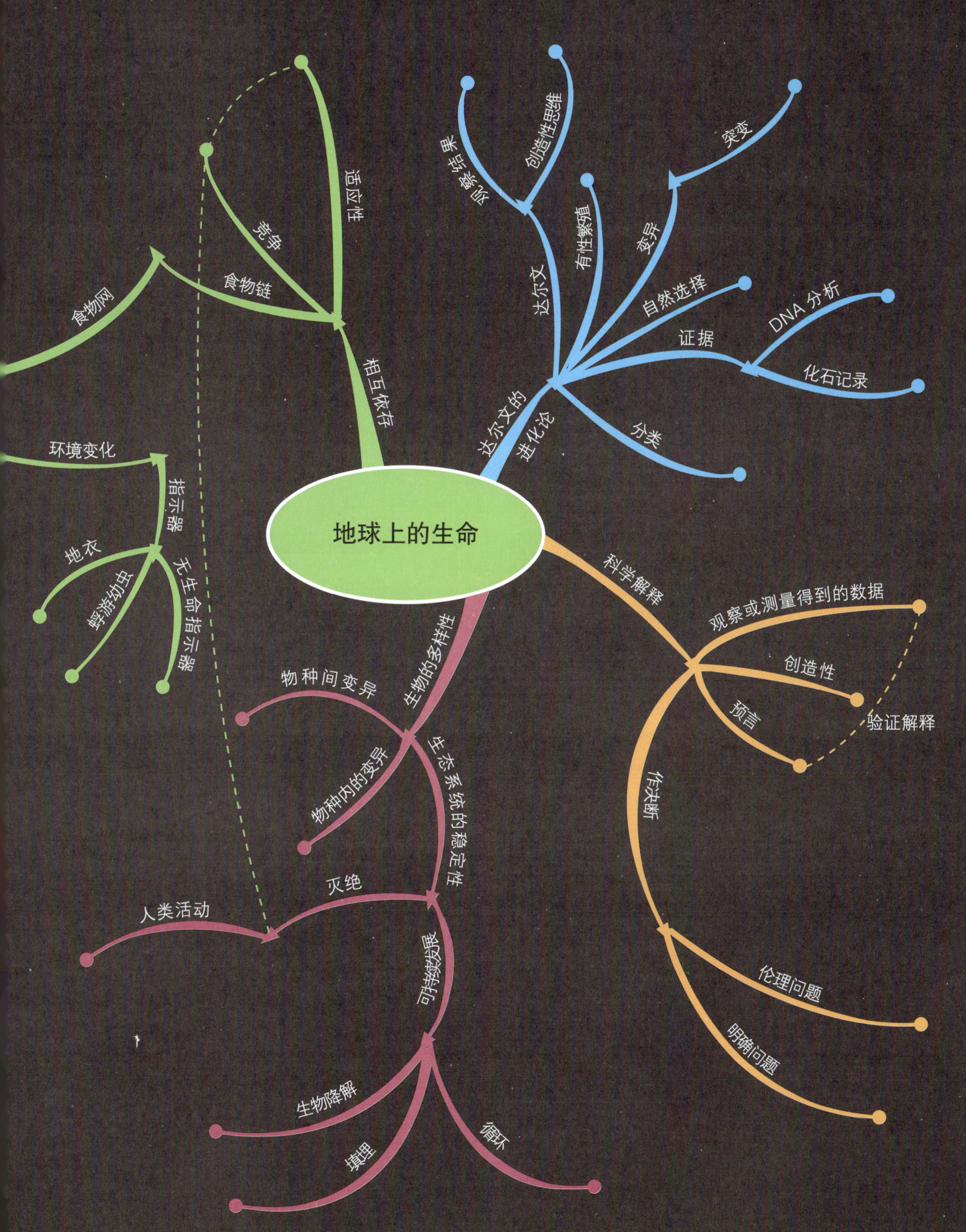
地球上的生命
相互依存
食物链
食物网
竞争
适应性
指示器
环境变化
地衣
蜉游幼虫
无生命指示器
达尔文的进化论
达尔文
观察结果
创造性思维
有性繁殖
变异
突变
自然选择
证据
DNA 分析
化石记录
分类
科学解释
观察或测量得到的数据
创造性
预言
验证解释
作决断
伦理问题
明确问题
生物的多样性
物种间变异
物种内的变异
生态系统的稳定性
灭绝
人类活动
可持续发展
生物降解
填埋
循环

科学观点

科学意味着收集证据，并创造性地利用证据对事物进行解释。为了验证解释的正确性，要进行预测，并用新实验和观察来检验这一预测。

科学家基于观察和数据建立起理论和解释，我们要对数据、解释进行辨别，认识到那些具有创新性思维的解释。

针对同一数据出现相互矛盾的多种解释也是常见现象。我们应能推论科学家不认同或基本认同某个解释的理由，并给出自己持有这一观点的道理。例如，拉马克认为生物特征是在其生存过程中培养起来并遗传给后代的。达尔文用创造性的思维方式创立了新理论。他认为生物进化归因于自然选择的过程。很多科学家基于自己个性和宗教信仰方面的原因，坚持不同意达尔文的观点。

科学解释可以用预测和将预测与实验数据进行比较的方法检验。当数据支持预测时，我们对解释的信心就增大。例如，我们能够预测当有新型杀菌剂问世时，细菌将按照自然选择规律快速进化出对这种杀菌剂的抗药性。如果真的是这样的话，则将增大我们对进化论和自然选择过程理论的信心。

科学技术进步改善了我们的生活质量。然而，科学有时也会带来意外或不可取的后果。因此，我们要权衡新技术带来的利益和要付出的代价。人类为了获取最大的好处而在一些生态系统中引入了新物种，但其后果有时是非常可怕的。如将兔子和甘蔗、蟾蜍引入澳大利亚就带来了严重的后果。

我们应能就案例说明人类活动对环境带来的冲击，并利用可持续发展的观点和数据去比较各种产物和过程的可持续性。例如，在包装中使用生物降解材料等。

复习问题

1 下图显示了人类（智人）在过去 7 百万年间的进化过程。该图是根据化石证据作出的。

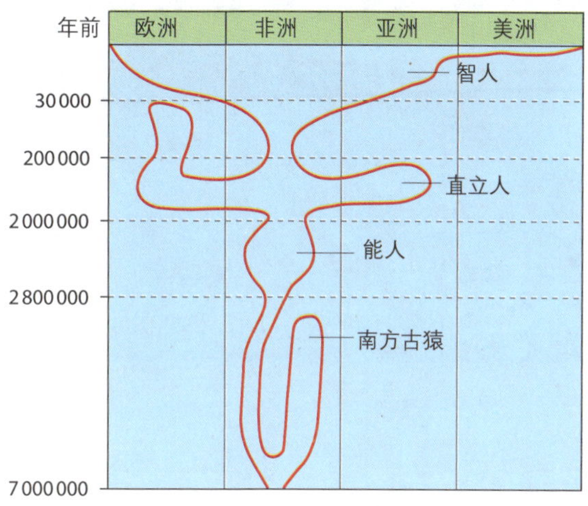

a. 尼安德特人是另一支灭绝了的人类近亲。它们灭绝于 30000 年前，没能进化成智人。分析上图，描述尼安德特人并确定它们主要生活在哪个大陆。

b. 利用上图回答下列问题。

i 下列哪种说法是正确的？

A. 图中给出的所有物种具有共同的祖先。

B. 智人早于直立人出现。

C. 南方古猿是从能人进化而来的。

D. 能人比智人分布在更多大陆。

E. 智人主要生活在非洲。

ii 给出图上一个仍没灭绝的物种。

2 观察下图给出的食物网。

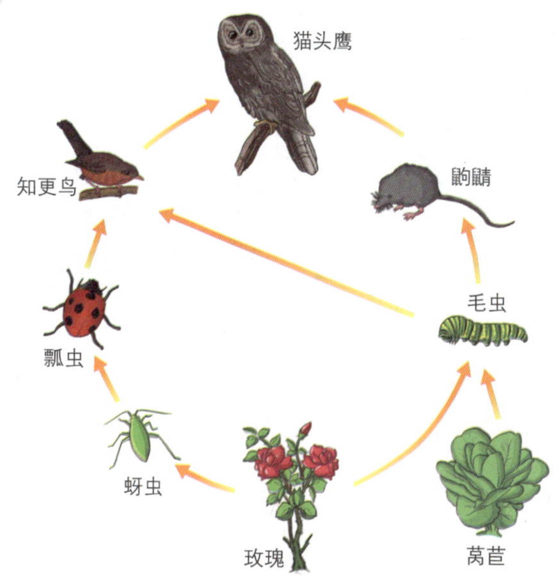

a. 说明农民向毛虫喷洒杀虫剂容易造成的后果。

b. 写出食物网中的一条食物链。

c. 说明能量进入食物链的方式，以及它是如何在这条食物链中转移和从其中散失的。

3 说明微生物在氮循环中的作用。可以作图辅助解答。

C3 我们生活中的化学物质：利益和风险

为什么要研究生活中使用的化学物质?

我们都是由化学物质组成的，我们周围的所有物品也是如此。我们买来的物品中，很多是用天然化学物质制成的。一些化学物质对人体是有好处的，也有一些是有害的。本章将帮助我们理解化学物质的来源，以及它们如此有用的原因。

已经知道的知识

- 岩石中的线索有助于科学家发现地球的演变历程。
- 地球板块的运动导致了地球表面发生了变化。
- 化学反应中原子重新组合，这将改变物质的性质。这可能是有益的，也可能是有害的。
- 碱与酸中和生成盐。
- 石油是非常有价值的碳氢化合物资源。
- 利用聚合反应能生产出各种各样的塑料、橡胶和纤维。
- 塑化剂可用于改善聚合物的性质。
- 权衡科学发现带来的风险和利益的方法。

要发现什么?

- 英国的地质史说明了自然资源丰富的原因
- 化工学家将诸如食盐那样的原料转化成很多有价值的产品
- 权衡使用化学物质带来的风险和利益的方法
- 人们要作出选择以确保安全和可持续性地使用化学物质

科学的应用

科学能解释英国存在诸如盐、石灰石、煤、天然气和石油等非常有价值的自然资源的原因。这些原材料一直是化学工业的基础。200多年来，这种工业一直在为英国创造财富。

科学观点

生产化学物质创造了大量的利润和利益。但也存在着一定的风险。人们为大量化工产品没能得到充分的检测而担忧，对它的危险性还没能充分了解。选择和使用化学物质应基于证据，而这些证据来自于对化工产品寿命期内每一阶段的研究。

通过探究发现

- ✔ 大陆漂移及英国能存在的原因
- ✔ 英国所经历过的各种气候
- ✔ 地质学家用磁线索追寻大陆运动的轨迹

变化的故事

地球的外层（地壳和地幔上层）被分成了很多**构造板块**（tectonic plate）。每一板块都有致密的大洋地壳，它的顶部也常载有较轻的大陆地壳。板块能移动是因为在固体地幔的下面存在着非常缓慢的液态岩浆的**对流**（convection）。

板块的运动使得地球上的一些大陆被海洋缓慢地分离了，而在地球的另一部分，又有一些大陆因巨大的力的作用而连接在一起，这种挤压作用产生了山脉。大多数的火山爆发和地震也是在板块的边界上产生的。

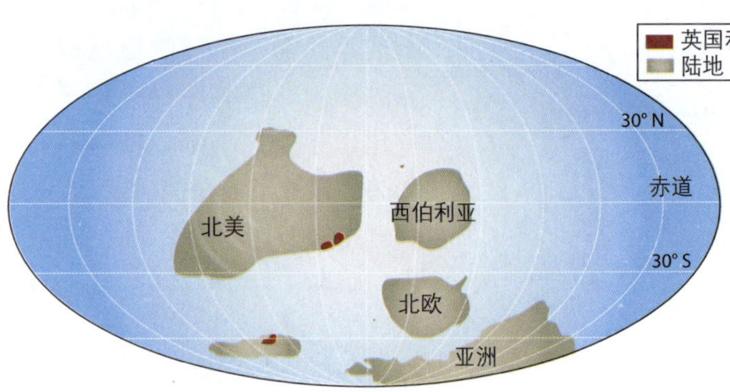

在大约 4 亿 5 千万年前的奥陶纪时期，后来可能构成英国的两部分地壳都在赤道以南，被海洋分成南北两部分。

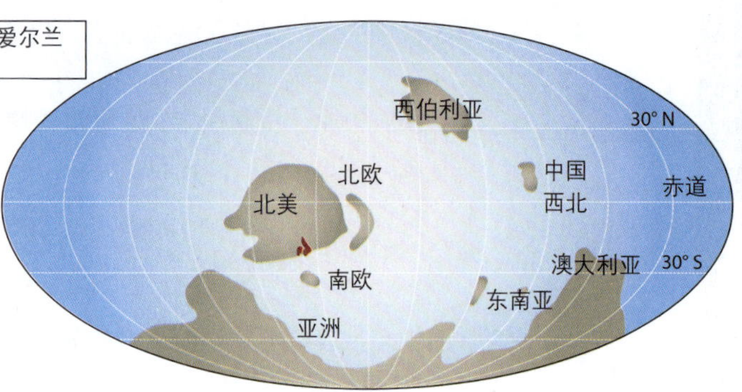

在大约 3 亿 6 千万年前的奥陶纪末期，构成英国的两部分相遇了。两个大陆相撞产生了山脉。可能变成英国的陆地在这个干旱大陆的山脉的边缘上。

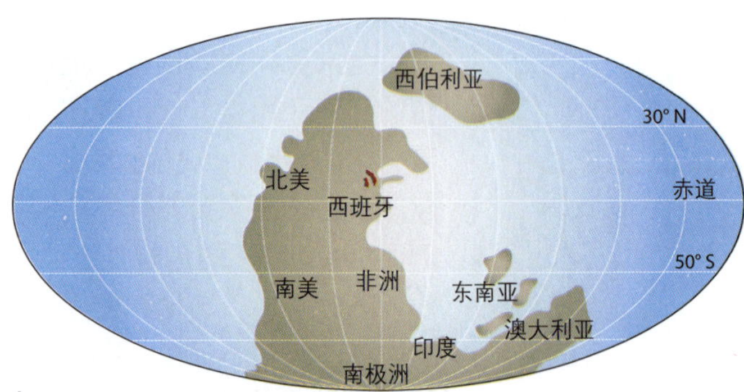

在大约 2 亿 8 千万年前的二叠纪时期，英国刚好位于赤道以北类似于沙漠的环境中。

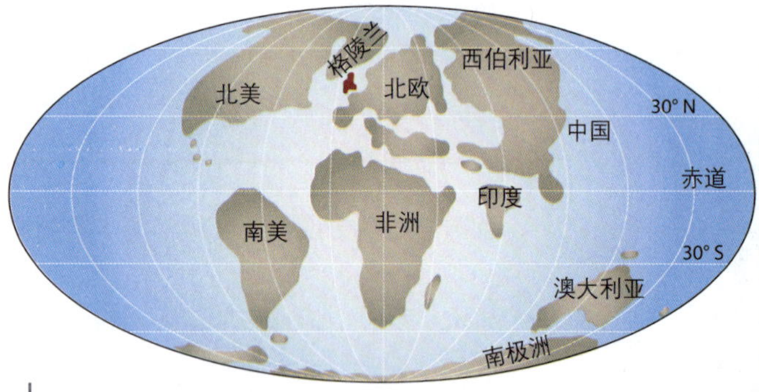

在大约 6 千 5 百万年前，恐龙等生物开始灭绝的时期，英国位于北大西洋的边缘，在现今位置的南边。大西洋将北美和欧洲缓慢地分开。

来自过去的磁线索

在 20 世纪 50 年代，关于大陆正在地球表面缓慢漂移的观点仍然存在争议。很多地质学家认为这一观点没有足够的证据支撑。在这一时期，伦敦帝国学院的一个科学家团队，通过对岩石中**磁性**（magnetic）粒子的研究，展示了能够追踪大陆在赤道两侧漂移的可能性。

很多火山灰和沉积物中含有磁铁矿。这种矿石得名于它含有磁性晶体。岩浆冷却到一定程度时，其中的磁铁矿就能沿一定的方向被磁化。磁感线和当时地球磁场的方向应该一致。这与铁屑在磁铁棒周围的分布情况十分相像。沉积岩中的磁铁矿也有同样的情况。

在赤道附近，磁感线是水平的。而在地球两极附近，磁感线则和水平方向有一定的角度。因此，测量岩石中被磁化的晶体的磁场角度，科学家就能计算出岩石最初形成时所处的**纬度**（latitude）。

将这种测量结果与其他线索相结合，就能发现英国的岩石是从赤道以南的位置漂移过来的。当然，这要数以百万年的时间。这一证据支持了大陆漂移理论，而且也对板块结构理论的发展作出了贡献。这种运动也表明英国久远的历史上经历过很多种不同的气候。各种气候的证据也能从构成这个国家的岩石中找到。

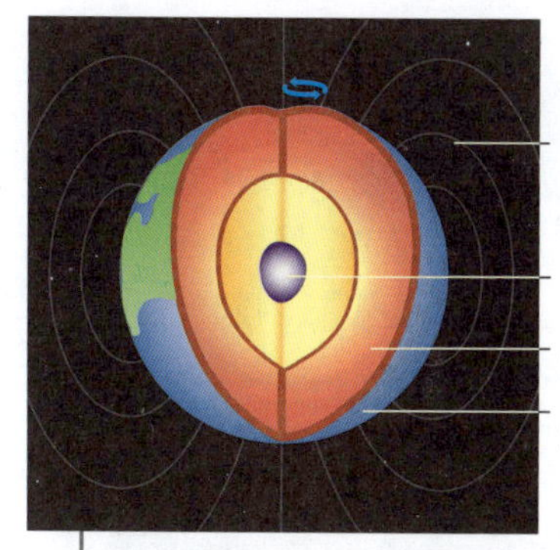

这张剖面图显示了地球的磁场。在赤道附近，它几乎和地面平行，但在两极附近它变得非常陡峭。

问题

1. 是什么原因导致大陆能够在地球表面移动?
2. 伦敦帝国学院的科学家对磁铁矿构成的观察是支持了板块结构理论还是与其有矛盾?
3. 给出地质学家可能找到的作为验证英国的北部和南部曾经分属两个不同大陆的证据。
4. 地壳的运动能够导致岩石弯曲和堆叠。为什么岩石的堆叠使得用测量岩石样本磁化方向的方法来解释结果变得非常困难?

关键词

- 构造板块
- 对流
- 磁性
- 纬度

B 英国的矿藏财富

通过探究发现

- 地质学家通过研究岩石得到的结果
- 英国一些岩石的起源

岩石中的线索

地质学家根据至今仍能观察到的现象来解释地球表面的历史。例如，我们通过观察岩石中**沙粒**（grain）的形状和大小，就可确定诸如砂岩那样的**沉积岩**（sedimentary rock）的历史。砂岩可能是由沙漠或河流沉积物中的沙子形成的。将砂岩中的沙粒和当今沙漠或河流中的沙子相比较，地质学家就能判断出砂岩形成时的条件。其他线索来自于岩石中化石纹路呈现的形状，它可能是由风或水形成的。

很多沉积岩中富含植物和动物的**化石**（fossil）。地质学家根据化石在岩石中的层状分布了解它们出现的时间顺序。这种做法是可行的，因为化石中可能包含了不同地质时期已经灭绝了的植物和动物。将它们和现在的生物作比较，就能得到过去植物和动物生活的环境线索。

纳米比亚纳米布沙漠中的沙丘。研究现存的沙丘有助于解释砂岩中沙粒的大小和纹路。

不同气候下的不同岩石

英国有非常丰富的岩石种类，其中一些有非常重要的经济价值。以氯为基础的工业在英格兰西北部的默西河沿岸发展起来了，这是因为那里及附近的盐、煤、石灰石等矿物储量大，这都为制氯工业提供了原料。在漫长的地质历史中，形成盐、煤、石灰石的时期和气候条件各不相同。

山上的砂石。

问题

1. 给出一个能研究自然过程的例子，它现在能告诉科学家诸如岩石和山体的形成是非常缓慢的过程，可能需要数百万年的时间。
2. 英国峰区国家公园内的石灰石被用作化工原料，这是因为这里的石灰石非常纯净。科学家将如何解释这里石灰石纯净的原因？
3. 为什么化石多存在于沉积岩中，而很少出现在变质岩中，更是几乎不存在于火成岩中？

关键词

- 沙粒
- 沉积岩
- 化石
- 侵蚀
- 蒸发

峰区岩洞中发现的含有海百合化石的石灰石。这种石灰石形成于 3 亿 5 千万年前。当时的峰区还在赤道以南温暖的浅海之下。当时的海水非常清澈，因为几乎没有河流带来沉积物。海中到处是生物。这些生物死去后就沉入海底，在纯净而稠密的石灰石浆中形成化石。

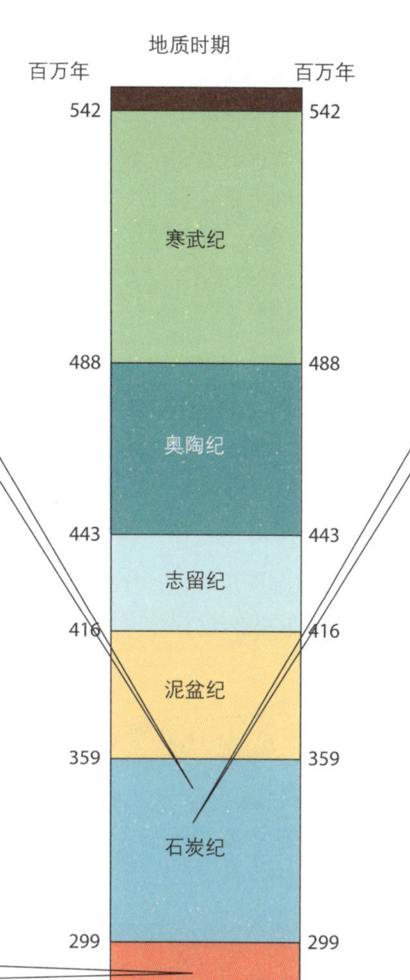

峰区的砂岩有约 3 亿 1 千万年的历史。当时峰区东北的山受湍急并带有沉积物的河水**侵蚀**（erode），沙子和小石子成层状沉积，形成了如今看到的砂岩。过去，这种岩石被用于制成磨粮食的磨石，故常称为磨坊石。

煤页岩中含有约 2 亿 8 千万年前的蕨类植物化石。当今英国的这一地区，在当时，河流三角洲增大并成为湿地，树蕨在沼泽中生长。当它们死后，就形成了被沉积物覆盖的泥炭，在高压和高温下转变成了煤。随后的造山运动将峰区地下的岩石顶到了地面上。

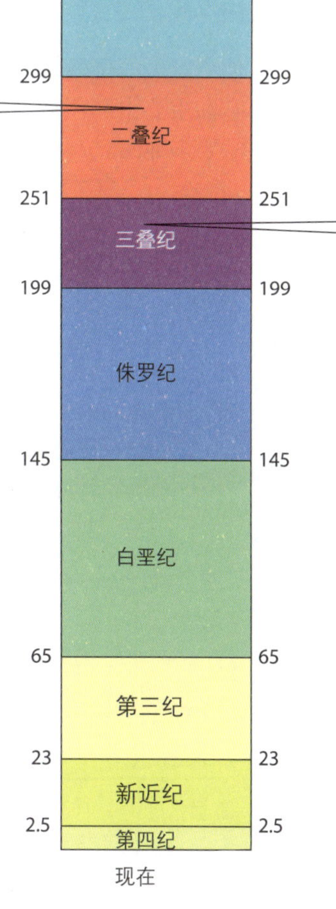

柴郡盐矿的主要成分是岩盐。约在 2 亿 2 千万年前，海水进入陆地，在现在的柴郡地区产生了成片的含盐浅水沼泽。沼泽中的水**蒸发**（evaporate）后就留下了盐层。这种岩盐呈红黄色。这颜色是由于风将周围沙漠中的沙子吹入了沼泽。

C 盐资源及其利用

通过探究发现

- 盐的用途
- 盐的来源
- 获取盐的途径

腌鳕鱼。鳕鱼产于纽芬兰、冰岛、挪威的外海中。冰箱问世之前，鳕鱼在被装船运往葡萄牙、西班牙等国之前，要先腌制并干燥处理。

海水晒盐的盐场。进入盐田的海水在阳光下蒸发，留下的晶体主要成分是氯化钠。

盐的重要性

食盐（下简称为盐）在人类几千年的文明史中起到了非常重要的作用。在用现代方法保存食品（如罐头、冷藏等）之前，盐腌是唯一用于**保存**（preserve）肉类和鱼的方法。腌制后的食品能够长时间储存，如在海上远航时就要这样处理食品。现在，盐仍被用于食品工业中处理和保存食品，并作为调味品。冬天，它也被用来处理结冰的路面，还能作为制造含氯物质的原料。

海盐

英国东海岸的埃塞克斯郡从海水中获取盐已经有逾 2000 年的历史了。英国的这一地区比其他地区的降雨量少。这意味着在其河口及河流中盐的浓度较高，使用较少的燃料蒸发海水就能将盐分离出来。现在，一些居民仍用这种办法获取少量的盐供自家使用。

在具有干热气候的海岸大规模地从海水中提取盐是最经济的做法。在这些地区，提取盐的过程中几乎不需要使用燃料，这是因为利用太阳能蒸发水分就行了。

岩盐

英格兰地下有两处大岩盐矿。一处在北约克郡，另一处在柴郡的温斯福德。这种盐主要用于在寒冷的天气中撒在路面上使冰雪熔化。这是因为盐水比纯水的凝固点低。

矿工使用巨大的机械开采岩盐。岩石中含有约 90% 的氯化钠，以矿物盐形式存在。它和主要由红色黏土组成的不溶于水的杂质混在一起。用于处理路面的盐并不需要多纯净。

温斯福德岩盐矿。

水溶采矿

英国用于化学工业的盐并非挖掘出来的，而是向矿井中注水。盐溶解（dissolve）后再被以**溶液**（solution）的形式抽到地面。而像黏土那样的杂质不溶于水，故仍留在地下。含有盐的溶液称为**盐水**（brine）。

关键词
- 保存
- 溶解
- 溶液
- 盐水
- 结晶
- 过滤法
- 离心机
- 塌陷

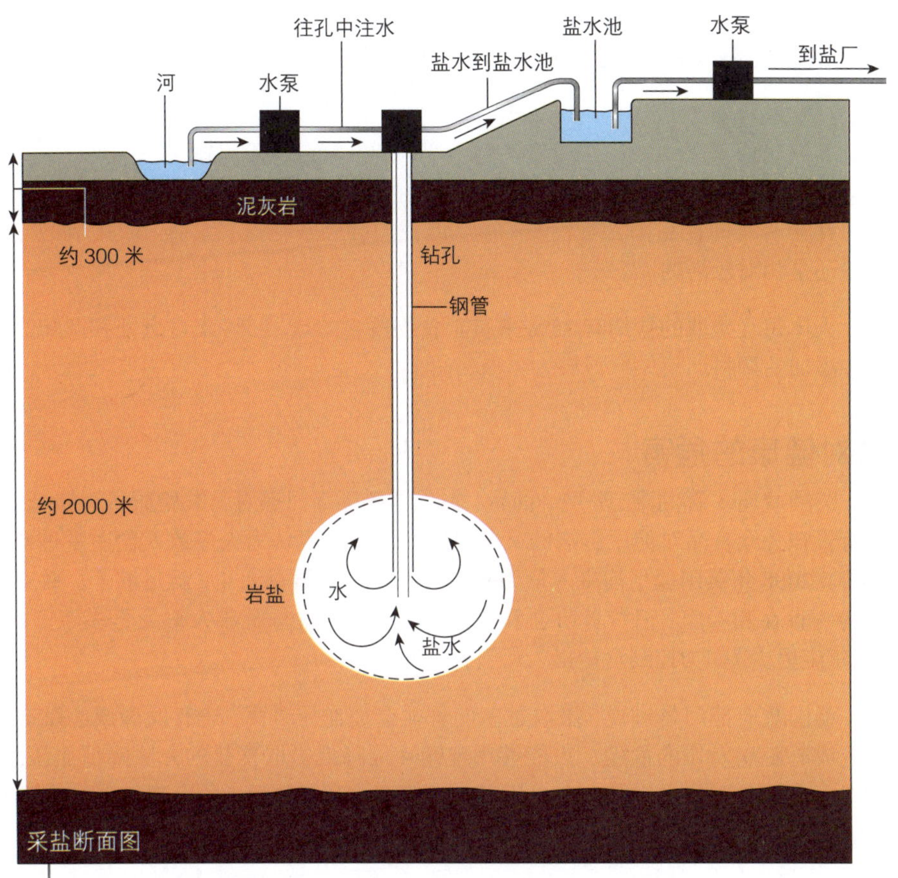

从盐矿中抽取盐水。

1891 年盐矿产生的塌陷。诺斯威奇城堡的后部陷入地下。因为城堡使用木结构而没有碎裂。

盐水中的水蒸发后留下了盐晶体。在大规模制盐蒸发水时，要尽可能少地使用能源以提高效率。盐随着水分的蒸发而**结晶**（crystallise），再用**过滤法**（filtering）或用**离心机**（centrifuge）将其和剩余的盐水分离开来。

突然下陷

用大规模抽取盐水得到盐的方法始于 1870 年。这种无节制地抽水，60 年后在地下产生了巨大的洞穴。这导致了地面**塌陷**（subsidence），洪水淹没了陆地。不时产生的灾难性塌陷毁坏了建筑物。现在，抽水是在按计划地进行的。因此，其中的孔洞留有间隔并用岩石柱分离支撑着。留在下面的隔离岩石起到了防止塌陷的作用。

问题

1. 说明东部的埃塞克斯郡成为获取盐的理想地方的原因。
2. 为什么处理路面的盐若用不同的方法提取，就可能用于食品或化学工业？
3. 盐水中的溶剂和溶质分别是什么？
4. 简要给出实验室中从岩盐中制取少量纯净盐的方法。

D 食物中的盐

通过探究发现

- ✔ 我们的食物中要有盐的原因
- ✔ 吃过多的盐会产生的危险
- ✔ 关于过多摄入盐是否会影响健康的证据的辩论

食物中的盐

食盐是氯化钠。食盐中的钠是健康饮食的基本要素之一，但仅需少量就足够了。食盐被用作**调味品**（flavouring），也能改善食品的口味。因为人的饮食需要钠，有喜欢咸味食品的天性。食品工业中也用食盐来储存食物。

人体的主要食盐来源有：

- 面包、薄煎饼、早餐麦片、饼干、蛋糕等谷类食品。
- 腌制的肉、鱼等。
- 包括奶酪在内的奶类产品。

并非所有的食品都含有较多的盐，但我们会经常吃这些食物，故摄取的盐的量还是相对较高的。

人体每天摄取的盐约有 75% 来自于食物所含的盐，25% 来自烹饪和调味过程中添加的调料。

食盐中的钠是饮食的基本要素之一。它存在于人的血液、眼泪、神经中。神经能传递电信号，应归因于也与盐有关。

盐对健康的危害

英国政府主管健康、环境、食品、农业事务等部门都对公共健康负有责任，也有告知公众食品对健康影响的义务。健康问题专家认为大多数人食用了过多的盐。2008 年英国盐平均摄入量为每人每天 8.6 g，但每天 4 g 就足够了。政府机构一直在和专家、消费者协会和食品工业合作，将每个成人每天不多于 6 g（儿童应更少）作为控制食盐摄入的目标。

英国政府部门告诫说，摄取过多的食盐会使血压升高，还有发展成心脏病或造成心脏病发作的危险。人能够用连续 4 周降低摄取食盐的方法降低血压。英国当前约有三分之一的人口血压偏高。随着血压的下降，各个年龄段的人患心脏病或心脏病发作的危险性也将降下来。

营养科学委员会是一个能对政府提出意见的独立专家团体。其中的专家们查阅了全世界 200 多篇关于盐与健康关系证据的科学论文，得出了“降低食品中盐的含量有可能降低人患高血压的危险”的结论。

这一委员会也得出了患心脏病与过多摄取盐间存在关联的结论。且不一定只有先患高血压才会如此，血压正常的人也存在着患病危险。

挑战控盐理论

欧洲盐生产商联合会是一个代表欧洲盐生产商的工业体。它提出了一个报告，向减少盐的摄入量能使人的身体受益的**理论**（theory）提出了挑战，认为这一理论没有得到科学证明。这一报告还指出，有例证表明低钠食品会对人体产生危害。为支持这一观点，协会给出了1966年和2001年得到的两个研究成果。

还有一些科学家辩解说，要所有人都降低盐的摄入量是没有科学依据的，因为血压正常的人不会因此而受益。

含盐量

含盐量偏高：每100 g中	超过1.5g	偶尔食用或治疗用
含盐量中等：每100 g中	0.3 g和1.5 g之间	恰当选择
含盐量偏低：每100 g中	低于0.3 g	较健康的选择

英国政府忠告消费者注意包装上的标签，选用含盐量低的食品。

关键词

- 调味品
- 理论

问题

1. 饮食中含盐较多的食物有哪些？
2. 一包25 g的薯条含有0.6 g的盐。则这包薯条的含盐量是偏高、中等，还是偏低？
3. 给出难以科学调查取证饮食中不同含盐量对健康造成危害的原因。
4. 给出英国政府机构和欧洲盐业协会在饮食中含盐量是否会损害健康方面可能得出不同结论的原因。
5. 为什么一位不是专家的公民，可能会忽视政府的忠告而食用超过建议量的盐？

E 碱及其应用

通过探究发现

- 碱的应用
- 碱的来源
- 酸和碱发生的中和反应

传统的碱

在大规模工业生产之前，**碱**（alkalis）就被广泛用于：

- 中和酸性土壤
- 将脂肪和油类转化成肥皂
- 制造玻璃
- 制造使天然染料不从衣物上褪色的化学物质

制造肥皂的原始方法。将动物脂肪和碱性的钾盐一起煮沸。这种碱（碳酸钾）来自草木灰。

用碱来制铝

英国最早制成的纯化学物质之一是明矾。当时明矾的最大用途是制作衣物染料，用它制成的染料能使衣物着色紧密，洗涤时不易褪色。

明矾产于英国的东北沿海，那里悬崖上的岩石中富含铝的化合物。工人通常要在露天连续几个月用火烤这些岩石，然后将其倾倒到一个水坑中并用木棒搅拌。

待废岩石沉下后，再将这种可溶化学物质溶液倒入铅盘中。烧沸去除多余的水并加入碱中和溶液中的酸。最后，让溶液在木桶中冷却。拆除木桶后，就得到了明矾。最后，将明矾打碎装袋出售。

这一过程的碱一部分来自植物灰烬中获得的钾盐，其他是久放的尿液放出的氨。当地人将尿液装入木桶中，然后再用马车拉的大桶收集起来。对尿液的需求量是如此之大，以至于要通过海运的方式从伦敦运来。船在回程时，则为英格兰南部的染料工业运送成包的明矾。

玻璃是用熔融的纯净沙子（二氧化硅）、石灰（氧化钙）和苏打（碳酸钠）粉等制成的。

碱及其反应

所有的碱都溶于水，至少在一定范围内如此。碱溶解后，溶液的 pH 超过了 7。碱因为能**中和**（neutralise）酸而显得尤为重要。

氢氧化钠和氢氧化钾是腐蚀性非常大的两种碱。当氢氧化钠和盐酸发生中和反应时产生氯化钠。化学家称其为普通的“盐”，它是酸和碱反应时产生的很多不同的**盐**（salt）之一。这种反应过程可用**文字表达式**（word equation）来表示。

氢氧化钠 + 盐酸 ⟶ 氯化钠 + 水

这可用一个普遍性的公式写成：

碱 + 酸 ⟶ 盐 + 水

如果所用的酸是盐酸，则生成的盐是氯化物；如果酸是硫酸，则生成的盐是硫酸盐；如果酸是硝酸，则生成的盐将是硝酸盐。

碳酸钠或碳酸钾溶于水后形成了 pH 大于 7 的水溶液，即都呈碱性。当它们和酸混合时嘶嘶冒气泡，这是因为在反应过程中伴随着盐和水的生成还产生了二氧化碳。例如：

碳酸钾 + 硫酸 ⟶ 硫酸钾 + 二氧化碳 + 水

这也可用一个普遍性的公式写成：

碳酸盐 + 酸 ⟶ 盐 + 二氧化碳 + 水

关键词

- 碱
- 中和
- 盐
- 文字表达式

白垩和石灰石中都含有不溶于水的碳酸钙。把它们在石灰窑（传统的石灰窑如图所示）中焙烧，就能使其变成氧化钙。氧化钙和水反应又能生成微溶于水、能和酸发生中和反应的氢氧化钙。

问题

1. 在制造明矾的哪一步含有下列过程？下列哪一过程含有产生新化学物质的反应？
   a. 氧化
   b. 溶解
   c. 蒸发
   d. 中和
   e. 结晶
2. 每 100 cm^3 的尿液中含有 2 g 氨。一个人每天的排尿量约为 1500 cm^3。
   a. 试估算从每人每年的尿液中可获取多少吨氨。（1 t = 1000 kg，1 kg = 1000 g）
   b. 每制造 100 t 的明矾需要 3.75 t 氨。试估算每生产 100 t 明矾需要多少人一年的尿液。
3. 给出下列物质反应的产物：
   a. 氢氧化钙和盐酸
   b. 氢氧化钾和硫酸
   c. 碳酸钠和硝酸

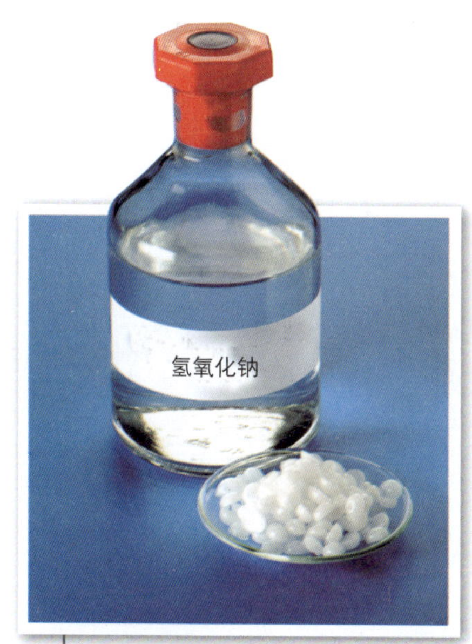

纯净的氢氧化钠是白色固体。它溶于水形成碱性水溶液。纯净的氢氧化钠的腐蚀性非常强。

F 从盐中获取化学物质——污染的重要来源

通过探究发现

- 首次大规模制造碱的方式
- 制造碱是一个造成污染的过程
- 议会监管化学工业的方式

1895 年威德尼斯工厂产生的空气污染。

大规模制碱

在 1700 年代的工业革命时期，天然碱资源已经难以满足需求了。法国因为玻璃工业需要大量的碱，因而碱资源非常短缺。

1791 年，尼加拉斯·勒布朗发明了一种用白垩或石灰石（碳酸钙）、盐（氯化钠）和煤来制造碳酸钠的方法。他得到了法国国王授予的专利，并用德奥尔良公爵出的钱建起了工厂。

这是在法国大革命时期。在后来的 1794 年，德奥尔良公爵被送上了断头台。于是，勒布朗的工厂被收缴，专利也成了公共财产。

现在，所有人都能受益于勒布朗的发明。英格兰基于这一发明建设起的化学工业连续生产了 100 年。这种工业发展迅速，在威德尼斯和朗科恩等默西河沿岸的农村地区，发展成了以盐类为基础的新兴国际工业中心。

勒布朗法（Leblance process）会造成严重的污染。每生产 1 吨碳酸钠产品，就要产生 2 吨固体废弃物，还要向空气中排放近 1 吨的**氯化氢气体**（hydrogen chloride gas）。这种酸性气体对周边的农田造成了很大的损害。固体废弃物被填埋在工厂外的巨大坑中，从那里缓慢地释放出有毒的**硫化氢气体**（hydrogen sulfide gas）。这种气体发出令人作呕的臭鸡蛋气味。据估计，到 1891 年时，威德尼斯周边约有 200 公顷的土地被平均厚度为 3—4 米的废物覆盖了。这一地区的生活和工作条件之恶劣都是骇人的。

监管化学工业的第一步

1800 年代，随着工业化程度的增加，公众开始要求政府就控制污染采取措施。在当时，政府却不急于限制化学工业，因为它使经济得到了发展，且提供了就业机会。但议会却不一样，通过了关于监管工作条件、控制火车和工厂冒出的黑烟的一系列法案。

化学工业产生的污染到 1863 年产生的恶劣后果，促使议会通过了**碱工业法案**（Alkali Acts）。这一法案建立了碱工业督察制度。督察人员由科学家组成，他们身着维多利亚工装，戴高顶帽，带着测量仪器和梯子，在全国巡回检查至少 95% 的化学工厂在各种天气下的烟囱烟雾。

应对污染问题

勒布朗法对碱工业法案的第一个应对方式是将氯化氢气体溶于水中，这样得到了同样没有用处的盐酸。接着，盐酸通过下水道进入河流，结果杀死了水中的很多生物。

1874 年，亨利·迪肯发明了一种利用勒布朗法所产生的酸的较好的方法。他发现用氯化氢氧化制造**氯气**（chlorine）的方法是可行的。氯是组成氯化氢的元素之一，但氯气却和其化合物的性质有很大不同。氯化氢具有腐蚀性和酸性，而氯气具有**漂白**（bleach）作用。

在亨利·迪肯的方法中，氯化氢和氧气混合后通过一种炽热的晶体，得到氯气和水蒸气两种产物。氯气可用于漂白纸和纺织品。

勒布朗法的污染问题在 1800 年代末才被最终解决。当然这不是政府控制的结果，而是由制碱技术发展得到的结果。新方法至今仍被使用着（详见第 H 节：从盐中得到的化学物质——一种好方法）。

迪肯在他 1854 年撰写的《艰难时期》一书中嘲讽了企业家对新控制方法的态度。

问题

1. 以氯化氢为例来说明化合物的性质和构成它的元素的性质间存在着较大差异的原因。
2. 作示意图：4 个氯化氢（HCl）分子和 1 个氧气（O_2）分子反应生成 2 个氯气（Cl_2）分子和 2 个水蒸气（水，H_2O）分子。
3. 为什么将氯化氢废气转化为氯气的方法优于将其溶解于水的做法？
4. 尽管对健康和工人的工作条件造成了严重危害，但议会仍不能及时通过控制新化学工业的法案的原因是什么？

关键词

- 氯化氢气体
- 硫化氢气体
- 氯
- 漂白
- 勒布朗法
- 碱工业法案

G 水处理的利益和风险

通过探究发现

- 水源性疾病的危险
- 用氯净化饮用水的好处
- 人们对用氯净化水的担忧

水源性疾病的威胁

被污水污染了的水有时会造成致命的疾病，如霍乱、伤寒、痢疾、肠胃炎等。据世界卫生组织（WHO）报告，水体质量仍对人体健康构成威胁。按照WHO的说法，饮用不安全的水，仍是造成每年超过300万人死亡的直接原因，其中水源性感染造成的死亡人数为170万。在发展中国家，因这一原因死亡的主要是儿童。

污染的河流。在世界的很多地方，人们得不到清洁的饮用水。大量未经处理的污水进入河流中。

用氯处理水

维多利亚女王的丈夫阿尔伯特亲王于1861年死于伤寒。温莎城堡中恶劣的排水条件一直备受诟病。仅过了几年，它已能用过滤的方法处理饮用水，并在水中加氯以消灭其中的细菌等微生物。如果早用这一方法的话，阿尔伯特亲王也许就不会因伤寒而死亡了。

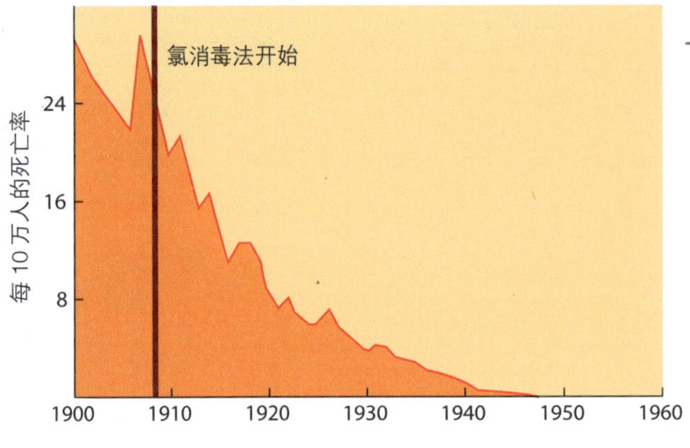

美国1900—1960年伤寒病的死亡率（据美国疾病控制和预防中心1997年疾病报告）。

在英国，对饮用水采用**加氯消毒法**（chlorination）在20世纪早期非常普及。这使得死于伤寒的人数直线下降。用氯处理水的优点是有一些化学物质留在水中，这意味着能够避免从水处理厂到消费者的管道中可能的污染。

在净化水的同时，氯还能去除水中的异味，并能阻止细菌在蓄水池中滋生。

一种解决水污染的方法是过滤。这一过滤饮用水的装置是柬埔寨制造的。过滤的水在清洗和烹饪食物前还可加氯消毒。

水处理带来的危险

加氯消毒法帮助人们避免了因饮水污染而传染的疾病。但也有一些科学家为加氯消毒法可能带来的副作用而担忧。他们担心用氯消毒会导致生成三卤甲烷（THMs）类化学物质。

THMs 是氯和水中的诸如叶子碎片那样的**有机质**（organic matter）反应生成的。一些有机质存在于地表水源中，如湖泊和河流等饮用水源。在用氯对水进行净化的过程中，可能形成非常少量的 THMs。当人在饮用这些水时，THMs 就可能被吸收进入人体中。

有人怀疑 THMs 可能导致一些种类的癌症。然而，研究中没有发现任何支持这一说法的有力证据。国际癌症研究机构和世界卫生组织都表示，没有足够的证据能证明在患癌和 THMs 间存在必然联系。

在含有有机质的饮用水水源处，自来水公司设计出了限制水中 THMs 浓度的方法。先用臭氧破坏这些有机质，经活性炭过滤后再使用加氯消毒法。

关键词

- 微生物
- 加氯消毒法
- 有机质

哈里特·奇克博士（1875–1977）在位于伦敦的里斯特学院疾病研究中心从事研究工作。1908 年，她发表了影响氯杀死水中细菌和病毒速度的因素的研究结果。她的“消毒定律”使自来水公司掌握了用氯高效消毒的原理。

问题

1. 利用上一页的图表估计美国因患伤寒而死亡的人数：
   a. 1900 年，当时的总人数是 7600 万。
   b. 1940 年，当时的总人数是 1.32 亿。
2. 家庭用水可能来自地下水或泉水，也有可能是来自河流或水库的水。
   a. 经过使用加氯消毒后，哪种水更有可能含有 THMs?
   b. 给出能说明一年中不同时间自来水中 THMs 的量变化原因的理由。

通过探究发现

- 用电来获取新的化学物质
- 用电解盐水的方法制备化学物质
- 以盐为原料的化学工业对环境的影响

从盐中得到的化学物质

现在，氯是大规模制备的一种化学物质。每年欧洲都要用盐制取 1000 万吨氯。现在已经用电从盐中获取氯。这种方法比以前的勒布朗的方法清洁多了。

建于朗科恩的英力士氯碱化工厂。从电解盐水中获取的氯气被用于制造 PVC 及其他化工产品。

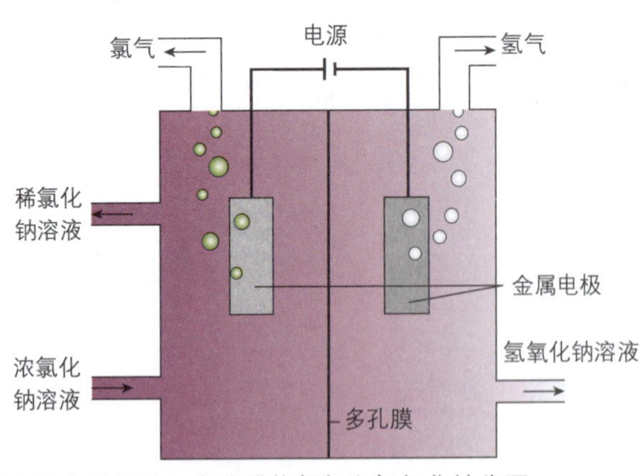

电解食盐水的装置。多孔膜将氯气和氢氧化钠分隔开来，但能让电流通过。

食盐水是将氯化钠（NaCl）溶解在水（H_2O）中制成的。因此，食盐水中含有 4 种元素，它们重新分配后产生了氯气（Cl_2）、氢氧化钠（NaOH）和氢气（H_2）。

当电流通过这种溶液中时，化学变化就发生了。这一过程称为**电解**（electrolysis）。

化学变化发生在溶液中导入和流出电流的金属电极的表面。电解食盐水的设备要精心设计，以保证分别得到氯气和氢氧化钠两种主要产物。这两种化学物质要保持隔离状态，因为一旦它们混合后即会发生反应。

使用从盐中获取的化学物质

从盐中获取的化学物质有很多用途。

氯气	氢氧化钠	氢气
• 处理饮用水和废水 • 制造漂白剂 • 制造盐酸 • 制造 PVC 等塑料 • 制造溶剂	• 制造漂白剂 • 造纸和肥皂 • 处理食品 • 消除水中污染物 • 化学加工和产品 • 制造过滤器	• 制造盐酸 • 作为能生成水蒸气的燃料

关键词
- ✔ 电解
- ✔ 有毒的

氢氧化钠和氯气反应能制造漂白剂。

氯气和氢气反应生成氯化氢气体。将这种气体溶于水后可制备盐酸。

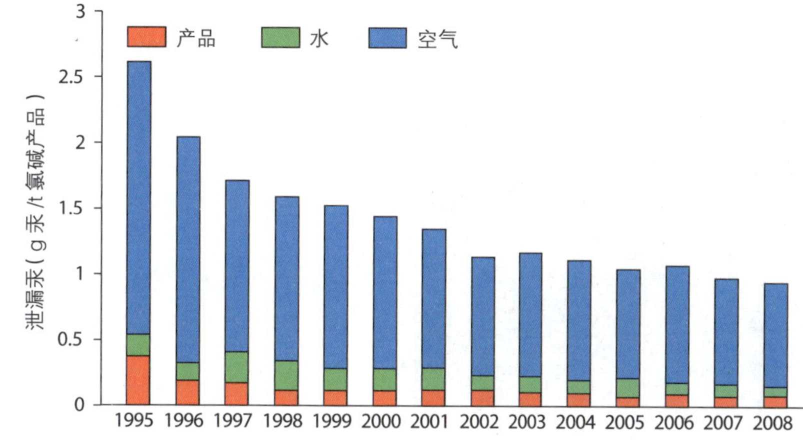

欧洲电解食盐水的化工厂 1995–2008 年排放汞的变化情况（发表于《氯碱工业回顾》2008–09）。一些产品、废料和空气中含有汞。

对环境的冲击

用电解食盐水制造化学物质的方法要消耗大量的电能。

在朗科恩的化工厂所消耗的电能和利物浦那么大的城市的用电量相当。目前，大多数用来电解食盐水的电能是用化石燃料发电得来的。然而，人们趋向于用可再生能源来发出更多的电能。一些利用不可循环的生活垃圾和工业废料的发电厂也正在建造之中。

直到最近，欧洲最常见的电解食盐水的方法是用汞（水银）作为一个电极。这一巧妙的设计意味着在装置的一个区域形成氯气。同时，水银在装置中的循环流动使得在其他区域产生氢氧化钠。不幸的是，用这一方法制出的产品中含有微量的汞。也可能使**有毒的**（toxic）汞泄漏到环境中。因此，这种使用汞的工艺正逐步被淘汰。

工业上越来越多地使用带有复杂聚合物膜的设备来分开氯气和氢氧化钠。这可节省较多的电解用电能，但这样得到的氢氧化钠的浓度较低，还要用蒸发的方式来浓缩。即使这样，它也是较为高效的方法。

问题

1. 给出食盐水中的 4 种化学元素。
2. 电解食盐水的工艺革新后，降低了生产氯碱产品向环境泄漏汞的量。试解释其原因。
3. 减少用化石燃料为电解食盐水发电的理由是什么？

通过探究发现

- 对大量化学物质的安全性进行检测的必要性
- 欧盟的检测计划
- 化学物质的有害性和持久污染的问题

未经检测的化学物质

由诸如世界自然基金会（WWF）和绿色和平组织等环保组织发起的运动，已经使人们对**人工合成**（synthetic）或人造化学物质产生了畏惧。这一运动广泛宣传关于使用诸如塑料、杀虫剂等化学物质能够致癌或使新生儿具有先天性缺陷的证据。

大多数研究有毒化学物质的科学家也认为，一些日常使用的人工合成化学物质在大剂量时有危害，但不是现在人体中的这些物质的浓度下会产生的危害。非常精确的化学分析发现，这些化学物质的含量通常都非常小：在人的血液中小于10亿分之一。科学家争辩说，环保活动家混淆了风险和危害的概念。化学物质虽然不是完全安全的，但也没有如此少量的物质就达到不安全程度的证据。

2005年，绿色和平组织人员手持“化学物质每天都在伤害我们的精子”的标语在柏林总理府示威。

REACH法规

直到2007年，很多环境保护组织还在试图通过尽可能限制化学品的新欧盟法律。

欧洲的工厂每年要生产或使用超过30 000种化学物质，每一种都达到或超过1 t。但仅有很少一部分化合物，人们可以获得它们对环境和健康影响的信息。欧洲国家和美国从1981年以来一直对所有新型化学品进行安全性测试，但这仅占被使用的化学品的3%。

2007年，欧盟通过了REACH法规，以收集化学物质危害性和危险性评估的信息。它启动了对大多数负责控制和安全性的权威机构、生产厂家或使用者的责任追究。现在，企业必须对所生产的化学品对人体健康和环境负责。

REACH是《化学品注册、评估、许可和限制》法规的缩写。

持久性有机物污染

对有一些人工合成有机物，很多人都认为只要很少的量就会对人造成危害。这些化学物质在环境中存在很长时间也不会降解。这也意味着它们可以随着空气和水向全世界扩散。它们在包括人在内的动物体内的脂肪组织中积累，从而危害人类和野生动物。

这一组化学物质有时被称为“12金刚”。它们是：

- 8种杀虫剂（其中两种为DDT和DDE）。
- 2种用于工业的化合物（其中包括PCB）。
- 2种工业产品副产品（其中包括二恶英）。

所有被列入“12 金刚”的化学物质被归类于**持久性有机物污染**（persistent organic pollutants，POPs）。它们中的很多是含氯的化合物，这对居住在北极地区的人是一个特别要重视的问题，因为那里的人食物中脂肪含量过高。POPs 趋于在人类经常食用的动物脂肪组织中**积聚**（accumulate）起来。

在 2001 年的斯德哥尔摩会议上，专家同意制定公约来处理 POPs。公约于 2004 年生效，有 150 个国家同意取缔“12 金刚”化学品的生产。

10 种列入公约的杀虫剂和工业化学品在英国已全部被禁止生产多年了，其他两种 POPs 没有专门的厂家生产，只是废料燃烧或生产过程中产生的副产品。

关键词

- 人工合成
- 持久性有机物污染
- 积聚

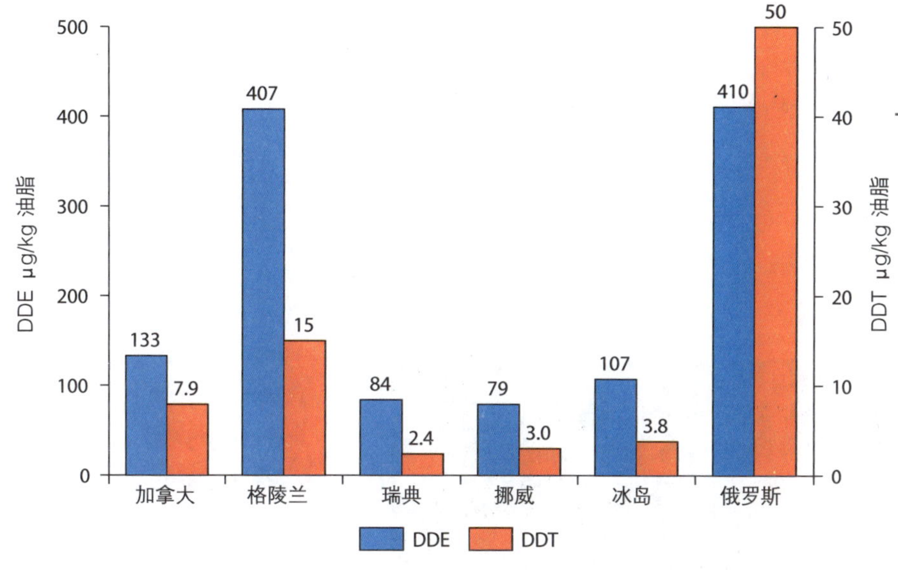

北极不同地区母亲血浆中 DDT 和 DDE 的浓度图（由北极理事会秘书处公布的资料）。单位是微克每千克脂肪化合物（油脂）。1 微克等于百万分之一克。

问题

1. 危害和风险是有差别的，请举例说明。
2. 科学家为什么不能确信少量许可的化学物质是完全安全的？
3. 生产商和进口商要为 REACH 法规付出大部分费用。整个欧盟将在计划试行的前 11 年里花费 50 亿欧元用于检验项目。欧盟的人口约为 5 亿。
   a. 你认为如此大的花费值得吗？试说出你的理由。
   b. 企业应该为有组织的检测付费吗？说明你的答案。
4. 给出斯德哥尔摩会议允许在世界上疟疾严重流行的地区使用 DDT 以控制蚊子的理由。

PVC 材料寿命期的各个阶段

通过探究发现

- PVC 产品的生产、使用和处理等阶段
- PVC 生产、处理过程中的风险

PVC 是一种人工合成高分子化合物。它强度高、易成型且十分便宜。它还具有耐磨、耐用等特性，可用于制造各种用途的物品。它的寿命期中有生产、使用和处理等阶段。

原材料

PVC 由两种化学物质构成：乙烯和氯。在第一阶段中，氯和乙烯结合形成了一种称为氯乙烯的化学物质。这是一种能够致癌的有害化合物。PVC 制造商要非常小心以确保工人不暴露在这种化学物质下。

制造 PVC

氯乙烯是由很多小分子构成的液体。这些小的单体分子通过聚合反应结合到一起形成长链的聚氯乙烯（PVC）。PVC 分子由 3 种不同的元素组成：碳、氢和氯。

聚合物以塑料粒子的形式用作塑造产品的原料。

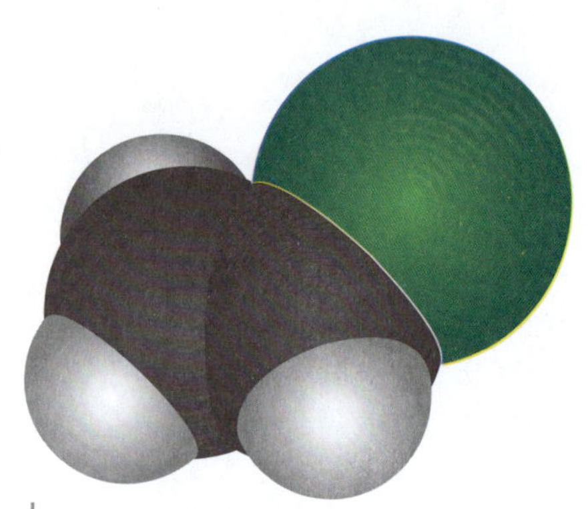

图为一个聚氯乙烯分子模型 C_2H_3Cl。图中碳原子是黑色的，氢原子是白色的，氯原子是绿色的。

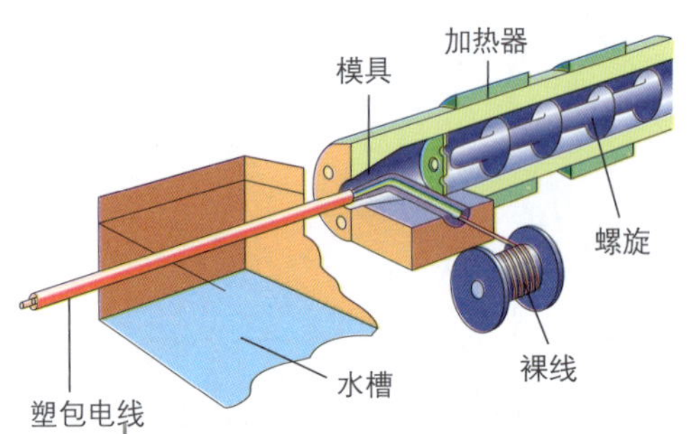

挤塑是将铜导线包上塑料绝缘层的方法。聚合物在机器中加热。螺旋将软化的塑料挤入模具，同时将包上塑料层的电线拉出来。这一过程需要电能来加热和驱动机器，最后用水来冷却。

PVC 被用于制作电线的绝缘层。PVC 是一种聚合物。图中红线表示长链的分子。这些长链由碳、氢和氯构成。

用 PVC 制造的产品

PVC 颗粒被送到工厂，在高温高压下模制成型。例如，热塑料可被**挤压**（extrude）成管子或吹制成瓶子。

使用 PVC 产品

每年约有一半的 PVC 被用于制造管子。很多这样的管子被铺设于地下作为饮水管、污水管或天然气管道。还有很多 PVC 材料被用作建筑材料，如水槽和窗框等。很多商业广告牌也是用 PVC 板制成的。

较软的 PVC 还可制成衣物、园艺水管和电线的绝缘层。PVC 薄膜还被用作包装、血袋和静脉注射液袋等材料。

处理 PVC 产品

循环使用

处理旧 PVC 产品的最好方法是循环使用。常用的方法是先将其粉碎成颗粒，再对其加热将其模制成新的产品。

循环使用减少了制造新 PVC 产品的原料消耗，也减少了 PVC 产品废弃后产生的垃圾。

循环使用 PVC 材料的主要问题是它常与其他的材料混合，这增加了分离、分类和循环使用的困难和成本。对这些 PVC 和其他材料的混合物资源，已经发展了新的循环使用方法。

能量回收

很多聚合物废料是可燃的，因此可用燃烧它们产生的能量来发电。这一目的可使用特殊的**焚烧炉**（incinerator）来达到。

塑料必须在非常高的温度下燃烧才能避免产生有害的化学物质。这对 PVC 来讲是一个特殊的问题，因为它在燃烧时会产生氯化氢气体。这种酸性气体在排放入空气之前，就可以从烟雾中消除掉。如果燃烧炉内的状态控制不恰当的话，燃烧 PVC 还可能产生有毒的二恶英。

填埋

不幸的是，很多聚合物废料最终要被埋到地下。我们将这种方法称为**填埋**（landfill）。这样就确确实实产生了有害的废料。

在印度孟买，一位妇女正在分捡废弃的塑料。她从水桶中挑出 PVC 碎片再放到篮子中。PVC 的密度比水大，所以沉到水下，其他的塑料比水轻，所以漂浮起来。

关键词

- 挤压
- 焚烧炉
- 填埋

问题

1. 制造下列物质需要什么原料？
   a. 乙烯
   b. 氯气
2. PVC 中含有哪 3 种化学元素？
3. 重复使用 PVC 制品看起来好像比循环使用或丢弃更好。但这为什么是不可能的或不可取的？
4. 为什么使废物焚烧炉不向空气中排放氯化氢气体是非常重要的？
5. 当人们发现自己的住处附近要建废料焚烧炉时，就常会发起抗议活动。
   a. 给出抗议者所担忧的风险问题。
   b. 燃烧废料可能会产生哪些风险而使人们如此担忧？
   c. 给出支持建立废料焚烧炉的论点。

K 使用增塑剂的优点和风险

通过探究发现

- ✔ 用于增加 PVC 塑性的化学物质
- ✔ 增塑剂可能具有有害性的原因
- ✔ 监管机构对风险的干预

对增塑剂的担忧

玩具商喜欢用应用广泛的 PVC 做原料：

- 既可有韧性也可有一定的强度。
- 可以和各种颜料混合产生鲜艳的颜色。
- 经得起摔打。
- 易清洁。

增塑剂（plasticiser）是能使材料柔软且有韧性的化学物质。PVC 常用的增塑剂是**邻苯二甲酸酯**（phthalate）。

增塑剂是由非常小的分子组成的。这些分子能从塑料中逸出且能溶解于它所接触的液体中。例如，增塑剂可从用 PVC 制造的玩具中逸出，当儿童用嘴含着玩具时它就进入唾液中。当 PVC 被用于制造输血袋或输液袋时，增塑剂也能**浸出**（leach）到血液或药液中，从而进入人体的血液。

孩子在塑料戏水池中嬉戏。

采自献血者的血液装入含增塑剂的 PVC 袋中。将血液输入病人体内的输血管也是用 PVC 制成的，它的增塑剂通常用 DEHP。

2010 年，小鸭玩具第一次出现在纽约的玩具商店中。据广告，这种玩具是用 PVC 和邻苯二甲酸酯制成的。这是由一位艺术雕刻家为女儿设计制造玩具而开始流行起来的，他也为塑料玩具的安全性担忧。

关键词

- ✔ 增塑剂
- ✔ 邻苯二甲酸酯
- ✔ 浸出

很多抗议的人认为邻苯二甲酸酯应被禁止。他们认为应该禁用、禁产，因为有证据表明增塑剂和诸如癌症、肝炎和不孕症等健康问题间有关联。

但 PVC 及其产品的制造商都声称邻苯二甲酸酯在过去的 50 年中一直被使用。他们说：在这一时期内，没有一个例子能说明任何人受到了邻苯二甲酸酯的伤害。

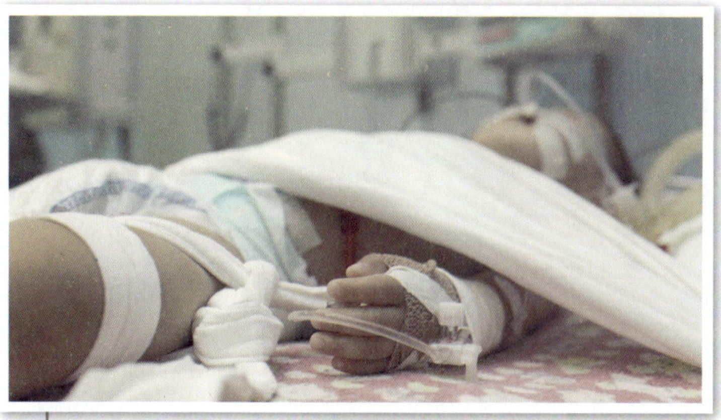
柔韧的塑料管有助于保护重症监护中的婴儿。

监控人员的说法

欧洲和美国的监控人员都关注增塑剂对儿童和新生婴儿产生的影响。2007 年以来，欧盟已经限制了在生产不能进入口中的玩具中使用两种常见的邻苯二甲酸酯增塑剂，而第三种增塑剂（DEHP）则完全禁止使用在玩具中。

监控人员特别为 DEHP 担忧，因为已经在年轻的雄性动物的生殖系统和精子中发现了它的影响。这种影响还没有在人类婴儿身上发现，但这并不能证明不存在风险。作为预防，监控者已对使用 DEHP 的 PVC 医疗产品发出了警报。

医疗设备中的增塑剂

用 DEHP 增塑的 PVC 被用于很多医疗器具中，因为它具有优良的综合性能：有韧性、强度大、透明，且在消毒所需要的高温和储藏所需的低温下仍能保持原来的性能。它是少数几种具有优良性能且经济实用的材料之一。

然而，用于装药液时 DEHP 可能浸出。病情较重的病人可能要治疗很长时间，这更增大了他们暴露在 DEHP 下的机会。这些病人中包括需要经常透析的肾病病人。其他冒着这种危险的还有需要经常输血的新生儿或一些儿童患者。

而 DEHP 的代用品过于昂贵且不实用。这意味着如果 DEHP 被禁止在医疗设备中使用的话，一些病人将得不到适当的治疗。美国的监控人员曾告诉医生，他们不应杜绝 PVC 医疗设备的使用。他们认为，对病人不治疗带来的危险远比暴露在增塑剂之下的大。然而，作为预防，监控者已经要求在治疗男性、新生儿及怀有男性胎儿的孕妇患者时应使用替代材料。

问题

1. 为什么监控人员要求禁止在 PVC 塑料玩具中使用 DEHP 增塑剂，而仅对医疗设备中使用的相同材料发布警告或劝止?
2. 为什么在人们害怕来自化学物质带来的可能危险时，我们却难以证明这种危险不存在?
3. 很多进行医疗治疗的人比其他的人要冒更大的来自 DEHP 增塑剂的危险。
   a. 给出两组要冒更大风险的人，并解释各自的原因。
   b. 给出一种在医疗设备中使用 DEHP 增塑剂带来的好处。
   c. 如果替代品经济可靠，这有可能影响医院在使用材料方面作出的决定吗?

L 从摇篮到坟墓

通过探究发现

- 产品从“摇篮”到“坟墓”的一生
- 我们使用的产品对环境带来的冲击

1970 年生产的电视机。它由玻璃、金属、塑料和木材等材料制成。

寿命周期

我们在家中被各种物品所包围：家具、衣物、地毯、瓷器和玻璃制品、电视机、移动电话等。

这些物品的寿命分为 4 个阶段：

1. 获取原材料；
2. 用这些材料制成产品；
3. 人们使用这些产品；
4. 人们丢弃这些物品。

想象一下近年我们扔掉的一台购于 1970 年的电视机。它由玻璃、金属、塑料和木材等材料制成，现在却成了垃圾被填埋掉了。

其中的木材可能因**可生物降解**（biodegradable）而腐烂掉。但其他的材料却可以长期存在。这是不可持续的，因为这些材料不能被再利用了，即它们有寿命，但没有寿命周期。

如果产品的使用期超过了寿命，这种材料应该被再用于另一种产品。这是一种回收利用。

我们购买和使用的产品影响着环境。环境科学家综合了所有产品从“摇篮”到“坟墓”各阶段的影响。生命周期评估显示出使用天然纤维购物袋还是塑料袋哪个更好。

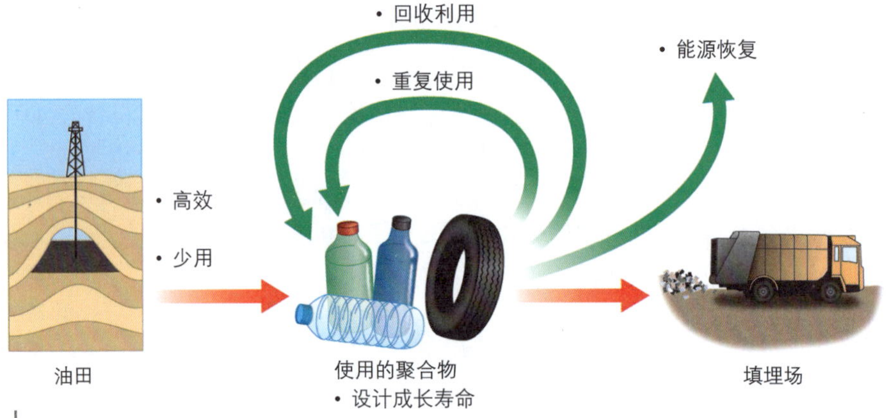

石油及其诸如聚合物之类的产品是非常有价值的。把它们用后即弃，便失去价值。我们要减缓材料从天然资源（摇篮）到填埋场（坟墓）的进程。

生命周期评估

制造商必须对他们产品所用的材料进行**生命周期评估**（life cycle assessment，LCA）。这是环境保护立法的组成部分。其目的是显示我们所消耗掉的不可再生资源的速率。在产品生命的每一阶段，原料、水和能源都要被消耗掉：

摇篮

- 原料：经处理后成为有用的材料。
- 材料：用于制造产品。
- 能源和水：用于制造和处理过程。

使用

- 能源：使用产品（如使用计算机时要用电）。
- 能源：保护产品（如清洁、修缮等过程）。
- 水和化学物质：用于维护产品。

坟墓

- 能源：用于处理报废的产品。
- 空间：用于处理报废的产品。

关键词

- 可生物降解
- 生命周期评估

LCA 包括收集产品生命的每一阶段的数据。评估包含了使用的材料和水、能源的输入和输出，以及对环境造成的破坏等。这种评估报告可以证明诸如制造窗框时，是用传统材料（木材）还是现代材料（PVC 等）更好等。

为木制窗户涂油漆。如果不加以适当的防护，木头很容易腐烂，因而要经常油漆。油漆的另一个好处是能改变颜色。如果加双层玻璃，则它有很好的隔热作用。

用 PVC 材料制造的窗户。它不需要木窗那样的保养，且不受湿度的影响。如加双层玻璃，则它也有很好的隔热作用。

问题

1. 给出两个理由说明将废旧的产品置于填埋场中不是好办法的原因。
2. 给出例子说明下列过程能减缓材料从原料到废物的过程的原因：
   a. 重复使用
   b. 循环使用
   c. 能源恢复
3. 选择一种设计用于减少对环境造成破坏的产品。
   a. 描述这种产品。
   b. 说明它减轻了对环境破坏的原因。

科学解释

多年来，盐、石灰石、煤、天然气和石油一直都是化学工业的基础。使用化学物质制成的物品为我们带来了很多便利，但也可能带来危险。

应该知道：

- 地质学家用已知的现在正在发生的现象解释地球表面的历史。
- 现在的英国大陆是由于地球表面板块移动而漂移形成的。
- 岩石中的磁线索帮助科学家追踪到了非常缓慢的大陆漂移现象。
- 诸如造山运动、侵蚀、沉降、溶解和蒸发形成了非常有价值的物质。
- 化石、沙粒的形状和水形成的纹路提供了岩石生成时的环境状态线索。
- 化学工业在英格兰西北部兴起的原因。
- 盐（氯化钠）是储存食物、化学工业和处理寒冬路面的重要物资。
- 盐来自于海洋和陆地盐矿。
- 获得盐的方法可能取决于它的用途。
- 在提取盐的过程中可能会对环境造成破坏。
- 制碱工业出现在工业革命前的时期。
- 传统的碱来源包括草木灰和放久了的尿液。
- 典型的碱包括可溶性的金属氢氧化物和金属碳酸盐。
- 碱和酸发生中和反应后生成盐。
- 在 19 世纪，工业化导致了碱的匮乏。
- 应对碱大量需求的第一种制碱方法导致了对环境的严重污染。
- 原有的污染问题随着生产诸如氯气那样有用的化学物质而被降低了。
- 用氯来为生活用水消毒的方法对公共卫生健康作出了巨大贡献。
- 现在用电解法生产很多新的化学物质，如氢氧化钠、氯气、氢气等都是从电解食盐水中获得的。
- PVC 材料是含氯的聚合物。
- PVC 材料的性质可用添加增塑剂的方法来改变。

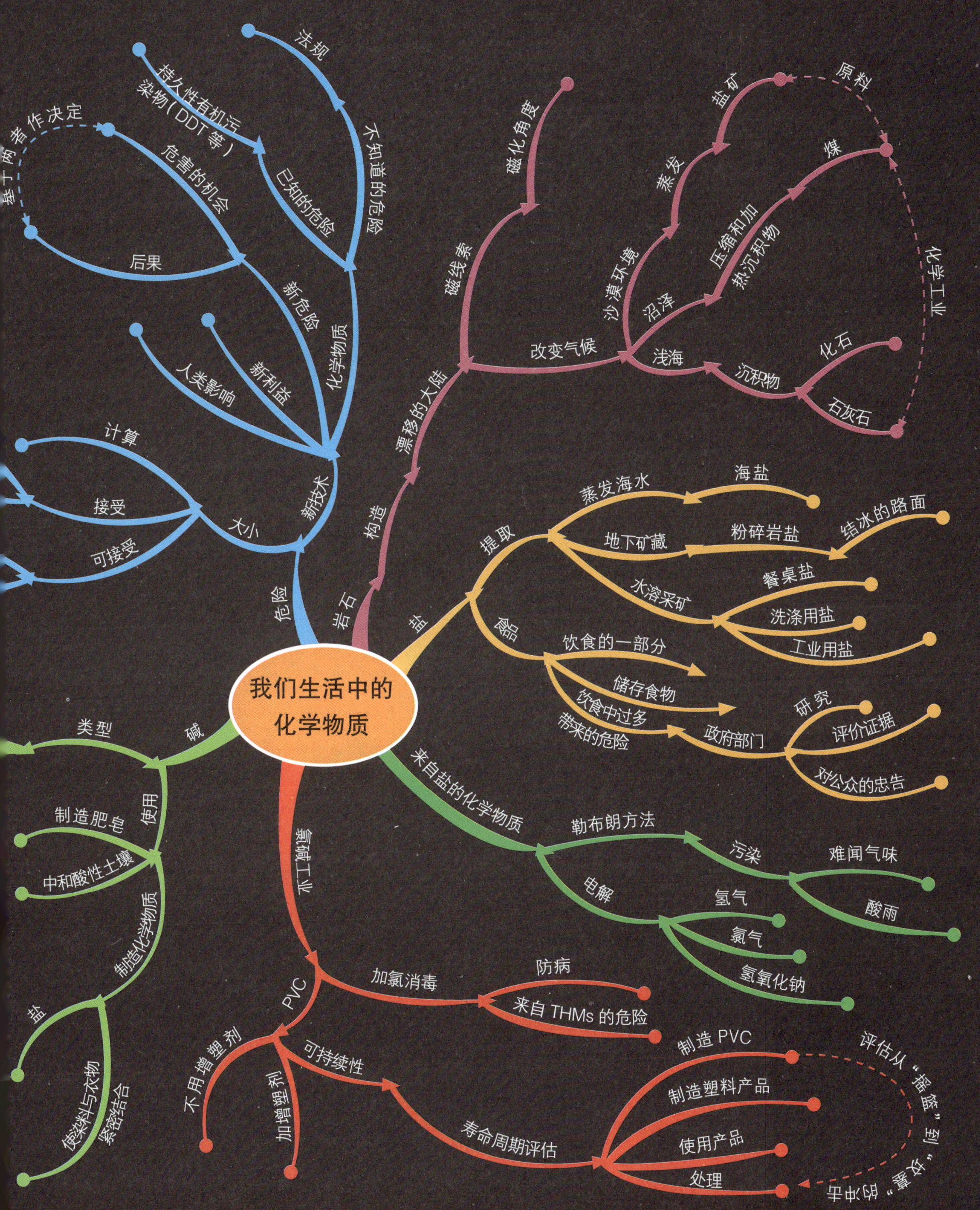
我们生活中的化学物质
危险
新技术
化学物质
新危险
不知道的危险
法规
已知的危险
持久性有机污染物（DDT等）
危害的机会
后果
基于两者作决定
新利益
人类影响
大小
计算
接受
可接受
岩石
构造
漂移的大陆
磁线素
磁化角度
改变气候
沙漠环境
蒸发
盐矿
原料
沼泽
压缩和加热沉积物
煤
化学工业
浅海
沉积物
化石
石灰石
盐
提取
蒸发海水
海盐
地下矿藏
粉碎岩盐
结冰的路面
水溶采矿
餐桌盐
洗涤用盐
工业用盐
食品
饮食的一部分
储存食物
饮食中过多带来的危险
政府部门
研究
评价证据
对公众的忠告
来自盐的化学物质
勒布朗方法
污染
难闻气味
酸雨
电解
氢气
氯气
氢氧化钠
碱
类型
使用
制造肥皂
中和酸性土壤
制造化学物质
盐
使染料与衣物紧密结合
化学工业
加氯消毒
防病
来自THMs的危险
PVC
不用增塑剂
加增塑剂
可持续性
寿命周期评估
制造PVC
制造塑料产品
使用产品
处理
评估从“摇篮”到“坟墓”的冲击

科学观点

科学家要寻求对发现的现象的解释，如收集并分析岩石中的数据等。你也应该能够：

• 解释岩石的磁性数据和其他线索是如何支持大陆漂移学说的。

基于科技进步而产生的新技术和方法可能也会带来新危险。很多人对日渐增多的化学物质的影响感到担忧。你应该能够：

• 说明为什么没有东西是绝对安全的。

• 给出使用化学物质导致风险增大的例子。

• 解释存在于各方面的危险性大小的信息。

• 描述降低有害物质造成的危险的方法。

• 讨论一种可能的危险。要考虑到发生的机会和可能的后果。

• 认识对不同个人和团体来讲，使用化学物质带来的利益和风险。

• 给出人们接受（或反对）一定行为带来的危险。如在饮食中加入比建议量多的盐等。

• 认识到人们对风险大小的认识常和科学评估间存在着非常大的差异。

• 说明人们过高估计不熟悉的事物产生的看不到影响的危险性的原因。

政府和公共团体评估的危险程度是可接受的。条约、规则和法律控制着科学研究和科学成果的应用。对监管作出的决定可能会引起争议，特别是对那些在危险中没有获利的大多数人。我们应理解政府和监管机构对关注的回应：

• 很多人由于食用了过多的盐而使自己的健康处于危险之中。

• 用氯处理饮用水可能带来一些害处，其中包括对健康造成的影响等。

• 一些有毒的化学物质能长期存在于环境之中。它们能大范围扩散，并可能在食物和人体组织中积累。

• PVC 中加的增塑剂可能逸入环境中并产生有害的影响。

科学对发现更可持续性利用自然资源提供了方法。我们应该理解：

• 生命周期评估（LCA）过程中要测试：

  • 材料对产品目的的适用性。

  • 使用这种材料的产品从生产到废弃处理所产生的影响。

• LCA 中考虑了产品寿命各阶段中利用水、能源等资源的输入和输出、对环境造成的影响等诸多方面：

  • 制造材料所需要的自然原料。

  • 用材料制造有用的产品。

  • 使用产品。

  • 对废弃产品的处理。

当从 LCA 中得到适当的信息后，我们应该能够比较和评估用于同一目的的各种材料。

复习问题

1 a. 下表给出了一些食品中盐的质量。

食品种类	100 g中盐的质量（g）
白面包	1.2
玉米片	1.8
汉堡包	3.1
炸薯片	2.5
巧克力松饼	1.7

i 表中哪种食品每 100 g 中所含盐的质量最大？

ii 爱玛吃了 50 g 的袋装炸薯条。约翰吃了 100 g 巧克力松饼。他们中谁吃的盐多？给出你得出答案的过程。

b. 健康专家建议成人每天的盐摄入量不应大于 6 g。

i 给出两种食用盐摄入过多带来的危险。

ii 一些人明知食用过多的盐会对健康造成危害，但仍每天食用超过 6 g 的盐。试给出其中的原因。

2 a. 1991 年，南非暴发了霍乱。下表给出了当时收集到的数据。

村庄	患霍乱的人数	饮用水是否用氯消毒
A	0	没有
B	27	没有
C	1	使用
D	31	没有
E	42	没有

霍乱是一种由细菌引发的传染性疾病，它主要通过污染的水传播。文森特对这些数据作出的解释是：加入的氯杀死了水中导致霍乱的细菌。

i 给出能证明这种解释的数据。

ii 给出和这种解释相矛盾的数据。

b. 描述一个添加氯后产生的不利因素。

c. 给出用氯化钠来生产氯的过程的名称。

3 硫酸是构成酸雨的主要成分。硫酸能破坏建筑物中的石灰石，石灰石的主要成分是碳酸钙。
写出硫酸和碳酸钙发生反应的文字表达式。

4 将每一个证据和一个或多个证据能够提供的信息相匹配。

证据	信息
砂岩中砂粒的形状	岩石最初形成的纬度
岩石中晶体磁化的角度	岩石是否在海中形成
甲壳碎片的存在	岩石的年龄
岩石中生物化石的类型	岩石是否在沙漠或河床中形成

P3 可持续性能源

为什么要研究可持续性能源？

能源供应将是未来社会面临的重要问题。在制定关于使用能源的决定时，应该对所涉及的数据和计算方法有所了解。电满足了我们许多对能量的需求，我们大多数人都理所当然地选择使用电能。但现在的发电厂正在因慢慢老化而需要用新发电厂取而代之。我们将来应如何发电？我们能够在不降低生活质量的前提下减少对环境的破坏吗？

已经知道的知识

- 能量在传输过程中，总能量保持不变。
- 能量在传输过程中，会向周围散失。
- 电是高效长距离传输能量的一种方式。
- 发电厂用多种能源来发电。
- 电流将电源中的能量传输到含有用电器的电路中。
- 供电电压越高，则电流传输能量的能力也就越大。

要发现什么？

- 个人、国家乃至全世界使用能源的量
- 更高效地使用能源的方式
- 电能是如何从发电厂中产生的
- 未来的发电方式

科学的应用

能量既不能被创生也不能被消灭，但当我们使用能源时，它会散失到环境中，而这些散失的能量是很难再利用的。因此，我们要找出高效利用能源的方法。英国大部分的电能是用燃烧天然气和煤的方式发电而产生的。要为未来选择好的发电方法，就应知道各种发电方式的利弊。

科学观点

没有任何事物是绝对安全的，使用任一种能源都带有一定的危险性。但谁来为如何使用能源、使用何种能源作决定呢？这样的想法又是如何提出来的呢？

A 为什么要研究可持续性能源？

通过探究发现

- 能源
- 我们关注能源供应的原因

关键词

- 守恒
- 能源
- 初级能源
- 次级能源
- 化石燃料
- 污染物
- 生物燃料
- 可持续的

人们需要能源维持生存、取暖及运动。随着时间的推移，对能源的需求量也增大了。现在的人口比过去任何时间都多，且还在急剧增长着。现代运输、建筑、金融和通信都比以前需要更多的能量。人们现在行得更远、更快，并对生活方式有更多的追求。在做与这些相关的决定时对能源进行了解是非常重要的。

现代生活要消耗大量的能源。

英国大多数的电能都是用燃烧化石燃料的方式发电而产生的。

能源

能量是**守恒**（conserved）的，即它既不会被创生也不能被消灭。我们使用的热、运动、光等能都来自**能源**（energy source）。例如，燃料在燃烧时放出能量；太阳用辐射的方式向地球传输能量。

初级能源（primary energy source）是自然存在的，诸如煤、石油、天然气、木头等燃料都属于初级能源。另外，风能、海洋能、太阳能等也是初级能源。

现在，我们使用的很多能源都是**次级能源**（secondary energy source），如电能是用初级能源转化得到的。

国家和个人使用能源都要付费，其价格和消耗能源的量、能源供应的成本大小等有关。能源消费在家庭乃至整个国家支出中占了很大的部分。

燃料

化石燃料（fossil fuel）是由数百万年前的动植物遗骸生成的。煤、石油和天然气等都是化石燃料。人类消耗它们的速度远比它们形成的速度快。下表列出了石油还能供开采的时间。

国　家	还可开采的年数（从2010年算起）
沙特阿拉伯	70
加拿大	147
伊朗	93
伊拉克	148
科威特	108
阿拉伯联合酋长国	91
委内瑞拉	86
俄罗斯	15
利比亚	64
尼日利亚	39

世界已探明的石油资源，大部分贮藏在上表中的十个国家中。

石油是一种由固体、液体和气体构成的混合物。汽油、润滑油、柴油等都是用石油制成的。

风能可以为我们提供足够的能量吗？

化石燃料燃烧时会产生二氧化碳（CO_2）和其他诸如碳微粒等**污染物**（pollutant）。大气中二氧化碳的含量在过去的200年中持续升高，这对地球的气候带来了很大影响。

生物燃料（biofuel）是利用生物质产生的。木头、草秸、污水和糖类都可用作生物燃料。和化石燃料一样，生物燃料在燃烧时也产生二氧化碳气体。和化石燃料不同的是，生物燃料生成的时间要短得多。

核燃料无须燃烧就能释放出能量，且不产生二氧化碳气体。英国没有探明核燃料贮藏，故所需的核燃料全部要进口。

可持续性能源

我们当前使用的能源大多不是**可持续的**（sustainable），且无法无限地使用下去。很多能源将被耗尽，且使用过程中对环境造成了很大的破坏。政府和个人都要设法降低对能源的需求，并决定未来使用能源的种类和方式。为确定如何去做，我们需要知道一些关于所使用的能源的事实。

问题

1. 写出你每天使用下列能源做的3件事：
   a. 初级能源
   b. 次级能源
2. 给出要减少化石燃料使用量的理由，至少给出2种。

B 消耗能量的大小

通过探究发现

- ✔ 家用电能表测量的数据
- ✔ 计算家用电器消耗电能的方法
- ✔ 计算电费的方法
- ✔ 电功率和电流、电压间的关系

我们可以计算用电器消耗的电能及相应的电费，这有助于我们了解电费账单是否合理。

测量电能

用电器消耗的电能可以用电能表测量出来。电能的大小取决于：

- 电器消耗电能的速率。
- 用电时间。

功率（power）是消耗能量的速率。如果一台用电器的电功率是 1 **瓦特**（watt，简记为瓦或 W），则它在 1 秒（s）内消耗的电能为 1 **焦耳**（joule，简记为 J 或焦）。1 瓦特是一个非常小的量，1 秒也很短，故 1 焦耳的能量很小。

很多家用电器消耗的电能都用**千瓦时**（kilowatt-hour，简记为 kW•h）来表示。对家用电器，使用千瓦时作电能的单位是很方便的。它表示一台电功率为 1 kW 的家用电器工作 1 小时（h）所消耗的电能。

1 kW· h = 3 600 000 J

消耗的电能	=	电功率	×	时间
E	=	P	×	t
（J）		（W）		（s）
（kW· h）		（kW）		（h）

家用电能表记录的电能单位是千瓦时。这是付电费的依据。

应交的电费

在电费账单上，电能单位通常为千瓦时。所需支付的费用等于所用的电能单位数乘以每个电能单位的价格。

电费 = 消耗的电能单位数 × 每个电能单位的价格
（p*）　（kW· h）　（p/kW· h）

仪表：326565		Tariff: Domestic	
能源成本	电能单位数	单价	总额
13.25	888	first 227 at 13.25p	£30.08
		next 661 at 7.88p	£52.08
			£82.16

* 英国货币单位，便士。

例题

计算电费

一台 3 kW 的电热水器加热洗澡水用了 2 h。1 个电能单位的价格为 11 p，则相应的电费是多少？

使用电能 $E = Pt$ = 3 kW × 2 h = 6 kW· h

电费 = 6 kW· h × 11 p/kW· h = 66 p

电功率、电流和电压

打开一台用电器的开关后，其中就有**电流**（current）通过，并将能量传输给用电器及其周围环境。电功率与电流和供电线路的**电压**（voltage）有如下关系：

电功率	=	电压	×	电流
P	=	U	×	I
（W）		（伏特，简记为伏或 V）		（安培，简记为安或 A）

在英国，主要供电线路的电压为 230 V。对使用电池工作的用电器，其电压只有几伏特。

包括电动机、电热器等在内的用电器都需要很大的电流，它们工作时的功率很大，因而成本很高。

每一种用电器都有一定的以瓦或千瓦为单位的功率值。

例题

计算电流

一台电吹风的功率为 700 W。

电功率 = 电压 × 电流，即 $P = UI$

英国的主流用电器的工作电压均为 230 V。

$700\ \text{W} = 230\ \text{V} \times I$

等式两边同时除以 230 V 就得出了电流的大小。

电流 $I = \dfrac{700\ \text{W}}{230\ \text{V}} \approx 3.0\ \text{A}$

关键词

- 功率
- 瓦特
- 焦耳
- 千瓦时
- 电流
- 电压

问题

1. 仔细观察右表中的用电用途栏，估计一下所需的费用，并按从小到大的顺序排列。然后计算各用途的耗电量（千瓦时），再和你估计的成本相比较，检验其是否正确。
2. 若电能单位的价格是 10 p/kW·h。试计算一台电热风机使用 2 h 所需支付的电费。
3. 一台家用电器正常工作时的电流是 3 A，则它的电功率是多大？

用电用途	用电器	功率（W）	使用时间
看电视	电视机	300	5 h
吹干头发	吹风机	700	5 min
烧水泡茶	电水壶	2000	4 min
写作业	计算机	250	2 h
听音乐	MP3	0.2	2 h
室内取暖	电热风机	1500	2 h
洗脏衣服	洗衣机	1850	1.5 h
玩游戏	游戏机	190	1 h

C 一个人要消耗多少电能

通过探究发现

- 我们生活中所需要的电能

关键词

- 人–千米
- 能源成本

我们消费的能量远比月底电费账单上记录的更多。我们每天要消费多少能量呢?

加热和烹调

我们在家庭中消耗的能量大多数是电能。出于一些目的我们也使用天然气和石油产品,但需要的能量是相同的。

用　途	消耗能量(kW·h)
洗澡(约需 100 L 热水)	5
淋浴(约需 30 L 热水)	1.4
使用煤气做饭(约 1 h)	1.5
房屋取暖(如使用暖气片,约 1 h)	1
庭院取暖(约 1 h)	15

非经济型汽车每行驶 1 英里约需 1.3 kW·h 能量(即每 1 km 需要 0.8 kW·h 能量)。

运输

不同的运输方式消耗的能源量不同。

燃烧 1 L 汽油可释放出约 10 kW·h 的能量,可供经济型小汽车行驶约 10 英里(约 16 km),即每行驶 1 英里约需要 1 kW·h 能量,亦即每 1 km 约需要 0.6 kW·h。

驾车出游比乘公共交通工具要消耗更多的能源。公共交通的数据是基于满员的情况得出的。下左表中列出的是每**人-千米**(passenger-kilometre)值,即每位乘客行驶 1 km 所平均消耗的能量。

运输工具	能量每人-千米(kW·h/人-km)
公共汽车	0.19
火车	0.06
飞机	0.51
快艇	0.57

食品和饮料

种植和生产食物都需要能量。我们在吃食物时,食物中储存的能量就转移到了我们身上。下右表中列出了生产一些新鲜食物所需要的能量。加工食物可能需要更多的能量。

食品	生产所需能量(kW·h)
1 个鸡蛋	0.5
1 品脱(约 0.568 L)牛奶	0.8
50 g 奶酪	0.8
100 g 肉(牛、鸡、猪等)	4
100 g 水果或蔬菜	0.5

关于其他物品

我们使用的所有物品都有**能源成本**（energy cost）。下表列出了我们购买或使用的一些物品在制造和运输过程中所需要的能量。

物品	能量（kW·h）
饮料罐	0.6
塑料瓶	0.7
AA 电池	1.4
杂志	1.0
电子计算机	1800

可用下式求出我们每天都使用的物品的能源成本：

$$\text{每天消耗的能量（kW·h/d）} = \frac{\text{制造物品耗能（kW·h）}}{\text{物品寿命（d）}}$$

英国每人每天平均要使用 160 L 水。处理和输送这些水的能量即为其能源成本。在英国，人们每天用水的能源成本为 0.4 kW·h。

例题

计算消耗的能量

两个人同乘一辆小汽车去 5 km 外的学校。

消耗能量（kW·h）= 距离（km）× 每千米能量（kW·h/km）

= 5 km × 0.6 kW·h/km = 3 kW·h

如果乘公共汽车，那么

消耗能量（kW·h）= 距离（km）× 乘员数

× 每人 - 千米能量（kW·h/ 人 -km）

= 5 km × 2 人 × 0.19 kW·h / 人 -km

= 1.9 kW·h

英国平均每人每天要扔掉 400 g 垃圾，能源成本为 4 kW·h。

问题

1. 一架飞机从伦敦飞往纽约后返回，总行程为 5586 km。试求下列关于能量的问题。
   a. 如果飞机载有 500 名乘客，则飞机将总共消耗多少能量？
   b. 试说明若飞机只载一半人，即 250 人时，能源成本将远比上一问的答案的一半多的原因。
2. 试说明生产加工食物比生产新鲜食物所需能量更多的原因。
3. 有人要改变自己的生活方式以使用较少的能源。利用本页中的信息给他提出一些建议。

D 国家和全球都面临的问题

通过探究发现

- ✔ 公共服务和行动如何促进我们对能源的利用
- ✔ 各个国家人们日常使用能源的量是不同的

在英国，平均每人每天消耗的能量约为 110 kW•h。但我们记录下来的能量值却比这一数值小很多。这余下的能量哪里去了？能源是公平分享的吗？

较大的场景

我们可以通过全国消耗的总能源量计算出英国平均每人消耗的能量。

军队维护着全国的每一个人。我们每人每天替他们分担的能量为 4 kW• h。

建造房屋相当于每人每天要消耗 1 kW• h。

修建和维护道路相当于每人每天要消耗 2 kW• h。

电子计算机已成为商业和互联网的核心。它们也需要能量来驱动和散热。遍及英国的服务器消耗的能量相当于每人每天 0.5 kW• h。

超级市场相当于每人每天要消耗 0.5 kW• h。

全球性问题

下面的图显示了世界上不同地区的人使用能源的情况。

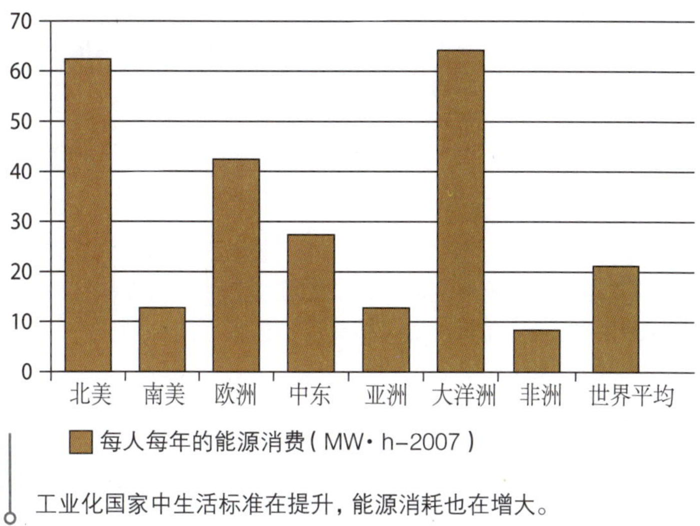

工业化国家中生活标准在提升，能源消耗也在增大。

国家	平均每人每天消耗的能量（kW·h）	人均GDP
澳大利亚	190	47 000
中国	50	3 000
丹麦	120	62 000
法国	140	45 000
印度	20	1 000
日本	130	38 000
科威特	300	54 000
墨西哥	60	10 000
波兰	80	14 000
土耳其	40	10 000
英国	110	44 000
美国	250	48 000

2007 年人均能源消耗和人均 GDP。
资料来源：世界银行。

右表中显示了不同国家每天消耗能源的情况。其中的人均 GDP 的数据显示了国家的富裕程度。

通常地，较富裕国家比贫穷国家的人使用的能源更多。人们有更多的钱，就要购买更多的商品，住更大更舒适的房子，且有更多的旅游机会。而这些都需要能源。

但关于每天消耗能源的数据并没有说明问题的全部，因为它仅显示了一个国家中的能源使用情况，而没有包括进口产品的生产所需的部分。为了充分考虑这一点，英国能源数据上还应再加上 40 kW·h/ 人。

英国人穿的这些裤子是在中国制造的。种棉花、织布、制衣都需要能量。但这一平均能量值是记入中国的，而非英国。

问题

1. 一些活动的能源消耗，需要由全国人共同分担，请说出至少两种。
2. 利用表中列出的数据，作出能源消耗和 GDP 间关系的图像，并就图像显示的数据进行评论。
3. “能源消耗是一个全球性的问题，我们应该参与这一问题的解决。”你同意这一说法吗？写一篇短文表明自己的观点。

E 我们如何才能节约能源？

通过探究发现

- 效率的意义
- 用流向图来显示能量的传输

我们只要断开用电器的开关就可以少用电。但我们同时应该使用浪费能量少的，即高效率的用电器。

效率

在用电器中，只有一部分电能被真正用于使用目的，其余部分多以热的形式被浪费掉了。用电器的**效率**（efficiency）定义如下：

$$\text{效率} = \frac{\text{有用的电能}}{\text{供给的总电能}} \times 100\%\text{，即 } \eta = \frac{E_{\text{有用}}}{E_{\text{总}}} \times 100\%$$

直到 2009 年，大多数英国家庭仍在用白炽灯照明。白炽灯只将十分之一的电能转化成光能，其余的都变成热浪费掉了。现在，白炽灯在欧盟国家中已被禁用了，取而代之的是高效能的灯具，其中包括紧凑型荧光灯（CFL）、卤素灯和发光二极管灯（LED）等。

在每秒发出相同光的情况下，左上图中的节能灯比右下图中的白炽灯耗电少，即它具有较高的效率。

例题

计算效率

一台 600 W 的电动机用于举起重物。1 min 内重物获得了 18 000 J 的重力势能。试问电动机的效率是多大？

有用的能量：$E_{\text{有用}} = 18\ 000\ \text{J}$

输送给电动机的总电能：$E_{\text{总}} = Pt = 600\ \text{W} \times 60\ \text{s} = 36\ 000\ \text{J}$

计算效率：

$$\eta = \frac{E_{\text{有用}}}{E_{\text{总}}} \times 100\% = \frac{18\ 000\ \text{J}}{36\ 000\ \text{J}} \times 100\% = 50\%$$

问题

1. 一只 20 W 的 CFL 发出的光能为 11 W。
   a. 它每秒消耗多少电能？
   b. 这些能量中有多少是有用的？
   c. 试计算它的效率。

流向图

流向图（Sankey diagram）也称桑基图，它用分支箭头显示了能量的流向，用宽度显示能量的大小，但其总宽度保持不变。这意味着能量既不能被创生也不能被消灭。

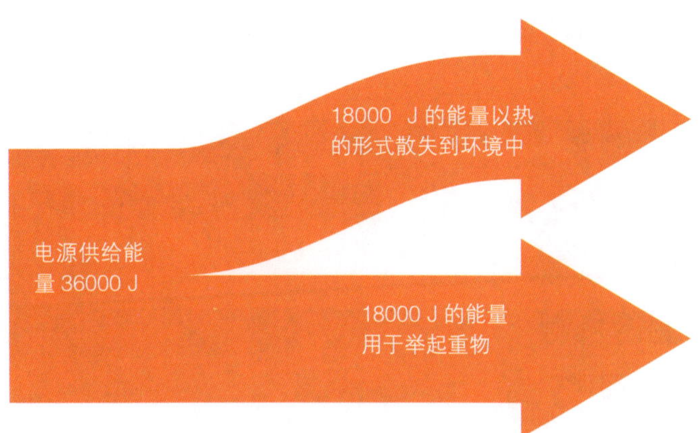

表示电动机举起重物的效率为 50% 的流向图。

用电器上贴上了能效等级标签，供人们购买时参考。

问题

2. 一只 100 W 的白炽灯发出的光和问题 1 中 20 W 的 CFL 相同。
   a. 给出白炽灯不再出售的理由。
   b. 分别作出这两种灯的流向图来说明你的答案。
3. 使用一个 3 kW 的电水壶烧水 3 min，有 50 000 J 的能量散失到周围环境中。
   a. 电源共向电水壶输送了多少电能？
   b. 被水吸收的有用能是多少？
   c. 电水壶的效率是多大？
   d. 作出电水壶能量的流向图。
4. 能量守恒是物理学的一条基本定律。它表明能量既不能被创生也不能被消灭。说明流向图是如何显示出这一点的。
5. 说明使用高效率用电器既对个人有利也对国家有利的原因。

关键词

- 效率
- 流向图

F 我们用什么做能源?

通过探究发现

- 英国使用的燃料的主要类型
- 使用电能的好处
- 磁铁在线圈近处运动会产生电流的原因
- 利用电磁感应原理大规模发电的方法

不同的目的使用不同的燃料

每年英国政府都公布国家能源使用情况。它涉及 3 种主要能源：电、天然气和石油（包括汽油、柴油及其他产自石油的燃料）。而包括诸如煤、木柴等固体燃料在内的燃料，被归类于“其他燃料”。

英国主要的能源用户是工业、运输业、家庭等。它们有不同的燃料需求。

2008年英国工业能源使用情况

电	天然气	石油	其他
33%	38%	21%	8%

2008年英国运输业能源使用情况

电	天然气	石油	其他
1%	0%	97%	2%

2008年英国家用能源使用情况

电	天然气	石油	其他
22%	69%	7%	2%

问题

1. 写出 4 个你用电的目的。对每一个目的，你能否方便地用初级能源来代替电能?
2. 作出英国 2008 年工业能源使用情况的饼形图。再作出运输业和家用相似的图。

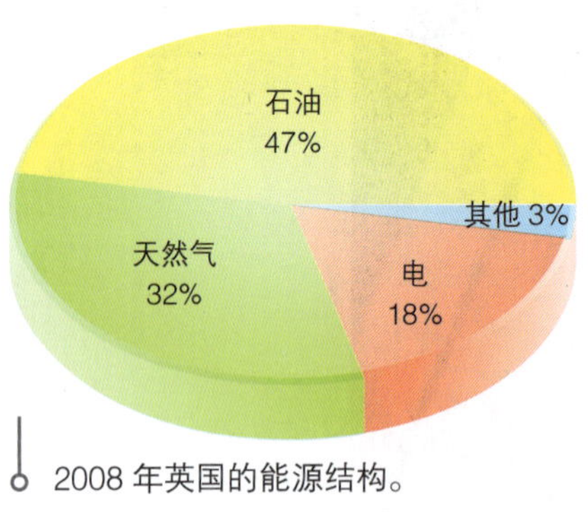

2008 年英国的能源结构。

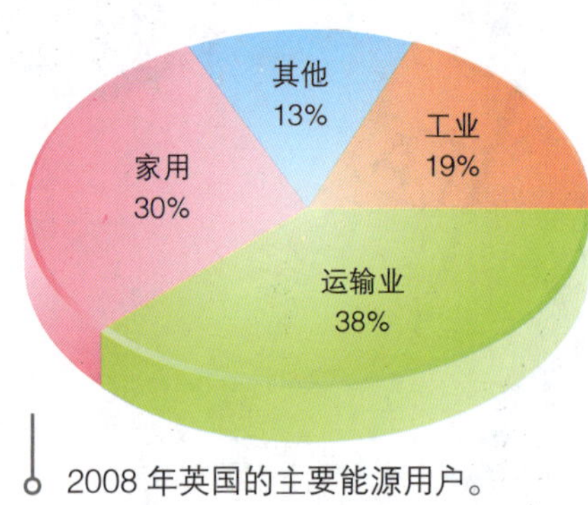

2008 年英国的主要能源用户。

在家庭中，我们可以使用天然气、石油或其他燃料取暖和烹饪。我们大多使用次级能源——电能。电可以用于很多不同的目的，且可方便地用电线和电缆传输。

发电

现在，大多数英国人理所当然地用电作为能源。2003 年 5 月，威尔士中部的西姆布雷菲成为英国最后一个接入国家电网的村庄。

英国最后一个未通电村庄已实现通电

没有接入国家电网，并不意味着不能使用电器。很多家用电器是用电池工作的。但这一般用于功率较低的电器。对其他用电器，还可使用柴油动力的**发电机**（generator）。

这也是西姆布雷菲的居民在没有接入电网前仍能使用洗衣机和吸尘器的原因。但家用发电机的噪音很大且成本高昂，通常只能短时间使用。

简单的发电机

发电机是以**电磁感应**（electromagnetic induction）原理制成的。这一造福人类的现象，是迈克尔·法拉第于 1830 年发现的。

发电的一种方法是使磁铁在线圈的内部或外部运动，使线圈的两端感应出电压。“感应”意味着这是由别的物体（此处是运动的磁铁）产生的，这使得线圈在这段时间内能像电池一样供电。如果线圈构成一个闭合回路，则在其中就产生了电流。

1 当条形磁铁向线圈中运动时，灵敏电流计就有小的读数。

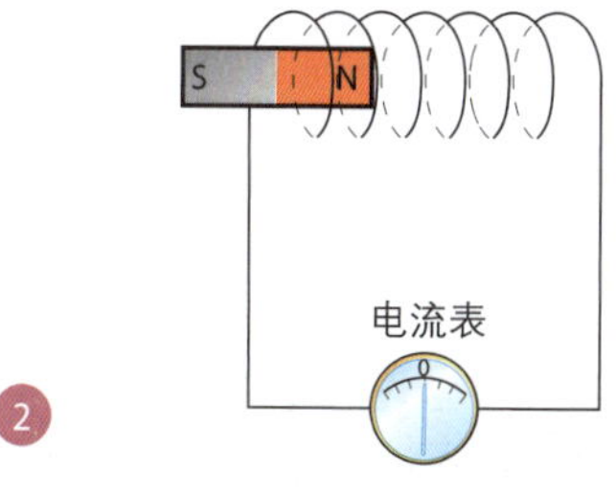

2 当条形磁铁在线圈中静止时，线圈中没有电流。

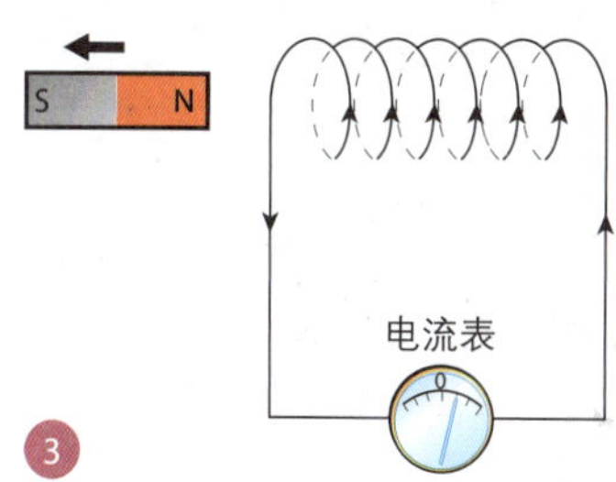

3 当条形磁铁向线圈外运动时，也有微小电流产生，但方向相反。

磁铁向线圈内、外运动都能产生感应电流。

关键词

- 发电机
- 电磁感应
- 交变电流

持续电流

如果磁铁重复做进入和抽出线圈的运动，或紧贴在线圈旁转动，则能产生方向不断变化的电流，即**交变电流**（alternating current，a. c）。这一原理被用于手摇电筒、发条收音机、一些自行车照明系统中，更被用于大规模发电。

转动的磁铁

S

N

转轴

指针来回摆动

转动的磁铁在线圈中产生交变电流。

技术人员正在组装发电机。线圈的导线绕在外部。若涡轮机带动磁铁在其中心转动，就在线圈中产生了感应电流。

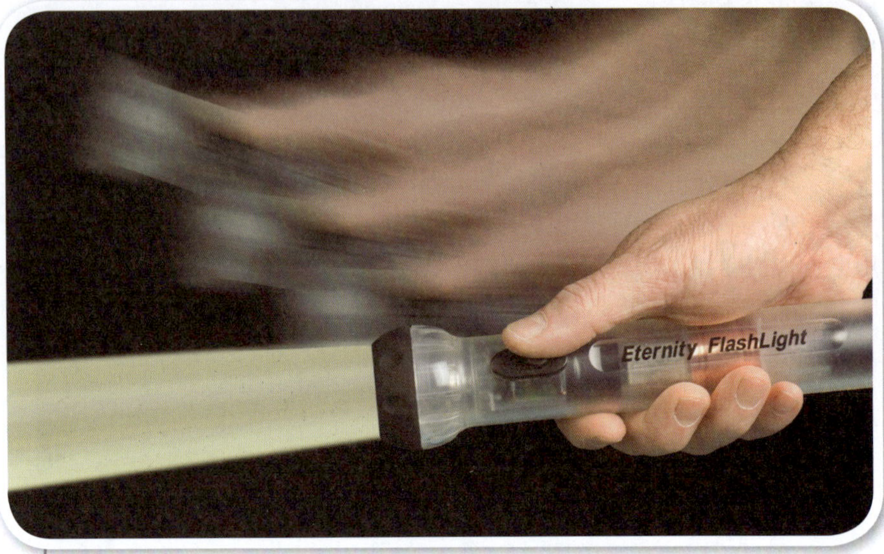

摇动手电筒，使其中的磁铁在线圈中做进、出运动而产生电流。

这辆自行车有一台借助车轮运动发电的小发电机，它和为照明供电的充电电池相连接。

问题

3. 在手摇电筒中，电流是如何随摇动速度的变化而变化的？
4. 给出发条收音机比普通电池收音机使用更加便利的情况。
5. 说明上图中显示的自行车照明系统需要可充电电池的原因。

人力

我们能在能源上实现自给自足吗？如果不使用发电厂供电，我们能为家中的所有家用电器供电吗？

脚踏发电厂

2009 年，英国广播公司（BBC）播出的电视节目《理论大爆炸》中介绍了人力发电厂：70 位自行车手踩动脚踏板发出电来，驱动家用电器。

随着大功率用电器的开动，车手们感到难以踩动踏板发出足够的电，特别是电炉和淋浴器启动后感到最困难。提供的电流越大，则车手蹬踏板越费力。

车手疲劳了，身上发热、流汗，需要补充饮食以提供能量来继续蹬踏板。

发电的效率永远达不到 100%，车手们由食物中获取的能量只有一部分用于产生电能，很大一部分变成热散失了出去。

问题

6. 作出人力发电厂中车手发电的流向图。输入的是车手从食物中获取的能量，有用能是发出的电能。在图中标示出无用能。
7. 一位自行车手的输出功率为 200 W。
   a. 若他保持 24 h 不停地以该输出功率工作，则输出能量为多少千瓦时？
   b. 如果你一天需要 125 kW•h 能量，则需要多少这样的车手为你工作？

在人力发电厂中，每辆自行车都被固定在一个地方，车的后轮都带动一台小型发电机。

发电厂是如何工作的?

通过探究发现

- 用化石燃料和生物燃料发电的方法
- 发电厂内的工作流程
- 发电厂的效率永远达不到 100% 的原因

谁来作决定?

电是次级能源。电力公司按照政府的规定来发电和输电。

电力公司也代表我们作出一些决定。在我们用电水壶烧水时,所用的电可能来自于各种初级能源。

燃烧燃料

在使用化石燃料的发电厂中,燃烧煤、天然气和石油使水沸腾以产生高压蒸汽。诸如木柴那样的生物燃料也可用于某种场合的发电需求。有些地方利用地下炽热岩石产生的蒸汽,这即为地热能。用这些方式来发电的工厂即为**热能发电厂**(thermal power station)。

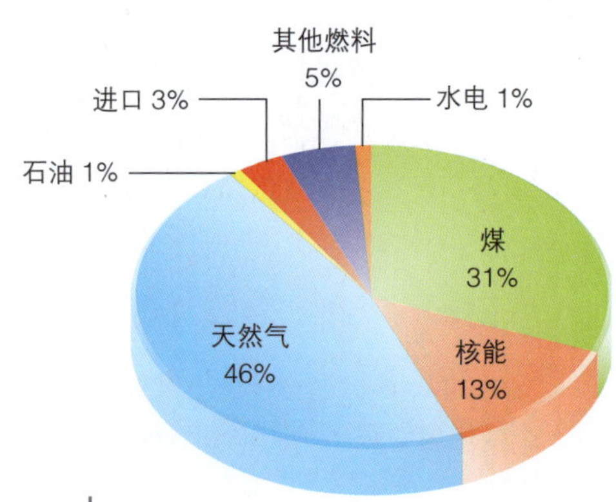

现在,英国的大多数电能是由燃烧化石燃料获取的。

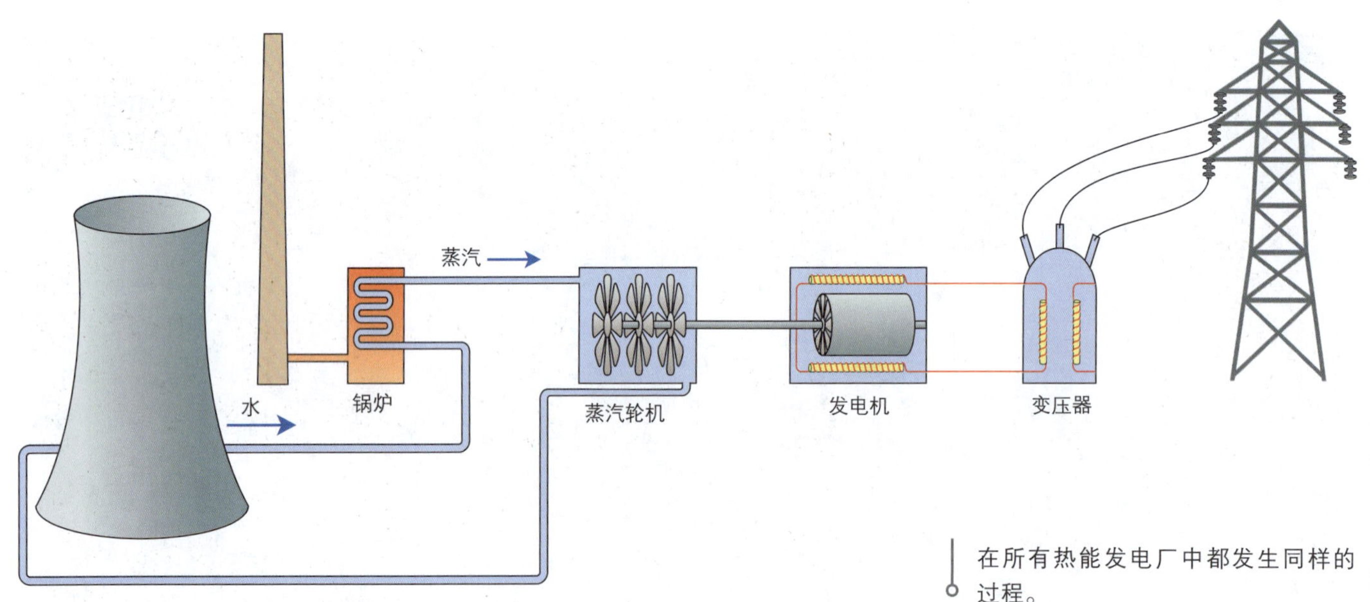

在所有热能发电厂中都发生同样的过程。

热能发电厂

在热能发电厂中,让高压蒸汽通过蒸汽**轮机**(turbine)使其转动,由它带动发电机发电。英国发电厂中发电机的转速为 50 圈 / 秒。

蒸汽在通过蒸汽轮机后,又冷凝成为水。水可再被送回锅炉重复使用。

轮机上有很多由蒸汽驱动的叶片。

定期保养使发电机保持正常运转。

蒸汽在冷却塔中凝结成水。

减少无用能

在使用化石燃料或生物燃料的发电厂内，燃料燃烧产生的能量中，仅有一部分被用于发电，大量的能量作为热能被蒸汽或废气带走而浪费掉了。

燃料燃烧产生二氧化碳气体和其他废物，一些严重的污染物在排放入大气前就已经从废气中被移除掉了。

建造高效率的发电厂是降低二氧化碳气体排放量的一条途径。使用天然气的发电厂还有另外一台轮机，它能利用剩余的能量使炽热的废气流动，这可使发电厂的效率达到最大。但在是否建造更多的天然气发电厂方面存在着较大的争议。

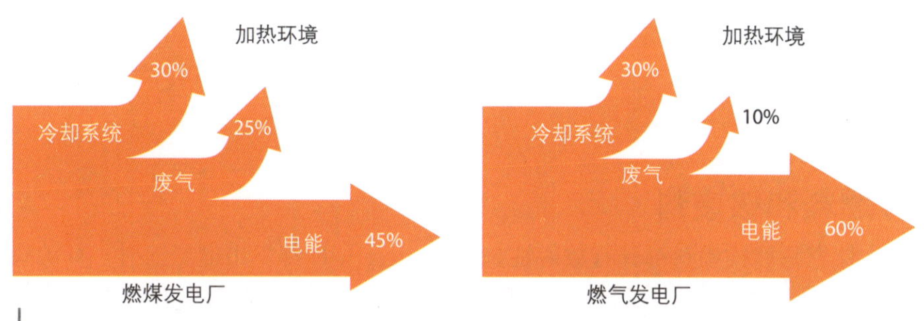

流向图显示了能量的去向和多少。燃气发电厂产生的废物较少。

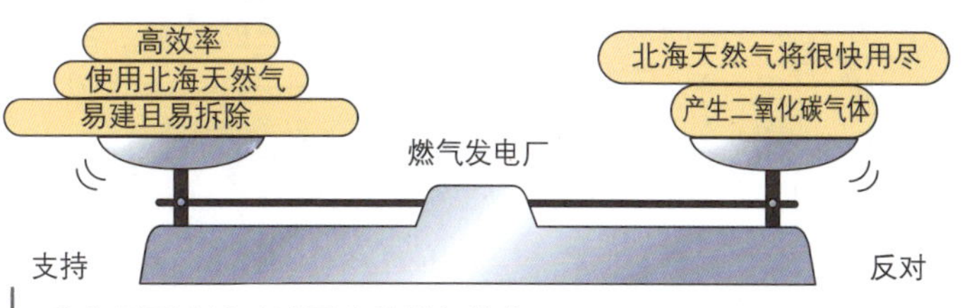

我们是否应该建造更多的燃气发电厂？

关键词

- 热能发电厂
- 轮机

问题

1. 英国使用化石燃料的发电厂占发电厂总数的百分比是多大？
2. 按照本页中的流向图，典型燃煤发电厂的效率是多大？
3. 作流向图表示一家效率为38%的典型燃油发电厂的能量去向。
4. 使用生物燃料发电的益处和缺陷有哪些？作平衡图来综合阐述你的观点。

H 使用核能发电如何？

通过探究发现

- 核电站的原理
- 必须认真处理核废料的原因
- 核电站带来的利益和危险

现在，英国有 10 座核电站在运转着，其中有的寿命已经接近终点了。2009 年，政府想建造另外 10 座核电站并于 2020 年投入运行。他们认为，这迎合了减少二氧化碳气体排放的目标。但建造更多的核电站是正确的选择吗？

核电站

核电站使用的是含有铀的固体燃料。在**核反应堆**（nuclear reactor）中，铀原子分裂成更轻的原子并释放出能量，高温的燃料使水沸腾，产生驱动蒸汽轮机的蒸汽。

随着铀原子的分裂，核燃料也逐渐变成了固体核废料。

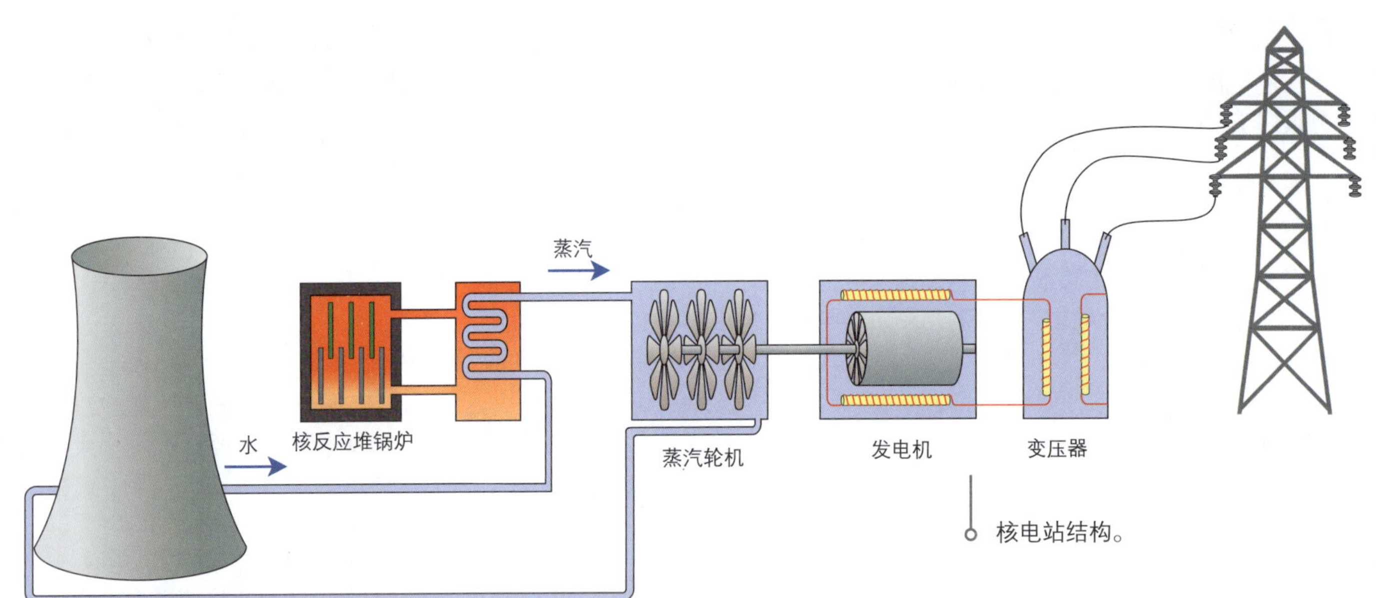

核电站结构。

炽热的核废料被贮存在水中。

核燃料和核废料

核燃料和核废料都具有**放射性**（radioactive），即都发出电离辐射。有的核废料几千年里都具有放射性。核废料起初也非常热，因此要贮存在水中直至冷却下来。冷却后的核废料和混凝土混合后封存以确保不污染大气、水源和土壤。

核设施要严密监控以保证工作人员和公众免受放射性物质的危害。当放射性物质污染物体表面或进入其内部时，**放射性污染**（contamination）就发生了。暴露在电离辐射下即受到了**辐照**（irradiation）。法律制定了辐照限度。

关键词

- 核反应堆
- 放射性
- 污染
- 辐照

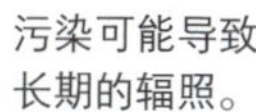
污染可能导致长期的辐照。

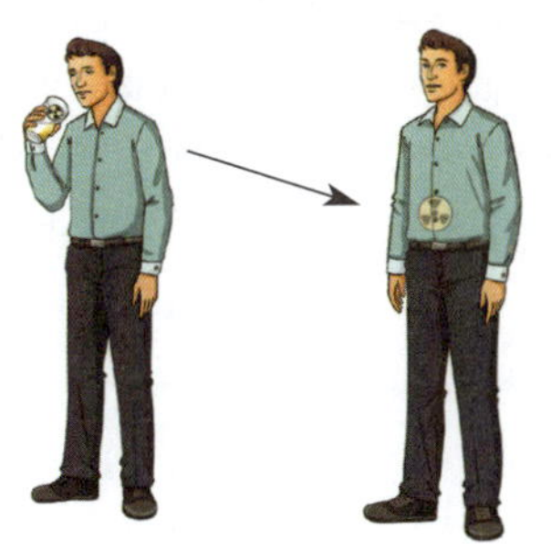

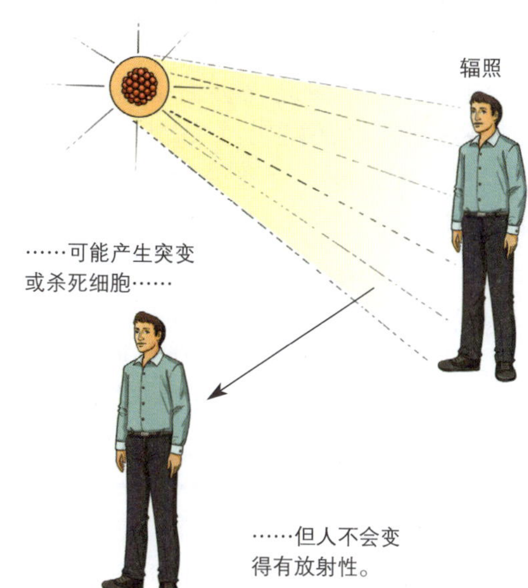

……但人不会变得有放射性。

铀矿可供开采数百年。

利益和危险

核燃料中蕴藏的能量远比化石燃料的大。1 g 铀燃料可以提供的能量和约 8 kg 化石燃料的相当。

核电站产生的废料远比化石燃料发电厂的少。核反应堆并非燃烧燃料，故不会产生二氧化碳气体。

不管将它们放到何处，只要不放在我的后院就行。谢谢。

我们看不到辐射，我们怎么能判断风险呢？

我坚信政府是能将核废料贮存在安全的地方的。

有的岩石结构可以存放核废料数千年。

如果核废料一旦落入恐怖分子手中该怎么办？

随着海平面的升高，不能将核废料贮存在塞勒菲尔德。因为塞勒菲尔德位于海岸线上！

许多人对核电站感到担忧。

问题

1. 为什么饮用一杯受到放射性废料污染的水比饮用受到辐照的水的危险性更大？
2. 你认为英国政府应该建造更多的核电站吗？以此为题写一条博客，劝说其他人认同你的观点。

1 可再生能源是如何起作用的?

通过探究发现

- 可再生能源起作用的方式
- 英国有多少电力来自可再生能源

可再生(renewable)能源是用之不竭的。英国已经使用了很多可再生能源。我们还应更多地使用它吗?

太阳能

在英国,来自太阳的电磁辐射,使平均每平方米的地面接收的**太阳能**(solar power)达到了约 100 W。太阳能热水器直接利用太阳辐射来的**热**(thermal)能烧水。如果将英国所有面向南的屋顶都覆盖这种热水器的话,则每天能为每人提供 13 kW·h 的能量。还有一种利用太阳能的装置可用来发电,它被称为**光伏发电**(photovoltaic,PV)。

在英国,若能将面向南的房顶都铺设光伏电池板,则平均每天能为每人提供 5 kW·h 的电能。

水力发电

江河湖海中的水受太阳加热后蒸发,落下来形成了雨。落在高处的雨水可用大坝贮存起来。当这些水流下来时,就能够带动水电站中的轮机实现**水力发电**(hydroelectric)。英国平均每人每天有 0.2 kW·h 的电能来自水力发电站。当更多的此类工程项目完工的话,这一数字可能上升为 1.5 kW·h。

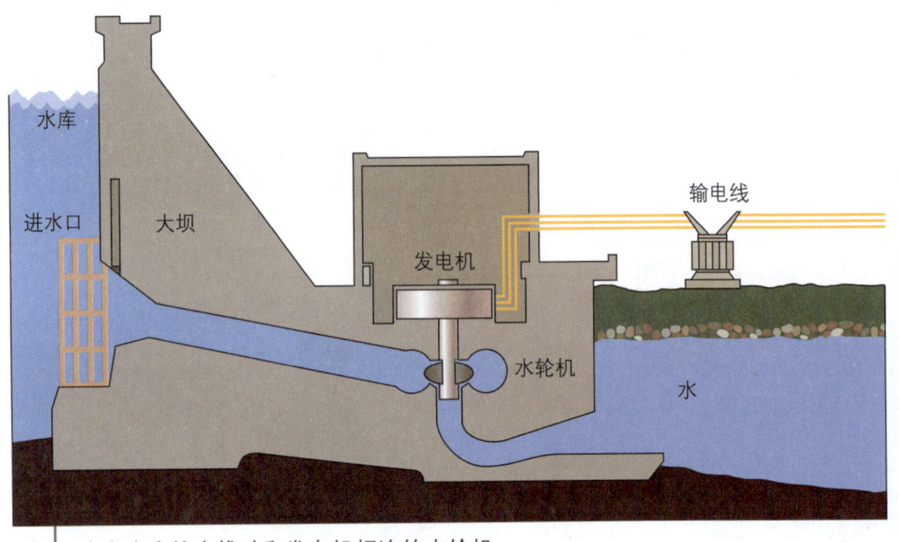

来自水库的水推动和发电机相连的水轮机。

南梯莫赫大坝是威尔士水电工程的一部分,它的输出功率为 55 MW。

风力发电

风也能使轮机转动,故也能用来发电。在英国,有成片建于地面上的由风轮机构成的**风电场**(wind farm),它平均每平方米可输出电功率 2 W。如果能用全国 10% 风力最大的区域建造风电场,则平均能为每人每天提供 20 kW·h 的电能。若沿英国海岸线建造风电场,则平均能为每人每天提供 48 kW·h 的电能。但若要将其建造到海上,则遇到了成本和技术方面的挑战。

用波浪和潮汐发电

地球和月球之间的万有引力也对海洋产生了力的作用。随着月球绕地球运动以及地球的自转，形成了潮汐现象，太阳的加热和地球的自转形成了洋流。风、洋流和潮汐的共同作用形成了波浪。

潮汐和波浪导致的水的运动，也能驱动水轮机。因为英国四面是海，**潮汐能**（tidal power）可为每人每天提供多达 11 kW·h 的电能。斯特兰福德湖中建成了潮汐能转换器，政府承诺在塞文河口再建造一座潮汐电站。

生物燃料

生物燃料也是可再生能源，因为它能快速得到补充。很多生物燃料能够取代运输业和热能发电厂中的石油燃料。在英国，最多时生物燃料能够为每人每天提供 7 kW·h 的能量。

风由大气的温度差和地球的自转产生。格拉斯哥附近的白李风电场占地 55 km^2。

芒草可被用作燃料。在英国，每平方米植物中蕴藏着 0.2 kW·h 的电能。

在地热电站中，来自炽热岩石的热能产生的蒸汽被用来驱动蒸汽轮机。

关键词

- 可再生
- 太阳能
- 热
- 光伏发电
- 水力发电
- 风电场
- 潮汐能
- 波浪能

海蛇形发电机利用**波浪能**（wave power）发电。若在 500 km 长的英国大西洋海岸安装这种装置，可为英国每人每天提供 4 kW·h 的电能。

问题

1. 一位同学说："我们使用的所有能源均来自太阳。"为什么说他所说的对本页提及的可再生能源而言是正确的？
2. 列出每一种可再生能源的缺陷。
3. 在英国，平均每人每天可从可再生能源中获取的总电能是多少？给出实际数值比这少得多的原因。

J 电网是如何输电的？

通过探究发现

- 我们需要国家电网的原因
- 国家电网要使用高电压的原因
- 变压器改变供电电压的方式

发电厂一般都建在能源基地或存在大量冷却用水地区附近，并非都是缺电地区。电能的输送也是一个和发电同样重要的问题。

国家电网

英国所有的发电厂都和**国家电网**（National Grid）相连。国家电网是由很长的输电线和变压器等设备组成的网络，它能将电能输送到各个需要用电的地方。我们家中的插座也是和国家电网相连的，而非只和最近的发电厂相连。

当电流在电线中流动时会产生热。虽然这种热可能微不足道，但它表明并非所有的电能都被送到了用户那里。国家电网覆盖面积广阔，故它因发热而损失的能量相当可观。

电网中的高压线用高高的铁塔支撑到人难以触及的高度。

用高电压输电

英国的家庭用电电压为 230 V，它能产生致命的电击。但国家电网中的电压却远比这一电压值高。

如果直接向我们家中输送 230 V 的电，在电路中则会产生较大的电流，从而在线路中产生大量的热，对电能造成极大的浪费。

用升高电压输电是一种高效的方法。在输送相同的电功率的前提下，电压越高，则电路中的电流就越小，因此以热的形式散失的能量也就越小。

变压器

交流供电的电压可以用**变压器**（transformer）来改变。

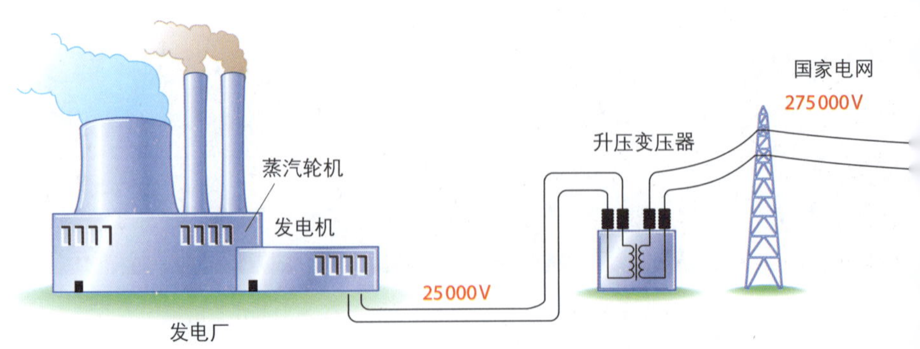

在升压变压器中，输出电压比输入电压高，但电流却减小了。国家电网用升压变压器来提升输送电压。各地变电站中的降压变压器又降低了电压，增大了电流。

关键词

- 国家电网
- 变压器

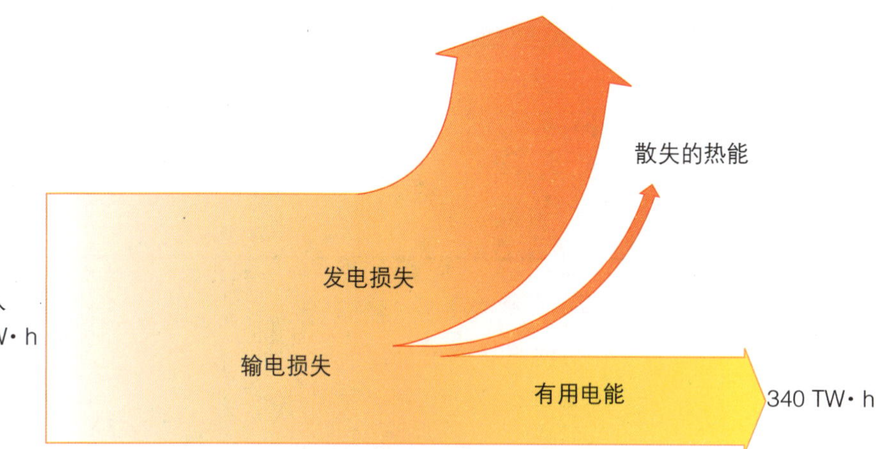

2008 年，英国用约 970 TW· h 的能量发出 340 TW· h 的电能，有 40 TW· h 在输送过程中损失了。1 TW· h= 10^9 kW· h。

安装在变电站中的变压器。

问题

1. 英国国家电网与法国电网相连。试给出这样做的理由。
2. 输电线既可以埋在地下，也可以用铁塔架起。试给出每种方法的利与弊。
3. 利用流向图计算英国发电和输电的总体效率。
4. 有人在地方报纸上撰文抱怨巨大的铁塔和变电站是“美丽原野中的丑陋的污点”，并责问为什么不用普通的电缆直接和附近的发电厂连接供电。请给他们写一封信说明修建输电铁塔和变电站的必要性。

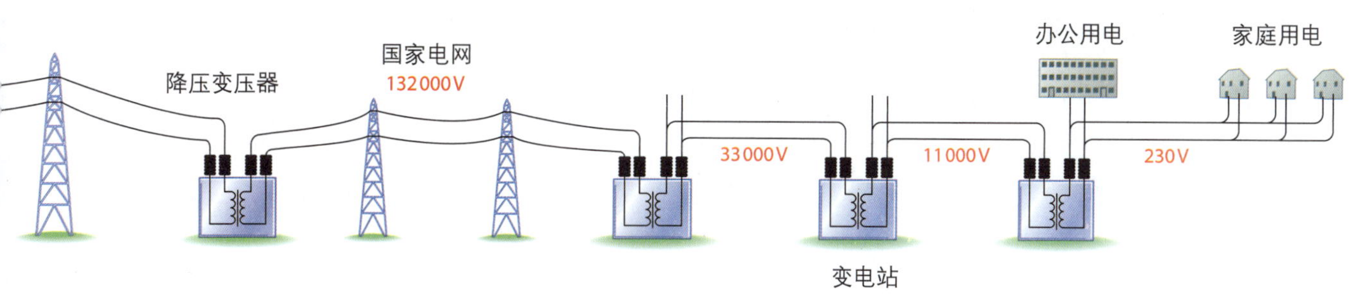

K 应该使用哪种能源？

关于能源的辩论

核能

支持

只有核能才能迎合不断增长的电能需求，而且不会排放对环境造成不良影响的二氧化碳气体。

最好的利用世界储备的核燃料铀和钚的方式是，将其全部用于民用发电，而不是将它们用于制造核武器。

英国核电厂使用的是经过反复试验的技术，安全保障系统也是高标准的。核废料处理难题也应该是可以解决的。

反对

核电厂在发电时排放的二氧化碳气体较少，但在建造和拆除核电厂时，生产所使用的物质和能量将排放出大量的二氧化碳气体。更重要的是，它还会产生放射性废料。

新一代核反应堆的建造可能需要十多年的时间，耗资也大致要20亿英镑。在使用或拆除期间，没有保险公司敢于承担这样大的风险。如果出现问题，公众必须为此承担代价。

通过探究发现

- 关于使用各种能源的辩论
- 使自己的观点被别人了解的方法

可再生能源

反对

可再生资源是不可靠的。风不能一直在吹，太阳光也不能保证每天都充足。

可再生能源也许无法向我国提供足够的能源。

波浪和潮汐发电会对野生动物产生负面影响。大型水力发电站已经对农村造成了破坏。

主要的可再生能源并非都存在于发电厂处。因此我们不得不加大国家电网的范围，架设跨越农村的电力线。

支持

英国应该开发利用本国的能源资源，不能过多依赖进口。最近的研究表明，可再生能源能够为英国提供稳定的电能。

我们需要各种型号的发电机，既需要大型的，也需要遍布全国的小型发电机。分散的电力系统将建立在微型化的基础之上。在办公室和住户房顶上安装风力发电机或铺设太阳能电池板，有可能达到既成本低廉又方便实用的目的。

对其一个寿命周期的评价表明，用太阳能或风能发电几乎不释放二氧化碳气体。

少用能源

支持

能量的消费量在逐年增加。在你的有生之年，你消耗的能源可能比你的祖父、祖母、外祖父和外祖母消耗能源的总和还要多。你所能节约的每份能源都是有用的。

政府可用如下方法来帮助你节约能源：

- 建造只需很少能量用于取暖和照明的建筑物。
- 为房主安装互联的公用取暖和电力系统提供补贴。
- 保证新设计的家用电器是省电的。
- 对化石燃料征收更高的税。

反对

使用较少的能源只是一个梦想。能源使世界上的人们靠得更近了，这对接受教育、商务往来和娱乐是十分重要的。每个人都有享受高标准生活的权利。

对这些能源问题没有简单的答案。可能我们还要和现在一样使用混合型的能源。没有任何单一的能源能符合我们的需求。这一问题将为我们带来更多的新问题：

- 谁来对混合型能源中应包括哪些能源作出决定？是能源公司、政府，还是科学家？
- 当少数当地人反对建造能符合大多数人需求的发电厂时，谁来最后作决定？
- 如何权衡风能等清洁能源带来的利益和风力发电机对自然风光带来的破坏？

问题

1. 所谓“可持续供应”的能源意味着什么？
2. 发电厂**退役**（decommission）的成本应计算在电价中。核电厂的这一费用远高于化石燃料发电厂的费用。试说明其原因。
3. 阅读上面关于各种能源的辩论小专栏。
   a. 作出各种观点的平衡图。列出各方的说法。
   b. 用在各种事实旁作小记号的方法，辨析各种观点中的事实。
   c. 应用本书中的信息，添加在你所作的图中。
4. 写信给政府，表达你对建造新发电厂的观点。利用问题 3 的答案使你的信更具说服力，并显示你对这些问题的观点是经过深思熟虑的。

关键词

✔ 退役

正在拆解中的格洛斯特郡伯克利核电站。能源成本取决于发电厂从始到终的整个寿命期。

科学解释

本章中我们学习了化石燃料、核燃料和可再生能源的利用，还学习了发电和输电等方面的知识。

应该知道：

- 对能源的需求在不断增大，从而出现了能源的供应问题以及它们对环境的影响等问题。
- 主要的初级能源。
- 电能被称为次级能源并为我们带来便利的原因。
- 用于发电的可再生能源。
- 发电厂使用的含碳燃料燃烧将排放二氧化碳。
- 功率表示能量传输的快慢程度。
- 传输的电能 = 电功率 × 时间。
- 电功率 = 电流 × 电压。
- 焦耳和千瓦时都是能量的单位。
- 说明和构建流向图的方法。
- 用电器和发电厂的效率可用下式计算：

$$\text{效率} = \frac{\text{有用的电能}}{\text{供给的总电能}} \times 100\%$$

- 家庭用电是由发电机发出的，发电机由线圈和旋转的磁铁构成。
- 热能发电厂用燃烧初级能源来对水加热以驱动蒸汽轮机和发电机。很多可再生能源是直接驱动轮机发电。
- 用标示框图的方法显示发电厂的主要部分。
- 核电站会产生放出电离辐射的放射性废料。
- 放射性物质产生的污染和辐照的区别。
- 虽然家庭用电的电压为 230 V，但在国家电网中传输的电压要高很多。
- 利用适当的数据，从下面几方面评价能源的方法：
  - 使用场所（家庭、工作、全国等）。
  - 影响能源选择的因素（环境、经济、产生的废物等）。
  - 使用不可再生和可再生能源的发电厂的利和弊（化石燃料、生物质、太阳能、风、水）。

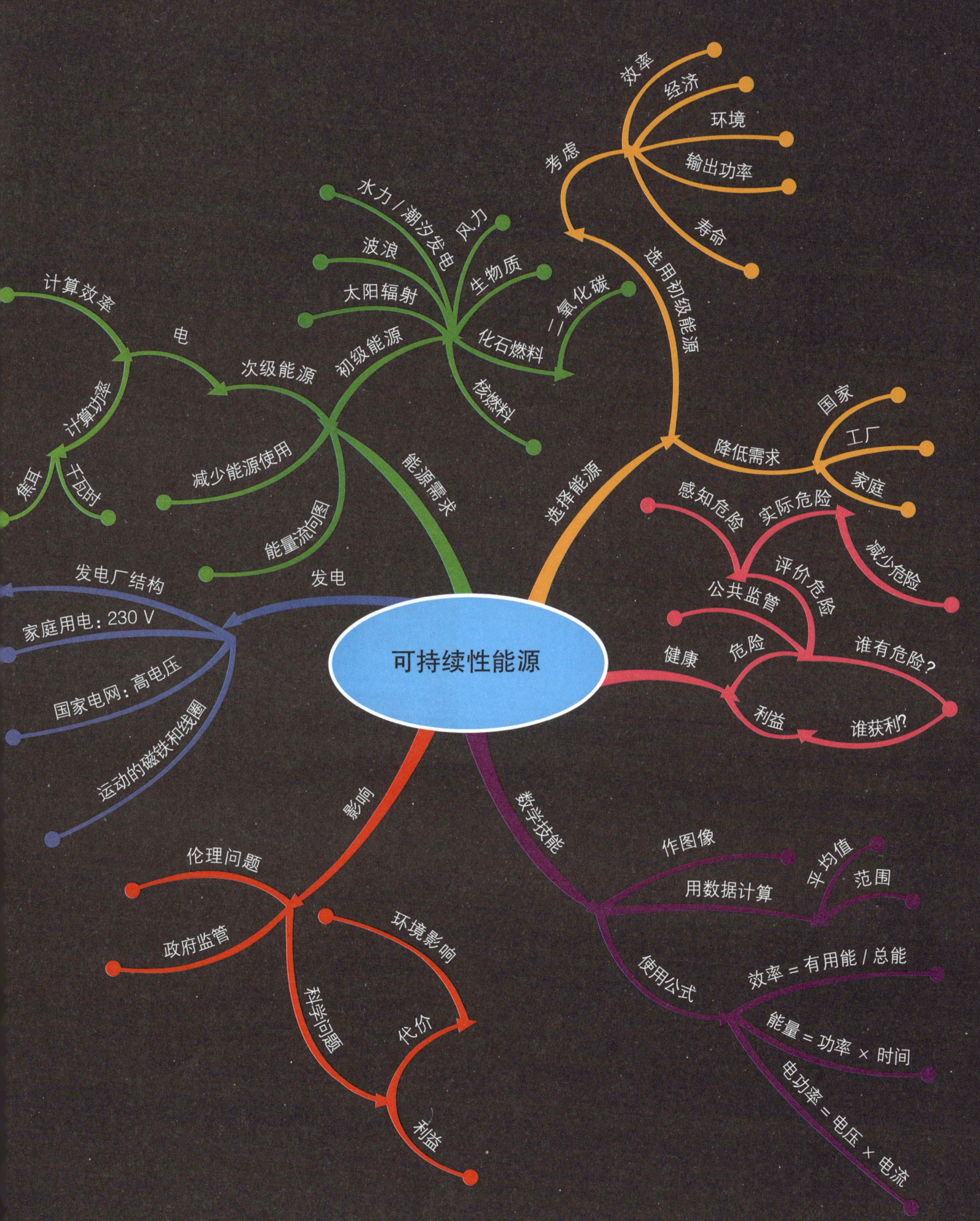

可持续性能源
能源需求
初级能源
水力/潮汐发电
风力
波浪
生物质
太阳辐射
二氧化碳
化石燃料
核燃料
次级能源
电
计算效率
计算功率
焦耳
千瓦时
减少能源使用
能量流向图
选择能源
选用初级能源
考虑
效率
经济
环境
输出功率
寿命
降低需求
国家
工厂
家庭
健康
感知危险
实际危险
减少危险
评价危险
公共监管
危险
谁有危险?
利益
谁获利?
发电
发电厂结构
家庭用电：230 V
国家电网：高电压
运动的磁铁和线圈
影响
伦理问题
政府监管
科学问题
环境影响
代价
利益
数学技能
作图像
用数据计算
平均值
范围
使用公式
效率 = 有用能 / 总能
能量 = 功率 × 时间
电功率 = 电压 × 电流

科学观点

除了发展起对用电和发电的理解之外，能评价所选择的能源带来的危险和好处，以及用科学技术等知识处理这些问题都是十分重要的。

我们所做的任何事情都带有一定的危险性，新技术往往也会带来新的危险。评价特殊结果发生的概率，以及它发生所带来的后果是重要的，因为人们感知到的危险不同于实际危险：有时少，有时多。一些特定的带来危险的条件也常带来利益，我们应权衡利益和危险孰重孰轻。

我们应该能够：

• 明确科学和技术进步带来的危险。

• 给出降低危险的方法。

• 说明和评价存在于各个方面的危险。

• 区分实际危险和感知危险。

• 给出所给例子中感知危险和实际危险间的差异和原因。

• 讨论风险应该如何由政府和其他公共机构来监管，并说明这可能引发争议的原因。

基于科学原理的技术非常有价值。然而，很多科学的应用可能带来一些对生活质量和环境等方面的负面效应。因此，获得的利益应和付出的代价相权衡。

在可持续发展能源的范围内，我们应该能够：

• 明确整体效应以及各部分发生过程中所获取的利益和付出的代价。

• 相同问题的不同结论与不同的社会和经济背景有关。

• 理解人类活动对环境带来的意外破坏的例证。

• 说明可持续性发展的观点，并用它比较不同过程的可持续发展。

• 讨论应用科学知识的政府监管。

• 在涉及伦理问题的案例中，明确问题是什么，并总结可能存在的不同的观点。

• 理解基于“利益越大就越好”的伦理辩论，以及无论情况如何，一定的事物都存在对和错的两面性。

复习问题

1

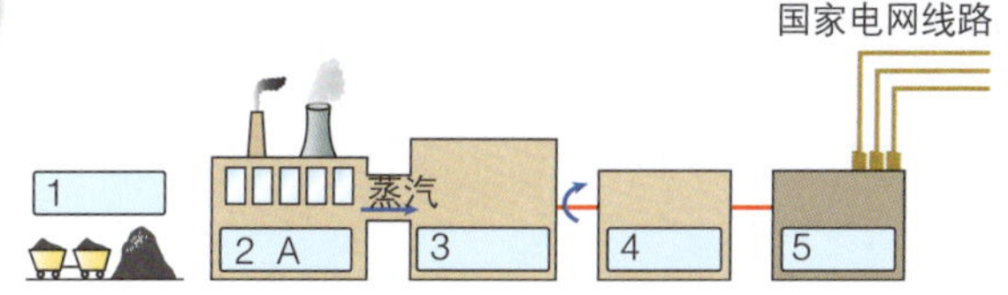

a. 完成上面燃煤发电厂示意图的填空。将 A、B、C、D、E 正确地填入图中的空格里。各字母的含义如下表所示。

A	高炉
B	变压器
C	燃料
D	蒸汽轮机
E	发电机

b. 发电厂使用含碳的燃料，燃烧时肯定会产生何种温室气体？

c. 煤是一种不可持续能源。下面用于发电的能源中，哪两种是可持续能源？

天然气　核燃料

风能　石油　海洋能

2

下图显示了现代发电厂的效率。

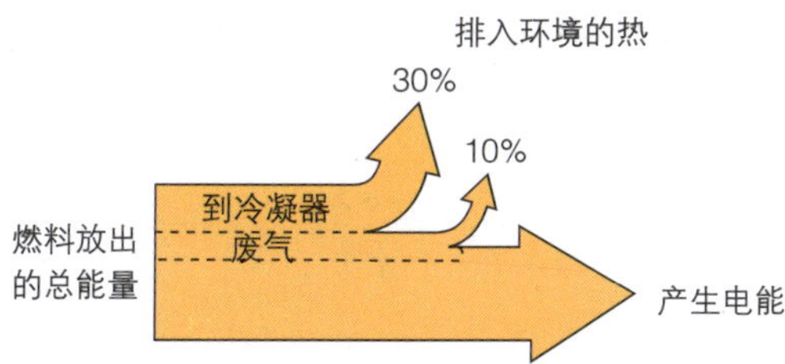

a. 利用该图计算这一发电厂的发电效率。

b. 一种减少热能浪费的方法，是利用冷凝器中的热能为发电厂附近的家庭住房和工矿企业供暖。假定有一半的热能被用于这一目的，则这座发电厂在提供有用能量输出方面的效率是多大？

3

一台电热器的供电电压为 230 V，流过它的电流为 10 A。

a. 试计算它的输入功率是多少瓦，合多少千瓦。

b. 如果电价是每千瓦时 8 p，则使用这台电热器 5 h 要支付多少电费？

4

英国有很多风电场。

下面的饼形图显示了风电场各部分设备和运行的成本。

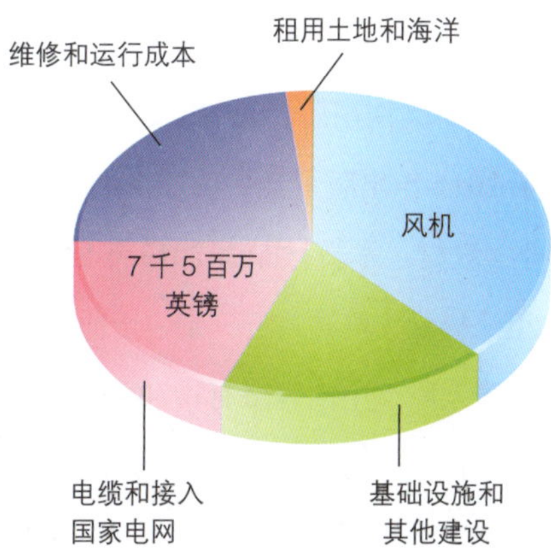

a. 下面哪一数值是风机成本的最佳估计值？

4 千万英镑　　7 千 5 百万英镑

1 亿 5 千万英镑　　2 亿英镑

b. 哪一因素的成本为 9 千万英镑？

译者的话

作为一个有悠久教育传统的国家，英国有着在世界上足以自傲的教育质量。

总体来说，英国的教育体系可分为义务教育、延续教育和高等教育三个阶段。英国的儿童从 5 岁起至 16 岁一律要接受强制性的义务教育（其中 14 至 16 岁为中学阶段），否则，将无法合法地走向社会。

义务教育阶段课程结束后，学生需参加中学教育最后两年知识内容的考核，通过考核后可获得普通中学证书（GCSE），这也被认为是中学毕业文凭。此后，大部分学生进入延续教育（在我国常称其为“大学预科”）阶段继续学习深造，但分流为两条路线，即学业路线和职业路线。

一、教材的适用范围

本教材即为供义务教育中学阶段的学生最后两年使用的科学课程教材。

在英国，义务教育阶段 GCSE 资格证书考试并非是由官方的教育行政部门组织进行的，而是由一些非官方的权威考试机构命题和组织。这样的服务机构有很多，影响最大的有：评价与资格联盟（AQA）、卓越教育委员会（Edexcel）、牛津剑桥考试中心（OCR）等。各家机构都根据课程标准来命题，但考试的要求和形式则可能存在较大差异。本教材由牛津大学出版社出版，切合牛津剑桥考试中心的考试要求。

进入 21 世纪后，英国政府为了适应当今世界飞速发展的科技形势，使教育质量和“金牌教育”相匹配，依据“创造机会，释放潜能，取得卓越”的指导思想，于 2006 年 9 月颁布了最新的科学教育课程标准，又组织了大量专家编写了很多令人耳目一新且风格迥异的科学课程教材。牛津大学出版社编写出版的《21 世纪科学》系列教材也应运而生。

经过几年的使用后，牛津大学出版社又根据社会需要和教材使用中发现的问题，组织专家对教材进行了修订，于 2011 年出版了新版的《21 世纪科学》，其中既有分科的《物理》《化学》《生物》等教材，也有综合性的《科学》教材。本教材即为 2013 年后投入使用的综合性的《科学》教材。

这套《科学》教材共有三册：普通本、提高本和附加本。和普通本相比，提高本涵盖了普通本的所有内容，只是部分章节中内容略有增加，难度略有增大，习题数量略有增多。因此，在翻译出版本书时，为避免重复，就只出版了提高本和附加本，并分别冠以《GCSE 高阶科学》和《GCSE 高阶科学·拓展》书名。

加了附加本后，本书即成为满足以后立志学习理工科的学生的较高要求的一种教材，可较好地与延续教育阶段很多学科的教学内容“无缝”对接。

二、教材的编写特点

这套《科学》教材的主旨是鼓励更多的年轻人学习科学，以便能够更好地融入 21 世纪日益科技化的世界。为达到这一目的，教材在编写中着重体现了以下几个方面：

1. 以人为本，为学生的未来着想，让学生凭借学过的科学知识在将来更安全地生活和工作。为此，教材中各章节的知识点中都介绍了很多相关的安全知识及防护方法，如物理部分中对紫外线等电离辐射的防护方法介绍，生物部分中对遗传疾病的预防介绍等，以更好地保证学生，甚至后代的身体健康。

另外，告诉学生更深入地探索科学的未知世界，能在将来的职业生涯中胜任且获得丰厚回报，同时也能为社会创造更多的财富。

2. 本教材特别注重强调人类应该在更理性、更合理地开发和利用大自然提供的资源的同时，也应该更好地保护人类赖以生存的环境。因此，几乎各章中都阐述了所学内容和环境的关系、对环境的影响和人们所采取的环保措施和行动等。

3. 突出科学思想和科学方法教育。教材的每一章都有对科学家的探索过程和方法的描述，特别是注重介绍科学发展过程中，为保证科学理论形成的正确性，科学家有何设想，采用了哪些方法，产生了怎样的争论，且不以成功与否论短长，而是用更多的笔墨描述科学家的探究思路和证据。同时对学生提出了如下科学方法上的要求：

① 收集和分析科学数据，合理解释数据，并据此进行现象解释。对尚不能解释的问题，也要建立起合理的科学模型。

② 掌握科学的方法，包括设计实验、分析和解释实验结果，并使用各种资源和工具，判断它们作为证据的有效性和可靠性。

③ 注重表达能力的培养。能够回忆、分析、解释、应用和质疑信息或已有思想；会应用定性的和定量的方法；能够应用科学术语和符号呈现论据，并得出结论。

④ 在认识现代科技给人类带来的益处的同时，也应看到它带来的副作用和潜在危险，如对社会、经济产生的影响和对环境产生的破坏等。

⑤ 强调科学探究中团队的作用。

4. 英国的科学教育标准分为物理、化学、生物、地球和空间科学四大范畴。在本教材中，有生物（B1—B6）、化学（C1—C6）和物理（P1—P6）各 6 章，但它们是既属分科，也相互渗透融合。地球和空间科学部分则是作为物理、化学、生物的情境而出现的。如“大陆板块漂移”是作为物理中力的效应呈现的，化学中的矿物质分布和生物中不同地域的生态等都是以地球科学作为情境的。这样设置，既可以使学生了解学科间的联系，也可以提高学习或复习效率。

5. 引人入胜的情境设置。这套教材涉及知识广阔、体系严谨、方法新颖、图文并茂、引人入胜，并在培养学生兴趣上施以浓墨重彩。如在介绍宇宙的历史时，用将从大爆炸到现在的时间视作 1 年的方法，让学生更形象地了解宇宙演化和地球上重大事件的时段等。

三、学业评价方式

学生完成本教程的学习后，就可以参加普通中学证书（GCSE）考试了。

GCSE 的考试评价体系采用的是等级制，它共有 9 级，其中属合格的有 8 级（A* 等和 A—G 等），不合格的有 1 级（U 等）。评价等级的划分与水平描述如下表所示：

A*	优异，能够胜任后续的所有学习和深造。
A	能够胜任延续教育和高等教育所需要的较佳成绩。
B	
C	
D	平均水平，具备进一步学习和发展的良好基础。
E	
F	较低的合格成绩，对以后的生活和工作有用。
G	
U	不合格，无评分。

为帮助学生能顺利地通过 GCSE 考试，本教材各小节中都配有内容深浅搭配的练习题。一章结束后，还附有进行知识梳理的知识要点、概念联系图和科学观点，并配以本章的复习问题。

除此之外，本教材修订后新增加了 OCR 考试的两种不同的考试方案供选择，考试内容取决于所选择的方案，以帮助学生明晰试题的模块形式，更方便取得 GCSE 科学合格证书。

纵观英国的这套教材，可看到它为学生提供了广阔的探索空间，使学生有更多的机会发展自己的能力，培养对科学的兴趣，有助于使不同能力的学生都能施展自己的才华，为社会培养多样化的人才。这对我国科学教材改革也具有很大的启示作用。

除了对我国的科学教育工作者具有较好的借鉴作用外，这套教材也是我国中小学生进行科学学习的优秀参考书。特别是对那些准备到英国深造的青少年学子，用该书进行对照学习，有助于他们了解英国义务教育阶段的教学内容和评价侧重，甚至对延续教育阶段、高等教育阶段都可起到非常好的辅助作用。

本书得以付梓，得到了上海教育出版社的大力支持。特别是严岷、隋淑光、李玉婷三位编辑，除了在本书的版权问题上投入了很多的精力外，还对内容作了认真的审核，提出了很多建设性建议，并在图片的处理和文字的编排等方面进行了改进，很多地方版面的精美、内容的严谨程度超过了原书。在此对他们表示由衷的感谢！

另外，在本书的翻译过程中，我在徐州市中小学教学研究室的很多同事也从学科的角度给予了热情的帮助。蒋良和赵永胜对书中化学部分的译文进行了审校；王波对生物部分的译文进行了审校，并改正了一些欠规范的译法，校样出来后，又进行了仔细的推敲修正。对他们的辛勤工作，谨在此表示深深的谢意！

这套教材是优秀的。但囿于本人的水平，译文欠规范甚至错误之处在所难免，亦在此恳请教育同仁批评指正。

译者：仲新元

2017 年 6 月于徐州

"*Twenty First Century Science (Higher) Student Workbook*" was originally published in English in 2011. This translation is published by arrangement with Oxford University Press."

图书在版编目（CIP）数据

GCSE高阶科学 / 仲新元译. -- 上海 : 上海教育出版社, 2018.12
21世纪科学教程
ISBN 978-7-5444-8129-8

Ⅰ. ①G… Ⅱ. ①仲… Ⅲ. ①理科(教育)—中学—教材 Ⅳ. ①G634.71

中国版本图书馆CIP数据核字(2018)第272518号

责任编辑　隋淑光　李玉婷　严　岷
装帧设计　金一哲

21世纪科学教程：GCSE高阶科学
仲新元　译

出版发行　上海教育出版社有限公司
官　　网　www.seph.com.cn
地　　址　上海市永福路123号
邮　　编　200031
印　　刷　上海新艺印刷有限公司
开　　本　890×1240　1/16　印张 18
字　　数　630 千字
版　　次　2018年12月第1版
印　　次　2018年12月第1次印刷
书　　号　ISBN 978-7-5444-8129-8/G·6723
定　　价　98.00 元

如发现质量问题，读者可向本社调换　电话：021-64377165